Materiale Soziologie 1

Der Kampf um Dominanz

Materiale Soziologie 1

Materiale Soziologie stellt Arbeiten vor, in denen konkrete kulturelle Lebensformen dokumentiert und analysiert werden. Soziologie ist hier Wirklichkeitswissenschaft: der untersuchte Einzelfall kommt selbst zur Sprache. Beschreibung, Deutung und Theorie müssen sich am Material bewähren, an der soziologischen Rekonstruktion von Milieus, Stilen, kommunikativen Mustern, Handlungsfiguren und Sinnkonstruktionen des gesellschaftlichen Lebens.

Materiale Soziologie vereinigt Perspektiven von Wissens-, Kultur- und Sprachsoziologie einerseits, Kulturanthropologie und Ethnologie andererseits. Die Autoren stützen sich auf Verfahren der Ethnographie, der sozialwissenschaftlichen Hermeneutik und der Gattungsanalyse: kontrollierte Rekonstruktion tritt an die Stelle sonst üblicher Konstruktion und Spekulation.

Herausgegeben von:
Prof. Dr. Jörg R. Bergmann, Gießen
Prof. Dr. Hans-Georg Soeffner, Hagen
Prof. Dr. Thomas Luckmann, Konstanz

Norbert Schröer

Der Kampf um Dominanz

Hermeneutische Fallanalyse einer polizeilichen Beschuldigtenvernehmung

W DE G

Walter de Gruyter · Berlin · New York 1992

Dr. rer. soc. Norbert Schröer ist wissenschaftlicher Angestellter am Fachbereich Erziehungs-, Sozial- und Geisteswissenschaften, Soziologie II, FernUniversität Hagen

⊚ Gedruckt auf säurefreiem Papier, das die US-ANSI-Norm über Haltbarkeit erfüllt.

Die Deutsche Bibliothek – CIP-Einheitsaufnahme

Schröer, Norbert:
Der Kampf um Dominanz : hermeneutische Fallanalyse einer polizeilichen Beschuldigtenvernehmung / Norbert Schröer. – Berlin ; New York : de Gruyter, 1992
(Materiale Soziologie ; 1)
Zugl.: Hagen, FernUniv., Diss.
ISBN 3-11-013524-8
NE: GT

Druck: WB-Druck, Rieden. – Buchbinderische Verarbeitung: Dieter Mikolai, Berlin. – Einbandentwurf: Johannes Rother, Berlin.

Danksagungen

Im Vorfeld der Untersuchung hat sich Ehrhardt Cremers bei der Antragstellung für die Projektfinanzierung besonders engagiert. Jo Reichertz hat entscheidenden Anteil daran, daß uns der Zugang zum Feld gewährt wurde.

Mit Martina Ricken habe ich die ersten Felderfahrungen gesammelt. Gemeinsam mit ihr habe ich zunächst in der Teilnahme am normalen Schichtdienst der Polizeiwachgruppen und dann in der Beobachtung des Vernehmungsalltags das Hauptwachenmilieu kennengelernt und tragfähige Kontakte zu den Beamten des Wach- und Ermittlungsdienstes aufbauen können. So wurde uns die Erhebung der für unsere Untersuchungen relevanten Daten möglich.

Die feinanalytische Auswertung der Daten in der Einstiegsphase der Interpretation wäre ohne die engagierte Mitarbeit von Martina Ricken und Ute Donk sicherlich weit weniger fruchtbar ausgefallen. In den darauffolgenden Arbeitsphasen hat mir die freundschaftliche Betreuung durch Jo Reichertz dazu verholfen, die leider unumgänglichen 'schwierigen Untersuchungsphasen' durchzustehen. Unsere Diskussionen im Rahmen seiner Auseinandersetzung um die Peircesche Beschreibung "abduktiven Schließens" (Reichertz 1991) waren für meine methodologischen und methodischen Überlegungen äußerst erhellend.

Umfassenden Dank schulde ich meinem Lehrer Hans-Georg Soeffner. Er hat mir die Chance gegeben, diese Untersuchung durchzuführen. Durch seine wohlwollende und stets kritische Begleitung meiner Forschungsaktivitäten hat er mir gerade auch in den Phasen, in denen ich mir meiner Sache nicht so sicher oder aber schon zu sicher war, den Mut gegeben bzw. die Notwendigkeit aufgezeigt weiterzusuchen. Er hat mich gezwungen, meinen Standpunkt immer wieder neu zu überdenken und mir dabei die Richtung gewiesen.

Leider kann ich die Beamten der Polizei und die Polizeipräsidenten, ohne deren Unterstützung diese Untersuchung gar nicht erst zustandegekommen wäre, nicht namentlich aufführen. Die Wahrung der Anonymität der an den Vernehmungen Beteiligten verbietet dies.

Den Polizeibeamten gilt mein Dank allein schon deshalb, weil sie die durch unsere neunmonatige Teilhabe an ihrem Arbeitsalltag entstandene Mehrarbeit ohne weiteres in Kauf genommen haben. Hochachtung empfinde ich, weil sie sich auf einem so sensiblen Terrain für eine Untersuchung zur Verfügung gestellt haben, deren Ausgang auch für sie ungewiß und der Möglichkeit nach durchaus problematisch war. Ihr Mut zur Unterstützung unserer Untersuchung hat uns die Möglichkeit gegeben, erstmals in der Bundesrepublik Deutschland auf der Basis 'natürlicher Daten' das Handlungswissen von polizeilichen Vernehmungsbeamten zu rekonstruieren.

Gedankt sei in diesem Zusammenhang genauso den Beschuldigten, die in einer für sie existentiell bedrohlichen und äußerst unangenehmen Lebenssituation ihr Einverständnis zur Datenerhebung gegeben und uns damit sehr geholfen haben.

Meine Kolleginnen Ute Donk und Martina Ricken, mein Freund und Lehrer aus früheren Jahren Dieter Brodke und meine Frau Margitta Kranz-Schröer haben mich abschließend, als ich schon nicht mehr in der Lage war, Mängel im Manuskript zu entdecken, auf problematische Stellen aufmerksam gemacht. Frau Carin Barz hat mich bei der Bewältigung der heiklen Formatierungspassagen maßgeblich unterstützt. Bedanken möchte ich mich bei ihnen allen.

Ein letzter Dank richtet sich an die Deutsche Forschungsgemeinschaft, die mit ihrer finanziellen Unterstützung die Durchführung der Untersuchung gesichert hat.

Inhalt

Ein Zenmeister wird von einem Novizen gebeten, einen vollkommenen Kreis zu zeichnen. Der Meister zeichnet ein miserables Gebilde. Der Novize bemerkt sogleich, daß die Figur kaum "ein vollkommener Kreis" sein könne. "Das ist richtig", antwortete der Meister, "aber was auch immer es ist, es ist vollkommen."
(MELVIN POLLNER, LYNN WIKLER *1979)*

Die Schockbedingtheit dieser hier gesuchten Anschauung, die Schreck- und Schmerzbedingtheit des entfremdeten Blicks ist eine der apriorischen Bedingungen des Verstehens, selbst da, wo seine emotionale Färbung und persönliche Tiefe weniger zutage tritt.
(HELMUTH PLESSNER 1948)

Einleitende Vorbemerkung

Die hier vorliegende Untersuchung zum Handlungstyp "Polizeiliches Vernehmen Beschuldigter" bezieht sich genau genommen auf zwei Fragestellungen:

- In **thematischer** Hinsicht ging es mir darum, in die grundlagentheoretische Aufarbeitung von polizeilichen Beschuldigtenvernehmungen einzusteigen. Das zu verzeichnende Defizit an strukturanalytisch-wissenssoziologischen Untersuchungen zu diesem Gegenstandsbereich wird gerade auch aus rechtspolitischer Sicht zunehmend problematisch. In Zeiten, in denen vielerorts über mehr oder weniger weitreichende Reformen des Ermittlungsverfahrens im allgemeinen und der den polizeilichen Vernehmungsbeamten dabei zufallenden Aufgabe im besonderen nachgedacht wird und auch erste geschlossene Konzepte schon in Modellen erprobt sind[1], wird es immer wichtiger, Klarheit darüber zu schaffen, aufgrund welcher vorgegebenen, nicht hintergehbaren Rahmenbedingungen die Vernehmungsbeamten der Polizei handeln, wie sie nun einmal handeln. Dann wird es auch möglich sein, Prognosen darüber aufzustellen, mit welchem Gewinn und welchen Verlusten die Umsetzung bestimmter Reformen verbunden sein dürfte.
- In **methodischer** Hinsicht ging es mir darum, ein geeignetes Verfahren zur grundlagentheoretischen Aufarbeitung der polizeilichen Beschuldigtenvernehmung zu entwickeln und zu begründen.

  Der von mir beschrittene Weg hat sich in der Auseinandersetzung mit der von Ulrich Oevermann im Rahmen seiner "Objektiven Hermeneutik" entwickelten methodischen Konzeption herausgebildet. Während dieser Auseinandersetzung verfestigte sich bei mir mehr und mehr die Überzeugung, daß der Oevermannsche Verfahrensansatz einer grundlegenden Überarbeitung bedarf.[2]

  Vor allem auch aus Gründen der Veranschaulichung des von mir dann gewählten Verfahrens, habe ich die Darstellung meiner Analyse äußerst extensiv angelegt. Daraus entsteht für den - geneigten - Rezipienten die wahrscheinlich nicht immer angenehme Konsequenz, meiner Interpretation recht kleinschrittig folgen zu müssen. Ich habe keine andere Möglichkeit gesehen, das Verfahren angemessen zu plausibilisieren.

---

1 So spielen in der aktuellen Diskussion um eine Reform des Jugendgerichtsverfahrens Konzepte zur diversionsorientierten Polizeitätigkeit zunehmend eine herausgehobene Rolle (RZEPKA 1990: 346ff; SCHRÖER 1992d). Erste Modelle wurden bereits umgesetzt und ausgetestet wie z.B. das 'Bielefelder Informationsmodell' (ALBRECHT 1988, 1990, RZEPKA/VOSS 1990, RZEPKA 1990) und das 'Hammer Modell' (SCHRÖER/SOEFFNER 1991, SCHRÖER 1991, 1992a).

2 Bei meiner Auseinandersetzung mit dem Oevermannschen Verfahren haben die methodologischen Aspekte der "Objektiven Hermeneutik" nicht so sehr im Vordergrund gestanden. Siehe dazu Oevermann u.a. 1979; Oevermann 1981, 1986 in Zusammenhang mit Reichertz 1986, 1988.

1 Zum Verfahrensrahmen von polizeilichen Beschuldigtenvernehmungen - erste Annäherungen an die Bestimmung der vom Vernehmungsbeamten zu bewältigenden Aufgabe

Da nach geltendem Recht ein gerechtes Urteil immer die **Erforschung des strafrechtsrelevanten tatsächlichen Geschehens** voraussetzt, ist die einzelfallbezogene Suche nach der materiellen Wahrheit als mittelbarer Fluchtpunkt des strafprozessualen Ermittlungsverfahrens zu betrachten (Paragraph 244(2) StPO; Müller-Dietz 1971: 260f).

Der seit der Reichsstrafprozeßreform von 1877 in Deutschland etablierte **"Moderne Anklageprozeß mit Ermittlungsgrundsatz"** ist Ausdruck der Bemühungen des Gesetzgebers, eine dem tatsächlichen Geschehen nahekommende Sachverhaltsermittlung bei gleichzeitiger Gewährleistung eines juridisch fairen Verfahrens[1] weitgehend sicherzustellen. Der Gesetzgeber reagierte mit der Prozeßreform

(a) auf Mängel der bis dahin etablierten Form des Inquisitionsprozesses[2] und
(b) auf die im 19. Jahrhundert massiv einsetzende polizeistaatliche Aushöhlung der Justizförmigkeit des Strafverfahrens.[3]

---

[1] Ein 'faires Verfahren' steht und fällt in erster Linie mit der Achtung der verfahrensrechtlichen Stellung des Beschuldigten als (sogenanntem) 'Prozeßsubjekt': "Er, der Beschuldigte, ist Beteiligter, nicht Gegenstand des Verfahrens. ... Daraus folgt zwangsläufig, daß jede Beeinträchtigung dieser Willensentscheidung und -betätigung durch Drohung, Täuschung, Zwang und ähnliche Mittel verboten ist. Auf die Entscheidungsfreiheit des Beschuldigten darf niemals mit dem Ziel eingewirkt werden, ihn zu dieser Aussage oder zu einer bestimmten Aussage zu veranlassen. Es darf nichts geschehen, was seine völlige Freiheit hinsichtlich des Ob und Wie seiner Aussage aufheben oder auch nur beschränken könnte." (LÖWE-ROSENBERG: Großkommentar zur StPO; Paragraph 136a(1) Rdnr. 1)

[2] Nachdem auch über Reformbemühungen im Rahmen der Rezeption des italienischen Rechts im 16. Jahrhundert (CAROLINA 1532) und nach der Entwicklung des "Gemeinen Rechts" ab dem 17. Jahrhundert nicht verhindert werden konnte, daß das Ziel des inquisitorischen Verfahrens - die Ermittlung der materiellen Wahrheit - allzuhäufig eklatant verfehlt wurde, und offensichtlich nicht gewährleistet war, daß Schuldige überführt und Unschuldige über das Prozeßrecht geschützt sind, setzte sich zunächst bei den Strafrechtstheoretikern (BIENER, MITTERMAIER, ZACHARIAE u.a.), mehr und mehr aber auch bei den Praktikern und Politikern die Einsicht durch, daß das eigentliche Problem des seit dem 13. Jahrhundert praktizierten Verfahrens in der dominanten, nahezu allmächtigen Stellung des so überforderten Inquisitionsrichters bestand. Ihm oblag es, unkontrolliert "vom ersten aufkommenden Verdacht an bis zur Spruchreife des Aktenmaterials das Verfahren durchzuführen, alles initiativ von sich aus zu tun, was zur Erforschung der materiellen Wahrheit erforderlich ist." (SCHMIDT 1965: 194)

[3] Im Zusammenhang mit Bestrebungen zur Stärkung der staatlichen Gewalt wurde im ausgehenden 18. Jahrhundert die Polizeigerichtsbarkeit von der Civilgerichtsbarkeit, mit der sie bis dahin die Einheit der Niedriggerichtsbarkeit bildete, abgekoppelt. Einhergehend legte man die Aufgaben der Polizei neu fest: Ihr wurde jetzt zugebilligt, "wegen der Störung der ihr besonders anvertrauten öffentlichen Sicherheit und Ordnung sich vor der Criminalgerichtsbarkeit

Zentrales Merkmal des "Modernen Anklageprozesses mit Ermittlungsgrundsatz" ist die **Zweiteilung des juridischen Erkenntnisverfahrens** in das inquisitorische Ermittlungs- und das akkusatorische Hauptverfahren: Mit der Teilung soll gewährleistet sein, daß das Hauptverfahren "den entscheidenden Schwerpunkt des ganzen Verfahrens und die für die Urteilsfindung allein maßgebliche Grundlage darstelle, daß in ihm das Gericht unmittelbar die Beweismittel auf sich wirken lasse und allein auf Grund des hier erörterten Prozeßstoffes die Entscheidung gewänne." (SCHMIDT 1965: 329)

Wenn auch das Hauptverfahren und insbesondere die Hauptverhandlung den (juridischen) Schwerpunkt des Verfahrens bilden, so werden die weichenstellenden Voraussetzungen für die Möglichkeit einer Entscheidungsfindung in der Zusammenarbeit von Staatsanwalt und Polizei geschaffen. Denn:

Die Durchführung einer gerichtlichen Hauptverhandlung ist grundsätzlich an eine vorausgegangene Anklageerhebung gebunden (Paragraph 151 StPO: Akkusationsprinzip). Die Anklageerhebung ist stets der Schlußpunkt eines eigenständig durchgeführten inquisitorischen Ermittlungsverfahrens.

Das Ziel des Ermittlungsverfahrens besteht darin, den über den Anfangsverdacht in den Blick geratenen Sachverhalt soweit zu erforschen (Paragraph 160(1) StPO), bis feststeht, ob ein "genügender Anlaß zur Erhebung der öffentlichen Anklage" (Paragraph 170(1) StPO) - die Voraussetzung für die Eröffnung der mündlichen Hauptverhandlung - besteht. Ein genügender Anlaß ist dann gegeben, wenn nach Lage der Ermittlungen im Vorverfahren "eine Verurteilung des Beschuldigten wahrscheinlich ist." (KRAUSE/ NEHRING 1978: 78)

Die selbständige und eigenverantwortliche Leitung des Ermittlungsverfahrens obliegt einem mit der Strafprozeßreform neu geschaffenem Prozeßorgan: der **Staatsanwaltschaft**. Ihre Vertreter sollen gewährleisten, daß schon die Ermittlungen des Vorverfahrens in gesetzlich geordneten Bahnen verlaufen und die Entscheidung über den "genügenden Anlaß" nach Maßgabe juridischer Kriterien gefällt wird. Von daher hat die Staatsanwaltschaft "nicht nur die zur

---

des Täters zu bemächtigen, ihn zu verhören, auch somit den Tatbestand mit prozessualen Mitteln aufzuklären und in eigener Zuständigkeit festzustellen, ob sie den Beschuldigten dem Criminalgericht überstellen muß" (GÖRGEN 1973: 45). Der Polizei kam allerdings nach wie vor keine strafprozessuale Befugnis zu. Trotzdem "entwickelte sich aber bald ein Übergewicht der Polizei in der Strafverfolgung. Politisch ist dieses Übergewicht durch die Festigung der preußischen Monarchie nach den Befreiungskriegen bedingt. Hinzu kam der Mangel an Personalbestand der Gerichte. Die rechtliche Basis bot das Recht der Polizei zum ersten Angriff. Dieses Recht wurde nicht mehr hauptsächlich als Garantie der polizeigerichtlichen Zuständigkeit begriffen, sondern als Recht und Pflicht der Polizei, bei jedem Vorfall unabhängig von der Verletzung der Polizeigesetze einzugreifen und in der Sache soweit zu ermitteln, daß der Justiz nur noch die Aburteilung des Täters blieb. Die Criminalgerichte waren darauf angewiesen, daß die Polizei die Sache an sie abgab. Auf den Zeitpunkt des Entschlusses hatten sie keinen Einfluß. Bisweilen erfuhren sie von Ermittlungen erst, wenn der Verfolgte bereits Monate in Polizeihaft gehalten worden war. Das gesamte Vorverfahren war der Herrschaft der Justiz entzogen." (GÖRGEN 1973: 47f)

Belastung, sondern auch die zur Entlastung dienenden Umstände zu ermitteln" (Paragraph 160(2) StPO) und dem erkennenden Gericht ggf. zur Beurteilung zur Verfügung zu stellen.

Zur Durchführung der Ermittlungen kann die Staatsanwaltschaft sogenannte **Hilfsbeamte** - zu denen in erster Linie die Beamten der **Polizei** zu rechnen sind - einsetzen (Anweisungen, Ersuchen). Die Hilfsbeamten sind "verpflichtet, den Anordnungen der Staatsanwaltschaft ... Folge zu leisten." (GVG Paragraph 152)

Die StPO weicht von dieser umfassenden Leitungsbefugnis nur in einem Punkt ab: "Um die Verdunkelung der Sache zu verhüten" (Paragraph 163(1) StPO), haben die Beamten des Polizeidienstes das Recht und die Pflicht, "alle keinen Aufschub gestattenden Anordnungen zu treffen" (Paragraph 163(1) StPO). Die Grenzen dieses "Rechts zum ersten Zugriff" gehen aber schon aus dem zweiten Absatz desselben Paragraphen hervor, nach dem die Beamten des Polizeidienstes gehalten sind, "ihre Verhandlungen ohne Verzug der Staatsanwaltschaft" zu übersenden.

Für die alltägliche Ermittlungspraxis im Vorverfahren von Strafprozessen wird die beschriebene Regelung nicht eingehalten bzw. "der Begriff ohne Verzug wird weit ausgelegt" (BEMMANN/BUNDSSEI 1982: 33). Vor allem im Bereich der mittleren und kleineren Kriminalität entscheidet die Polizei mit Billigung der Staatsanwaltschaft in der Regel eigenständig, was, wie, wann erforscht wird.[4] Die Staatsanwaltschaft wird erst nach Beendigung der polizeilichen Ermittlungen mit der Übergabe der Ermittlungsakte über die Einleitung und Durchführung eines Ermittlungsverfahrens in Kenntnis gesetzt.[5] Ihr bleibt die Aufgabe, die von der Polizei vorläufig abgeschlossenen Ermittlungen - die "kriminalistische Lösung des Falles" (KRAUSE/NEHRING 1978: 37) - unter dem Aspekt der "anklagereifen Aufklärung" (KRAUSE/NEHRING 1978: 37) zu überprüfen. Gegebenenfalls können im Anschluß daran Nachermittlungen angeordnet oder eigenständig durchgeführt werden. Abschließend ist dann vom Staatsanwalt die Entscheidung zu fällen, ob ein "genügender Anlaß zur Erhebung der öffentlichen Anklage" besteht. (GEISLER 1981; RÜPING 1983)

Selbstverständlich sind weder die Staatsanwaltschaft noch gar die Polizei befugt, letzte Entscheidungen über die Tatsächlichkeit des zu erforschenden und zu erkennenden Geschehens zu fällen. (KRAUSE/ NEHRING 1978: 78, Ziffer 148; VON JAGEMANN 1838: Paragraphen 4, 270, 271; ANUSCHAT 1921: 36) Alle ihre Bestrebungen sind aber von dem Interesse geleitet, über die Beweiserhebung, die im Vorverfahren zu einer 'vorläufigen kriminalistischen und juridischen Lösung des

---

[4] Dieser Eigenständigkeit entspricht auch die justizunabhängige polizeiliche Organisation für Ermittlungshandlungen im Rahmen der Kriminalpolizei und des Bezirksermittlungsdienstes der Schutzpolizei.

[5] Ein Indiz für die Selbstverständlichkeit, mit der die Praktiker diese Form der Arbeitsteilung umsetzen, ist das "Kriminalistische Lehrbuch der Polizei". Die eigenständige Durchführung von Beschuldigten- und Zeugenvernehmungen vor der Abführung der Akte an die Staatsanwaltschaft wird als nicht in Frage stehender Normalfall beschrieben. (MEYER, WOLF, CZEKALLA 1983: 21)

Falles' führt, die Sachverhaltsrekonstruktion in der Hauptverhandlung vorzubereiten und dem in der mündlichen Hauptverhandlung 'kontrollierenden' Richter eine fallangemessene Beurteilung zu ermöglichen. In diesem Sinne dient die Ermittlungsarbeit der Polizei im allgemeinen und die polizeiliche Vernehmung des Beschuldigten - der Gegenstand dieser Untersuchung - im besonderen stets der Wahrheitserforschung. **Ermittlungsentscheidungen werden vor dem Hintergrund der Überlegung getroffen, mit welchem Verfahren die Tatsächlichkeit des Geschehens** (Feststellung der Tatsächlichkeit des strafrechtsrelevanten Rechtsnormenverstoßes und ggf. des Täters) **erforscht und soweit nachgewiesen werden kann, daß sie einer juridischen Überprüfung zunächst durch die Staatsanwaltschaft und dann ggf. vor dem erkennenden Gericht standhält** (stellvertretend für die gesamte kriminalistische Literatur MEINERT-GEERDS 1976: 11ff).

2 Zur bisherigen Erforschung der polizeilichen Vernehmung (Beschuldigter)

2.1 Probleme bei der Wahrheitserforschung und der Beweiserhebung in der polizeilichen Vernehmung (Beschuldigter) - betrachtet unter dem Aspekt der Lösbarkeit

Heinrich Henkel beschreibt einen zentralen Ausgangspunkt für die Wahrheitserforschung im Strafverfahren knapp und treffend: "Da der Tatvorgang, der den Gegenstand der Ermittlungen bildet, abgeschlossen in der Vergangenheit liegt, können die Strafverfolgungsorgane zu diesem Vorgang selbst keine unmittelbaren Erfahrungen machen." (1968: 197) Von daher ist die Vernehmung des Beschuldigten, die "spätestens vor Abschluß der Ermittlungen" (Paragraph 163(1) StPO) zu erfolgen hat, - trotz der zunehmenden Bedeutung des Sachbeweises - für den Erfolg der polizeilichen Ermittlungstätigkeit und für die Beweisführung im besonderen oft von (mit)entscheidender Bedeutung. Über seine Aussage kann der Beschuldigte als Täter in der Regel wie kein anderer unmittelbar zur Klärung des Geschehens beitragen (subjektiver und objektiver Tatbestand) und als zu Unrecht Beschuldigter dem Vernehmungsbeamten Anhaltspunkte dafür liefern, in welchen Aspekten die Ermittlungen fehlgeleitet sind. (SCHMITZ 1983: 354ff; WULF 1984: 40-52) Sowohl der Täter als auch der zu Unrecht Beschuldigte bekommen auf diese Weise die Gelegenheit, sich zu entlasten. Die Vernehmungsbeamten sind gehalten, auf die Erhebung entlastender Momente besonderen Wert zu legen. (Paragraph 136(2) StPO)[1]

Anders als der Zeuge ist der Beschuldigte allerdings nicht verpflichtet, die Ermittlungen (der Polizei) zu unterstützen. Dem Beschuldigten wird die Möglichkeit eingeräumt, jederzeit die Aussage zu verweigern (Paragraph 136(1) StPO). Von wenigen Ausnahmen abgesehen, darf er als Täter sogar straffrei vorsätzlich die Unwahrheit sagen. (s. WALDER 1965: 87-95) Ob sich daraus ein entsprechendes Recht ableiten läßt, ist umstritten. (WALDER 1965: 71-81) Mit diesen 'Zugeständnissen' soll der Beschuldigte - anders als im abgelösten Inquisitionsverfahren - davor bewahrt werden, sich ggf. selbst belasten und an der eigenen Überführung beteiligen zu **müssen**. Der Gesetzgeber trägt so der besonderen

---

[1] In der Auslegung des Paragraphen 136(2) StPO ist man sich nicht ganz einig, ob die Vernehmung des Beschuldigten im Ermittlungsverfahren ausschließlich oder nur zum einen Teil der Verteidigung des Beschuldigten zu dienen habe. Die zuerst genannte Position wird von Henschel (1909: 131-134), Metzger (1919: 153f) und Brusten/Malinowski (1975: 65) vertreten. Allerdings ist nach herrschender Meinung der Verteidigungsauftrag, der vom Paragraphen 136(2) StPO ausgeht, "nur in dem umfassenden Zweck der Wahrheitserforschung zu begreifen." (HENKEL 1968: 175)
Walder weist plausibel nach, daß die Beschränkung der Ermittlungsbemühungen auf die den Beschuldigten entlastenden Aspekte über den Gesetzestext nicht gefordert ist. (165: 65)

Situation des Beschuldigten und dem sich aus ihr ergebenden Verteidigungsinteresse Rechnung: "Er (der Beschuldigte; N.S.) kommt ... viel eher (als der Zeuge; N.S.) in die Gefahr, seine Darstellung so zu frisieren, daß er günstig dabei abschneidet. Selbst wenn er schuldlos ist und darauf vertrauen kann, daß sich seine Unschuld im Laufe des Verfahrens herausstellen wird, hat er verständlicherweise oft das Bestreben, die vorerst gegen ihn sprechenden Momente zu verschleiern oder seinem vermutlichen Vorteil entsprechend umzuformen." (DÖHRING 1964: 185)

Verstehbar wird so aber auch, daß die Angaben des Beschuldigten vom Vernehmungsbeamten "im allgemeinen skeptischer zu betrachten (sind; N.S.) als die eines unbeteiligten Zeugen." (DÖHRING 1964: 185) Drastischer drücken sich Meinert-Geerds aus: "Bei der Beschuldigtenvernehmung ist immer mit Unwahrheiten und nicht selten mit hartnäckigem Leugnen zu rechnen, weshalb die Lüge hier für den Vernehmungsbeamten ein besonders wichtiger Anhaltspunkt ist, um sein Vorgehen zweckmäßig gestalten zu können." (1976: 178)

Nahezu alle kriminalistischen Autoren sehen allerdings die Gefahr des Umschlagens einer 'angemessenen' Skepsis in ein 'unangemessenes' Vorurteil: "Dadurch, daß die Ermittlungsorgane überwiegend mit Menschen zu tun haben, die irgendwie schuldig sind, erscheint ihnen zuweilen der Beschuldigte schlechthin aufs Äußerste verdächtig. Sie neigen auf Grund berufsmäßiger Gewöhnung manchmal allzusehr dazu, seine Schuld zu vermuten, ohne sich klarzumachen, daß sie ihre unvoreingenommene Grundhaltung aufgegeben haben." (DÖHRING 1964: 183) Von daher sind sie "leicht geneigt, Aussagen eines Beschuldigten, die kein Geständnis sind, als Beweismittel oder Hinweis minderer Qualität zu betrachten." (WALDER 1965: 200)[2] Bestätigt wird der Vernehmende in einer vorschnell vorgenommenen Einschätzung häufig durch ein 'verdächtiges Auftreten' des Beschuldigten, obwohl darin lediglich eine "forensische Befangenheit" (HELLWIG 1951: 40-48; GRASSBERGER 1968: 132-137) zum Ausdruck kommen kann.

---

[2] Als Indiz für den Bestand einer solchen Vorurteilshaltung können die kriminalistischen Schriften selbst herhalten. In nahezu jeder der Schriften lassen sich Passagen finden, in denen die Begriffe 'Beschuldigter' und 'Täter' synonym verwandt werden und in denen der Ausgangspunkt der Betrachtung der 'offensichtlich lügende Beschuldigte' ist. Ohne daß zuvor herausgestellt wurde, woran der Vernehmungsbeamte den Beschuldigten als 'offensichtlich lügenden Täter' erkennen konnte, werden dann Techniken der Überführung vorgestellt und vorgeschlagen. (siehe in dieser Hinsicht v.a. MEINERT-GEERDS 1976 und BAUER 1970; als eher vorsichtig können DÖHRING 1964, GRASSBERGER 1968 und GÖSSWEINER-SAIKO 1979 gelten.)

2.1.1 Vernehmungstaktik und -technik - eine Skizze der einschlägigen kriminalistischen Literatur

Vor dem Hintergrund dieses Problemhorizonts überrascht es nicht, daß im Zentrum der Erörterungen zur Vernehmungstechnik und -taktik bei polizeilichen Vernehmungen Beschuldigter die Voraussetzungen einer erfolgreichen Wahrheitserforschung (Hinführen des Beschuldigten zu einer dem tatsächlichen Geschehen tentativ entsprechenden, zumindest aber aufschlußreichen Aussage) stehen.

Die Persönlichkeit des Vernehmungsbeamten
Der erfolgreiche Verlauf einer Vernehmung ist - so die einhellige Meinung - immer auch an die Persönlichkeit des Vernehmungsbeamten gebunden. Deshalb steht den Ausführungen zur Vernehmungstechnik und -taktik stets die Auflistung von wünschenswerten persönlichen Tugenden eines Vernehmungsbeamten voran. Der sollte demnach v.a. kontaktfähig, geduldig und taktvoll, sachlich und objektiv sein (FISCHER 1975: 19-42), darüber hinaus Menschenkenntnis (MEINERT-GEERDS 1976: 53f) und besonders die Fähigkeit zur Selbsterkenntnis, über die allein er seine kriminalistischen Fähigkeiten vervollkommnen könne, besitzen (DÖHRING 1964: 24f).

Die Vorbereitung der Vernehmung
Als unabdingbar für ein Gelingen der Beschuldigtenvernehmung gilt die Vorbereitung des Vernehmungsbeamten auf die Vernehmung. In erster Linie soll sie sich auf den Sachverhalt der Vernehmung beziehen. Nur so sei der Vernehmungsbeamte während der Vernehmung in der Lage, die Angaben des Beschuldigten umgehend in bezug zum Ermittlungsgegenstand zu setzen und dann entsprechend zu reagieren. Zur Vorbereitung auf bedeutsame und scheinbar besonders problematische Fälle gilt es zudem als angemessen, über die "Auswertung polizeieigener Akten" zusätzliche Informationen über die Persönlichkeit des Beschuldigten, ggf. seiner Vorstrafen und Reaktionsgepflogenheiten einzuholen (siehe zusammenfassend BRUSTEN/MALINOWSKI 1975: 66). Einige Autoren empfehlen dem Vernehmungsbeamten in diesem Zusammenhang - in Anlehnung an die Forschungslogik der empirischen Sozialwissenschaften - die frühzeitige und v.a. explizite Bildung einer Arbeitshypothese. Die allgemeine Orientierung und die Wahl einer fallspezifisch geeigneten Vernehmungseinstiegsstrategie im besonderen könnten so erleichtert werden. Im Rahmen der Vernehmung gälte es dann, die Gültigkeit der Hypothesen immer wieder von neuem zu prüfen und auszutesten. (ANUSCHAT 1921: 46-72; LOCARD 1930: 190-195; WALDER 1955: 108-124; DÖHRING 1964: 34-38; kritisch EISENBERG 1984: 914)

Der Vernehmungseinstieg
Nach Meinert-Geerds "entscheiden über Erfolg oder Mißerfolg einer Vernehmung oft die ersten drei Minuten nach Eintritt der Aussageperson in das Vernehmungszimmer." (1976: 99) Der Vernehmungsbeamte sollte sich in dieser Phase gezielt

um einen tragfähigen Kontakt zum Beschuldigten bemühen (DÖHRING 1964: 28f) und d.h. in erster Linie, das Vertrauen des Beschuldigten gewinnen (FISCHER 1975: 25f, ROTTENECKER 1976: 26f).

Er müsse sich an den Ausführungen des Beschuldigten von vornherein interessiert zeigen und zumindest den Eindruck erwecken, als berichte der Beschuldigte ihm Neues. So gelinge es in der Regel, den Beschuldigten "zum Reden zu bringen" (GRASSBERGER 1968: 127).

Allerdings brauche ein Gespräch zu Beginn der Vernehmung sich nicht unbedingt schon auf den zu besprechenden Sachverhalt zu beziehen. "Gute Anknüpfungspunkte für einen 'lockeren Einstieg' bietet die stets vorgeschaltete 'Vernehmung zur Person'. Hierzu gehören vor allem Fragen über die persönliche Entwicklung, über die Familie, über Beruf, Freizeitinteressen und Zukunftspläne." (BRUSTEN/ MALINOWSKI 1975: 75) Ein solcher Einstieg könne den Effekt haben - darauf weist Meinert-Geerds hin -, den Beschuldigten daran zu hindern, seinen 'vorbereiteten, präparierten Bericht' vorzutragen. Eingebunden in den persönlichen Kontakt zum Vernehmungsbeamten kämen die Beschuldigten häufig aus dem Konzept und seien dann offen für eine aufschlußreiche Aussage. (MEINERT-GEERDS 1976: 99-103)

Gleichgültig aber wie der Vernehmungsbeamte die Einstiegsphase gestaltet: Er sollte sich in jedem Fall ein Bild von der Persönlichkeit des Beschuldigten machen. Im Vordergrund habe dabei die Beurteilung

(a) der Widerstandsenergie, der Energie also, die ein Beschuldigter aufzubringen vermag, wissentlich eine Falschaussage durchzuhalten, und

(b) der Widerstandsintelligenz, "die bestimmend (ist; N.S.) für die Fähigkeit einer Aussageperson, die Wirkung z.B. eines unwahren Verteidigungsvorbringens einzuschätzen" (MEINERT-GEERDS 1976: 92),

zu stehen. (HELLWIG 1951: 224f; BAUER 1970: 331 u.a.)

Hat der Vernehmungsbeamte sich zudem noch einen Eindruck von der Gefühlslage des Beschuldigten, dessen charakterlichen Besonderheiten und dessen Persönlichkeitstyp (SCHNEIKERT 1940: 201-208; BAUER 1970: 287-318, 330-335; MEINERT-GEERDS 1976: 52-78; ROTTENECKER 1976: 31-79) gemacht, so könne er sich vergleichsweise fundiert für eine Vernehmungsstrategie entscheiden.

Vernehmungsstrategische Konzepte

Nach Meinert-Geerds (1976: 95-99) lassen sich allgemein drei vernehmungsstrategische Grundtypen unterscheiden.[3] Sie sollen hier in den von Bauer vorgenommenen Kurzbeschreibungen vorgestellt werden:

---

[3] Eine vierte Strategie, die 'abtastende Vernehmung' (GENNAT 1929), soll hier nicht weiter beachtet werden: Sie kann eingesetzt werden, wenn zwar ein Tatverdacht besteht, aber noch keine genauen Kenntnisse in bezug auf die Tat vorliegen.

"Überrumpelungsstrategie"
"Dem Beschuldigten wird die Tat auf den Kopf zugesagt. Es wird dabei das Überraschungsmoment ausgenutzt. Er soll veranlaßt werden, im großen und ganzen seine Schuld zuzugeben. Geschieht dies, dann wird anschließend die Tat mit ihren einzelnen Umständen ausführlich erörtert." (BAUER 1970: 330)

"Sondierungsstrategie"
"Es werden zunächst die Personalien aufgenommen und der Werdegang des Beschuldigten festgestellt. Dann wird der Sachverhalt erörtert. Der Vernehmende führt die Beweismittel an und nimmt die Äußerungen des Beschuldigten dazu auf." (BAUER 1970: 330)

"Zermürbungsstrategie"
"Die gesamte Vernehmung wird äußerst gründlich vorgenommen. Jeder Vorgang wird bis in die kleinste Einzelheit hinein zerlegt und zerpflückt. Dabei können auch ausgeklügelte Lügengebäude zum Einsturz gebracht werden, Widersprüche werden herausgeholt und deutlich gemacht, Unregelmäßigkeiten werden offenbar. Auch die sorgsamsten Alibis und Absprachen werden dadurch zerstört. Dies Verfahren ist zwar sehr zeitraubend, wird aber dem lügenden Beschuldigten äußerst gefährlich. Dabei muß alles sofort schriftlich niedergelegt werden, weil sonst später der Vernehmungsinhalt als Mißverständnis dargestellt wird." (BAUER 1970: 330)

Rottenecker (1976) stellt in Anlehnung an in den USA entwickelte Klassifikationsschemata (INBAU/REID 1962; AUBRY/CAPUTO 1965, 1972) eine Unterscheidung zwischen Methoden, die auf "verstandesmäßigen Überzeugungsbildungen" und solchen, die auf "Erregung und/oder Abbau von Gefühlsspannungen" abzielen, vor. (1976: 87-172) Im Gegensatz zu der die Darstellung des jeweiligen Rekonstruktionsverfahrens in den Vordergrund stellenden 'deutschen' hebt die 'amerikanische' Typenbeschreibung auf den mentalen Ansatzpunkt, den der Beschuldigte für eine erfolgreiche Vernehmung 'bietet', ab. Beide Ordnungssysteme schließen sich nicht aus, sie greifen vielmehr ineinander und ergänzen sich von daher. (WULF 1984: 328-345)

Vernehmungstaktische und -technische Einzelfragen
Im Zusammenhang mit der Wahl und Umsetzung einer spezifischen Vernehmungsstrategie werden in der kriminalistischen Literatur sehr verschiedene vernehmungstaktische und -technische Einzelfragen aufgeworfen und erörtert. Im folgenden sollen einige dieser Fragen und die jeweilige 'Beantwortung' knapp vorgestellt werden.

(a) Reaktionen des Vernehmungsbeamten auf die Aussageverweigerung eines Beschuldigten

Der Vernehmungsbeamte ist aus Gründen einer umfassenden Sachverhaltsklärung an der Aussage des Beschuldigten interessiert. Von daher stellt für ihn, den Vernehmungsbeamten, die Aussageverweigerung des Beschuldigten ein Problem dar. Da der Vernehmungsbeamte die Entscheidung des Beschuldigten zwar respektieren, aber nicht auf Anhieb hinnehmen muß, sollte er - so Fischer (1975: 134) - im Normalfall den Versuch unternehmen, den Beschuldigten umzustimmen. Dazu biete sich ein Gespräch über die Gründe der Aussageverweigerung an. Möglich sei auch die Hinzuziehung einer Vertrauensperson des Beschuldigten, deren Einfluß oft stärker sei als der des Vernehmungsbeamten (WALDER 1965: 134ff). In jedem Fall sei aber die Ausübung von Druck, die Andeutung von Versprechen etc. zu unterlassen.

(b) Inkenntnissetzung des Beschuldigten über den Ermittlungsstand

"Vielfach ist es zweifelhaft, inwieweit der Vernehmende ... dem Beschuldigten gegenüber erkennen lassen sollte, (a) welche Umstände bereits sicher festgestellt worden sind, (b) auf welche Punkte es vorzugsweise ankommt und (c) wie bestimmte Angaben auf den Ausgang des Verfahrens wirken werden. Es ist Aufgabe des Vernehmungsbeamten, hier das jeweils richtige Maß zu finden." (DÖHRING 1964: 43)

Döhring hält es in Übereinstimmung mit Meinert-Geerds (1976), Fischer (1975), Walder (1965) u.a. im Grundsatz für angebracht, mit der Offenlegung des Ermittlungsstandes eher defensiv umzugehen. Dem lügenden Beschuldigten - so Döhring - würde so die Möglichkeit erschwert, den ihn ggf. belastenden Sachverhalt zu verdunkeln. Für den zu Unrecht Beschuldigten werde so die Chance eröffnet, sich überzeugend zu entlasten. So könne eine defensive Veröffentlichungsstrategie nicht nur der Überführung des Schuldigen, sondern auch der Entlastung des Beschuldigten dienen.

Es versteht sich von selbst, daß dieser Aspekt gerade bei der pflichtgemäßen Belehrung des Beschuldigten über die ihm zur Last gelegte Tat vom Vernehmungsbeamten beachtet werden sollte. (WALDER 1965: 119; FISCHER 1975: 132)

(c) Bericht und Verhör

Der Tendenz nach stimmen alle Autoren darin überein, daß der Vernehmungsbeamte die Vernehmung des Beschuldigten zur Sache zunächst mit der Aufforderung an den Beschuldigten, sein Wissen zum ihm zur Last gelegten Sachverhalt zu berichten, einleiten sollte. Erst nachdem der Beschuldigte den Bericht abgegeben habe, empfehle es sich, zum Verhör überzugehen. (FISCHER 1975: 111ff; MEINERT-GEERDS 1976: 27; UNDEUTSCH 1983: 39ff; abwägend WALDER 1965: 124f; MEINERT-GEERDS 1976: 103f; ARNTZEN 1978: 22f) Zwar seien die Berichte der Beschuldigten oftmals äußerst lückenhaft, weitschweifig und unsystematisch, dafür bestehe aber die Möglichkeit, daß der Beschuldigte verfahrensrelevante Ereignisdetails, die er sonst womöglich nicht angeben würde, aussagt. Zudem biete - so Eisenberg - "die freie Aussage oftmals bessere Möglichkeiten zur Glaubwürdigkeitsüberprüfung als die Befragung, soweit es für einen Großteil der Aussagepersonen schwerer ist, einen nicht wirklichkeitsgemäßen Sachverhalt frei und zusammenhängend darzustellen, als abschnittweise auf direkte Fragen hin die Unwahrheit zu sagen." (1984: 914)

(d) Der Umgang mit Widersprüchlichkeiten der Aussage

Macht ein Beschuldigter Angaben, mit denen er sich selbst in Widersprüche verwickelt, mit denen er in Gegensatz zu allgemein akzeptierten "Erfahrungssätzen" oder als sicher festgestellten Ermittlungsergebnissen gerät, so sei es an dem Vernehmungsbeamten zu entscheiden, ob er den Beschuldigten umgehend auf die Widersprüche aufmerksam macht oder ob er die Einwände zunächst einmal zurückhält. Eine angemessene Entscheidung könne letztlich nur in Anbetracht des Einzelfalles getroffen werden. Die erste Strategievariante - die unmittelbare Konfrontation - liefe auf eine unmittelbare Klärung hinaus. Aufschlußreich könne in diesem Zusammenhang die Reaktionsweise des Beschuldigten sein. Döhring zieht aber für den Regelfall die zweite Variante - aus einem oben schon ausgeführten Grund - vor: Dem schuldigen Beschuldigten soll auf diese Weise jede Möglichkeit zur Verdunkelung seiner Tat genommen werden. Verstrickt er sich in Unkenntnis der Ermittlungslage in Widersprüche, so sei bei einer späteren Konfrontation der Zusammenbruch und ein Geständnis zu erwarten (DÖHRING 1964: 46-48; WALDER 1965: 135-141). Selbstverständlich sei der Einsatz einer Mischform beider Strategien möglich und oftmals empfehlenswert.

(e) Glaubhaftigkeits- und Glaubwürdigkeitsüberprüfung

Gleichgültig, ob der Beschuldigte in irgendwelche Widersprüche gerät oder nicht - der Vernehmungsbeamte wird seine Aussage immer auch auf ihre Glaubhaftigkeit[4] hin überprüfen. Grob betrachtet muß er sich dabei auf zwei Aspekte konzentrieren: auf die Aussagefähigkeit und auf die Aussageehrlichkeit des Beschuldigten.[5]

Mehr oder weniger von seinem "Fingerspitzengefühl" (GÖSSWEINER-SAIKO 1979: 26) und von der eigenen Vernehmungserfahrung geprägt, wird der Vernehmungsbeamte v.a. auf aussage- und persönlichkeitsspezifische Besonderheiten achten (Spontaneität und Differenziertheit der Aussage; Glaubwürdigkeit des Beschuldigten; Verhältnis der zur Last gelegten Tat zum Eindruck von der Persönlichkeit des Beschuldigten etc.)[6] und seine Vernehmung auch unter diesen

---

[4] Zur Abgrenzung der Kategorien 'Glaubhaftigkeit' und 'Glaubwürdigkeit' siehe Undeutsch 1983, Mathes 1965.

[5] Eine kompakte Zusammenfassung bietet Eisenberg (1984: 962-966) an.

[6] Interessant ist in diesem Zusammenhang, daß im Rahmen aussagepsychologischer Forschungen lediglich für ein Abtesten der Glaubhaftigkeit von Zeugenaussagen verallgemeinerbare Ergebnisse erzielt werden konnten. (ARNTZEN 1978, 1983; UNDEUTSCH 1967; Ausnahme: TRANKELL 1957) Die aussagepsychologische Untersuchung von Beschuldigteneinlassungen bereite bis jetzt noch nicht überwindbare Schwierigkeiten (ARNTZEN 1978: 3, 62), so

Gesichtspunkten ausrichten. Arntzen weist - allerdings in bezug auf die Vernehmung von Zeugen - darauf hin, daß für den Regelfall auf eine - auch subtile - vorwurfsvolle und aggressive Befragung zu verzichten sei. (1978: 10-13) Seine aussagepsychologischen Untersuchungen haben ergeben, daß andernfalls "Feinheiten der Aussage, subtile Details nicht mehr vorgebracht" (1978: 11) werden. Dadurch könne eine Beurteilung der Glaubwürdigkeit und Glaubhaftigkeit des zu Vernehmenden erheblich erschwert werden.

Graßberger empfiehlt ein Frageverhalten, das sich an "den durch das ursprüngliche Erlebnis geschaffenen Assoziationen (orientiert; N.S.) ... Hat sich so einmal der fragliche Tag in seiner Individualität aus dem zeitlichen Einerlei hervorgehoben, dann geht man von dem Erlebnis aus, das ihn für den Befragten charakterisiert. Von ihm kann man sich dann nach dem strittigen Geschehnis vor- und, wenn es sein muß, zurückfragen." (1968: 141f) Das kritische Erfassen des Aussageverhaltens und der Persönlichkeit des Aussagenden eröffne dem Vernehmungsbeamten Chancen zu einer differenzierten Einschätzung der Glaubhaftigkeit der Aussage.

Döhring schlägt ein verwandtes Verfahren für den Fall vor, daß Angaben des Beschuldigten nicht seinem wirklichen Erleben zu entsprechen scheinen. "Man verlangt ... von ihm Auskunft über solche Umstände, die für die Beurteilung des Falles nicht oder nur nebenbei von Bedeutung sind, die aber als Anhalt für die Glaubwürdigkeit des Vernommenen dienen können." (1964: 52) Diese sogenannten Situationsfragen sollen den Beschuldigten unvorbereitet treffen, so daß der Vernehmungsbeamte über die Reaktionsweise des Beschuldigten Aufschluß erhalten kann.

(f) Zur Fragetaktik und -technik

In bezug auf die Fragetaktik gilt allgemein der Grundsatz, daß das Ermittlungsziel über das Ausfrageschema nur sehr begrenzt deutlich werden soll. Andernfalls - so Döhring (1964: 48-52) - dürften jeweils bestehende Ermittlungschancen verwirkt werden.

Ein spezifisches Schwerpunktthema der Erörterungen zur Fragetaktik und -technik bezieht sich auf das Problem der Beeinflußung der Aussagen des Beschuldigten durch den Vernehmungsbeamten. Arntzen unterscheidet in diesem Zusammenhang die "Leerfragen", von denen keine suggestive Wirkung ausgehe, die "Wahlvorhaltfragen", bei denen dem Beschuldigten mindestens drei Antwortalternativen eröffnet werden, die "Konträrfragen", bei denen der Beschuldigte zwischen der vom Vernehmungsbeamten erwarteten und einer unwahrscheinlichen Antwort wählen kann, die "Vorhaltfragen", die der Beschuldigte nur bejahen oder verneinen kann, und die "Voraussetzungsfragen", bei denen der zentrale Aspekt als selbstverständlich unterstellt wird. (1978: 23-29)

---

daß dieses Feld erklärtermaßen bis jetzt der kriminalistischen Forschung überlassen werden mußte. (siehe hierzu: DÖHRING 1964: 76-83, 227-255; WALDER 1965: 199-214; MEINERT-GEERDS 1976: 23-42)

Inwieweit von einer Frage suggestive Wirkung ausgehe, hänge sicherlich immer auch - so Arntzen - vom situativen Kontext ab. Sicher sei, daß die suggestive Wirkung in sehr vielen Fällen nicht bedacht werde - dem Vernehmungsbeamten eher unterlaufe. Gleichwohl stelle sie für die Beurteilung des Aussagewerts oft ein erhebliches Problem dar, so daß ein weitgehender Verzicht auf suggestive Elemente bei der Befragung angezeigt sei (ARNTZEN 1978: 23). Gössweiner-Saiko weist darauf hin, daß es im Vernehmungsalltag allerdings oftmals "ohne Suggestivfragen kein Weiterkommen (gebe; N.S.), weil den Vernommenen erst auf diese Weise Details nahegebracht werden, an die sie bei strengförmiger Vernehmung niemals gedacht hätten." (1979: 27)

(g) Förderung der Geständnisbereitschaft

Hält es der Vernehmungsbeamte für angezeigt, die Geständnisbereitschaft des Beschuldigten zu fördern, so gälte es im Hintergrund stets zwei Gesichtspunkte zu beachten:

(a) Der Vernehmungsbeamte sollte sich nicht auf das Erlangen eines Geständnisses versteifen und sich damit von der Bereitschaft des Beschuldigten abhängig machen (v.a. SCHNEIKERT 1935: 200). Der Schuldbeweis könne oft mit anderen Beweismitteln erbracht werden.

(b) Bei seinen Bemühungen um ein Geständnis des Beschuldigten dürfe die Entscheidungsfreiheit des Beschuldigten unter keinen Umständen beeinträchtigt werden. (v.a. SCHNEIKERT 1935: 200; StPO Paragraph 136a)

Allerdings seien Bestrebungen des Vernehmungsbeamten, ein Geständnis des Beschuldigten zu erwirken, trotz der Möglichkeit, andere zwingende Beweise ins Feld zu führen, durchaus verständlich: Neben dem Gewinn für die Sachverhaltserforschung könne das Geständnis "auch dort, wo bereits hinreichende objektive Beweise für die Schuld des Verdächtigen vorliegen, ... dadurch von Wert sein, daß es dem Beurteiler eine letzte Sicherheit gibt und die auf ihm lastende Verantwortung weiter mindert." (DÖHRING 1964: 194)

Grundsätzlich ließen sich zwei Förderungsverfahren unterscheiden:

(a) Der Vernehmungsbeamte könne dem Beschuldigten die belastenden Momente immer wieder von neuem vorhalten und/oder auf die Brüchigkeit der Entlastungsmomente hinweisen. Diesem eher direktiven stünden

(b) eher nondirektive Verfahren gegenüber: Der Vernehmungsbeamte habe die Möglichkeit, das Mitteilungsbedürfnis des Beschuldigten oder sein Anerkennungsstreben auszunutzen, auf die affektive Lage des Beschuldigten abzuheben oder die Ehrauffassung des Beschuldigten ins Spiel zu bringen. (WEINGART 1904: 10ff)

Kündige sich dann - zunächst noch verdeckt - die Geständnisbereitschaft des Beschuldigten an, so solle der Vernehmungsbeamte auf affektive, insbesondere triumphierende Regungen verzichten. Der Beschuldigte könne so veranlaßt werden, seine Bereitschaft zurückzunehmen.

Gesteht der Beschuldigte die Tat, so gälte es zunächst einmal, den Geständnisinhalt genau festzuhalten. V.a. die konkreten Tatumstände, die nur der

Beschuldigte wissen kann - Graßberger spricht von der für das echte Geständnis typischen "Preisgabe eines Geheimnisses" (1968: 167f) - , sollten umgehend sichergestellt werden. Dabei sei besonders darauf zu achten, daß die überprüfbaren Angaben festgehalten werden. (MEINERT-GEERDS 1976: 39) Auch das Wissen von 'Hilfsbeweisen' könne zur Beurteilung der Aussage wichtig werden. Eine entsprechende Erhebung schade somit nicht.

Die Erhebung und Sicherstellung des Geständnisses unter den genannten Aspekten diene nicht nur der Sachaufklärung. Schon in dieser Phase müsse der Vernehmungsbeamte darauf achten, daß das Geständnis des Beschuldigten zum einen auf seine Richtigkeit hin überprüft werden kann und zum anderen vor Widerruf geschützt ist. Je detaillierter und spezifischer das Geständnis des Beschuldigten ausfalle, um so genauer könne die Überprüfung gestaltet und der Schutz gewährleistet werden.

(h) Reaktionen auf den nicht-geständigen Beschuldigten

Ähnliche Gesichtspunkte wie für die Geständniserhebung seien auch für die Sicherstellung von Aussagen des nicht geständigen Beschuldigten maßgebend. Auch ihn gälte es peinlich genau auf spezifische Aussagedetails hin zu befragen, um das von ihm veröffentlichte Wissen dann eingehend überprüfen zu können. Zur Vermeidung von Ausreden empfehle sich eine straffe Vernehmungsführung. D.h.: Die Vernehmung sollte ohne Pause erfolgen, und der Vernehmungsbeamte sollte auf einer genauen Beantwortung seiner Frage bestehen.

Im einzelnen könne die Gesprächsführung verschieden akzentuiert werden:

- Der Vernehmungsbeamte habe die Möglichkeit, dem Beschuldigten seinen Unglauben anzuzeigen.
- Der Vernehmungsbeamte könne den Beschuldigten aber auch, ohne einen Einwand zu erheben, in der Hoffnung reden lassen, daß er sich als Schuldiger in Lügen verstrickt, seine Aussagen somit unglaubwürdig werden.
- Denkbar bliebe auch ein Ansprechen auf affektive Regungen wie Erröten, Verlegenheit etc.
- Nur mit äußerster Vorsicht sollten Suggestivfragen eingesetzt werden.

Um die Überprüfbarkeit der Aussagen nicht geständiger Beschuldigter zu gewährleisten, sei eine äußerst exakte Protokollierung erforderlich. Die Protokollierung sollte möglichst schon während der Vernehmung durchgeführt werden. (WALDER 1965: 135-141)

(i) Zur Protokollierung der Aussage

Die Protokollierung der Aussage des Beschuldigten wird unter zwei aufeinander bezogenen Gesichtspunkten in der Kriminalistik behandelt:

- die Bedingungen einer aussagegerechten Vertextung und
- die Möglichkeiten eines Schutzes vor Widerruf.

Fluchtpunkt aller Ausführungen ist zunächst die aussageentsprechende Übertragung der Angaben des Beschuldigten in den Protokolltext. Protokollierungsfehler aller Art seien unbedingt zu vermeiden, da ansonsten der Grundstein für eine fehlerhafte Sachverhaltserforschung für die Folgephasen des Strafverfahrens gelegt werden könnte. In diesem Zusammenhang wird natürlich die Frage nach einem geeigneten Protokollierungsverfahren aufgeworfen. Allgemein unterscheidet man drei Verfahrensformen:

- Zug-um-Zug Protokollierung
  Als Vorteil dieser Verfahrensform gilt der Detailreichtum; allerdings enthalte ein so erstelltes Protokoll viele überflüssige Einzelheiten, es sei zudem oft unstrukturiert. Von daher zögen viele Vernehmungsbeamte die
- abschnittweise Protokollierung
  vor. Diese Verfahrensform ermögliche immer noch eine detaillierte und biete gleichzeitig die Chance zu einer strukturierten Protokollierung. Für den Normalfall wird diese Protokollierung von Meinert (1956: 236f), Walder (1965: 18Of) u.a. empfohlen. Allerdings erheben Dietrich (1942), Hellwig (1951: 317f) und Graßberger (1968: 131) Einwände: Sie sehen - auch bei dieser Vorgehensweise noch - durch die regelmäßigen Unterbrechungen des Vernehmungsgespräches Probleme für die Ermittlungen. Graßberger schränkt jedoch ein, daß im Falle eines seine Aussage noch während der Vernehmung widerrufenden Beschuldigten die abschnittweise Protokollierung angemessen sei. Als Alternative böte sich dann noch die
- zusammenfassende Protokollierung
  an. Sie erfolge nach Abschluß der Ermittlungen und habe von daher den Vorteil, eben diese Ermittlungen nicht zu stören. Der Nachteil liege allerdings auf der Hand: Es bestehe die nicht zu unterschätzende Gefahr des Vergessens oder Verfälschens der zuvor gemachten Aussage.

(zusammenfassend BUSAM 1983: 97-99)

Einigkeit besteht darin, daß die jeweilige Wahl des Verfahrens vom Vernehmungsbeamten unter dem Eindruck der Besonderheiten des Einzelfalles zu entscheiden ist.

Als Indizien für eine gelungene Protokollierung gelten: die wortgetreue Wiedergabe der wichtigen Aussagepassagen; die Wiedergabe des Vernehmungsdialogs (Frage-Antwort); die mehrmalige Aufführung der entscheidenden Aussageelemente an unterschiedlichen Stellen des Textes; handschriftliche Korrekturen des Beschuldigten (die auf eine genaue Kenntnisnahme des Textes durch den Beschuldigten schließen lassen); ausführliche Niederschrift gerade auch der überprüfbaren Aussagedetails etc. (MEINERT-GEERDS 1976: 213-234; knapp zusammengefaßt in BUSAM 1983: 85-92)

Protokolle, die diese Merkmale aufweisen, seien weitgehend vor einem Widerruf im weiteren Verlauf des Verfahrens geschützt, sie seien überprüfbar und für weiterführende Ermittlungen wertvolle Hilfestellungen.

Vernehmungsfehlleistungen

In der Literaturskizze zur Vernehmungstechnik und -taktik sind Verfahren angedeutet, die dem Vernehmungsbeamten für die Bewältigung seiner Aufgabe in der polizeilichen Vernehmung des Beschuldigten - der Wahrheitserforschung und der entsprechenden Beweiserhebung - zur Verfügung stehen.

Deutlich wird bei der Lektüre

- die Komplexität der zu bewältigenden Aufgabe und
- die Unmöglichkeit, dem Vernehmungsbeamten ein erfolggarantierendes Bewältigungsschema anzubieten.

Die vorgestellten Schemata bleiben sehr grob, allgemein und werden oft direkt im Zusammenhang mit Alternativen aufgeführt; die Gültigkeit von Handlungsgrundsätzen schränken die Autoren immer wieder mit Verweis auf fallspezifische Besonderheiten ein. Über die Wahl eines 'geeigneten' Verfahrens - darauf wird in der Literatur immer wieder verwiesen - könne letztlich nur vor dem Hintergrund des Wissens um die Besonderheiten des jeweiligen Einzelfalles entschieden werden.

So wird plausibel, daß es trotz der aufgezeigten Möglichkeiten der Wahrheitserforschung in der polizeilichen Vernehmung Beschuldigter immer wieder zu folgenschweren 'Fehlern' bei der Aufklärung und Beweiserhebung kommt.

Man schätzt, "daß etwa 10% der jährlich (in der BRD) gefällten Million richterlicher Entscheidungen in erheblichen Teilen nicht sachentsprechend seien." (GÖSSWEINER-SAIKO 1979: 16) Es gilt als sicher, "daß die Fehlleistungen ... auf ungenügender und unrichtiger Abklärung relevanter Materialien (beruhen; N.S.). Zu letzteren zählen eben vornehmlich wiederum menschliche, personale Beweismittel, die zahlenmäßig nach wie vor den zentralen Platz in der Untersuchungskunde wie auch in der wie eh und je problematisch gebliebenen freien richterlichen Beweiswürdigung einnehmen." (GÖSSWEINER-SAIKO 1979: 10) So gelten Fehlentwicklungen bei der (polizeilichen) Vernehmung als ein Hauptgrund für Fehlentscheidungen im Strafverfahren.

In der kriminalistischen Literatur werden solche Fehlentwicklungen in bezug auf zwei sich bedingende Ansatzpunkte diskutiert:

(a) die Leistung des Beschuldigten:
   - Im Vordergrund der Betrachtung stehen vorsätzlich falsche Aussagen des Beschuldigten (im Kern die Lüge), als deren Folge eine fehlerhafte Sachverhaltserforschung eingeleitet wird.
   - Ursache könnten aber auch sogenannte "Aussagefehler" sein, die als Folge von Verzerrungen der Wahrnehmungs-, Erinnerungs- und Wiedergabeleistungen beim Beschuldigten zustande kämen und vom Vernehmungsbeamten als solche nicht erkannt würden. (MEINERT 1948; BAUER 1970: 264-287; MEINERT-GEERDS 1976: 23-42; UNDEUTSCH 1983: 391-394)

(b) die Leistung des Vernehmungsbeamten:

- Durch die im Einzelfall sich jeweils etablierende Vernehmungsdynamik werde der Vernehmungsbeamte häufig dazu verleitet, bestehende Ermittlungsgrundsätze grob fahrlässig außer acht zu lassen, so daß die Aussageperson nicht veranlaßt würde, ihr 'bestes Wissen' offenzulegen. Unbemerkte Konsequenz seien dann lückenhafte, verzerrende und eindeutig falsche Aussagen des Beschuldigten. (Eine sehr anschauliche Zusammenfassung bietet GRASSBERGER 1968: 126-199; 318-330.)
- Als oft 'anzutreffender' Mangel im soeben beschriebenen Sinne gilt das vorzeitige "Sichbeschränken auf eine bestimmte, für richtig gehaltene Aufklärungslinie" (PETERS 1972: 205; s.a. MISCH 1929). Ausdruck fände diese eingeschränkte Ermittlung vor allem in der unkritischen Übernahme von Geständnissen, die nach Hirschberg (1960) die häufigste spezifische Fehlleistung darstellt. (Fallbeispiel: HOFFMANN 1968)

Da der Vernehmungsbeamte stets mit vorsätzlichen Falschaussagen und Aussagefehlern rechnen muß - diese These wurde ja auch schon einleitend als Ausgangspunkt aller vernehmungstaktischen und -technischen Überlegungen herausgestellt -, werden Fehlentwicklungen in polizeilichen Vernehmungen Beschuldigter für den Regelfall als "Fehlleistungen" (GÖSSWEINER-SAIKO 1979: 10) des Vernehmungsbeamten verbucht. Es wird zwar eingeräumt, daß in Anbetracht der Komplexität der Aufgabenstellung kein Vernehmungsbeamter vor Kunstfehlern gefeit sei; sie gelten aber für den Regelfall als vermeidbar. Man geht davon aus, daß der erfolgreiche Verlauf einer Vernehmung im wesentlichen vom Können und vom Geschick der Ermittlungsbeamten im allgemeinen und des Vernehmungsbeamten im besonderen abhänge. Beherzigt er, der Vernehmungsbeamte, die Prinzipien des "kriminalistischen Denkens" (ANUSCHAT 1921; WALDER 1955) und die Grundsätze zur Durchführung von Beschuldigtenvernehmungen, ist er dann noch mit "reicher Erfahrung" (SEELIG-BELLAVIC 1963: 74) und dem erforderlichen Schuß "Fingerspitzengefühl" (GÖSSWEINER-SAIKO 1979: 26) ausgestattet, dann dürfte ihm bei der Erforschung der Wahrheit keine unüberwindbare Hürde mehr im Wege stehen. Oder wie Fischer sich ausdrückt: "Wer den ihm im Rahmen der Vernehmungstätigkeit erteilten Auftrag ernst nimmt und an ihn mit Klugheit und Geschick herangeht, wer durch die Art seiner Vernehmungsführung beweist, daß er seiner Aufgabe gewachsen ist, der wird auch in schwierigen Fällen eine optimale Lösung erzielen. Er erkennt nicht nur, wenn der Vernommene nicht bereit oder fähig ist, die Wahrheit zu sagen, sondern er wird durch seinen persönlichen Einfluß auch zu verhüten wissen, daß fehlerhafte Aussagen zustande kommen und zu einer falschen Beurteilung der Situation führen. Die Beachtung der vernehmungstaktischen und -technischen Regeln wird dem Beamten manchen wertvollen Hinweis geben, wie er ein der Wahrheit ziemlich nahekommendes Bild erreichen kann." (1975: 106)

Dieser Optimismus wird mit dem Argument flankiert, es gehe im Strafprozeß ja ohnehin nicht "um den Nachweis 'absoluter Wahrheit'; es genüge, wenn etwas als 'über jeden vernünftigen Zweifel erhaben' dargetan werde." (WALDER 1955: 128[7]; s.a. ANUSCHAT 1921: 35f)

2.1.2 Kommunikationswissenschaftliche Analysen von Vernehmungs- und Protokollierungsfehlern

Durch die Zusammenarbeit des Instituts für Kommunikationsforschung und Phonetik an der Universität Bonn mit dem Bundeskriminalamt ergab sich Mitte der 70er Jahre die Möglichkeit, empirisch fundierte Untersuchungen von polizeilichen Vernehmungen Beschuldigter und von Zeugen durchzuführen. Für die empirischen Untersuchungen von Banscherus (1977) und Schmitz (1978) wurden keine sensiblen Daten (also Mitschnitte 'echter' Vernehmungen), sondern simulierte Vernehmungen (allerdings mit 'wirklichen' Beamten) als Grundlage verwendet. Erstmals konnte in der Bundesrepublik Deutschland - wenn auch noch unter Laborbedingungen - eine wissenschaftlich empirische Rekonstruktion alltäglicher Ermittlungs- und Protokollierungsfehler eingeleitet werden, auf deren Basis dann Grundsätze zur Überwindung der festgestellten 'Fehler' formuliert wurden. Dem von Schmitz und Banscherus konstatierten Mangel an "spezifisch professionellen Verfahren der Tathergangsrekonstruktion aus Aussagen" (SCHMITZ 1983: 357) als Folge eines - nach Schmitz auch in der kriminalistischen Literatur zur Vernehmungsführung nachweisbaren - unklaren Wissens um das "Verhältnis zwischen Aussage der Vernommenen, Protokollformulierungen und rekonstruierter Wirklichkeit" (1983: 357) sollte so entgegengewirkt werden.

2.1.2.1 Zwangskommunikative und pseudo-symetrische Vernehmungsführung

Nach Banscherus (1977; zusammenfassend: BANSCHERUS, BRUGGER, KUBE 1978) besteht die zentrale Aufgabe "einer" polizeilichen Vernehmung in der Rekonstruktion der Ereignisperspektive des zu Vernehmenden (1977: 29f) und übergreifend in der Ermittlung des zur Debatte stehenden Sachverhalts (1977: 39). Probleme bereiten v.a. zwei handlungstypspezifische Besonderheiten:

(a) der zwangskommunikative Charakter polizeilicher Vernehmungen (der von den Rahmenbedingungen ausgehende strukturelle Zwang; das Typisierungsmonopol des Vernehmungsbeamten; 1977: 50f) und

---

7 "Mit 'Zweifeln' ... sind nicht jene entfernten Möglichkeiten des Andersseins gemeint, an die ein extremer Skeptiker denkt oder die ein überverantwortungsbewußter Wissenschaftler erwägt. Die Zweifel, die hier anvisiert werden, müssen im praktischen Leben ins Gewicht fallen; sie müssen jedem gesunden und kritischen Menschen auftauchen." (WALDER 1955: 128)

(b) die das Vernehmungsgespräch oftmals prägenden Zielkonflikte (1977: 39; 65).

Vor diesem Hintergrund stehen dem Vernehmungsbeamten - so Banscherus - zwei zwangskommunikative Basisvarianten für die Durchführung der Ermittlungen zur Verfügung:

(a) die komplementäre zwangskommunikative Befragung des Beschuldigten (institutioneller Vernehmungsstil: Frage-Antwort-Schema; interrogative Vernehmungsphase; 1977: 50f) und
(b) das pseudo-symetrische Vernehmungsgespräch (nicht-institutioneller Interaktionsstil: Erzählphase; pseudo-symetrischer Dialog; 1977: 52f, 64ff).

Der empirischen Analyse von Banscherus zufolge bevorzugen die Vernehmungsbeamten bei weitem das komplementäre "Frage-Antwort-Schema" (1977: 114; 149). Gerade diese Strukturierung der Vernehmungskommunikation führe

(a) zu Ermittlungsfehlern aufgrund eines mangelhaften Informationszugangs und -flußes;
(b) zu Protokollierungsfehlern im materiellen, modalen, temporalen und logischen Bereich: gerade auch die erfahrenen Beamten werden zu voreiligen Typisierungen verleitet;
(c) zu Desorientierungen der Beschuldigten und Zeugen, die ihnen nicht mehr erlauben, das Vernehmungsgespräch kompetent mitzustrukturieren. Resozialisierungschancen werden - so Banscherus - hier schon vertan.

(zusammengefaßt in 1977: 269-276)

2.1.2.2 "Vernehmung als Aushandeln der Wirklichkeit"

Schmitz führt die von Banscherus vorgenommene kommunikationswissenschaftliche Analyse von polizeilichen Vernehmungen mit einer Untersuchung von Zeugenvernehmungen fort (1978; zusammenfassende Darstellungen: SCHMITZ/PLATE 1978, SCHMITZ 1979). In einem 1983 veröffentlichten Aufsatz faßt er den Ertrag beider Analysen zusammen.

Schmitz operiert in seinen Untersuchungen und Ergebnisdarstellungen mit einem modifizierten Analyseinstrumentarium: Er ersetzt die starre und etwas grobe Differenzierung "zwangskommunikativer" vs "pseudosymetrischer" Interaktionsstil durch ein in sich geschlossenes, dynamisches Analysewerkzeug: den Aushandlungsansatz. Mit ihm scheint der Untersuchungsgegenstand - die polizeiliche Vernehmung -in besonderer Weise getroffen. Dazu einige Erläuterungen:

Die Wahrheitserforschung im Straf- und Ermittlungsverfahren bezieht sich material auf zwei Quellen: (a) auf das Ereigniswissen der Aussageperson um den zur Debatte stehenden Sachverhalt und (b) auf die juridischen Normen des materiellen Strafrechts. Vereinfacht betrachtet, verläuft der Forschungsprozeß in der polizeilichen Vernehmung so, daß der Vernehmungsbeamte sich von der

Aussageperson über deren Wissen von den Ereignissen informieren läßt und es unter dem Aspekt der Relevanz für weitere Ermittlungen und für die gerichtliche Wertung nach Maßgabe kriminalistischer und juridischer Normen - unter mehr oder weniger großer Beteiligung der Aussageperson - 'filtert'.

Der beschriebene Rekonstruktionsvorgang ist aber stets problematisch: Der Ermittlungsprozeß unterliegt zwar verbindlichen Verfahrensregeln, aber die konkreten Ermittlungsverfahren werden durch sie nicht bis ins einzelne geregelt, so daß den Vernehmungsbeteiligten stets große Freiheit bei der Wahl der Gesprächs- und Darstellungsschemata, vermittels der die Aussage geleistet wird, bleibt.

Da der Aussagegehalt immer auch geprägt ist von dem gewählten Situations-, Gesprächs- und Darstellungsrahmen, ist nichts wahrscheinlicher, als daß Darstellungen einer Aussageperson zu einem von ihr erlebten Ereignis in bezug auf verschiedene Rekonstruktionsverfahren variieren. Deutlich wird so die Gefahr, daß bei entsprechenden Verfahren erlebte und rekonstruktionsrelevante Ereignisdetails, -aspekte und -zusammenhänge gar nicht erst in den Blick des Vernehmungsbeamten geraten. Diese Gefahr ist v.a. deshalb so groß, weil (a) das Ereigniswissen der Aussageperson durchdrungen ist von und konstruiert ist durch ihre alltagsweltlich subgesellschaftliche und persönliche Perspektive, die mit der juridischen nicht (ohne weiteres) kompatibel ist, und weil (b) der Aussageperson ein ausreichendes Wissen um das in diesem Fall ausschlaggebende juridische Relevanzsystem fehlen kann, so daß es ihr - selbst bei einer umfassenden Aussagewilligkeit - schwer fallen dürfte, ihr Ereigniswissen auf die juridischen Normen hin zu ordnen. Die Aufgabe des Vernehmungsbeamten besteht somit darin, ein Aussageverfahren zu initiieren, das es ihm erlaubt, gemeinsam mit der Aussageperson deren Ereigniswissen - im Zusammenspiel von Ermitteln und Überformen - so zu erheben, daß die kriminalistische Rekonstruktion des 'tatsächlichen Geschehens' durch die Polizei (und deren juridische Ausdeutung durch die Staatsanwaltschaft und durch das erkennende Gericht) hinreichend gefördert wird. Das vom Vernehmungsbeamten initiierte Verfahren muß - soll es zum Erfolg führen - von der Aussageperson wie auch immer akzeptiert, mitgestaltet und so mitgetragen werden.

Zunächst einmal diesen Sachverhalt wird Schmitz im Auge gehabt haben, als er die Ausgangsthese für seine Untersuchung - (sinngemäß:) **die Vernehmungsbeteiligten sind gezwungen auszuhandeln, mit welchem Verfahren sie den Vernehmungsgegenstand aushandeln wollen** (SCHMITZ 1983: 358) - aufstellte.

Schmitz unterscheidet sechs Aushandlungsebenen: "Geschehen"; "Formulierung für die Darstellung der Ereignisse"; "Bedeutung der geschriebenen Formulierung im Protokoll, ohne daß etwas geändert wird"; "schriftliche Veränderung an Protokollformulierungen"; "Glaubwürdigkeit der Aussageperson"; "Verfahren der Vernehmung". (1983: 371f)

Abgeschlossen ist die Aushandlung dann, wenn der Vernehmungsgegenstand nach dem Schema von Vorschlag und Reaktion solange bestimmt wurde, bis die

Vernehmungsbeteiligten einen Vorschlag akzeptieren und im Protokoll verbindlich festhalten.

Die besonderen Rahmenbedingungen von polizeilichen Vernehmungen bringen es mit sich, daß der Aushandlungsvorgang strittig verlaufen kann. In solchen Fällen muß die Situationsdefinition nicht unbedingt solange ausgehandelt werden, bis alle Beteiligten sie 'glauben'. Die ausgehandelte, abschließend akzeptierte und protokollierte Situationsdefinition kann durchaus von einem der Beteiligten als nicht angemessen im Einklang stehend mit dem, "was wirklich geschehen ist" (SCHMITZ 1983: 369), betrachtet werden. D.h.: Die Vernehmung wird notfalls auch fortgesetzt, "wenn beide Partner der Ansicht sind, daß der andere weiß oder glaubt, daß von beiden Seiten Definitionen nur dargeboten werden." (SCHMITZ 1983: 370) Die mit solchen Kompromissen verbundenen Gefahren für eine angemessene Sachverhaltsrekonstruktion liegen auf der Hand, scheinen aber oftmals nicht vermeidbar.

Für die Gestaltung des Aushandlungsprozesses in der polizeilichen Vernehmung sind die Möglichkeiten der Beteiligten, Einfluß auf den Aushandlungsprozeß zu nehmen, vorentscheidend. Von herausragender Bedeutung sei deshalb die "Art der kommunikativen Interaktion". In ihr "findet die relative Macht und Autorität der Parteien ihren Ausdruck." (SCHMITZ 1983: 367) Schmitz bestätigt auf der Basis eigener empirischer Untersuchungen die Forschungsergebnisse von Scheff, nach denen ein Reagierender vor allem dann, wenn er "zusätzlich Gegenvorschläge unterbreitet" (SCHMITZ 1983: 368), "eine relativ größere Macht, das gemeinsame Ergebnis zu kontrollieren (hat; N.S.), als derjenige, welcher 'vorschlägt'." (ders.: 368) Somit kann bei einer institutionell vorgegebenen Verteilung "Reagierender: Vernehmungsbeamter" und "Vorschläger: zu Vernehmender" von einem per se bestehenden Kontrollvorsprung für den Vernehmenden ausgegangen werden. Der an formalen Interaktionsmerkmalen festgemachte Vorsprung bei der Verteilung der Kontrollchancen ist ein Aspekt der institutionell abgesicherten Dominanz des Vernehmungsbeamten: Zwar kann "durch positive Nutzung seiner fortwährenden Vernehmungserfahrung ... die vernehmungsunerfahrene Aussageperson ein Verständnis seines ihm zugeordneten Teilproblems und der dazugehörigen Handlungsanweisungen und -pläne" (SCHMITZ 1983: 363) entwickeln und strategisch einsetzen. Doch "ermöglicht vor allem die Macht des Polizeibeamten oder des Richters als Vertreter der jeweiligen Institution die Durchsetzung der Verfahrensregeln. Über einen Verweis auf ihre institutionelle Dominanz vermögen sie den Verfahrensverlauf zu bestimmen und dadurch wiederum selbst gegenüber interaktionsgewandten Aussagepersonen eine interaktive Dominanz zu gewinnen und zu erhalten. So wird den Aussagepersonen nicht nur die räumliche und soziale Situation vorgegeben, sondern der Vernehmende bestimmt weitgehend: wer wann sprechen darf; welcher Redegegenstand wem offen steht; an welcher Stelle ein bestimmtes Thema eingeführt und beendet wird; welche Sprachebene und welches Aussageverhalten akzeptabel sind; was als 'natürlich', 'normal', 'ordentlich', 'wahrscheinlich' usw. anzusehen ist; was relevant oder irrelevant ist, was wesentlich oder subsidiär ist; wer wann Schlüsse ziehen darf; wer wann Ergebnisse formulieren darf; wie wann welche Ergebnisse protokolliert werden und damit auch die Dauer der Vernehmung oder die Notwendigkeit einer erneuten Vernehmung." (SCHMITZ 1983: 363) **Demzufolge ist der Vernehmungsbeamte mit einer Aushandlungsmacht ausgestattet, die ihm jederzeit die Gestaltung des Vernehmungsgeschehens nach eigenen Vorstellungen gestattet.**

Der Untersuchung von Schmitz zufolge ist für das Zustandekommen von Fehlern bei der Ergebnisgewinnung und -sicherung ausschlaggebend, in welchem Ausmaß der Vernehmungsbeamte seine "Aushandlungsmacht zum Tragen" (SCHMITZ 1983: 373) bringt: der institutionell abgesicherte Kontrollvorsprung ermögliche es dem Vernehmungsbeamten, 'bei Bedarf' "Einfluß auf das Aushandlungsergebnis" (SCHMITZ 1983: 373) zu nehmen, was dann häufig zu erheblichen Verzerrungen und Verfälschungen führe (siehe SCHMITZ 1983: 373-377). In bezug auf die zwei Großphasen von polizeilichen Vernehmungen - Vorgespräch und Protokollierungsphase - führt Schmitz bedeutsame und immer wiederkehrende Vernehmungsfehler auf und stellt ihnen begründet Grundsätze und Vorschläge einer angemessenen Vernehmungsführung entgegen:

Das Vorgespräch

Das Vorgespräch dient - so Schmitz - der Grundinformation des Vernehmungsbeamten. In ihm wird "schon eine erste Aushandlung der Sicht des wirklichen Geschehens geleistet" (SCHMITZ 1978: 336): Glaubwürdigkeits- und Glaubhaftigkeitsüberprüfung; Prüfung von Hypothesen und Verdachtsmomenten; erste Tathergangsrekonstruktion. Die Aushandlung wird aber (i.d.R.) im Vorgespräch nicht abgeschlossen, sie ist vielmehr vorläufig, muß in der Protokollierungsphase ausdifferenziert und kann in ihr auch noch - allerdings nicht ohne weiteres - uminterpretiert werden. Vorgespräche sollen "eine reibungslose Gestaltung der Protokollierungsphase" (SCHMITZ 1983: 336) gewährleisten.

In seinen empirischen Untersuchungen stellt Schmitz fest, daß der von den Vernehmungsbeamten begangene Aushandlungsgrundfehler in den Vorgesprächen in dem zu hohen Anteil überdies oft ungeschickt eingesetzter interrogativer Phasen bestand. (SCHMITZ 1978: 226ff; 319ff) Die Vernehmungsbeamten wählten diesen Gesprächsmodus, um von vornherein "Wissen aufgrund von Wahrnehmungen von solchem aufgrund von Schlußfolgerungen zu trennen, um Vortäuschungen aufzudecken, ungewöhnliche oder unerwartete Handlungsweisen begründet oder plausibilisiert zu bekommen, und vor allem, um ohne Umorientierungsschwierigkeiten von Anfang an das tatsächliche Geschehen rekonstruieren zu können." (SCHMITZ 1983: 381)

Dadurch, daß die Vernehmungsbeamten auf diese Weise die Aussage des zu Vernehmenden frühzeitig straff mit ihrem Relevanzsystem überzogen und damit ihre Aushandlungsmacht zur Geltung brachten - so Schmitz -, verwirkten sie bessere Chancen der Glaubwürdigkeits-und Glaubhaftigkeitsüberprüfung. Schmitz konnte darüber hinaus nachweisen, daß in Vorgesprächen, in denen interrogative

Phasen dominierten, signifikant mehr wesentliche Ereignisdetails verloren gingen und Aussagefehler bzw. Fehleinschätzungen durch die Vernommenen begangen wurden, als in Vernehmungen bzw. Vernehmungsphasen, in denen die Vernommenen zunächst 'ungehindert' berichten und erzählen konnten. (SCHMITZ 1978: 319-336)

Angemessen erscheint es ihm von daher, den zu Vernehmenden erst, ohne störende Zwischenfragen zu stellen, berichten zu lassen. Vorbildhaft wird von Schmitz hier die "Technik des narrativen Interviews", wie sie von Fritz Schütze im Rahmen einer gemeindesoziologischen Untersuchung entwickelt wurde, erwähnt. (SCHMITZ 1978: 223ff; SCHÜTZE 1976: 159-260; 1977) Über bestimmte Verhaltensstrategien soll der zu Vernehmende zu "Darstellungen eigenerlebter Erfahrungen" veranlaßt werden. Über kommunikationsinterne Erzählzwänge (Detaillierungs-, Kondensierungs-, Gestaltschließungszwang) wird der Beschuldigte so veranlaßt, relevante Ereignisdetails, zu deren Angabe bei einer Befragung möglicherweise für ihn 'kein Anlaß' bestanden hätte, zu nennen. Er kann über eben diese Erzählzwänge sogar dazu verführt werden, Details, die er nicht oder in dieser Form nicht preisgegeben hätte, anzugeben. Es wird dem Vernehmungsbeamten über die Kenntnisnahme des Darstellungsgehaltes und der Darstellungsform auch möglich sein, "eine fiktionale Erzählung von einer echten zu unterscheiden, und zudem Versuche, aus dem Erzählschema auszusteigen - etwa um anstehende Informationen zurückzuhalten -, zu erkennen und zu verhindern." (SCHMITZ 1983: 379) Hier bieten sich dem Vernehmungsbeamten Anhaltspunkte für gezielte Nachfragen in der interrogativen Phase.

"Insgesamt scheint die Verläßlichkeit der in Vorgesprächen ausgehandelten und rekonstruierten Ergebnisse nach den bisher vorliegenden Analysen vor allem von folgenden vier Variablen abhängig zu sein: 1. der Bereitschaft des Beamten, Aushandlungspersonen erzählen zu lassen und zu weiteren Erzählpassagen zu veranlassen; 2. den Kenntnissen der Aussagepersonen vom Vernehmungsverfahren allgemein und von dem, was Polizeibeamten in einem bestimmten Falle relevant erscheint; 3. Art und Zeitpunkt der Durchführung interrogativer Phasen und der Bereitschaft der Beamten, sich auf Gegenvorschläge der Aussageperson einzulassen, bzw. sogar - wenn nötig - sie zu Gegenvorschlägen aufzufordern, damit sie sich nicht frühzeitig der Aushandlungsmacht der Beamten beugen; 4. der Schwere des Delikts, zu dem vernommen wird, und das damit verbundene veränderte Befragungsverhalten der Beamten im Vergleich zu anderen Delikten." (SCHMITZ 1983: 382)

Die Protokollierungsphase

Die Protokollierungsphase bildet den zweiten Aushandlungsabschnitt. In ihr wird auf die Ergebnisgewinnung aus dem Vorgespräch zurückgegriffen und im Wechsel von detaillierter Ergebnisgewinnung und Ergebnissicherung das Aushandlungsergebnis endgültig definiert. Aushandlungsschnittpunkt ist der Übertrag der im Gespräch formulierten Aussage des Beschuldigten in den Protokolltext. Schmitz hat in bezug hierauf acht Protokollierungsmodi herausgearbeitet (1978: 344f) und bei der Rekonstruktion des Protokollgeschehens eingesetzt.

Die Parallelisierung von Ergebnisgewinnung und -sicherung stellt - so Schmitz - ein nur schwer lösbares Problem der Protokollierungsphase dar. (1978: 351-373) Er wies empirisch nach, daß die Vernehmungsbeamten über ihre Aushandlungsmacht zur Bewältigung dieses Problems allerdings Verfahren initiierten und durchsetzten, die nahezu zwangsläufig Fehler der Rekonstruktion und Ergebnissicherung zur Folge hatten:

- Durch wenig umsichtige Wechsel von der Ergebnisgewinnungsphase zur Sicherungsphase (und umgekehrt) ging des öfteren der Vernehmungs- bzw. Protokollierungsfaden verloren. (1978: 378ff)
- Bedingt v.a. durch eine von vornherein bestehende Konzentration auf die Protokollierung gerieten die Ergebnisgewinnungsphasen (v.a. die narrativen Phasen) oft sehr kurz. Folge: der 'Verlust' wesentlicher Ereignisdetails. (1978: 378ff)
- Massive Hilfestellungen bei der Formulierung des Protokolltextes führten ebenso zu Verfälschungen der Aussage wie
- sinngemäße Protokollierungen, bei denen der Vernommene keine angemessene Kontrolle über die Transformation seiner Aussage in den Text hatte. (1978: 344f)
- Die Entkontextualisierung der Aussage beim Übertrag ins Protokoll ging oftmals mit Verzerrungen der Aussagebedeutung einher. (1983: 385f)
- Mit der üblichen Protokollierung in der Ich-Form, wurde regelmäßig suggeriert, der Beschuldigte habe die Aussage, so wie sie dann später als Text vorlag, diktiert. (1983: 384)
- Und nicht zuletzt die mangelnde Bereitschaft von Vernehmungsbeamten zur Korrektur bereits protokollierter Aussagen war für die Installation von Rekonstruktionsfehlern verantwortlich zu machen. (1978: 373ff; 389ff)

Um die angezeigten Fehlleistungen von vornherein weitgehend auszuschließen, hat Schmitz folgende Verfahrensvorschläge entwickelt:

- Der zu Vernehmende sollte während der Ergebnisgewinnungsphase ausreichend Raum erhalten, Vorschläge und Gegenvorschläge zu unterbreiten.
- Der Protokolltext sollte stets mit dem Vernommenen ausführlich und offen ausgehandelt werden. Dabei sollte besonderen Wert darauf gelegt werden, daß dem Beschuldigten die Bedeutung der Aussage im rechtlichen Relevanzrahmen deutlich wird.
- Die Protokollierung sollte "stets schon nach kurzen Ergebnisgewinnungsphasen vorgenommen werden" (1978: 359), um so die Details der Aussage sichern zu können.

Quasi als Summe seiner Forschungen fordert Schmitz dann zur Vermeidung der von ihm (und Banscherus) aufgezeigten Ermittlungs-und Protokollierungsfehler in polizeilichen Vernehmungen zum Abschluß seiner Ergebnisdarstellung eine

Reduktion sowohl der Aushandlungsanteile als auch der Aushandlungsmacht von Vernehmungsbeamten (1983: 387).

Diese Forderung wirft aber - auch aus dem inneren Zusammenhang der Schmitzschen Argumentation - Probleme auf, mit deren Aufdeckung ein zentraler Mangel in der analytischen Anlage der Untersuchungen von Schmitz und Banscherus offensichtlich wird. Zunächst die Darstellung der Probleme in Form zweier Richtigstellungen:

- Schmitz stellt in seinen Ausführungen zur "Institutionellen Kommunikation" fest, daß dem Vernehmungsbeamten über die institutionellen Rahmenbedingungen von polizeilichen Vernehmungen **per se** und d.h. strukturell die Macht zur Verfügung steht, jederzeit das Aushandlungsverfahren zu bestimmen und so die Weichen zu stellen für die Ergebnisgewinnung und -sicherung. Eine so bestehende Aushandlungsmacht des Vernehmungsbeamten könnte folglich nur über eine entsprechende Veränderung der institutionellen Rahmenbedingungen eingeschränkt werden - was Schmitz allerdings an keiner Stelle zur Voraussetzung für die Durchführbarkeit seiner Vorschläge von geeigneten Vernehmungsverfahren macht. Von daher ist anzunehmen, daß Schmitz mit seiner Forderung nach einer Reduktion der Aushandlungsmacht von Vernehmungsbeamten 'meint', der Vernehmungsbeamte solle die ihm per se auferlegte Aushandlungsmacht in einer anderen als bisher gewohnten Weise zur Geltung bringen: Er solle Kraft der ihm zur Verfügung stehenden Möglichkeiten Bedingungen schaffen, unter denen der zu Vernehmende aktiver und kompetenter an der Gestaltung und Protokollierung seiner Aussage mitwirken und unter denen die Aussage des Beschuldigten gleichzeitig effektiver auf ihre Glaubwürdigkeit hin überprüft werden kann. Dahingehende Vorschläge von Schmitz sind oben skizziert.
- Implizit ist damit gesagt, daß der Vernehmungsbeamte, unabhängig davon **wie** er sich verhält, in jeder Phase der Vernehmung Einfluß auf die Ergebnisgewinnung und -sicherung ausübt. Ob er es will oder nicht: Der Vernehmungsbeamte ist stets in irgendeiner Weise konstitutiv an den gemeinsam mit dem Beschuldigten fortlaufend und ununterbrochen durchzuführenden Aushandlungen beteiligt. Von daher ist es unsinnig zu fordern, sein Anteil an Aushandlungen solle verringert werden.[8] Sinnvoll kann nur gefordert werden: Vermeiden **solcher** Aushandlungsleistungen, mit denen der Vernehmungsbeamte - bewußt oder unbewußt und vom Vernommenen erkannt oder unerkannt - die Ermittlungen wesentlicher Ereignisdetails und -zusammenhänge von vornherein verhindert (z.B. durch

---

[8] Schmitz scheint allerdings davon auszugehen, daß der Vernehmungsprozeß nur in den 'offensichtlichen' Aspekten Aushandlungsprozeß ist. Er spricht beispielsweise davon, "daß der größte Teil der polizeilichen Vernehmung ... sich in Aushandlungsprozessen realisiert" (1983: 387). Wenn meine Unterstellung richtig ist, dann übersieht Schmitz, daß z.B. auch ein sofortiges Akzeptieren einer Aussage des zu Vernehmenden eine massive Einflußnahme auf das Aushandlungsgeschehen und -ergebnis darstellt (vgl. 1983: 373), mit dem - das nur am Rande - eine Vernehmungsfehlleistung eingeleitet sein könnte.

einen unangemessenen Einsatz von Zwischenfragen) oder Ereignisdefinitionen des Vernommenen beim Gewinnungs- und Sicherungsprozeß unterdrückt, verzerrt und verfälscht (wie in zahlreichen Beispielen von Schmitz beschrieben).

Vor dem Hintergrund dieser Einwände (und meiner Umschreibung der Schmitzschen Forderungen) wird deutlich, daß der Einsatz der institutionell abgesicherten Aushandlungsmacht des Vernehmungsbeamten - anders als Schmitz dies suggeriert - als ausschlaggebendes Element für die empirisch nachgewiesenen Vernehmungs- und Protokollierungsfehler nicht in Betracht kommt. Die Aushandlungsmacht kann lediglich als instrumentelle Bedingung dafür gelten, daß Vernehmungsbeamte sich zu Lasten der Wahrheitserforschung gegen Beschuldigte bei der Aushandlung des Ermittlungsergebnisses durchsetzen können. **Mit dieser Richtigstellung ist dann aber nicht mehr übersehbar, daß die eigentlich zentrale Frage, was die Vernehmungsbeamten denn überhaupt treibt oder veranlaßt, ihre Aushandlungsmacht so häufig in der offengelegten und für die strafrechtliche Wahrheitsermittlung bedenklichen Weise zur Geltung zu bringen, in den Untersuchungen von Schmitz und Banscherus unbeantwortet bleibt.**

Schmitz erklärt zwar die beschriebenen Fehlleistungen von Vernehmungsbeamten aus dem Mangel an Bewußtsein über die Folgen der von ihnen eingesetzten Verfahren. Er führt i.d.Z. auch Schwächen der Ausbildung und den Einfluß der Alltagsroutine an (1983: 353ff).

Für die Protokollierungsphase verweist er sogar auf ein strukturelles Moment: die Parallelisierung von Ergebnisgewinnung und -sicherung. Der Verweis bleibt aber isoliert und ihm wird auch umgehend durch den Bezug auf 'Lösungspraktiken' das 'strukturelle Gewicht' genommen.

'Vielversprechend' ist auch der Hinweis auf die "Situation eines verdoppelten Informationsmangels" (1983: 370), dem der Vernehmungsbeamte zwangsläufig ausgesetzt ist: der Vernehmungsbeamte ist kein Tatzeuge und er weiß auch nicht, ob die Aussageperson die eigenerlebten Erfahrungen mit ihrer Darstellung tarnt. Aber auch dieser Aspekt wird in seiner strukturellen Dimension und Bedeutung für die Bewältigung der Aufgabe eines Vernehmungsbeamten nicht weiter beachtet, sondern ebenfalls umgehend unter dem Gesichtspunkt der 'Lösbarkeit' aufgearbeitet ("Technik des narrativen Interviews").

Banscherus deutet - wie angesprochen - das Vernehmungsgespräch oftmals prägende Zielkonflikte an, verfolgt sie in seiner Untersuchung aber nicht konsequent, so daß entsprechende Einsichten für die Analyse von Fehlleistungen der Vernehmungsbeamten - die an die Einleitung zwangskommunikativ komplementärer Dialogstrukturen gebunden sein sollen - nicht fruchtbar gemacht werden konnten.

So wird offensichtlich: Banscherus und Schmitz haben ihre ansonsten aufschlußreichen kommunikationswissenschaftlichen Analysen nicht hinreichend strukturanalytisch fundiert. Ähnlich **wie die Autoren der kriminalistischen**

Anleitungsliteratur verzichten sie darauf, die von ihnen festgestellten und häufig auftretenden Fehlleistungen von Vernehmungsbeamten eingehend und gezielt darauf hin zu untersuchen, inwieweit sie im Zusammenhang mit nicht hintergehbaren Problemlagen bei der Bewältigung der Aufgaben von Vernehmungsbeamten (Wahrheitserforschung und Beweiserhebung) stehen, und von daher nicht unbedingt von den Vernehmungsbeamten zu vertreten sind.

Eine entsprechende Analyse bietet sich im Anschluß an den Nachweis der 'normalen alltäglichen Fehlleistungen' von Vernehmungsbeamten geradezu an - zumal erst mit den Ergebnissen einer solchen Analyse eine geeignete Basis für Entscheidungen über die Angemessenheit von Vernehmungsgrundsätzen und Verhaltensempfehlungen, wie sie in den kriminalistischen Schriften zur Vernehmungstechnik und -taktik aufgeführt sind und auch von Banscherus und Schmitz vorgenommen werden, geschaffen wäre. Mit dem Verzicht auf eine explizite Erarbeitung der strukturellen Problemlage laufen sowohl die Autoren der kriminalistischen Anleitungsliteratur als auch Banscherus und Schmitz Gefahr, von vornherein ihren Gegenstand zu verfehlen.

2.2 Die herrschaftsstabilisierende Degradierung des Beschuldigten - sprach- und polizeisoziologische Analysen zur polizeilichen Vernehmung

2.2.1 Die kommunikationsinterne Zwangslage für den Beschuldigten

In seiner 1975 erschienenen Schrift "Sprache soziologisch gesehen" unternimmt Fritz Schütze eine die soziologische Forschung nachhaltig beeinflussende Bestimmung des Kommunikationstyps "Zwangskommunikation" (813-851). Seine Überlegungen beispielhaft illustrierend entwirft er eine Theorieskizze zum gesellschaftlichen Bedingungsrahmen und zur internen Wirkungsweise von polizeilichen Vernehmungen Beschuldigter. In diesem Zusammenhang stellt er ein verblüffendes Gedankenexperiment vor:

Unter der Voraussetzung, daß im Strafprozeß allgemein und in polizeilichen Vernehmungen im besonderen von vornherein auf den Einsatz von Strategien und Maßnahmen verzichtet würde, "die auf die 'Überführung' des Täters mit entsprechender Degradierung, auf seine Verurteilung und Einweisung in ein Strafverfahren abzielen" (SCHÜTZE 1975: 820), wäre es "prinzipiell ... denkbar, daß ein Tatverdächtiger freiwillig eine dem Informationsbedürfnis der Polizeibehörde oder des Gerichts voll gerecht werdende freiwillige und subjektiv aufrichtige Darstellung seiner Tat und ihrer Umstände geben könnte, sofern er sie begangen hat." (ders: 820) Dem Rechtsbrecher wäre damit die Möglichkeit eröffnet, in "freier Kommunikation" (Schütze) die Ursachen seiner Rechtsnormverletzung - gemeinsam mit dem Vernehmungsbeamten - zu ergründen, und so die Voraussetzungen dafür zu schaffen, daß über die Einsicht in die und über die Beseitigung der persönlichen Voraussetzungen entsprechende Handlungen für die Zukunft ausgeschlossen und durch eine 'sinnvolle' rechtskonforme Gestaltung des Lebens ersetzt werden.

Neben sehr konkreten Problemen für eine umgehende Umsetzung dieses Verfahrens (Aufwendigkeit; mangelnde kommunikative Kompetenz der Beteiligten) stehen - so Schütze - noch andere, kaum überwindbare Hindernisse im Wege: Mit den über "freie Kommunikationsprozesse" (Schütze) in Gang gesetzten Reflexionen könnten von dem Beschuldigten (und dem Vernehmungsbeamten) sehr schnell die bestehenden gesellschaftlichen Herrschaftsverhältnisse und die von ihnen ausgehende materielle wie kommunikative Unterprivilegierung breiter Teile der Bevölkerung als Triebfeder (sogenannten) kriminellen Verhaltens erkannt werden. Die bis dahin für den Beschuldigten und den Vernehmungsbeamten über jeden Verdacht erhabene "absolute Moral", als deren Ausdruck v.a. die Rechtsnormen verstanden werden, kämen so in den Verruf, reale Herrschaftsverhältnisse zu verschleiern, ja noch schlimmer: verdeckter Ausdruck dieser Verhältnisse zu sein. Deutlich wird: freie Kommunikationsprozesse bergen in sich ein kritisches Potential, durch das gesellschaftliche Herrschaftsverhältnisse bedroht werden könnten.

Zur Stabilisierung und Aufrechterhaltung von Herrschaftsverhältnissen ist es von daher - so Schütze - unbedingt erforderlich, weitgehend an einer Ideologie der herrschaftsfreien Moral und an den entsprechenden Rechtsnormen und für den Fall des Rechtsnormenverstoßes an dem Prinzip der individuellen Verantwortlichkeit des Täters und der damit einhergehenden herrschaftssichernden Degradierung[9] und Bestrafung festzuhalten, womit "freie Kommunikationsprozesse" und die Thematisierung bestehender herrschaftsbedingter Unterprivilegierung im Rahmen des Strafverfahrens für den Regelfall ausgeschlossen sind.[10] Für eine Rechtsprechung, die die herrschaftsstabilisierenden Rechtsnormen im Zusammenhang mit der Erforschung des einzelfallspezifischen tatsächlichen Geschehens zur Grundlage der Urteilsfindung macht, entstehen charakteristische strukturelle Konsequenzen:

(1) "Der Tatverdächtige wird sich mithin in der Regel dem Verdacht zu entziehen suchen, indem er entweder generell die Aussage verweigert (...) oder indem er doch zumindest bestimmte Umstände des Tatzusammenhangs lediglich indirekt andeutet, falsch wiedergibt, verschleiert oder verschweigt." (SCHÜTZE 1975: 82)

---

9 Zu den strukturellen Merkmalen gelingender Degradierung siehe: Garfinkel 1956 (dt. 1977) und McHugh 1970.

10 Von daher wirkt es paradox, wenn ein diesem herrschaftssoziologischen Ansatz verpflichteter Autor wie R. Bohnsack sich um die Entwicklung von Konzeptionen, mit denen im bestehenden gesellschaftlichen Rahmen "Veränderungen mittlerer Reichweite" in Richtung "freie Kommunikationsprozesse" in Strafverfahren umgesetzt werden sollen, bemüht. (1973: 131-135) In die Praxis umgesetzt, enden solche Bemühungen - wie die sozialpädagogisch ausgerichteten Diversionsprogramme zeigen - als (in der dargelegten herrschaftssoziologischen Logik gedacht) herrschaftssichernde Alternativen zur Kriminalisierung, in der Pathologisierung des Beschuldigten.

(2) Die Strafverfolgungsbehörden können nun durch Dokumentenanalyse, Befragungen ... einen Ersatz für die Informationslücke zu schaffen versuchen. Da das in der Regel nicht ausreicht, wird das Instrument der Verhör-Zwangskommunikation eingesetzt." (SCHÜTZE 1975: 820f)

Wodurch aber kann ein Beschuldigter zur ('konstruktiven') Teilnahme an einer solchen Befragung bewegt werden? Immerhin hat er ja nach deutschem Strafrecht die Chance, die Aussage zu verweigern!

Die Möglichkeit resultiert - so Schütze - aus einer für den Beschuldigten nur schwer hintergehbaren kommunikationsinternen Zwangslage:

Alltäglich geht man nämlich davon aus, daß eine Person, die sich nach geltendem Recht zu Unrecht beschuldigt sieht, ein Interesse an der Erforschung des 'wahren Sachverhalts' hat und es von daher darauf anlegt, sich in bezug auf die ihr vorgeworfene Tat zu entlasten. Ihr wird ein Interesse daran unterstellt, dem Ermittlungsbeamten ihre Unschuld nachzuweisen. Den Vernehmungsbeamten und den Beschuldigten verbände für diesen Fall das gemeinsame Anliegen, das tatsächliche Geschehen erforschen zu wollen.

Hat nun aber ein Beschuldigter die ihm zur Last gelegte Tat begangen, und ist er, um der drohenden Degradierung und Sanktionierung zu entgehen, darum bemüht, den Verdacht auszuräumen oder zumindest zu entkräften, dann sieht er sich als erstes dem Zwang ausgesetzt, sich aussagebereit zu zeigen, um so sein Interesse an der Aufdeckung des ihn entlastenden 'tatsächlichen Geschehens' vorzutäuschen. Ansonsten - und das heißt bei einer Verweigerung der Aussage - verstärkt sich der gegen ihn gerichtete Verdacht. Das bedeutet: Gerade für den um seine Entlastung bemühten Täter besteht tentativ kommunikationsintern der Zwang, sich gewissermaßen freiwillig auf eine Vernehmung einzulassen. Mit dieser Bereitschaft, zur Sache auszusagen, setzt sich der Beschuldigte dann allerdings weiteren (sprech)kommunikativen Zwängen aus (Detaillierungs-, Kondensierungs- und Gestaltschließungszwang), über die ihm Verstrickungen drohen, die mitunter nur noch über ein Geständnis zu entwirren sind.

Die für den Beschuldigten **per se** bestehende kommunikationsinterne Zwangslage[11] macht sich der Vernehmungsbeamte bei der Umsetzung in vernehmungstaktische Konzepte 'lediglich' - allerdings methodisch verfeinert und kontrolliert - zunutze. Schütze skizziert die Möglichkeit der Ausbeutung sprechkommunikativer Zwänge für Vernehmungen des Beschuldigten am Beispiel der Vervollständigungs-, der Diskrepanzaufweisungs-, der Verstrickungs- und der Reaktionsstrategie - Strategien, über deren Einsatz der Beschuldigte veranlaßt werden soll und kann, freiwillig ggf. ihn selbst belastende Aussagen zu machen und so gegen seinen Willen an der eigenen Überführung mitzuwirken.

---

[11] Diese Zwangslage gilt im übrigen auch für den - aus welchen Gründen auch immer - aussageunlustigen zu Unrecht Beschuldigten, da er den ungerechtfertigten Verdacht durch sein Schweigen zumindest zunächst verstärkt.

Auf den Punkt gebracht stellt Schütze mit seiner zu Illustrationszwecken entwickelten Skizze zur strafrechtlichen, insbesondere zur polizeilichen Vernehmung Beschuldigter folgende Hypothese auf: die bestehenden gesellschaftlichen Herrschaftsverhältnisse bilden den Bezugsrahmen für die Entwicklung einer inneren Dynamik des Handlungstyps 'Polizeiliches Vernehmen Beschuldigter', durch die der Vernehmungsbeamte und der Beschuldigte veranlaßt sind, so zu handeln, daß eben diese Herrschaftsverhältnisse reproduziert werden. Instrumentelle Basis dieser inneren Dynamik, die auf dem Überführungsinteresse des Vernehmungsbeamten gegenüber einem um seine Tarnung bemühten Beschuldigten basiert, sind die beschriebenen kommunikationsinternen Zugzwänge, die dem Vernehmungsbeamten erst die Wahrheitserforschung und die Überführung des Beschuldigten ermöglichen und die - Kehrseite der Medaille - den Beschuldigten dazu veranlassen, quasi freiwillig den ursprünglichen Handlungsplan - die Tarnung - aufzugeben. Die polizeiliche Vernehmung des Beschuldigten ist so nicht nur auf einen bestimmten Typ der Wahrheitserforschung, sondern einhergehend damit immer auch auf die herrschaftssichernde Degradierung des Tatverdächtigen ausgerichtet.

2.2.2 Die Definitionsmacht des Vernehmungsbeamten und die Objektstellung des Beschuldigten

Während Schmitz sich - wie beschrieben (Kap. 2.1.2.2) - in seiner Rezeption des Schützeschen Ansatzes auf die Bedeutung der kommunikativen Zwänge für die Möglichkeiten der Wahrheitserforschung konzentriert und dabei die bei Schütze im Zentrum stehende herrschaftssoziologische Dimension außer acht läßt, wird gerade dieser letzte Aspekt von den beiden Wissenschaftlern, deren Namen schlechthin für die soziologische Erforschung der polizeilichen Vernehmung von Beschuldigten in der Bundesrepublik Deutschland stehen - Manfred Brusten und Peter Malinowski -, ins Zentrum der Betrachtung gerückt. Sie formulieren die von ihnen bearbeitete Problemstellung folgendermaßen: "Folgt man der empirisch belegbaren Erkenntnis, daß es unter anderem auch - und zwar ganz entscheidend - von der Arbeit der Polizei abhängt, ob jemand als 'kriminell' etikettiert wird oder nicht, dann ist es Aufgabe der Wissenschaft, festzustellen, ob die hier notwendig stattfindenden Selektionen nur auf Zufälligkeiten beruhen oder aber, ob hier bestimmte Gesetzmäßigkeiten eine Rolle spielen." (BRUSTEN/MALINOWSKI 1975: 57)

Brusten/Malinowski kommen in ihrer Untersuchung zu dem Schluß, daß Beschuldigte in polizeilichen Vernehmungen als Folge des Einsatzes zwangskommunikativer Verfahren nahezu unweigerlich als kriminell stigmatisiert werden. "Die polizeiliche Vernehmung kann als zwangskommunikativer Interaktionsprozeß begriffen werden, der nicht nur einer strafrechtlichen Rekonstruktion der Tatwirklichkeit im Sinne einer 'polizeilichen Wahrheitserforschung' dient, sondern der zugleich immer auch entscheidende Elemente der Neudefinition und

Konstruktion von Wirklichkeit beinhaltet." (1975: 58) Die so eingeleitete Stigmatisierung des Beschuldigten erfolgt im Zusammenspiel von zwei ineinandergreifenden zwangskommunikativen Ebenen:

(1) **Die normative Ebene**

Fluchtpunkt jeder 'polizeilichen' Neukonstruktion der Wirklichkeit sind in erster Linie die für das Strafverfahren relevanten juridischen Normen und die Frage, ob der Beschuldigte diese Normen verletzt hat. Damit ist die persönliche und alltäglich subgesellschaftlich orientierte Wirklichkeitskonstruktion des Beschuldigten von vornherein außer Kraft gesetzt. Darstellungen des Beschuldigten, die auf der Basis dieser persönlich subgesellschaftlichen Konstruktionen vorgenommen wurden, müssen vom Vernehmungsbeamten in bezug auf die allgemeinen juridischen Normen überformt werden. Der Beschuldigte besitzt keine Möglichkeit, seine Realitätsnormen unvermittelt durchzusetzen. "In der zwangskommunikativen Situation der Vernehmung ... kann nur er (der Vernehmungsbeamte; N.S.) seine Definition - als die im Relevanzrahmen des Strafverfolgungsprozeßes relevante - durchsetzen." (BRUSTEN/ MALINOWSKI 1975: 59) Der Beschuldigte ist gezwungen, seine alltäglichen Wirklichkeitskonstruktionen in bezug auf die als allgemein konstruierten juridischen Normen verrechnen und entsprechend verwerten zu lassen (siehe hierzu auch LINELL/ JONSSON 1989).

Die Chance, aus eigener Kraft der drohenden Degradierung zu entgehen, habe eigentlich nur der Beschuldigte, der von vornherein den Zwang zur juridisch kriminalistischen Überformung seiner Ereignisperspektive akzeptiert, zudem über das Wissen um die Überformungsregeln verfügt und so handlungskompetent ist. (BRUSTEN/MALINOWSKI 1975: 99f) Nur er sei in der Lage, im zwangskommunikativen Rahmen der polizeilichen Vernehmung alternative, entlastende Situationsdefinitionen zu entwickeln, durchzuhalten und verfahrensgerecht geltend zu machen.

(2) **Die Verfahrensebene**

Brusten/Malinowski bemühen sich auf der Basis von Darstellungen in den kriminalistischen Schriften zur Vernehmungstechnik und -taktik und protokollierter Gespräche mit Polizeibeamten um eine Beschreibung der von den Vernehmungsbeamten alltäglich eingesetzten Verfahren der Vorbereitung und Durchführung von Vernehmungen Beschuldigter. Die von Fritz Schütze in seiner Skizze eher abstrakt bestimmten zwangskommunikativen Formen werden von Brusten/Malinowski so in den alltäglich eingesetzten strategischen Überformungen konkret deutlich (MALINOWSKI/ BRUSTEN 1977: 109-113; BRUSTEN/MALINOWSKI 1975: 64-87). Insbesondere verweisen sie

- auf Strategien des Einholens von Vorinformationen und der Verunsicherung durch spezifische räumlich-zeitliche Arrangements;

- auf Verunsicherungsstrategien, die im Verlaufe der Vernehmung eingesetzt werden ('Buhmann-Taktik'; Verheimlichung des tatsächlichen Ermittlungsstandes; Glaubwürdigkeitsentzug etc.);
- auf spezifische Kommunikationsstrategien bei der Gesprächsaufnahme, bei einer dem Beschuldigten unterstellten lügenhaften Aussage, bei Aussageverweigerung, zum Zwecke der Geständnisgewinnung etc.
- auf spezifische Ergebnissicherungsstrategien.

Brusten/Malinowski kommen in der Auswertung ihres quasi-empirischen Materials[12] zu dem Ergebnis, daß Beschuldigte in polizeilichen Vernehmungen als Folge des gezielten Einsatzes zwangskommunikativer Strategien tentativ zu "Objekt(en) innerhalb des weiteren Strafprozesses" (MALINOWSKI/BRUSTEN 1977: 110) degradiert werden. Sie werden außerstande gesetzt bzw. nicht in die Lage gebracht, alternative, entlastende Situationsdefinitonen zu entwickeln. Unterstützung findet diese Einschätzung im großen und ganzen in der auf der Basis von Beobachtungsprotokollen von polizeilichen Beschuldigtenvernehmungen vorgenommenen Untersuchung, die Peter Wulf 1984 vorlegte (152-159; 217-390; 492-510). Am stärksten betroffen von der Degradierung sind - so Brusten/Malinowski - die sozial randständigen Bevölkerungsgruppen. Ihre Alltagsroutinen und kommunikative Kompetenz (BOHNSACK 1973; SCHÜTZE/BOHNSACK 1973: 171ff; BRUSTEN/ MALINOWSKI 1975: 97-101) seien am wenigsten geeignet, im Rahmen der nicht hintergehbar zwangskommunikativ ausgerichteten polizeilichen Vernehmung eine 'kommunikative Gegenmacht' aufzubauen. Degradierung und Stigmatisierung würden für sie nicht zuletzt auch über die Erfahrung des Mangels an Kompetenz in bezug auf die Durchsetzung von Interessen erfahrbar und könnten so in das Selbstkonzept des Beschuldigten eingehen. So "verstärkt (die Polizei; N.S.) - über die selektiven Auswirkungen ihrer Strategien und Taktiken der Vernehmung - die Bedingungen struktureller Gewalt innerhalb einer Gesellschaft, in der soziale Chancen und Machtmittel ungleich verteilt sind." (MALINOWSKI/BRUSTEN 1977: 115; i.d.Z. auch SCHÜTZE/BOHNSACK 1973: 171)

Brusten/Malinowski haben den Schwerpunkt ihrer Analyse auf die Herausarbeitung (a) der - schichtenspezifisch differenziert zu betrachtenden - Konsequenzen des alltäglichen Einsatzes zwangskommunikativer Vernehmungsstrategien für den Beschuldigten und (b) der Bedeutung, die der "selektiven Kriminalisierung" für die Reproduktion bestehender gesellschaftlicher Herrschaftsverhältnisse zukommt, gelegt. Die nahezu unausweichliche Degradierung (v.a. des Unterschichts-)Beschuldigten - so Brusten/Malinowski - in der polizeilichen Vernehmung und die damit zwangsläufig verbundene Aushöhlung seines Status als

---

12 Die kriminalistischen Schriften, auf die Brusten/Malinowski Bezug nehmen, sind in Kap. 2.1.1 zusammengefaßt, so daß eine ausführliche Darstellung der Strategien, auf die sie sich im einzelnen in ihren Ausführungen beziehen, hier unterbleiben kann.

'Prozeßsubjekt' trügen zur Sicherung und Stabilisierung bestehender gesellschaftlicher - v.a. sozioökonomischer - Herrschaftsverhältnisse bei. (MALINOWSKI/BRUSTEN 1977: 104-107)

"Wesentliche Vorbedingung für den Einsatz dieser (zwangskommunikativen; N.S.) Methoden - so Brusten/Malinowski - "sind relativ breite Handlungs- und Ermessensspielräume sowie eine institutionell abgesicherte Definitionsmacht der Polizei" (1975: 88). Stellt man diesen Ermessensspielraum in Rechnung, so drängt sich allerdings die Frage auf, warum die Vernehmungsbeamten sie in der von Brusten/Malinowski und von Wulf beschriebenen Weise - zu Lasten der Beschuldigten - nutzen. Schließlich ist nicht von einem Selbstkonzept der Vernehmungsbeamten, den Beschuldigten per se degradieren und bestehende Unterprivilegierungen und Herrschaftsverhältnisse stabilisieren zu wollen, auszugehen.

Brusten/Malinowski verweisen in diesem Zusammenhang auf die sogenannten "heteronomen Systembedingungen":

- die "bewußtseinsmäßige Verankerung der Koppelung von persönlichem Erfolg und institutionellem Erfolg" (BRUSTEN/MALINOWSKI 1975: 88), über die das Interesse des Vernehmungsbeamten an der Überführung des Beschuldigten geweckt werde;
- das "in der beruflichen Situation vermittelte Praxiswissen und die in der Alltagspraxis eingeschliffenen Handlungsroutinen" (MALINOWSKI/BRUSTEN 1977: 108): rein pragmatisches Funktionswissen, pragmatisch normative Maxime, affirmative und legitimierende, quasi theoretische Wissensbestände etc.;
- Arbeitsüberlastungen, die zu zwangskommunikativen Verkürzungen führen.

(siehe BRUSTEN 1971: 31-71; BRUSTEN/MALINOWSKI 1975: 88-97; MALINOWSKI/BRUSTEN 1977: 107-109)

Über den Einfluß dieser Rahmenbedingungen sollen Vernehmungsbeamte mit einem Blick ausgestattet sein, der ihnen den Einsatz der angezeigten zwangskommunikativen Verfahren und eine für den Beschuldigten ungünstige Tendenz der Situationsdefinition angemessen erscheinen läßt. So ist der Wechselwirkungskreislauf, über den sich in bezug auf die polizeiliche Vernehmung Beschuldigter bestehende Herrschaftsverhältnisse reproduzieren und stabilisieren sollen, in sich stimmig geschlossen.

Trotz der Geschlossenheit des Arguments erscheint die Bestimmung der sicherlich einflußreichen "heteronomen Systembedingungen" als antreibendes Element etwas voreilig. Sehr viel näher liegt es doch, erst zu untersuchen, in welchem Zusammenhang die von Brusten/ Malinowski festgestellte Nutzung der Ermessensspielräume durch die Vernehmungsbeamten bei der Verfahrenswahl und der Definition der Ereignisse (und die damit verbundenen Degradierungstendenzen)

(a) zu der gesellschaftlichen Aufgabe, deren Bewältigung dem Vernehmungsbeamten auferlegt ist - Wahrheitserforschung und Beweiserhebung in Strafsachen -, und

(b) zu den Problemen, die dem Vernehmungsbeamten die Bewältigung dieser Aufgaben im vorgegebenen kriminalistischen und verfahrensrechtlichen Rahmen bereitet,

steht.

Zu diesem Zweck müßten aber zunächst die strukturelle Problemlage und der damit zur Verfügung stehende Handlungsrahmen für die polizeiliche Vernehmung Beschuldigter bestimmt werden. Dann könnte man allerdings auch klären,

- ob und ggf. aus welchen Gründen einseitig nur spezifische Formen der Vernehmungsführung berücksichtigt werden;
- ob wünschenswerte Alternativen im bestehenden verfahrensrechtlich bedingten Möglichkeitsrahmen bestehen, die über eine Veränderung "heteronomer Systembedingungen" eingeleitet werden könnten, oder
- ob es für die Durchführung wünschenswerter alternativer Vernehmungsformen erforderlich ist, daß die verfahrensrechtlichen Rahmenbedingungen der polizeilichen Vernehmung von Beschuldigten - im Rahmen bestehender Herrschaftsverhältnisse oder im Zusammenhang auch mit ihrer Umgestaltung - modifiziert werden.[13]

Anders als Schütze arbeiten Brusten/Malinowski einen entsprechenden handlungstypspezifischen Kern polizeilichen Vernehmens von Beschuldigten in keiner Phase ihrer Analyse heraus. Sie entwickeln stattdessen auf der mikrosoziologischen Ebene ein Modell polizeilichen Vernehmens, demzufolge der Vernehmungsbeamte lediglich über die sogenannten "heteronomen Systembedingungen" 'außengeleitet' handelt. Der Aspekt 'Wahrheitserforschung' wird zwar erwähnt (MALINOWSKI/BRUSTEN 1977: 109), bleibt aber für die Bewertung von Vernehmungshandlungen des Vernehmungsbeamten ohne jede Bedeutung. Das Tarnungsinteresse des Beschuldigten - bei Schütze wie in der gesamten kriminalistischen Literatur zur Vernehmungstechnik und -taktik noch Ansatzpunkt für die Hervorhebung der Bedeutung der kommunikationsinternen Zugzwänge bei der 'polizeilichen Wahrheitserforschung' - findet als eine der Triebfedern polizeilichen Handelns keine Berücksichtigung mehr! Begründet wird diese Unterlassung nicht.

---

13 Schütze weist in einer grundlagentheoretischen Skizze zur "Unschärferelation" mit kritischem Bezug auf Brusten (1971) darauf hin, daß der Bestand eines Ermessensspielraums nicht verhindert werden kann, weil "zwischen den juridisch exakt formulierten Regelbeständen und den konkreten Lebenssituationen, die den Anlaß zu Rechtsstreitigkeiten geben, ein Bereich der Unschärfe liegt, der keineswegs allein mit den Mitteln juridischer Subsumtion und Konstruktion überbrückt werden kann" (1978: 21). Meine oben eingeleitete Kritik setzt an einem anderen Aspekt grundlagentheoretischer Betrachtung zu den den Vernehmungsbeamten zur Verfügung stehenden Ermessensspielräumen an: Brusten/Malinowski klären nicht, welcher Handlungsrahmen auf der Basis welcher nicht hintergehbaren 'inneren Dynamik' der Aufgabenbewältigung dem Vernehmungsbeamten zur Verfügung steht.

Der Verzicht auf die Bestimmung der inneren Dynamik des Handlungstyps "Polizeiliches Vernehmen Beschuldigter" ist um so erstaunlicher, als mit einer solchen Bestimmung keineswegs der herrschaftskritische Ansatz, an dem Brusten/Malinowski offensichtlich sehr gelegen ist, auf dem Spiel steht - die Theorieskizze von Schütze belegt dies. Eher scheint das Gegenteil der Fall zu sein: Die von Brusten/Malinowski vorgeschlagene Wechselwirkungsmechanik zwischen den aktuellen gesellschaftlichen Herrschaftsverhältnissen und dem beschriebenen zwangskommunikativen Stil polizeilichen Vernehmens wirkt gerade deshalb so wenig plausibel, weil sie den Vernehmungsbeamten als verdinglichtes Objekt und nicht etwa als entfremdetes Subjekt beschreibt.[14] Einzelfälle, in denen "die Mächtigen selbst" Opfer des polizeilichen Zugriffs sind, werden von daher nur noch als vernebelnde Ausnahmen verstanden (MALINOWSKI/BRUSTEN 1977: 105f). Entsprechend dürften mißlingende Degradierungen als 'Versagen' oder als 'humanitäre Geste' der Vernehmungsbeamten und nicht als selbst unter Herrschaftsbedingungen in der relativen Selbständigkeit des Handlungstyps "Rechtsprechen" immer schon angelegte Möglichkeit gedeutet werden.

Deutlich werden sollte: Eine Analyse, mit der die Beschreibung der Wechselwirkung des gesamtgesellschaftlichen Rahmens und der polizeilichen Vernehmung (Beschuldigter) beansprucht wird, kann nicht ohne erheblichen Verlust an Plausibilität auf eine Strukturexplikation zum Handlungstyp "Polizeiliches Vernehmen Beschuldigter" verzichten. Der analytischen Darstellung des Wechselverhältnisses von bestehenden gesellschaftlichen Herrschaftsverhältnissen und dem reklamierten zwangskommunikativen Stil polizeilicher Beschuldigtenvernehmung bei Brusten/Malinowski fehlt aber genau dieser Bezugspunkt. Das Wissen um die **innere Dynamik** des Handlungstyps "Polizeiliches Vernehmen Beschuldigter", die aus dem Spannungsverhältnis von gesellschaftlich erteilter Aufgabenstellung und den gesellschaftlich zur Verfügung gestellten Rahmenbedingungen resultiert, wird nicht herausgearbeitet und bei der Bestimmung der Wechselwirkung nicht in Rechnung gestellt! Daß dieser Verzicht auch bei der von Brusten/Malinowski vorgestellten herrschaftssoziologischen Variante keinesfalls selbstverständlich ist, belegt die von Schütze dargebotene theorieverwandte Analyseskizze.

---

[14] In diesem Zusammenhang ist die Kritik von Grabska am dem Beschuldigten von Brusten/Malinowski zugeschriebenen 'Objektstatus' sehr interessant: Grabska (1982) weist darauf hin, daß eine gelingende Stigmatisierung entsprechende Subjektleistungen des Beschuldigten zur Voraussetzung hat. Die Degradierung muß, um wirksam sein zu können, vom Beschuldigten aktiv mitvollzogen werden.

3 Die untersuchungsleitende Fragestellung

Mit der Aufarbeitung des Forschungsstandes wurde deutlich, daß der Handlungstyp "Polizeiliches Vernehmen Beschuldigter" bis jetzt grob betrachtet aus zwei analytischen Perspektiven - der praxisorientiert kriminalistischen (kriminalistische Anleitungsliteratur; kommunikationswissenschaftliche Fehlerdiagnose von Banscherus und Schmitz) und der ideologiekritisch herrschaftssoziologischen (Schütze; Brusten/Malinowski) - untersucht worden ist.

Vor diesem Hintergrund wäre es sicherlich interessant, verstärkt der Frage nachzugehen, ob und inwieweit es möglich und sinnvoll ist, diese beiden Perspektiven zu integrieren. Bemühungen in diese Richtung lassen sich zwar bei nahezu allen genannten Forschern (die Autoren der kriminalistischen Anleitungsliteratur müssen hier allerdings ausgenommen werden) feststellen; so z.B. die Überlegungen von Bohnsack (1973: 131-135) und Wulf (1984: 523-530, 1985: 35-40). Tragfähige Konzepte sind aber noch nicht in Sicht.

Ich möchte mich an dieser Stelle auf die Bearbeitung dieser Fragestellung nicht einlassen. Verzichten möchte ich insbesondere auf eine weitergehende Auseinandersetzung mit dem von Brusten/ Malinowski und von Schütze vorgetragenen ideologiekritisch herrschaftssoziologischen Ansatz.[1] Wie ich mit den kritischen Anmerkungen zu den dargestellten Forschungsansätzen im einzelnen schon andeutete, richtet sich mein Augenmerk auf einen anderen Analyseaspekt, den ich jetzt kurz im Zusammenhang noch einmal herleiten möchte:

So unterschiedlich die vorgestellten Untersuchungen zur polizeilichen Vernehmung (Beschuldigter) in ihren theoretischen und methodischen Grundlagen und Zielsetzungen auch sind - ein Mangel ist ihnen gemeinsam: das Fehlen eines gezielt rekonstruierten Wissens um die den Vernehmungsbeamten in polizeilichen Vernehmungen Beschuldigter auferlegte Aufgabenstellung, die mit ihr möglicherweise einhergehenden strukturellen Problemlagen, die sich daraus für den Vernehmungsbeamten ergebenden Handlungsmöglichkeiten und das für deren Umsetzung erforderliche Wissenspotential (Handlungswissen). Mit dem Verzicht auf die Herausarbeitung dieses fundamentalen Bezugsrahmens 'hängen' die Ergebnisse der verschiedenen Untersuchungen - gerade auch aus ihrem inneren Zusammenhang betrachtet - sozusagen 'in der Luft'. Die jeweiligen zentralen Aussagen (in bezug auf: die Empfehlung vernehmungstaktischer und -technischer Handlungsweisen; die Bewertung von 'alltäglichen Fehlleistungen' der Vernehmungsbeamten; die Begründung des Einsatzes von Degradierungsstrategien

---

[1] An anderer Stelle habe ich meine Skepsis gegenüber diesem 'neomarxistischen' Ansatz, als dessen Leitidee doch stets die Umsetzung des "herrschaftsfreien Diskurses" im Hintergrund steht, zu begründen versucht. (SCHRÖER 1988: 95-108)

etc.) erweisen sich bei genauerem Hinsehen als nicht hinreichend strukturanalytisch abgesichert - darauf wurde oben im einzelnen bereits hingewiesen.[2]

Eine strukturanalytisch-wissenssoziologische Untersuchung des Handlungstyps "Polizeiliche Vernehmung Beschuldigter", mit der (a) die historisch gesellschaftlichen Rahmenbedingungen, aus denen die den Vernehmungsbeamten der Polizei vorgegebenen strukturellen Problemlagen sich ableiten, und mit der (b) die verschiedenen historisch möglichen Vernehmungsgestaltungsroutinen erforscht würden, steht also noch aus. So habe ich mich entschlossen, in die grundlagentheoretische Analyse zur Bestimmung dieses Handlungstyps einzusteigen.

Die polizeiliche Vernehmung des Beschuldigten soll mit meiner Untersuchung **erst einmal**

(a) unter dem Gesichtspunkt der Bedingungen, die für die Konstituierung der dem Vernehmungsbeamten auferlegten Aufgaben im Kern maßgeblich sind, erforscht werden.[3] **Gesucht wird nach der jedem Vernehmungsbeamten der Polizei bei der Wahrheitserforschung und der Beweiserhebung in Beschuldigtenvernehmungen die Richtung weisenden handlungstypspezifischen Problemlage.** Gefragt ist - so läßt sich in Anlehnung an Odo Marquard formulieren (1981) - nach der Frage, auf die die Vernehmungsführung von Vernehmungsbeamten jeweils eine besondere Antwort ist.

(b) Wie oben schon in Zusammenhang mit der Besprechung der Untersuchungen von Schmitz dargelegt, werden polizeiliche Vernehmungen in der Regel vom Vernehmungsbeamten mit einer mehr oder weniger ausführlichen Vernehmungsvorbesprechung (Vorgespräch) eingeleitet. Die Vernehmungsvorbesprechung gilt als erforderlich zur Vorbereitung der Protokollierungsphase: Deren geordnete, nach Möglichkeit 'reibungslose' Gestaltung soll gewährleistet werden. (FISCHER 1975: 116ff; BANSCHERUS 1977: 207ff; SCHMITZ 1978: 223-339, 1983: 379ff; KRAUSE/ NEHRING 1978: 365; KRAUSE 1978: 305f)

Mit der Orientierung des Vernehmungsbeamten in der Vernehmungsvorbesprechung wird die Weiche für die Strukturierung der Vernehmung des Beschuldigten und die Protokollierung seiner Aussage

---

[2] Ausgenommen werden von dieser Kritik muß allerdings der Analyseansatz von Schütze (1975): Schütze leitet aus allgemein gesellschaftlichen und entsprechenden handlungstypspezifischen Rahmenbedingungen für die polizeiliche Vernehmung des Beschuldigten strukturelle Zwangslagen für das Handeln des Vernehmungsbeamten (Zwang zum Einsatz zwangskommunikativer Strategien) und des Beschuldigten (Reaktionszwang; kommunikationsinterne Sprechzwänge) ab, vermittels derer dem Vernehmungsbeamten erst die Bewältigung seiner Aufgabe - die Wahrheitserforschung - ermöglicht wird. Allerdings ist dieser Analyseansatz noch sehr holzschnittartig gehalten, er diente - wie schon gesagt - lediglich Illustrationszwecken. Eine extensive Überprüfung, Ausdifferenzierung und ggf. Modifikation scheint angezeigt, zumal nicht alle dargelegten strukturellen Handlungszwänge auf Anhieb zu überzeugen vermögen. So wird beispielsweise nicht ganz klar, warum für den Beschuldigten per se ein Reaktionszwang besteht, wo ihm doch die Schuld im Strafverfahren nachgewiesen werden muß.

[3] Dabei wird auch die als gültig unterstellte strukturelle Aufgabenstellung selbst auf ihre Gültigkeit hin überprüft.

gestellt. Im besonderen diese Weichenstellung soll im Rahmen der anstehenden Untersuchung in ihrer strukturellen Dimension bestimmt werden.

Das Anliegen dieses ersten Teils einer wissenssoziologischen Untersuchung besteht somit in der Herausarbeitung der den polizeilichen Vernehmungsbeamten auferlegten handlungstypspezifischen Problemlage, aus der heraus die in den Beschuldigtenvernehmungen und insbesondere in deren Vernehmungsvorbesprechungen alltäglich eingesetzten Vernehmungsroutinen und Gesprächsführungen überhaupt erst nachvollziehbar und insofern als notwendig verstehbar werden. Es geht darum zu ergründen, aus welchen den Vernehmungsbeamten vorgängigen historisch institutionellen Rahmenbedingungen die von Vernehmungsbeamten vorgenommenen Gestaltungen von Beschuldigtenvernehmungen möglich werden.

Erst wenn dieses strukturelle Fundament gelegt ist, lohnt es sich überhaupt, praxis- und ideologiekritische Anmerkungen zu machen und Praxisanleitungen für Vernehmungsbeamte zu entwerfen. Ansonsten ist die Gefahr groß, daß der Gegenstand von vornherein verfehlt wird - aber das wurde oben ja bereits alles gesagt. Was bleibt, ist die Frage, mit Hilfe welcher Verfahren ein solches strukturelles Fundament gelegt werden kann.[4]

---

[4] Denn: "Sozialwissenschaftliches Auslegen vollzieht sich (stets auch; N.S.) ... in der Aufsuche, Erprobung und Absicherung ihrer Interpretationsregeln und ihrer Verfahren." (SOEFFNER 1985: 118) Und erst über die "Offenlegung der Auslegungsverfahren und des in sie eingehenden Vorwissens" (ders.: 118) ist die Überprüfbarkeit der Untersuchungsergebnisse gewährleistet.

4 Methodologische und methodische Überlegungen zur Durchführung der Untersuchung

4.1 Der Untersuchungsansatz: die Beobachtung von Vernehmungsgesprächen

Für die Gültigkeit von Aussagen über die handlungstypspezifische Problemlage ist - wie gesagt - ausschlaggebend, ob die beobachtbare Vernehmungsführung von Vernehmungsbeamten im wesentlichen als sinnvoll nachvollziehbar wird. Eine entwickelte Strukturhypothese muß nötigenfalls so oft einer Überarbeitung zugeführt werden, bis "die beobachteten Ereignisse ... sich aus dem Modell zwingend ableiten lassen." (KELLNER/ HEUBERGER 1988a: 265) Die Entscheidung über die Gültigkeit einer Aussage bzgl. der hier relevanten handlungstypspezifischen Problemlage erfolgt also letzten Endes immer mit Blick auf den relevanten Wirklichkeitsausschnitt und es liegt von daher nahe, schon bei der Hypothesenbildung zur handlungstypspezifischen Problemlage das beobachtbare Vernehmungsgeschehen weitgehend zu berücksichtigen.[1]

---

[1] Dieses Votum zur Anlage der Untersuchung läßt sich allgemein durch theoretische Vorüberlegungen zur Wirklichkeit gesellschaftlicher Institutionen (im weiteren und engeren Sinne) untermauern. Das Auftreten gesellschaftlicher Institutionen ist strukturell auf die anthropologische Grundausstattung des Menschen zurückzuführen: Seine mangelnde Instinktbindung einhergehend mit der Exzentrizität seiner Körpererfahrung (PLESSNER 1975) "zwingt den Menschen dazu, sich eine Umwelt zu schaffen, um leben zu können." (BERGER/LUCKMANN 1969: 56) Die erforderliche Stabilisierung seiner Existenz ist über die Einrichtung gemeinsamer Institutionen erreichbar: dem einzelnen wird eine für sein Handeln verbindliche Orientierung an die Hand gegeben (vgl. hierzu GEHLEN 1975: 7-121).

Die mit den gesellschaftlich gemeinsamen Institutionen vorgegebenen Orientierungen werden von den einzelnen Menschen in eigentlich lebenslangen Sozialisationsprozessen verinnerlicht und so in jeweils subjektiv vermittelte Erfahrungszusammenhänge überführt. Die Anbindung an die gesellschaftlich gemeinsamen Institutionen ist unmittelbar oder mittelbar durch die zwangsläufige Orientierung an bedeutsame Bezugspersonen, die "signifikanten Anderen" (MEAD), gewährleistet. Über die Verinnerlichung ihrer im gesellschaftlich geteilten Erfahrungszusammenhang verwurzelten typischen Reaktionen auf typische Problemlagen hält die Gesellschaft in den einzelnen Einzug. In der Aneignung von gesellschaftlichen Normen, zu bewältigenden Aufgaben, einzuhaltenden Regeln, empfehlenswerten Bewältigungsroutinen, einzunehmenden Rollen und zu beachtenden komplexen und förmlichen Organisationseinheiten (die Institutionen im engeren Sinne) baut der einzelne einen Erfahrungszusammenhang auf, aus dem heraus er sich in der Gesellschaft, in der er lebt, orientieren und so sein Überleben sichern kann. (vgl. MEAD 1969; BERGER/LUCKMANN 1969: 139-195)

Indem die einzelnen Subjekte sich die vorgegebenen Institutionen verinnerlichend aneignen und 'freiwillig' handelnd umsetzen, reproduzieren sie eben diese Institutionen und erhalten so deren Wirklichkeit. Eine Wirklichkeit der Institutionen jenseits dieser permanenten, allgegenwärtigen und erlebnisträchtigen Aneignungs- und Umsetzungsprozesse gibt es nicht. Insofern ist die gesellschaftliche Wirklichkeit zutiefst subjektiven Ursprungs. (SCHÜTZ/LUCKMANN 1979: 136ff)

Wenn ich mich nun in meiner Untersuchung darum bemühe, die dem Vernehmungsbeamten bei der Bewältigung seiner Aufgabe auferlegte handlungstypspezifische Problemlage, sozusagen den antreibenden Wissenskern, und den für diese Problemlage konstitutiven institutionellen Bezugsrahmen über die Beobachtung von Beschuldigtenvernehmungen zu erforschen, so ist mir dies aber (eigentümlicherweise nur) möglich, weil ich in gewisser Weise über ein entsprechendes Vorwissen verfüge. Die beobachteten Handlungen sprechen nicht aus sich heraus, sondern sie müssen vom Interpreten zum Sprechen gebracht werden.

Die Möglichkeit, die von den Handlungssubjekten 'realisierten Bedeutungen' über die Zumessung des Beobachters in etwa angemessen zur Geltung zu bringen, resultiert aus der Teilhabe an einer uns gemeinsamen historisch konkreten Lebenswelt und des sich daraus ergebenden Erwerbs einer tentativ allgemeingültigen Interpretationskompetenz.

Das Problem besteht also keineswegs darin, daß der Interpret als Alltagsmensch und Sozialwissenschaftler nichts von dem zu rekonstruierenden Handlungstyp weiß. Das Forschungsproblem liegt vielmehr darin, daß er

(a) als Alltagsmensch sein in lebensweltlicher Teilhabe erworbenes Wissen zuerst einmal lebt. Dieses gelebte Wissen kann er im großen und ganzen **nur in gewisser Weise** und **nur soweit** explizieren, wie es bisher in der Gesellschaft und im besonderen für ihn in der Gesellschaft für die Bewältigung handlungspraktischer Ziele erforderlich war. Das Wissen um die handlungstypspezifischen Rahmenbedingungen, aus denen heraus die beobachteten Vernehmungshandlungen als verbindlich vorgegeben und sinnvoll nachvollziehbar werden, ist in diesem explizierbaren Verständnis zwar auch rudimentär enthalten, aber seinerseits nicht unbedingt und schon gar nicht ohne weiteres explizierbar. Es ist ihm selbstverständlich und kann zudem mehr oder weniger weitgehend als Folge einer sozialen Ungleichverteilung des Wissens standortgebunden, vorurteilsbehaftet, 'verzerrt' sein.

(b) Als Sozialwissenschaftler verfügt der Interpret allerdings über ein leichter zu explizierendes und bereits verallgemeinertes theoretisches Vorwissen. Dieses Vorwissen ist aber stets hypothetisch und darf keinesfalls als "Vor-

---

Die für die Subjekte verbindliche, sie zwingende Vorgegebenheit der Institutionen ist also begründet in dem gesellschaftlich vorausgelegten historischen Wissen, das - selbst Ergebnis vorgelagerter vielfältiger subjektiv vermittelter Auslegungs- und Umsetzungsprozesse - als gesellschaftlich gemeinsamer Handlungszusammenhang immer schon vorgefunden wird. Über die nicht hintergehbare Bezugnahme auf dieses gesellschaftlich gemeinsame Handlungsgefüge erhält die subjektive Erfahrungsbildung ihre thematische Ausrichtung und mit der handlungspraktisch besonderen Umsetzung des subjektiv verinnerlichten und gebildeten Erfahrungszusammenhangs ist die Institution als gesellschaftliche Wirklichkeit realisiert und als verbindliche Vorgabe für weitere subjektiv vermittelte Aneignungs- und Umsetzungsprozesse erhalten.

Von daher ist eine auf die unvermittelte Rekonstruktion einer gesellschaftlich gelebten und reproduzierten Institution ausgerichtete Untersuchung zwangsläufig auf die Beobachtung der diese Institution realisierenden Handlungen der sie tragenden Subjekte verwiesen. In diesen Handlungen kommt subjektiv gebrochen das gesellschaftlich gemeinsame Wissen um die jeweils relevante Problemlage als treibendes und konstitutives Element zum Ausdruck.

wegdeutung" (SOEFFNER 1985: 116), in bezug auf die in den beobachteten Handlungen nur Belegmaterial gesucht wird, begriffen werden. Die Auslegung würde so von der lebensweltlichen Wirklichkeit, die es ja annäherungsweise zu rekonstruieren gilt, abgekoppelt. Bei einer Überprüfung der Gültigkeit des verallgemeinerten theoretischen Vorwissens geht es vielmehr darum zu erkunden, ob dieses Vorwissen Anschluß an die beobachteten Vernehmungen findet und somit einen empirisch nachvollziehbaren Erklärungswert besitzt oder aber - auf Widerstand stoßend - eine Überarbeitung verdient.

Von den Besonderheiten dieser Wissenswarten her läßt sich die Erforderlichkeit von Vernehmungsbeobachtungen genauer bestimmen. Es geht darum, in der Auslegung beobachteter Vernehmungsgespräche unser alltagsweltliches Vorwissen um die Gestaltung einer polizeilichen Vernehmung eines Beschuldigten, zugrundeliegende strukturelle Problemlage und den konstitutiven institutionellen Bezugsrahmen (erinnernd) in Szene zu setzen, um es zum einen explizierend ordnen, ausdifferenzieren und vertiefen und zum anderen die Explikationen an den beobachteten Handlungen auf ihre 'lebensweltliche Gültigkeit' hin überprüfen und ggf. korrigieren und erweitern zu können.

4.2 Die Erforderlichkeit von Einzelfallanalysen

Wendet man sich nun von diesem Forschungsinteresse getrieben den Vernehmungshandlungen zu, dann stößt man sofort auf ein erstes ernsteres Problem: Die beobachteten Vernehmungshandlungen stellen sich als nicht einheitlich gestaltet dar. Diese Uneinheitlichkeit ist letzlich als Folge des Zwanges für den in einer bestimmten Lebenswelt beheimateten Menschen, auf situations- und fallspezifische Rahmenbedingungen (spezifische Problemlagen) hin das abgelagerte Erfahrungswissen in Teilen neu auslegen und entsprechend modifiziert reagieren zu müssen (spezifische Lösungen), nachvollziehbar. Eine zu bewältigende Aufgabe wird von den Handlungssubjekten nicht stromlinienförmig einheitlich, sondern in handlungstypspezifischen Grenzen äußerst facettenreich umgesetzt. Die Reproduktion gesellschaftlicher Institutionen erfolgt dynamisch. Für eine auf die Reproduktion der handlungstypspezifischen Problemlage ausgerichteten Untersuchung entsteht die Frage, wie in der Beobachtung der jeweils besonderen Handlungen ein Einblick in die für alle Vernehmungen gleichermaßen konstitutiven Problemlage gewonnen werden kann. Ich greife zur Beantwortung dieser Frage auf eine jedermann vertraute Erfahrung zurück:

Bei der Beobachtung eines Gesprächs zwischen zwei Personen erkennt man sehr schnell, daß es sich 'hier' um einen polizeilichen Vernehmungsdialog handelt. Zu dieser Überzeugung gelangt man, weil dieses Gespräch einige für polizeiliche Vernehmungen typische Merkmale aufweist. D.h.: Man versteht den konkreten Dialog nicht nur in seiner Besonderheit, sondern auch in seinen handlungstypspezifischen, allgemein konstitutiven Eigenarten. Genauer: Man erkennt - ohne weiteres, allerdings nicht unbedingt reflexiv bewußt - die typischen Merkmale einer polizeilichen Beschuldigtenvernehmung in den Besonderheiten, quasi 'durch sie hindurch' und nicht 'an ihnen vorbei'. Dieses Verhältnis von Besonderheit und Allgemeinheit gilt auch reziprok: Wollten wir näher bestimmen, was denn das Besondere an dieser Vernehmung ist, so wäre dies nur durch das Wissen um das Typische von Vernehmungen hindurch möglich, so daß deutlich wird: Die Besonderheit einer Vernehmungshandlung ist nur als besondere Lösung eines spezifischen, lebensweltlich typischen Problems verstehbar; und dieses typische Problem zeigt sich in den jeweiligen Gestaltungsbesonderheiten immer wieder aufs neue!

Das Vermögen, im Besonderen eines spezifischen Handlungszusammenhangs das Typische und gleichzeitig das typisch Besondere dieser Handlung - wie rudimentär auch immer - erkennen zu können, haben wir ja als Mitglieder einer historisch konkreten Lebenswelt erworben. Wir lagern in lebensweltlicher Teilhabe nicht einfach gesellschaftlich gemeinsame Wissens'blöcke' ab, sondern sind - wie bereits gesagt - stets gezwungen, unsere Erfahrungen interessegebunden und situtationsangemessen zu variieren und in den Variationen die für die historisch konkrete Lebenswelt konstitutiven und in ihr vorgegebenen dynamischen Kerne, die Erfahrungstypen, zu bewahren. Wir lernen auf diese Weise immer wieder neu, Typisches von Besonderem zu unterscheiden und es gleichzeitig im konkreten Fall miteinander zu identifizieren. Wir haben die relevanten Merkmale des lebensweltlich Typischen in unserem Wissensvorrat abgelagert, so daß wir - grundsätzlich betrachtet - in der Lage sind, unser Erfahrungswissen situationsgerecht zu variieren und die umgesetzten und beobachteten Variationen in ihrer Typik zu erkennen.

Aus all dem wird deutlich: **Die Rekonstruktion des handlungstypspezifischen Bezugsrahmens für die Vernehmungstätigkeit von Polizeibeamten in Beschuldigtenvernehmungen ist in der Rekonstruktion der Besonderheiten eines Einzelfalles prinzipiell möglich und (eigentlich) nur in der verstehenden Rekonstruktion von einzelfallspezifischen Besonderheiten sinnvoll.**

Die so in der extensiven Rekonstruktion einer Einzelfallstruktur gewonnene Einsicht in die allgemeine Struktur des Handlungstyps gilt es dann nach dem Prinzip der minimalen und maximalen Kontrastierung (GLASER/STRAUSS; 1979 HILDENBRAND 1984; BECKER U.A. 1987) zu überprüfen und ggf. zu überarbeiten. Im Rahmen eines solchen Kontrastierungsverfahrens erfährt die stets nur vorläufig abgeschlossene Bestimmung des allgemeinen Strukturkerns eine schärfere Konturierung, genauso wie unser Wissen um historisch typische Lösungsmuster vertieft und angereichert wird.

Für die auf die Konstruktion einer wirklichkeitsrelevanten Hypothese ausgerichtete Sozialforschung folgt daraus: Da 'Ungenauigkeiten' bereits implizit oder explizit konstatierter allgemeiner Aussagen über die den Interaktanten auferlegte strukturelle Problemlage auf allen Ebenen der 'Überzeugungsbildung' nur in bezug auf widerspenstige Fallbesonderheiten auszumachen sind, liegt es nahe, ein Verfahren für die Auslegung von Einzelfällen zu entwerfen, mit dem die 'Entdeckung' eben dieser Besonderheiten gefördert wird.

Da eine extensive, methodisch kontrollierte und nachher überprüfbare einzelfallanalytische Erforschung der Problemlage nur möglich ist, wenn die beobachteten Handlungen "diskursiv aufgezeichnet" (SOEFFNER 1982: 12) sind, stellt sich bei jeder empirischen Untersuchung zunächst, d.h. noch 'vor' einer Bestimmung des Interpretationsverfahrens, die Frage nach einem brauchbaren Datenkonstruktionsverfahren - nach einem Verfahren, mit dem die Besonderheiten und Einzelheiten des Reaktionsablaufs hinreichend detailliert fixiert werden können.

Nun folgend soll eine bereits etablierte Lösung - das verschriftete Tonbandprotokoll - aus einer wissenssoziologischen Perspektive heraus auf ihre Brauchbarkeit für die anstehende Untersuchung hin untersucht werden.

4.3 Zur Datenkonstruktion

Die bevorzugte Kommunikationsform in polizeilichen Vernehmungen ist für den Regelfall das **Gespräch** der Vernehmungsbeteiligten, das v.a. auch über den Gebrauch sprachlicher Zeichen zustandekommt. Sprechhandlungen im Rahmen von (Vernehmungs-)Gesprächen sind somit gegenüber alternativen alltäglichen Einbettungsformen **relativ selbstversorgt**. Man kann zunächst einmal davon ausgehen, daß die für mein Interpretationsvorhaben wesentlichen Handlungs- und Verständigungszusammenhänge durch Tonbandmitschnitte bzw. durch deren Verschriftung hinreichend detailliert protokolliert sind.[2]

Mit der Verschriftung gesprochener Sprache sind 'weitgehend' die 'Elemente' der Handlungsform Gespräch in Schriftsprache transformiert und extrahiert, die für die (angenommene) relativ hohe Selbstversorgtheit des Vernehmungsgesprächs 'verantwortlich' zu machen sind: die sprachlichen Zeichen. Mit dem **Zeichencharakter der Sprache** ist zwingend verbunden, daß "schon die Setzung grundsätzlich auf die Deutung (mit-)angelegt ist." (SCHÜTZ/LUCKMANN 1984: 192) Von daher gestaltet sich die Bedeutungsproduktion im Rahmen eines Gesprächs im hohen Grade **sprachlich-zeichenhaft wohlgeformt**.[3] Davon profitiert nicht nur der Gesprächspartner, sondern - im Falle eines hohen, nahzu selbstversorgten Gesprächsanteils an der Interaktion - auch der Sozialforscher, der die wohlgeformten Sprechhandlungen - mit Abstrichen - **'unmittelbar' in Schriftsprachzeichen übertragen** und so ein Gesprächstranskript anfertigen kann.

Datenbasis seiner Interpretation ist dann ein Text, der von den Interaktanten quasi selbst produziert wurde und der von daher in gewisser Weise authentisch die aufeinander bezogenen fallspezifischen Interpretationsleistungen

---

2 Da in bezug auf meine Untersuchung nur die datenmäßige Erhebung und Aufarbeitung der Vernehmung, nicht aber die der Akten problematisch sind, wird hier auch nur auf die Vernehmung eingegangen.

3 Die stabile Zeichenform ist der wesentliche Außenhalt (GEHLEN 1978) der deshalb weitgehend kontextneutralen sprachlichen, aber v.a. schriftsprachlichen Bedeutungsproduktion.

der Verfahrensbeteiligten repräsentiert. In der rationalen Rekonstruktion eines textförmig präsenten Vernehmungsdialogs kann der Interpret - als kompetentes Mitglied der Sprachgemeinschaft - die von den Beteiligten vorgenommene handlungstypspezifische Besonderung detailliert nachvollziehen.

Die vorgetragenen Argumente für die Brauchbarkeit der skizzierten Protokollform scheinen zunächst plausibel. Betrachtet man sie, die Protokollform, aber näher auf die mit ihr zwangsläufig verbundenen 'Verluste' hin, dann treten doch Zweifel auf, ob die anvisierte Vertextung des Vernehmungsgesprächs für die Zwecke dieser Untersuchung geeignet ist.

Diese Zweifel zielen keinesfalls auf die Einsicht ab, die situative Einzigartigkeit des Vernehmungsgesprächs, wie sie von den Beteiligten miteinander handelnd gelebt und erlebt wurde und damit "die konkret geäußerten, von den Interaktionspartnern im Ereignisaugenblick gegenseitig wahrgenommenen affektiven 'Beimischungen', das Gewebe wechselseitig unterstellter Subjektivität und Intentionalität" (SOEFFNER 1982: 14) seien mit dieser Aufzeichnungsform uneinholbar entrückt. Diesen Verlust hat der Forscher bei jeder Form der Datenerhebung zu beklagen.[4] Bezweifelt wird vielmehr, ob mit dem erst einmal favorisierten Datenerhebungsverfahren die Entäußerungen der Beteiligten für die Belange dieser Untersuchung detailliert genug dokumentiert werden können. Verluste sind auf zwei Ebenen zu beklagen!

1. **'Gesprächsinterne' Erhebungslücken**

Bei der vorläufigen Festlegung auf die Datenbasis "verschrifteter Tonbandmitschnitt" wurde implizit der weitgehende Verzicht auf die Dokumentation nicht 'unmittelbar' in Schriftzeichen übertragbarer sprachlicher und nichtsprachlicher Kommunikationselemente (Intonation, Gestik, Mimik etc.) sowie raum-zeitlicher Rahmenbedingungen (räumliche An-und Zuordnung;

---

[4] Dadurch, daß die Entäußerungen der letztlich subjektiv einzigartigen Sinnzumessung unter dem Aspekt des 'in ihnen eingelassenen' typisch Allgemeinen, der vorgegebenen verbindlichen Institutionen, betrachtet werden, erstarren die (zuvor lebendigen) Entäußerungen zwangsläufig zu Indikatoren für sozial Typisches, zu Daten. (vgl. LUCKMANN 1981: 521ff und auch BERGMANN 1985: 315ff)

Daraus entsteht für den Sozialforscher ein ernstes Problem: Ihm geht es zwar nicht um die Entdeckung der Einzigartigkeit als Einzigartigkeit, aber doch um die systematische und theoretische Ermittlung des typisch Gemeinsamen im Einzigartigen - ihm geht es um das typisch Besondere.

Für die Rekonstruktion des typisch Besonderen müßte deshalb das Typische im Einzigartigen nachvollzogen werden können. Da dies aber nicht möglich ist, muß der Sozialforscher "etwas statt dessen tun" (MARQUARD 1981: 126): er muß die Entäußerungen der Subjekte als Daten erheben und die gelebte, flüchtige und in sich vergessene Wirklichkeit auf diese Weise schon beim ersten Zugriff auf die "Oberfläche" interpretierend festhalten. Datenerhebung ist Kompensation und sie "führt die sozialwissenschaftliche Interpretation der sozialen Welt zur Produktion von Texten über die Welt und in die Welt der Texte." (SOEFFNER 1982: 40; vgl. auch MARQUARD 1981: 124ff)

Kennzeichnung des zeitlichen Ablaufs etc.) mitgedacht. Genau betrachtet sind die verschrifteten Gesprächsmitschnitte damit aber, auch wenn meine These von der relativ hohen Selbstversorgtheit der Vernehmungsgespräche aufrecht erhalten werden kann, aus ihrem Kommunikations-, ja schon aus ihrem sprachlichen Handlungszusammenhang gerissen. Denn "Sprechen verwirklicht ... bestimmte syntaktisch-semantisch-phonetische Optionen der Sprache - und zwar in systematischer Beziehung zu gleichzeitig zu wählenden, mehr oder minder konventionalisierten Optionen der anderen kommunikativen Modalitäten in der face-to-face (und ear-to-mouth usw.) Situation." (LUCKMANN 1984: 54f; vgl. auch SOEFFNER 1982: 33f) Wichtige Orientierungsdetails sind so auch mit einem um Beobachtungsprotokolle angereicherten Transkript für die rationale Rekonstruktion uneinholbar verloren.

D.h.: Mit dem von mir favorisierten Datenerhebungsverfahren ist nicht nur unumgänglich der ursprüngliche Handlungszusammenhang verloren; dieses Verfahren führt auch zwangsläufig zu empfindlichen 'Lücken' im Datengefüge, so daß entgegen der ersten Annahme die beobachtbaren und konservierbaren Details einzelner Vernehmungsgespräche mit ihm nicht im eigentlich erforderlichen Umfang 'einzufangen' sind. Die wirklichkeitsnahe Rekonstruktion der handlungstypspezifischen Rahmenbedingungen für die Aufgabenbewältigung eines Vernehmungsbeamten in Beschuldigtenvernehmungen scheint bei der Wahl dieses Erhebungsverfahrens auf dem Spiel zu stehen.

Wendet man sich von diesem Zweifel in die Brauchbarkeit von verschrifteten Tonbandprotokollen getrieben den beiden sich anbietenden Alternativen zu, so stößt man allerdings auch bei ihnen sehr schnell auf Tücken.

(a) Denn selbst mit einer **audiovisuellen Aufzeichnung** können - bedingt v.a. durch die mit der Kameraperspektive verbundenen Einschränkungen - 'Datenlücken und - verzerrungen' nicht verhindert werden. Zudem bringt diese Aufzeichnungsform enorme forschungstechnische Schwierigkeiten mit sich (Aufnahmegenehmigung; Feldmanipulation), die ihren Einsatz fast unmöglich macht und nicht ratsam erscheinen läßt.

Und auch die auswertungspraktische Bewältigung dürfte einige kaum zu lösende Rätsel mit sich bringen: Die Interpretation der Sprachmelodie und der nicht-sprachlichen Ausdrucks- und Handlungselemente bereitet forschungspraktisch einfach zu große Schwierigkeiten. Die Intonation sowie Gestik und Mimik sind weit weniger signifikant als die 'direkt' verschrifteten Sprachzeichen, und ihre Bedeutung dürfte v.a. in ihrem komplexen Zusammenspiel reflexiv kaum zufriedenstellend einholbar sein: Entweder bleibt das

Material 'zu flüchtig' oder die 'Übersetzungen' - allein schon der Sprachmelodie - geraten zu komplex, zu unübersichtlich.

(b) Betrachtet man dann die zweite Alternative, die **Protokollierung von teilnehmenden Beobachtungen**, so werden ganz andere Probleme sichtbar:

Beobachtungsprotokolle sind reproduktive Daten. Der Protokollant überformt die beobachteten Handlungen auf verschiedenen Ebenen nach Maßgabe des für ihn gültigen Relevanzsystems und konstruiert so vorinterpretierte Daten:

- Schon die Beobachtung der Handlung ist an subjektive Wahrnehmungsschemata und an das untersuchungsbezogene Relevanzsystem gebunden.
- Mit der Protokollierung gehen zwangsläufig Beobachtungsdetails verloren.
- Über die Textgestaltung werden die Beobachtungen in einer intersubjektiv nicht nachvollziehbaren Weise 'verzerrt'.[5]

Obwohl die teilnehmende Beobachtung und das abgeleitete Beobachtungsprotokoll das Gesamt kommunikativen Handelns zum Gegenstand hat (also auch Sprachmelodie und den nicht-sprachlichen Kontext) und in der Regel zu einer 'übersichtlichen' und von daher für die Interpretation geeigneten Textform führt, ist folglich mit der Verschriftung der Beobachtungen der Blick auf die Wirklichkeitskonstruktionen der Beteiligten systematisch verstellt. Rekonstruiert werden kann - streng genommen - nur das schriftlich fixierte Deutungsmuster.[6]

Die Diskussion der drei Datenkonstruktionsverfahren machte insgesamt deutlich,

- daß es kein Verfahren gibt, mit dem eine lückenlose Erhebung der registrierbaren Entäußerungen des Vernehmungsgesprächs gewährleistet ist.
- Gleichzeitig wurde aber auch - i.Z. mit der kritischen Würdigung von Beobachtungsprotokollen - noch einmal auf die Vorzüge nichtstandardisiert erhobener Daten aufmerksam gemacht: Nur über sie sind die "natürlichen Standards und Routinen der Kommunikation"

---

5 vgl. hierzu J. Bergmann 1985: 305ff ("rekonstruktive Konservierung") und J. Reichertz 1989: (v.a.) 98ff ("standardisierende Erhebung").

6 Diese Problematik wird durch den oft empfohlenen Einsatz von vorgegebenen Beobachtungsschemata (FRIEDRICHS 1980: 275) nicht 'gelöst', sondern eher noch verschärft: Zum einen verhindert die Vorgabe von Beobachtungskategorien eine Rekonstruktion von Orientierungsgepflogenheiten quasi aus ihrem "inneren Kontext" heraus und zum anderen ist damit die Tatsache der Selektivität des Beobachters in keiner Weise aus der Welt geräumt. Die Selektivität 'lebt sich' jetzt nur in vorgegebenen Hülsen 'aus', so daß statt einer Verhinderung von Selektion eine zweifache Selektion erfolgt: die der vorgegebenen Kategorien und - in deren Rahmen - die des einzelnen Beobachters.

(SOEFFNER 1985: 116) tendenziell unverstellt repräsentiert, so daß sie als Basis für die fallspezifische Auslegung unseres Vorwissens zu favorisieren sind.

- In diesem Zusammenhang müssen aber die **Bedingungen der Handlungsfähigkeit des Sozialforschers** Berücksichtigung finden: Das Datenmaterial muß in einer Form aufgearbeitet sein, mit der dem Sozialforscher die Einnahme einer methodisch kontrollierten, tentativ intersubjektiv allgemeinen Perspektive gestattet ist. D.h.: **Die Daten sollten zwar diskursiv aufgezeichnet, aber in der präsentierten Komplexität auch verarbeitbar sein.** In eben diesem Sinne muß Obacht gegeben werden, den Alltag nicht komplexer 'zu erheben', als es für eine rational extensive Aufarbeitung der Fragestellung 'verkraftbar' ist.

Betrachtet man diese drei Aspekte im Verbund, so wird schnell klar, daß es bei der Entscheidung für ein Datenerhebungsverfahren nur um einen Kompromiß gehen kann. Bei einer entsprechenden Suche steht die Wahrung der Handlungsfähigkeit des Sozialforschers im Zentrum. Stellt man dann weiter in Rechnung, daß für den Normalfall eine nicht-standardisierte Erhebung von Daten zu bevorzugen ist, dann scheint es für das anstehende Forschungsvorhaben in Anbetracht der aufgezeigten Alternativen und trotz der oben dargelegten 'Lücken'im Datengefüge angemessen, doch auf die Verschriftung von Tonbandprotokollen zurückzugreifen. Die positiven Gründe hierfür sind oben schon benannt worden.

2. **Die Entkontextualisierung des Vernehmungsgesprächs**

Mit dem so aufs neue favorisierten Vertextungsverfahren wird aber nicht nur die Erhebung sensibler Daten für bestimmte Bereiche 'innerhalb' der zu rekonstruierenden Handlungssituation ausgeklammert, sondern auch für den gesprächsübergreifend situationsspezifisch aktuellen und den milieuspezifisch allgemeinen Zusammenhang, in dem die 'zur Debatte stehende' Vernehmung eingebunden und durch den sie im Grunde vorbestimmt ist. Das über den Text repräsentierte Vernehmungsgespräch ist in diesem Sinne entkontextualisiert erhoben.

Sieht man einmal von dem Problem ab, daß die bei der Erhebung sicherlich unverzichtbare Konstruktion reproduktiver Daten (Beobachtungsprotokolle) dem Interpreten machen würde, dann böte die Rekonstruktion des situations- und milieuspezifischen Bezugsrahmens sicherlich erhebliche Vorteile für die Bestimmung des Fallbesonderen. Denn: "Aus milieutheoretischer Perspektive, die eine der historischen Perspektive vorgelagerte objektiv wirksame Sinnschicht subjektiver Orientierung sichtbar werden läßt, wird der gesamte Umkreis des Wahrnehmbaren (für den Wahrnehmenden; N.S.) durch die betreffende Milieustruktur ... bestimmt." (SOEFFNER 1982: 21)

Wenn aber - wie in der anstehenden Untersuchung - im Zentrum die Rekonstruktion eines historisch lebensweltspezifischen Handlungstyps, der in verschiedenen milieu- und situationsspezifischen Rahmungen gelebt wird, ansteht, d.h., wenn die milieuspezifische Perspektive nicht selbst im Brennpunkt des Interesses steht, dann kann man - aus forschungsökonomischen Gründen - auf eine Rekonstruktion der jeweiligen milieuspezifischen Bezugsrahmen für die in Einzelfallanalysen zu untersuchenden Vernehmungen verzichten. Man verzichtet damit allerdings auch ein Stück weiter auf die Rekonstruktion des typisch Besonderen.

Alles in allem erscheint es also - aus forschungsökonomischen Gründen und mit Blick auf die Wahrung der Handlungsfähigkeit des Sozialforschers - praktikabel, sich auf die abstrahierende Erhebung der "Bedeutungs- und Typisierungsstruktur des sprachlichen Textes" (SOEFFNER 1982: 25) zu beschränken. Inwieweit mit einem solchen quasi-authentischen, aber nach innen und außen entkontextualisierten Text wirklichkeitsrelevante Aussagen über das hier in Frage stehende Handlungstypspezifische und das typisch Besondere eines entsprechenden Einzelfalles gemacht werden können, soll nun abschießend noch einmal genauer geklärt werden.

Oben wurde ja bereits herausgestellt, daß der Text nicht aus sich heraus, sondern erst über das Vorwissen des auslegenden Interpreten 'zum Sprechen gebracht wird'. In diesem Zusammenhang verfügt der Interpret aus seiner Teilhabe an der relevanten historisch konkreten Lebenswelt heraus auch über die Möglichkeit einer Rekontextualisierung des Gesprächstranskripts. D.h.: Der Interpret kann die Handlungszusammenhänge, in denen das Gesprächstranskript denkbar und sinnvoll ist, konstruierend rekonstruieren. Über diese '(Re-)Animation' bindet er den Text (rückwirkend) an die Lebenswelt und verschafft sich so behelfsmäßig die Voraussetzung für die Entdeckung des Handlungstypspezifischen im fallspezifisch Besonderen.[7]

Diesen Verfahrensansatz betrachtend kann einem gerade auch nach den oben vorgetragenen Vorbehalten gegenüber der Verwertbarkeit von Beobachtungsprotokollen der von einer gedankenexperimentellen Rekontextualisierung per se ausgehende 'reproduktive Zug' kaum entgehen (vgl. SOEFFNER 1982: 20). Der Interpret wird den Text irgendwie immer standortgebunden einkleiden.

Um die so drohenden Verzerrungen einzuschränken und kritisierbar zu machen, muß er, der Interpret, deshalb gehalten sein,

(a) seine Rekontextualisierungsvorschläge zu explizieren und

---

[7] Spätestens an dieser Stelle dürfte die Abgrenzung meines konstruktivistischen Textbegriffs von dem eher 'abbildhaft-naturalistischen' Oevermanns deutlich werden. Während ich davon ausgehe, daß der Text erst über das 'lebendige', lebensweltgebundene Vorwissen des Interpreten 'wiederbelebt' werden kann und muß, geht Oevermann davon aus, daß im Text selbst die "individuellen oder kollektiven Dispositionen zum Ausdruck kommen" (OEVERMANN 1986: 45) - so als sei der Text selbst lebendig.

(b) sie am Text als sinnvolle Möglichkeiten zu belegen!

In bezug auf den nicht-standardisiert erhobenen und von daher quasi-authentischen Gesprächstext ist der Interpret so gezwungen, seinen Standpunkt und seine Lesartenbildung zu überdenken. Mit Bezug auf diesen Text müssen sich die gedankenexperimentell entworfenen Rekontextualisierungen als sinnvoll und möglich bewähren.

Die einzelfallanalytische Interpretation eines Gesprächstranskripts - das wird jetzt noch klarer - verfügt über zwei 'Anschlüsse' zur lebensweltlichen Bezugswirklichkeit: den quasi-authentischen Text und das in lebensweltlicher Teilhabe gewonnene Vorwissen des Interpreten. **Beide Anschlüsse weisen aber in Hinsicht auf eine auf intersubjektive Gültigkeit angelegte Rekonstruktion erhebliche Mängel auf: der Text ist entkontextualisiert; das Vorwissen des Interpreten ist standortgebunden und als Lesart eingebracht tentativ reproduktiv!** Mit der oben skizzierten Bezugnahme beider Anschlüsse aufeinander sollen die Mängel überbrückt und kompensiert werden:

- Die Abstraktion der nicht-standardisiert erhobenen Daten soll über eine Rekontextualisierung des Interpreten tentativ rückgängig gemacht und der 'verblaßte' Anschluß des Gesprächs an die Lebenswelt so wieder 'aufgefrischt' werden. Die neu entstehende Konkretion des Falles bietet mehr Angriffspunkte für die Bestimmung des lebensweltlich Typischen.
- Die Standortgebundenheit und Reproduktivität dieser '(Re)vitalisierung' des 'abstrakten Textes' durch den Interpreten wird über die Bezugnahme auf eben diesen nicht-standardisiert erhobenen, quasi-authentischen Gesprächstext annähernd überwindbar, nicht zuletzt auch deshalb, weil sie mit der Explikation kritisierbar und damit weiter verallgemeinerbar wird.

Dadurch, daß der Interpret **durch den Gesprächstext** zur differenzierten, fallspezifisch rekontextualisierenden Lesartenbildung und gleichzeitig zur Kontrolle dieser Lesartenbildung angeregt werden soll, erhöhen sich die Chancen, daß die **Modellbildung** - und um eine solche handelt es sich stets - nicht schon auf der Ebene der Datenkonstruktion aus dem Ruder läuft und bei aller unvermeidlichen Differenz zur Wirklichkeit wirklichkeitsnah, besser: wirklichkeitsrelevant, ausfällt. Denn erst die Rückbindung des Modells an eine (zwar konstruierte, aber immer noch) quasi-natürliche Datenbasis erlaubt der Interpretationsgemeinschaft eine intersubjektiv verbürgte Kontrolle der Brauchbarkeit des Modellkonstrukts.

4.4 Zur Datenerhebung

Die für die projektierte Datenkonstruktion erforderliche Form der Datenerhebung - die Tonbandprotokollierung - ist keineswegs selbstverständlich gewährleistet! Schon mit der Aufarbeitung des Forschungsstandes konnte man feststellen, daß bisher in der Bundesrepublik Deutschland überhaupt erst einige wenige Untersuchungen zur polizeilichen Vernehmung (Beschuldigter), die in irgendeiner

Hinsicht den Status 'empirisch' in Anspruch nehmen können, durchgeführt wurden:

- 1977 legte J. Banscherus eine Studie vor, die auf der Basis von Beobachtungsprotokollen und Tonbandaufnahmen simulierter Vernehmungen vorgenommen wurde.
- H.W. Schmitz veröffentlichte 1978 eine Untersuchung zu polizeilichen Zeugenvernehmungen, die ebenfalls auf simulierten Vernehmungsgesprächen gründet.
- M. Brusten und P. Malinowski bezogen sich in ihren Analysen (1975, 1977) auf von ihnen protokollierte Angaben von Polizeibeamten zum Thema "Polizeiliches Vernehmen" und auf die oben aufgearbeitete "Anleitungsliteratur" der Vernehmungspraktiker.
- Eine weitere empirische Untersuchung wurde 1984 von P. Wulf veröffentlicht. Wulf hatte die Möglichkeit, in hundert Fällen teilnehmende Beobachtungen von Vernehmungsgesprächen mit Beschuldigten anzufertigen.
- Die meines Wissens letzte Untersuchung wurde 1991 von Jo Reichertz vorgestellt. Er nahm an polizeilichen Vernehmungen im Rahmen der Aufklärung von Mordfällen teil. Seine Untersuchung von Vernehmungen ist Bestandteil einer umfassenden Analyse zum Handlungstyp 'Fahndung'.

Auf der Basis nicht-standardisierter Erhebungen - also beispielsweise Tonbandprotokollen von 'echten' Vernehmungen - vorgenommene Analysen von polizeilichen Vernehmungen (Beschuldigter) liegen demnach noch nicht vor.[8]

Dieser Mangel an sensiblem Datenmaterial rührt sicherlich nicht von einem Desinteresse der Forscher her. Brusten/Malinowski berichten, sie hätten sich lange Zeit um einen direkten Zugang zu polizeilichen Vernehmungen zum Zwecke einer Erhebung von Vernehmungsdaten bemüht. Ihnen sei aber jede Form der Datenerhebung verweigert worden, so daß sie schließlich keine andere Möglichkeit mehr gesehen hätten, als ihre Analyse an Sekundärquellen vorzunehmen (BRUSTEN/MALINOWSKI 1975: 102f). Und selbst Banscherus und Schmitz, die ihre Projekte mit Unterstützung des BKA betrieben, hatten keine Möglichkeit, Tonband- oder Videoprotokolle von 'echten' Vernehmungen zu erstellen. Die Schwierigkeiten beim Zugang zu dem in vielfacher Hinsicht äußerst sensiblen Feld "Polizeiliches Vernehmen" dürfte ihre "Ursache nicht zuletzt auch im befürchteten Output" (WULF 1984: 68) solcher Untersuchungen haben. Die Vernehmungsbeamten sehen die Gefahr, daß "die objektiven Arbeitsbedingungen und tagtäglichen Probleme der Kriminalbeamten nicht erkannt oder nicht genannt würden." (BRUSTEN/MALINOWSKI 1975: 102)[9]

---

[8] Die Probleme, die sich aus der bis jetzt durchgehenden Verwendung rekonstruktiv oder standardisiert erhobener Daten für die Aufstellung wirklichkeitsrelevanter Modelle ergeben, brauchen im Anschluß an die Ausführungen zur Datenkonstruktion kaum noch gesondert herausgestellt zu werden.

[9] Zum Forschungsstand in bezug auf empirische Untersuchungen siehe auch: Brusten 1981; Brusten/Malinowski 1983: 155ff; Wulf 1984: 65ff.

Unter diesen Umständen schätzen wir uns glücklich, nach anfänglichen Schwierigkeiten und zum Teil zähen Verhandlungen auf allen Entscheidungsebenen in den Bereichen von zwei Polizeipräsidien des Ruhrgebiets Gelegenheit zu Tonbandmitschnitten von sogenannten 'heißen' Vernehmungen erhalten zu haben, so daß die Datenbasis für die anstehende Untersuchung gesichert ist:

- In der Zeit von November 1985 bis Juli 1986 erstellten wir in 38 Fällen Tonbandprotokolle von schutzpolizeilichen Vernehmungen. Dabei handelt es sich in 25 Fällen um Beschuldigtenvernehmungen.
- In der Zeit von August 1988 bis Juni 1989 war es uns im Bereich eines anderen Präsidiums möglich, weitere 20 Beschuldigtenvernehmungen tonbandzuprotokollieren. 15 Vernehmungen wurden von Beamten der Kriminalpolizei, 5 Vernehmungen von denen der Schutzpolizei durchgeführt.

In allen Fällen erhielten wir Akteneinsicht.

4.5 Wahl und Gestaltung eines einzelfallorientierten Interpretationsverfahrens

Nun, da das Datenkonstruktionsverfahren bestimmt ist, stellt sich die Frage nach einem geeigneten Verfahren zur Auslegung der so konstruierten Daten. Oben wurde bereits der Verfahrensrahmen für die hermeneutische Bestimmung des allgemein Typischen festgelegt: die Einzelfallanalyse (Kap. 4.2).

Die Einzelfallanalyse als Verfahrensprinzip ist in der qualitativen Sozialforschung in den letzten Jahren in hervorragender Weise und vehement von Ulrich Oevermann vertreten worden. Für Oevermann ist die einzelfallanalytische Interpretationspraxis an ein seineserachtens zentrales Interpretationsprinzip gebunden: das der sukkzessiven Selektivität.[10] D.h.: Die Spezifik des Handlungstyps und die Typik des Einzelfalles erschließen sich für den außenstehenden wissenschaftlichen Beobachter - so Oevermann - in der Kenntnisnahme der von den Handelnden vollzogenen 'Wahlen' bzw. 'Ausschlüsse' objektiv gegebener Handlungsmöglichkeiten. Nur über ein Zug-um-Zug-Verfahren - so Oevermann weiter - kann diese Beobachtung sorgsam ausgeführt und angemessen einer Überprüfung zugeführt werden: In der schrittweisen Konstruktion des typischen Handlungspotentials und der anschließenden Rekonstruktion der vollzogenen 'Wahl' bzw. der 'Ausschlüsse' soll Interakt für Interakt der jeweilige Stand des "inneren Kontextes" bestimmt werden. Der Interpret gewinnt so auf jeder Stufe der Auslegung Aufschluß über die jeweils verbleibenden Optionen, vor deren Hintergrund der Folgeinterakt sich in seiner Spezifik dann sichtbar abhebt, womit die innere Kontextbildung fortgeschrieben werden kann. Ist das Selektionsprinzip des Falles gefunden, dann

[10] Zusammenhängend dargestellt haben Oevermann und seine Mitarbeiter ihr Verfahren in Oevermann u.a. 1979: 391-427.

kann rückwirkend auch für die vorangegangenen Interakte der Möglichkeitsraum eingegrenzt werden (OEVERMANN 1979: 421ff).

4.5.1 Zur Kritik des Oevermannschen Forschungsprinzips "Nachzeichnen der sukzessiven Selektivität"

Zu Beginn meiner Untersuchung zur polizeilichen Vernehmung Beschuldigter habe ich mich weitgehend diesem Prinzip verpflichtet gefühlt. Ich habe mich bemüht, es in der Interpretation eines verschrifteten Tonbandprotokolls von einem Vernehmungsgespräch umzusetzen.

Bei der Umsetzung ergab sich dann immer wieder die folgende Problemlage: Nachdem ich das Lesartenpotential eines Interaktes bestimmt hatte, kamen mir bei der Bestimmung der Folgeinterakte regelmäßig Lesarten in den Blick, die ich nicht an die zuvor gebildeten Lesarten als Wahl oder Ausschlußbestimmung anknüpfen konnte. Oder positiv: Ich ermittelte in der Interpretation von Folgeinterakten Lesarten**stränge** (Selektionsprinzipien), die ich bei der Interpretation der vorhergehenden Interakte wohl hätte entdecken können, die ich aber nicht entdeckt hatte. Ich führte diese Kunstfehler zunächst allein auf mein Unvermögen zurück und besserte die Interpretation - mit schlechtem Gewissen - entsprechend den neu entdeckten typischen Besonderheiten nach. Als sich dieses Problem dann mehrfach wiederholte, ging ich der Frage nach, ob für mein Interpretationsdilemma nicht systematische Gründe ausschlaggebend sein könnten. Bei der Suche nach einer Antwort kam ich zu der Überzeugung, daß das Oevermannsche Prinzip "Nachzeichnung der sukzessiven Selektivität" als Forschungsprinzip nicht haltbar ist. Diese These bedarf der Erläuterung:

Das Prinzip der sukkzessiven Selektivität entspricht nach Oevermann - wie bereits vermerkt - der schrittweisen Rekonstruktion des Fallspezifischen und damit des typisch Besonderen. Interpretationspraktisch sind damit für Oevermann die Umsetzung zweier Unterprinzipien verbunden:

- In der Interpretation der Wahl- und Ausschlußverfahren wird schrittweise das Potential handlungsleitender Selektionsprinzipien (typische Besonderheiten) eingegrenzt (1979: 400ff, Ebenen 6 und 7).
- Dieses so schrittweise eingegrenzte fallspezifisch relevante Typenpotential ist jeweils der Hintergrund für die Explikation von Handlungsalternativen, in bezug auf die der Interaktant dann jeweils seine Wahl trifft. (1979: 395, Ebene 0; 398f, Ebene 3) So können die fallspezifischen Wahlen von Interakt zu Interakt in ihren jeweiligen Bedeutungen für die weitere Bestimmung des Fallspezifischen (des typisch Besonderen) herangezogen werden - bis das Selektionsprinzip herausgefiltert ist.

Gelingensbedingung dieses Interpretationsansatzes ist ein Interpret, dem es von vornherein möglich ist, (a) das handlungsleitende strukturale Regelwissen, (b) die denkbaren fallspezifischen Selektionsprinzipien (das Typenrepertoire) und (c) die denkbaren Varianten ('singulären' Fälle), in denen diese Prinzipien/Typen ausgelebt werden können, in Anbetracht eines vertexteten Interaktionsprotokolls sukzessive zu explizieren.Der Interpret muß mithin über ein am Text mehr oder weniger mühelos explizierbares allgemeingüliges Regelwissen verfügen. (exemplarisch: ALLERT 1980) Und genau diesen Interpretentyp dürfte Oevermann im Sinn haben, wenn er zur Bedingung macht, der Interpret müsse ein normales und kompetentes Mitglied der Sprachgemeinschaft sein. (1979: 391ff)

In der methodisch-methodologischen Aufarbeitung der sich hartnäckig wiederholenden Interpretationsprobleme kam ich im Verlaufe meiner Untersuchung zu dem Schluß, daß mit der skizzierten Grundannahme zwei Aspekte unbeachtet bleiben:

(1.) Auch das normale und kompetente Mitglied einer Sprachgemeinschaft kann nicht von vornherein auf dem Niveau einer letzten intersubjektiven Gültigkeit interpretieren. Auch dieses Mitglied wird zumindest zunächst den Text irgendwie immer standortgebunden einkleiden, so daß (v.a. beim Interpretationseinstieg) von Verkürzungen und Verzerrungen auszugehen ist.

(2.) In diesem Zusammenhang muß dann ein besonderer Aspekt Berücksichtigung finden: Für kein Mitglied einer Sprachgemeinschaft kann davon ausgegangen werden - auch wenn die "Primärerfahrung sozialer Sachverhalte" im großen und ganzen "intuitiv angemessen" (OEVERMANN 1979: 393) ist -, daß es sein implizites Wissen um die relevanten Regeln mehr oder weniger ohne weiteres am Text **reflexiv** zu explizieren vermag. Die alltägliche Differenz zwischen intersubjektiv gültigem Sinn von Handeln und subjektiv reflexiver Explikation dieses Sinns muß auch für den wissenschaftlichen Interpreten in Rechnung gestellt werden. Und genau dies - so denke ich - versäumt Oevermann.[11]

Stellt man nun diese nicht hintergehbare Kompetenzeinschränkung für das normale Mitglied einer Interpretationsgemeinschaft in Rechnung, dann liegt es wohl auf der Hand, daß die von Oevermann eingeführte Gelingensbedingung auch den wissenschaftlichen Interpreten überfordern muß. Verzerrungen und Verkürzungen bei der Lesartenbildung müssen zunächst einmal als unausweichlich begriffen werden. Von daher wird dann auch die Forderung nach einer Nachzeichnung des Wahl- und Ausschlußverfahrens **während der Erforschung** bei gleichzeitiger Berücksichtigung der in Frage kommenden fallspezifischen Selektionsprinzipien und strukturalen Handlungsregeln problematisch. Die Gefahr besteht nämlich in der frühzeitigen Festlegung auf fallspezifische Selektionsprinzipien und strukturale Handlungsregeln, mit der fallrelevante Bedeutungsbesonderheiten von Details, die

---

[11] "Regelgeleitetheit heißt aber, daß a) die Klasse der eine Äußerung erfüllenden Kontextbedingungen, auch wenn sie unendlich groß sein mag, durch eben diese Regel klar von der Klasse der nicht-erfüllenden Bedingungen unterschieden ist und daß wir b) als natürliche Mitglieder der Sprachgemeinschaft, für die diese Regel gilt, problemlos über ein sicheres intuitives Wissen von ihr verfügen, so daß wir sie sowohl als praktisch Handelnde wie als Interpreten mit Anspruch auf Gültigkeit verwenden können." (OEVERMANN 1981: 10)

noch im weiteren Verlauf der Interpretation (kontextgeladen) in den Blick kommen könnten, unbeachtet zu bleiben drohen. Oder in der Sprache Ulrich Oevermanns: Es besteht die Gefahr einer subsumtionslogischen Anlage der Untersuchung.[12]

4.5.2 Die Zielsetzung und die strukturelle Problemlage einzelfallanalytischen Interpretierens

Akzeptiert man den gegen Oevermann vorgebrachten Einwand, dann ändert sich entsprechend das Forschungsziel: Es geht dann nicht mehr um die Explikation von im Grunde genommen Gewußtem, sondern um die Konstruktion neuer, tragfähigerer Erklärungen, um die Kreation neuer Überzeugungen. Denn: Wenn man die nicht hintergehbaren Defizite eines Interpreten in Rechnung stellen muß, dann dürften die Bemühungen sinnvollerweise darauf ausgerichtet sein, an der Behebung dieses Defizits zu arbeiten.Von daher muß ein Verfahren entwickelt werden, über das der Interpret in die Lage versetzt wird und die Bereitschaft entwickelt, eingeschliffene Interpretationsroutinen zu überarbeiten. Das heißt für die anstehende Untersuchung:

Das Vernehmungsgespräch mag noch so sorgsam tonbandprotokolliert und als diskursiv zugänglicher Text transkribiert worden sein - wenn der Interpret nicht bereit oder nicht in der Lage ist, seine einmal gebildeten Überzeugungen und Interpretationsgewohnheiten aufzugeben, dann ist für ihn von vornherein die Chance vertan, über die einzelfallorientierte Auseinandersetzung mit dem Textprotokoll sein bislang explizierbares verallgemeinertes - alltagsweltliches wie wissenschaftliches - Vorwissen zu vertiefen und auf die Probe zu stellen. Die - aus 'guten' lebenspraktischen Gründen heraus nicht selbstverständliche - Bereitschaft und Fähigkeit zur Aufgabe eingeschliffener Vorurteile ist die **letztlich entscheidende** Voraussetzung für das Aufkommen einer Sensibilität, mit der in der Explikation unseres (vortheoretischen und hypothetischen) Vorwissens am Text Handlungsbesonderheiten, mit denen etablierte Überzeugungen in Frage gestellt sind, aufgespürt werden können.

Mit dieser Feststellung ist nun erst recht die Frage nach einem geeigneten einzelfallorientierten Auswertungsverfahren aufgeworfen!

Mit den bisherigen Überlegungen zur Methodologie und Methode scheint implizit und wie selbstverständlich eine Untersuchung angeregt, die - ausgerichtet

---

12 Die Gefahr einer subsumtionslogischen Anlage ist bei Oevermann auch noch deshalb groß, weil er es für erforderlich hält, daß der Interpret sich von vornherein auf sogenannte Normalformen festlegt (methodisches Äquivalent: die Sparsamkeitsregel). Damit grenzt er von vornherein das gesellschaftlich nicht etablierte Handlungs- und Lösungspotential aus - und entledigt sich der Pflicht zu überprüfen, ob das Nicht-Etablierte nicht auf bisher unbekannte strukturelle Regeln oder Fallspezifika verweist.

an der in Kenntnisnahme des Forschungsstandes entwickelten untersuchungsleitenden Fragestellung - ihren Ausgang bei der Rekontextualisierung und Auslegung des ausgewählten Vernehmungstranskripts nimmt. Ein solcher Untersuchungsansatz ist - betrachtet man die veröffentlichten Darstellungen von Einzelfallanalysen - keinesfalls ungewöhnlich[13] und vor dem Hintergrund des herausgestellten Grundprinzips - Abarbeiten des alltagsweltlichen und wissenschaftlichen Vorwissens am quasi-authentischen 'Wetzstein' Text - plausibel. Er ist aber auch problematisch! Denn:

- Es besteht immer die Gefahr, daß der Text dem Interpreten nur wenig Angriffspunkte für eine 'tiefschürfende' Explikation eines möglicherweise 'korrekturbedürftigen' Wissens bietet. Das Datenmaterial ist für ihn nur wenig anregend, so daß die Lesartenbildung reibungslos verläuft und so dem Interpreten keine neuen Einsichten vermittelt. **Der Interpret gleitet in solch einer Situation am Text ab.**
- Um dieser Gefahr zu entgehen, kann der Interpret sich bemühen, die Rekontextualisierung und Auslegung des Transkripts mit dem Ziel, eine 'besonderheitsbizarre' Lesartenfolie zu entwerfen, äußerst extensiv anzulegen. Aber auch mit einem solchen Interpretationseinstieg sind erhebliche Gefahren verbunden. Dem Interpreten kann es nämlich passieren, daß er sich in Lesartendetails verliert, immer wieder neue Gesichtspunkte findet, die bei der Beschreibung Reformulierungen erforderlich machen, bis es ihm letztlich kaum noch möglich ist, gemeinsame Besonderheiten des Falles herauszuarbeiten. **Dem Interpreten droht so, sich in der Auslegung des Textes zu verlieren.** (exemplarisch SCHRÖER 1987)
- Dieser Gefahr könnte der Interpret über eine sich im Verlaufe der Interpretation einschleichende Einschränkung der extensiven Analyse unwillkürlich 'entgegenwirken': Die Offenheit und die in diesem Stadium der Interpretation ja stets noch bestehende diffuse Strukturiertheit des interpretativen Blicks kann dann dazu führen, daß relevante Handlungsaspekte unterderhand 'übersehen' und für die Bildung einer Strukturhypothese nicht fruchtbar gemacht werden können. Problematisch ist eine unterschwellig sich durchsetzende Einschränkung v.a. dann, wenn die etablierte theoretische Modelle herausfordernden Gesichtspunkte (vollständig) auf der Strecke bleiben. **Der Interpret hätte seine Interpretation so unterderhand subsumtiv 'abgeschottet'.** (exemplarisch SIMM 1986)

Die nur durch eine offene Fragestellung gezielt vorbereitete Untersuchung eines Vernehmungstranskripts birgt also Gefahren für die Rekonstruktion der "strukturalen Motiviertheit". Diese Gefahren rühren von der Offenheit der Herangehensweise und der damit einhergehenden Verunsicherung des Interpreten her. So ist von vornherein die Möglichkeit angelegt, daß sich die mit der

[13] exemplarisch (lediglich an dem veröffentlichten Darstellungsmuster orientiert): Becker u.a. 1987; Donk 1989, 1992; Gripp 1978; Oevermann u.a. 1979: 403-411, Oevermann u.a. 1986; Reichertz 1986; Simm 1986; Soeffner 1980, 1991

Einzelfallanalyse verbundenen Mühen kaum auszahlen, d.h., die bereits vorgenommenen modellhaften Verallgemeinerungen nicht herausgefordert und so nicht nur nicht überarbeitet, sondern noch nicht einmal 'richtig' bestätigt werden.

Diesen Gefahren begegnen viele Forscher mit der Bildung einer vor Beginn der Einzelfallanalyse auf der Basis ihres alltagsweltlichen und wissenschaftlichen Vorwissens zu heuristischen Zwecken vorgenommenen Strukturhypothese.[14] "Die theoretischen Konstruktionen auf dieser Ebene sind ... noch keine Hypothesen im Sinne objektsprachlicher Theorien, sondern heuristische Vermutungen - plausibel **begründbare** Spekulationen, keine empirisch **begründeten** Annahmen." (REICHERTZ 1986: 27)

Die Aufgabe einer solchen Heuristik besteht darin, der Rekonstruktion der "strukturalen Motiviertheit" am Einzelfall die Richtung zu weisen. Der Interpret gewinnt auf diese Weise eine Orientierung, und er muß in der Einzelfallanalyse untersuchen, ob die Auseinandersetzung mit dem Text nicht Indizien hervortreibt, die eine Überarbeitung der vorgeschalteten strukturellen Bestimmung erforderlich macht. Auf diese Weise wäre von vornherein eine gewisse Orientierungssicherheit des Interpreten gewährleistet, ohne daß damit die einzelfallanalytische Anbindung der gewonnenen Strukturaussage, durch die "die begründbare Spekulation in die begründete Annahme über einen Zusammenhang" (ders.: 27) überführt wird, aufgegeben würde.

Trotz der programmatisch ausgewiesenen Falsifikationslogik steht der Interpret bei dieser Verfahrensweise in der Gefahr, von vornherein in eine gewisse Engführung der Strukturrekonstruktion getrieben zu werden. Zunächst einmal dürfte bei einer 'heuristischen Vorabanalyse' die Tendenz bestehen, daß vom Interpreten das ihm vertraute Vorwissen reproduziert und damit nicht überschritten wird. Und für die Folge ist dann die Gefahr nicht von der Hand zu weisen, daß dem Interpreten mit der mühsam erarbeiteten und explizit festgelegten Strukturhypothese im Rücken der Blick für falsifikationsträchtige Besonderheiten des Einzelfalles tentativ verloren geht. Je ausgefeilter und zugespitzter die vorgenommene Strukturhypothese ausfällt, desto schwerer dürfte es einem Interpreten fallen, eine Sensibilität für irritierende Handlungsdetails aufzubauen und zu erhalten. Stets droht sich eine Verifikationslogik einzuschleichen, mit der die Bildung von Strukturhypothesen aus der Auseinandersetzung mit den Besonderheiten des Einzelfalles unterlaufen wäre. (exemplarisch: OEVERMANN 1985; SCHNEIDER 1987; SCHRÖER 1984)

Betrachtet man die mit den beiden Herangehensweisen einhergehenden Gefahren im Vergleich, dann wird die zentrale strukturelle Problemlage einzelfallanalytischen Interpretierens deutlich: **Entwickelt der Interpret die Bereitschaft, eingeschliffene Überzeugungen aufzugeben, dann droht ihm Orientierungslosigkeit; bemüht er sich darum, (zunächst) seine Orientierung zu sichern, könnte er auf seinen überkommenen Überzeugungen sitzenbleiben.**

---

[14] exemplarisch: Allert 1980; Bude 1987; Cremers 1984; Kade 1989; Oevermann 1979, 1985; Oevermann u.a. 1980; Ricken 1987; Schneider 1987; Schröer 1984; Y. Schütze 1977

Die Kunst einzelfallanalytischen Interpretierens dürfte demnach darin bestehen, zur Aufgabe einmal gebildeter Überzeugungen bereit zu werden, ohne damit in Orientierungslosigkeit zu fallen und in ihr steckenzubleiben.

Beide soeben skizzierten Verfahrensvarianten sind als Versuche zu werten, dem Interpreten - ohne Gewähr - einen Verfahrensrahmen an die Hand zu geben, mit dem seine Bemühungen, dieses nicht hintergehbare Problem in den Griff zu bekommen, gefördert werden:

- Bei einem unvorbereiteten Herangehen an den Fall besteht zwar die Gefahr, daß der Interpret erst gar nichts sieht. Alles in allem dürfte aber die Chance größer sein, bisher nicht vertraute Wissensaspekte zu entdecken und so für die Modellbildung fruchtbar zu machen.
- Bei einer qua Heuristik vorstrukturierten Herangehensweise besteht eher die Gefahr für den Interpreten, trotz 'günstiger Voraussetzungen' das ihm vertraute Vorwissen nicht zu überschreiten. Allerdings dürfte ihm die Orientierung während der Interpretation kaum gänzlich zerbrechen.

Die vermuteten Tendenzen sind allerdings nicht zwingend und dürfen von daher nur unter Vorbehalt in eine Verfahrensentscheidung eingehen. Zu viele andere Aspekte spielen jeweils noch mit, wie z.B. die kaum vorher abwägbaren Eigenarten der Forscherpersönlichkeit und der konkreten Forschungssituation. So ist es kaum oder nur selten möglich, allgemeinverbindlich einem Verfahren den Vorzug zu geben oder jeweils mit Sicherheit das geeignete Verfahren vorwegzubestimmen.

Wendet man sich mit der gewonnenen Sicherheit, keine verläßlichen Kriterien für ein angemessenes Herangehen an das Material finden zu können, der hier anstehenden Untersuchung zu, so stellt sich die Ausgangslage für die Entscheidung etwa wie folgt dar:

Mit der Aufarbeitung des Forschungsstandes wurde klar, daß es sowohl der kriminalistischen als auch der polizeisoziologischen Forschung an einer gezielten strukturanalytischen Rekonstruktion des Handlungstyps "Wahrheitserforschung und Beweiserhebung in polizeilichen Vernehmungen Beschuldigter" mangelt. Der handlungstypspezifische Horizont, aus dem heraus die Vernehmungsbeamten ihre Aufgabe zu bewältigen gezwungen sind, war - sieht man vielleicht von F. Schütze ab - bisher noch nicht Gegenstand eingehender wissenschaftlicher Erforschung.

Gleichwohl läßt sich bei aller Unterschiedlichkeit der Forschungsanlagen und -anliegen ein gewisser Konsens bei der Einschätzung der Position des Vernehmungsbeamten in der polizeilichen Beschuldigtenvernehmung erkennen. Im Grunde sind sich die Forscher darin einig, daß der polizeiliche Vernehmungsbeamte sich als Folge seiner institutionsspezifischen Stellung und seiner Aushandlungs- und Definitionsmacht im großen und ganzen gegenüber dem Beschuldigten durchsetzen kann, und sie belegen (und begründen) dies - allerdings nicht strukturanalytisch - in ihren empirischen und quasi-empirischen Untersuchungen (siehe Kap. 2). Dieses Urteil über die Stellung des Vernehmungsbeamten in polizeilichen Beschuldigtenvernehmungen entspricht der alltagsweltlich normalen Einschätzung, so daß eine breite Übereinstimmung festgestellt werden kann.

In Anbetracht dieser untersuchungsspezifischen Ausgangslage drängt sich keines der soeben skizzierten Basisverfahren als das hier geeignetere auf: Bei dem reklamierten strukturanalytischen Defizit der bisherigen Erforschung ist hinsichtlich der für diese Untersuchung geltenden Fragestellung bei beiden Vorgehensweisen ein Erkenntnisfortschritt zu erwarten - schließlich existiert überhaupt noch keine genaue Handlungstypanalyse. Von daher wäre der Einsatz beider Verfahren sinnvoll. Darüber hinaus sind keine spezifischen Umstände ersichtlich, die für die Wahl des riskanteren oder des sichereren Verfahrens sprächen.

So ist eine Situation gegeben, in der das Interesse des Forschers den Ausschlag gibt. **Und im Zentrum dieses Interesses steht die (Methoden-)Frage, wie eine Einzelfallanalyse im Falle eines nur durch die Kenntnisnahme des Forschungsstandes und durch eine untersuchungsleitende Fragestellung thematisch vorbereiteten Herangehens an das Vernehmungstranskript gestaltet werden sollte.** Der methodischen Gestaltung dieses Herangehens gelten die nun folgenden Vorüberlegungen!

4.5.3 Die 'konzentrische Erarbeitung des inneren Kontextes' als methodisches Prinzip von Einzelfallanalysen

Die wissenssoziologische Untersuchung des Handlungstyps "Wahrheitserforschung und Beweiserhebung in polizeilichen Beschuldigtenvernehmungen" hat die Rekonstruktion

(a) sowohl der handlungstypspezifischen Problemlage, aus der die den Vernehmungsbeamten der Polizei vorgegebenen und für sie verbindlichen Sinnhorizonte sich ableiten, als auch

(b) die verschiedenen historisch möglichen Typen der routinisierten Bewältigung und der mit ihnen verbundenen Wissensformen zum Gegenstand.

Im Rahmen des nun anstehenden ersten Teils der wissenssoziologischen Rekonstruktion geht es in erster Linie - wie mit der Fragestellung vorgegeben - um die Erarbeitung des strukturalen Wissenskerns - der handlungstypspezifischen Problemlage, die jeder Vernehmungsbeamte zu bewältigen hat. Die Untersuchung dieser Fragestellung kann - darauf wurde oben bereits hingewiesen - schon mit nur einer extensiv betriebenen Einzelfallanalyse zu einem vorläufigen Abschluß kommen. Der Grund: Jeder Fall repräsentiert in seiner Besonderheit das handlungstypspezifisch Gemeinsame.

4.5.3.1 Zur Auswahl des Vernehmungstranskripts

Die erste Aufgabe des Interpreten besteht somit in der Auswahl des dann zu interpretierenden Vernehmungstranskripts. Da gerade bei dem soeben vorgegebenen Untersuchungsgrundsatz - unvorbereitetes Herangehen an die Interpretation - keine zwingenden Kriterien für die Wahl ausgemacht werden können, habe ich mich entschlossen, (als erstes) einen möglichst unspektakulären Fall zu interpretieren (s. Kap. 5.). Die dahinterstehende Idee: Die strukturelle Problemlage soll in Auseinandersetzung mit einer möglichst alltäglichen Vernehmungssituation herausgefiltert werden, um deren Allgemeingültigkeit plausibler werden zu lassen.

4.5.3.2 Die Entfaltung des relativ unproblematisch rückfragbaren Vorwissens

Hinreichend deutlich gemacht wurde bisher, daß dem Interpreten trotz der Eingeschränktheit seines Vorwissens gar nichts anderes übrig bleibt, als die Rekonstruktion von Fallbesonderheiten bei der Explikation eben dieses Vorwissens anzusetzen. Dieses Vorverständnis findet seinen unmittelbar zugänglichen Ausdruck in den sich ad hoc bei der Lektüre des Vernehmungstranskripts einstellenden Interpretationsgewohnheiten, mit denen das aufgezeichnete Gespräch sofort "schon irgendwie verständlich" (KELLNER/ HEUBERGER 1988a: 265) wird. Dieses sich umgehend aufdrängende Vorwissen muß im Verlaufe der Interpretation expliziert, überprüft und bis hin zur Bestimmung des handlungstypspezifischen Bedingungsrahmens überarbeitet werden.

Die überprüfende Überarbeitung sollte als erstes unter den zwei folgenden Gesichtspunkten vorgenommen werden:

- Zunächst gilt es, mit einem zweiten Blick zu kontrollieren, ob sich die adhoc Interpretation am Text belegen und ausdifferenzieren läßt. Notfalls muß die Interpretation überarbeitet werden. Mit dem explizierten Anschluß an das quasi-authentische Handlungsprotokoll ist zum einen das Handlungsprotokoll 'belebt' und zum anderen das Vorwissen des Interpreten objektiviert und damit auf seine Angemessenheit hin kontrollierbar.
- Desweiteren ist zu überprüfen, ob der Interpret aus seinem Vorwissen heraus nicht noch alternative anschlußfähige Lesarten (Rekontextalisierungen; 'Motiv'zuschreibungen), die sich ihm nicht auf Anhieb aufgedrängt haben, die ihm vielleicht auch etwas abwegig, aber dennoch denkbar erschienen, entwickeln kann. Auch diese Lesarten sind zu explizieren.

Ist eine Interpretation des Transkripts unter diesen beiden Aspekten erfolgt, dann ist tentativ das vom Interpreten relativ unproblematisch rückfragbare Vorwissen fallspezifisch expliziert und der Fall auf diese Weise so perspektivneutral, wie es dem Interpreten in dieser ersten Interpretationsphase möglich ist, ausgelegt. 'Die' Besonderheiten des Einzelfalles sind in einem ersten Zugriff konstruierend rekonstruiert, ein erstes weitläufiges Oberflächenverständnis entwickelt. In Anlehnung an Kellner/ Heuberger möchte ich von der **ersten Stufe der Explikation der "Ausgangsoberfläche"** (1988a: 265) sprechen.

Die Explikation kann in zwei Schritten vorgenommen werden, mit denen v.a. die Gründlichkeit der Auslegung und damit die Entfaltung einer großen 'Reibungsfläche' für die Rekonstruktion des handlungstypspezifischen Rahmens und 'des' typisch Besonderen dieses Falles gewährleistet sein soll.

1. Schritt: kontextfreie Interpretation des 'ersten Interakts'
Zunächst soll das Wissen um den situativen und handlungstypspezifischen Rahmen, dem die Daten entnommen wurden, **künstlich ausgeblendet** und der 'erste Interakt' des Vernehmungsgesprächs dann auf denkbar erscheinende kontextuelle Einbettungen hin untersucht werden. Mit dieser "kontextfreien Interpretation" wird der folgende Interpretationsschritt vorbereitet: Es gilt, den Interpreten für über den Text abgedeckte und später vielleicht relevante Bedeutungsnuancen zu sensibilisieren, die ansonsten bei der "Interpretation mit Wissen um den erhobenen Kontext" als Folge der weitgehenden Selbstverständlichkeit unseres Vorwissens für die Lesarten- und Begründungsausdifferenzierung verloren gehen könnten.

Streng genommen wäre natürlich eine kontextfreie Interpretation der gesamten Sequenz erforderlich; dies ist allerdings forschungssökonomisch nicht tragbar. Die Auswahl des ersten Interakts bietet sich an, um den Interpreten direkt zu Beginn an eine extensive Auslegung zu gewöhnen.

2. Schritt: Interpretation mit Wissen um den erhobenen Kontext
In dem zweiten Interpretationsschritt gilt es, mit Wissen um den erhobenen situationsspezifischen und handlungstypspezifischen Kontext und in Kenntnisnahme des in der kontextfreien Interpretation ermittelten Lesartenpotentials 'den' fallspezifischen Vernehmungsablauf **Interakt für Interakt** vorinterpretierend nachzuzeichnen. Dabei müssen stets von neuem die beiden Interpretationsmaxime "begründete Explikation der sich ad hoc einstellenden Auslegung" und "Suche nach Auslegungsalternativen" berücksichtigt werden.

Das Prinzip des schrittweisen Vorinterpretierens bietet sich schon allein deshalb an, weil ein erstes Verständnis des besonderen Vernehmungsgesprächs sich für den außenstehenden Beobachter im chronologischen Nachvollzug des Gesprächsaufbaus erschließt. Die schrittweise Auslegung des Vernehmungstranskripts in dieser Interpretationsphase stellt so gesehen lediglich die methodische Verfeinerung eines üblichen Vorgehens dar. Auf diese Weise hat der Interpret am ehesten die Möglichkeit, sein 'greifbares' Vorwissen kontrolliert und expliziert an den Details des Handlungsprotokolls zu entfalten.

4.5.3.3 Das Aufbrechen der vertrauten Selbstverständlichkeit; der Zwang zum Aufbau einer 'neuen' Selbstverständlichkeit

Der soeben vorgeschlagene feinanalytische Interpretationseinstieg dient nicht allein der Gründlichkeit der Auslegung auf der ersten Interpretationsstufe, sondern er stellt gleichzeitig auch den Versuch dar, eine für die wissenschaftliche Erforschung des hier in Frage stehenden Handlungstypen fruchtbare Krisensituation künstlich

einzuleiten: Dadurch, daß der Interpret - wie dargelegt - gezwungen wird, sein Vorwissen in einem unnatürlich langatmigen "Schritt-für-Schritt-Verfahren" am Handlungsprotokoll begründet zu überarbeiten und zergliedernd zu explizieren, zerbricht für ihn die Fraglosigkeit des ihm bislang Selbstverständlichen, das einstmals Vertraute wird ihm allmählich fremd - **dem Interpreten droht gerade bei einer extensiven feinanalytischen Lesartendiskussion immer wieder latent Orientierungslosigkeit!**

Der Selbstverständlichkeit seines interpretativen Zugriffs beraubt steht der Interpret in dieser Phase immer wieder unter dem Zwang, die explizierten Lesarten kontrolliert in ein fallspezifisches Gleichgewicht zu bringen und sie in eine neue, jetzt am Text und mit Rekurs auf das gesellschaftlich gemeinsame Wissen begründete Selbstverständlichkeit zu überführen. In dieser Situation bleibt ihm also gar nichts anderes übrig, als sich seinem jeweils explizierten "Oberflächenverständnis" zuzuwenden, sich auf die Lesartendetails zu konzentrieren, sie hin und her zu wenden und miteinander in Beziehung zu setzen, dabei ihre Integrierbarkeit auszuloten und nach integrierenden Gesichtspunkten zu suchen. Dabei wird er sein Vorwissen von ganz neuen Seiten kennenlernen, bisher Unbeachtetes registrieren, möglicherweise ganz neue Integrationsmöglichkeiten entdecken. Denn "was in der Vertrautheit unausdrücklich und wie von selbst sich abspielt, wird in der Entfremdung ausdrücklich und strebt zu künstlich-methodischer Gestaltung. Das Verstehen wird verstehendes Erkennen, der Ausdruck wird objektiviert, der Schock des Erlebnisses entbindet den Blick: wir sehen mit anderen Augen." (PLESSNER 1979:243)

Auf den Punkt gebracht werden kann die mit diesem interpretativen Einstieg verbundene Zielsetzung etwa so: Der Interpret soll über die dargelegte Einstiegsgestaltung in eine Situation gebracht werden, in der er zu einer fundierten und hypothetischen Entdeckung des ihm bisher 'nur' (irgendwie) vertrauten, aber noch nicht erkannten handlungstypspezifischen Bedingungsrahmens **bereit ist**. Der Interpret soll - den künstlich eingeleiteten Orientierungsproblemen ausgeliefert - aus einer gewissen Verunsicherung heraus die **Bereitschaft** entwickeln (müssen), sich auch im weiteren Verlauf der Interpretation eingehend mit den von ihm explizierten Bedeutungsbesonderheiten auseinanderzusetzen. Über diesen aus der Verunsicherung geborenen Auseinandersetzungsdrang - so die Hoffnung - soll ein Klima für die Entdeckung von Handlungsbesonderheiten, mit denen die etablierten Überzeugungen fraglich werden, grundgelegt sein.[15]

---

[15] Mit der Aufstellung dieses Verfahrensziels greife ich auf Überlegungen zurück, die Jo Reichertz in Auseinandersetzung mit der Peirceschen Bestimmung abduktiven Schlußfolgerns entwickelt hat (1991). Reichertz zeigt auf, daß abduktives Schlußfolgern keinem "operationalisierbaren Verfahrensprogramm folgt" (1991: 58), sondern vielmehr Ausdruck und Konsequenz einer Haltung ist, aus der heraus man bereit ist, alte Überzeugungen aufzugeben und neue, integrationsfähigere zu entwickeln. Wenn auch der Prozeß der Neuentwicklung letzlich nicht methodisierbar ist, so besteht aber doch die Möglichkeit, den Forscher in eine Situation zu lancieren, aus der heraus er nicht umhin kommt, seine Überzeugungen zu überprüfen. (vgl. REICHERTZ 1991: 58-65) Meine methodischen Überlegungen dienen v.a. dem Ziel, einen Bedingungsrahmen

4.5.3.4 Schrittweise Verdichtung des explizierten Vorverständnisses in Richtung auf die Bestimmung der handlungstypspezifischen Rahmenbedingungen undProblemlage

Prinzipiell ist es möglich, von dem feinanalytisch herausgearbeiteten Oberflächenverständnis ausgehend 'direkt' auf die sinnstiftenden Rahmenbedingungen zu schließen. Technisch dürfte dies aber kaum zufriedenstellend zu bewältigen sein; der Schritt ist einfach zu groß.

Es empfiehlt sich von daher, einen **Zwischenschritt** einzuschalten: Man sollte versuchen, ohne bereits auf eine Bestimmung des handlungstypspezifischen Rahmens ausgerichtet zu sein, das Lesartenpotential auf Hauptlinien der Vernehmungsgestaltung des Vernehmungsbeamten hin zu **verdichten**. Dies ist in mehrfacher Hinsicht sinnvoll:

- Die Interpretation wird überschaubar und für die Strukturexplikation leichter zu handhaben;
- Mit der Verdichtung selbst ist dem Interpreten die Möglichkeit gegeben, sich vergleichsweise unbedrängt mit dem Lesartenpotential und seinen Details zu beschäftigen: Er wird sich dabei weitgehende Gedanken dazu machen, ob die aufgelisteten Lesarten so zusammenpassen; welche von ihnen wohl wichtiger, welche unwichtiger sind; er wird an einigen Stellen irritiert sein und es vielleicht auch bleiben, daraufhin noch einmal die Passungsverhältnisse überdenken und sie eventuell überarbeiten etc.

  Bei all dem wird er aber noch nicht unter dem Zwang stehen, (a) eine komplette Integration der Lesarten zu erreichen und (b) eine strukturelle Begründung bzgl. der 'verdichtungsleitenden' Gesichtspunkte zu leisten. Gerade weil dieser Zwang entfällt, dürfte ein ausführlicher und eher spielerischer Umgang mit dem Lesartenmaterial möglich bleiben, aus dem heraus sich der Interpret mit der Festlegung auf Hauptlinien der Vernehmungsgestaltung für die im nächsten Schritt anstehende Explikation der handlungstypspezifischen Rahmenbedingungen sensibilisiert.

Deutlich geworden sein dürfte, daß diese **zweite Stufe der Explikation der Ausgangsoberfläche** Sicherheit und Orientierung geben soll, selbst aber in einem nicht zu verachtenden Maße spekulativ begründet ist. Entscheidungsbasis ist jeweils eine unterstellte lebensweltgebundene Plausibilität.

In der dann anstehenden **dritten Phase der Explikation der Ausgangsoberfläche** wird die Rekonstruktion der handlungstypspezifischen Rahmenbedingungen und der dem Vernehmungsbeamten auferlegten Problemlage in Angriff genommen.

---

zu entwerfen, dem ausgesetzt der Interpret bei der anstehenden Einzelfallanalyse sozusagen gezwungen sein soll, eine "abduktive Haltung" einzunehmen.

Ausgehend von der erreichten Verdichtung der Feinanalyse auf "gemeinsame Besonderheiten der Vernehmungsgestaltung" hin, sollte der Interpret nun die vermeintlichen Charakteristika der Vernehmungsgestaltung zu bestimmen versuchen. Geht man davon aus, daß der Einzelfall in seiner Besonderheit eine spezifische 'Lösung' einer handlungstypspezifischen Aufgabenstellung und Problemlage ist, dann muß mit der Bestimmung vermeintlicher Charakteristika auch schon mehr oder weniger deutlich auf Gesichtspunkte einer allgemeinen handlungsleitenden Problemlage verwiesen sein. Diese aus dem bearbeiteten Oberflächenverständnis des Interpreten erwachsenen Verweise bilden sozusagen fallspezifische 'Anschlüsse' für die Rekonstruktion der "strukturalen Motiviertheit".

Dabei geht es nicht einfach um die Rekonstruktion der den Handelnden als subjektiv angebbar unterstellten Motive, sondern - sie überschreitend - um die Rekonstruktion des historisch geprägten und den Handelnden verbindlich vorgegebenen handlungstypspezifischen Orientierungsrahmens, in dem der "subjektiv gemeinte Sinn" eingelassen und in bezug auf den die "objektive Sinnstruktur des (fallspezifisch charakteristischen; N.S.) Handelns" (SOEFFNER 1985: 118), die dem Handelnden fraglos selbstverständlich vertraut und von daher tentativ (immer schon) 'vergessen' ist, bestimmbar werden.[16]

Die Bestimmung des handlungstypspezifischen Orientierungsrahmens - das wurde angedeutet - läßt sich jetzt nicht mehr allein über die Verdichtung des vom Interpreten fallspezifisch explizierten Vorwissens bestimmen. Vielmehr sind an den mit den fallspezifischen Charakteristika sich zeigenden Gesichtspunkten einer handlungstypspezifischen Problemlage ansetzend **kenntnisreiche Spekulationen** des Interpreten darüber erforderlich, welcher gesellschaftlich verbindlich vorgegebene institutionelle Bedingungsrahmen die über den Text repräsentierte fallspezifische Gestaltung möglich, sinnvoll und insofern zwangsläufig macht. Es geht darum zu ergründen, "aus welchen dem Handlungssubjekt vorgängigen Strukturen seine

[16] In diesem Zusammenhang darf aber nicht vergessen werden, daß 'trotz allem' der objektive Sinn einer in Szene gesetzten Handlung stets intentional verankert ist oder wie Kellner/Heuberger sich ausdrücken: "auch das Unbewußte hat intentionalen Charakter" (1988b, Fußnote 12).

Von daher halte ich es für vertretbar, die nun anstehende Interpretation einer Vernehmungsvorbesprechung - auch aus darstellungspraktischen Gründen - weitgehend in einer **'intentionalen Sprache'** abzufassen. Dabei bleibt stets bedacht, daß mit den dann so auf den verschiedenen Stufen der Interpretation den Akteuren unterstellten 'Motiven' nicht (unbedingt) das bewußt von diesen Akteuren Reflektierte und Gewollte zum Ausdruck gebracht ist, sondern die Bedeutungen des Handelns in Anbetracht einer - hier zu rekonstruierenden - historisch vorgegebenen, sozialen Welt, "auf die ... der lebensweltlich Handelnde im Modus der Selbstverständlichkeit der natürlichen Einstellung subjektiv nicht (oder nur eingeschränkt; N.S.) thematisch zurückfragt." (KELLNER/HEUBERGER 1988a: 280)

Sinnhorizonte sich überhaupt der Möglichkeit nach bilden konnten." (KELLNER/HEUBERGER 1988a: 281) Bei einer solchen modellhaften Bestimmung des handlungstypspezifischen Bedingungsrahmens wird der Interpret auf alle ihm zugänglichen und zur Verfügung stehenden Wissensquellen, insbesondere auch auf bereits verallgemeinerte theoretische Konzepte und auf gedankenexperimentell zu entwerfende, denkbare Verfahrensalternativen, die ja gleichfalls nachvollziehbar sein müssen, zurückgreifen, um so eine reichhaltige und allgemeingültige Bestimmung vornehmen zu können.

4.5.3.5 Überprüfung der Gültigkeit der gewonnenen Strukturhypothese

Aus dem interpretativen Zusammenspiel einer Bestimmung fallspezifischer Charakteristika, der Ableitung der ausrichtenden handlungstypspezifischen Gesichtspunkte und der Entwicklung kenntnisreicher Spekulationen über den handlungstypspezifischen Bezugsrahmen **können** sich für die Bestimmung einer Strukturhypothese Gesichtspunkte aufdrängen, die mit den vordem rekonstruierten fallspezifischen Charakteristika nicht mehr unbedingt zur Deckung zu bringen sind. In einem solchen Fall wird unter dem Aspekt der gewonnenen Strukturhypothese die Neuauslegung des Vernehmungstranskripts mit dem Ziel erforderlich, qualitativ induktiv die Gültigkeit der Strukturhypothese zu überprüfen. Die Gültigkeit ist dann bis auf weiteres erwiesen, wenn "keine Daten und Manifestationen der mit dem Modell begriffenen Realität sich dem Modell gegenüber widerspenstig" (KELLNER/HEUBERGER 1988a: 277) zeigen.

Gelingt eine solche lückenlose Verrechnung, dann ist in einem **vierten Schritt** die **zirkuläre Explikation der Ausgangsoberfläche** mit einem neuen Verständnis der fallspezifischen Typik bis auf weiteres zum Abschluß gekommen. (SOEFFNER 1985: 118;KELLNER/HEUBERGER 1988a: 276)

4.5.3.6 Zusammenfassende Bemerkungen zum Untersuchungsverfahren

In der abschließenden Darstellung des Auswertungsverfahrens soll noch einmal zusammenfassend Bezug darauf genommen werden, inwiefern mit dem hier skizzierten Verfahrensvorschlag die Bereitschaft des Interpreten zur Überprüfung abgelagerter und zur Entwicklung neuer, integrationsfähigerer Gesichtspunkte in besonderer Weise gefördert werden könnte.

- Wie oben bereits beschrieben, ist die Interpretation in der ersten Phase - der Feinanalyse des Transkriptionstextes - auf die Brechung der Selbstverständlichkeit vertrauter Interpretationsgewohnheiten in der fallspezifisch begründeten, überarbeiteten und extrem zergliederten Explikation des Vorwissens des Interpreten angelegt. Dem Interpreten droht latent Orientierungslosigkeit.

- Aus dieser Verunsicherung heraus - so die Überlegung - ist der Interpret gezwungen, sich mit Bezug auf das explizierte Vorwissen neu und v.a. bewußt zu orientieren, den Verlust an Orientierung über die konstruierte Rekonstruktion einer 'neuen' Selbstverständlichkeit zu kompensieren. Dabei ist deutlich geworden, daß mit jedem Schritt eine weitere Verdichtung auf die für das Fallspezifische der Gestaltung konstitutiven Elemente hin angestrebt ist. Mit der Bestimmung des allgemeinen handlungstypspezifischen Bezugsrahmens, von dem her sich die besondere Vernehmungsgestaltung des Vernehmungsbeamten in neuer, integrierterer, typischer Weise darstellt und erklärbar wird, ist die "**konzentrische Erarbeitung des inneren Kontextes**" abgeschlossen.
  Im Rahmen der Verdichtung auf die jeweils wesentlichen Aspekte dürften dem Interpreten auf den verschiedenen Stufen immer wieder Schwierigkeiten bei der Zuordnung und Integration von nicht hinlänglich integrierbaren Lesarten entstehen. Von daher ist die angestrebte Verdichtung immer wieder gefährdet; dem Interpreten bleibt jeweils nichts anderes übrig, als die Lesarten noch einmal auf ihre Angemessenheit zu überprüfen und ggf. die Integrationsgesichtspunkte so lange zu modifizieren, bis eine integrierte Verdichtung möglich ist. Plausibel ist, daß diese steten Verdichtungsbemühungen - so bedrohlich sie auch manchmal vom Interpreten erlebt werden dürften - für die Gewinnung von neuen Merkmalen mit hohem Integrationsgrad äußerst fruchtbar sein können.

Die Bereitschaft des Interpreten zur Überprüfung und Überarbeitung abgelagerter Interpretationsgewohnheiten soll mit dem hier vorgeschlagenen Verfahren über eine **künstlich eingeleitete Brechung der Selbstverständlichkeit** der dem Interpreten vertrauten Orientierung und dem daraus resultierenden **Zwang zur rekonstruierenden Neuorientierung** am zerklüftet explizierten Oberflächenverständnis gefördert werden. **Mit einer kleinschrittig angelegten Verdichtungsprozedur soll ein kurzschlüssiger Orientierungsaufbau verhindert, die Entdeckung noch nicht erklärbarer Handlungsbesonderheiten gefördert und damit die Suche nach neuen, integrationsfähigeren Gesichtspunkten für die Bestimmung des handlungstypspezifischen Bezugsrahmens eingeleitet werden.**

4.5.3.7 Zusammenfassende Darstellung der Explikationsschritte

Nun, da das in der anstehenden Untersuchung zum Tragen kommende Auswertungsverfahren abstrakt dargestellt und begründet ist, soll es noch einmal überschaubar in Form einer Skizze präsentiert werden. Die Gliederung orientiert sich dabei in etwa an der von Ch.S. Peirce entwickelten Forschungslogik ((1878) 1967). Die einzelnen Explikationsschritte sind jeweils zugeordnet.

1. **Hypothesenbildung ("abduktive Phase")**: Kap. 6.1
- feinanalytische Entfaltung des relativ unproblematisch rückfragbaren Vorwissens (**1. Explikationsschritt**: Anhang)
  - Kontextfreie Interpretation des 'ersten Interakts'
  - Interpretation mit Wissen um den erhobenen Kontext
- Verdichtung der feinanalytischen Beschreibung auf 'die' Hauptlinien der Vernehmungsgestaltung hin: "gemeinsame Besonderheiten" (**2. Explikationsschritt**: Kap. 6.1.1)
- Bestimmung fallspezifischer Charakteristika und Auffälligkeiten als Ausgangspunkt für die dann erfolgende Rekonstruktion der strukturellen Problemlage (**3. Explikationsschritt**, 1. Teil: Kap. 6.1.2)

2. **Hypothesendarstellung**: Kap. 6.2

fallneutrale Darstellung der strukturellen Problemlage und des handlungstypspezifischen Bezugsrahmens (**3. Explikationsschritt**, 2. Teil)

3. **Hypothesenüberarbeitung und -überprüfung (qualitative Induktion)**: Kap. 6.3

Überprüfung und - falls erforderlich - Überarbeitung der explizierten Strukturhypothese in der abschließenden Bestimmung der Fallspezifik (**4. Explikationsschritt**)

4.6 Zur Darstellung der Untersuchung und der Untersuchungsergebnisse

Mit der eben begründeten Wahl ist das von mir favorisierte Verfahren offengelegt. Die Analyse wird nun in zweifacher Hinsicht überprüfbar:
- Das Verfahren selbst kann mit seiner Offenlegung weiter auf die Begrenztheit seiner Reichweite hin untersucht werden. So wird eine Haltung ihr gegenüber erzeugt, die Skepsis, aus der heraus der Interpret in der Lage ist, sowohl die Forschungsergebnisse wirklichkeitsnah 'zu halten' als auch Wege anzudeuten bzw. aufzuzeigen, die bestehende Begrenztheit - falls erforderlich - zu überwinden. (SOEFFNER 1982: 41ff)
- In bezug auf ermittelte Untersuchungsergebnisse kann überprüft werden, ob sie, die Resultate, entsprechend den angegebenen Verfahren erhoben wurden - und in dem Sinne gültig und objektiv sind.

Vor allem für den letztgenannten Überprüfungsaspekt ergeben sich aber ernsthafte und ganz praktische Probleme. Denn: Der Interpret mag noch so sehr um die methodische Sauberkeit seiner Untersuchungsdurchführung bemüht sein, der Forschungsgang selbst ist letztlich nicht darstellbar und so stets ein Stück weit einer Überprüfung entzogen. Dafür lassen sich ein systematischer und ein eher praktischer Grund anführen. Zunächst das systematische Argument:

(a) Der Augenblick der Lesartenbildung ist vom Interpreten nicht bewußt erlebbar und von daher nicht einmal darstellbar - planbar ist er ohnehin nicht. Robert Musil beschreibt dieses Phänomen so: "So kommt das Durchrutschen doch auch für ihn überraschend, es ist mit einemmal da, und man kann ganz deutlich ein leicht verduztes Gefühl darüber in sich wahrnehmen, daß sich die Gedanken selbst gemacht haben, statt auf ihre Urheber zu warten." (MUSIL 1978: 112) Damit ist nichts anderes gesagt, als daß der Zusammenhang, aus dem heraus sich ein bestimmter Gedanke, eine Lesart entwickelt, im entscheidenden Moment nicht erfaßt werden kann und somit natürlich auch nicht erinnerbar und darstellbar ist.

(b) Klammert man nun dieses systematische Argument einmal ein, und versucht man dann, den Forschungszusammenhang wenigstens so weit wie möglich zu beschreiben, dann stößt man sehr schnell an technische Grenzen: Die nachzeichen- , aufzeichen- und erinnerbaren Forschungsanstrengungen sind einfach zu verschlungen und zu komplex, als daß sie auch nur annähernd in Gänze dokumentierbar wären. (REICHERTZ 1991: 170ff)

Daraus folgt: Der Sozialforscher kommt bei der Präsentation und Plausibilisierung seiner Forschungsergebnisse um Verkürzungen und um eine Literarisierung nicht umhin. Davon sind in erster Linie die Beschreibung jeweils aufkommender Irritationen, das Auffinden von bislang unbeachteten Besonderheiten und die probierende Suche von integrativen Gesichtspunkten betroffen. Diese kreativen Forschungsmomente können kaum angemessen beschrieben werden und deshalb ist die Überprüfbarkeit der Ergebnisgewinnung nur eingeschränkt möglich.

Das beschriebene Darstellungsproblem ist nur kompromißhaft zu lösen, und es soll für die anstehende Einzelfallanalyse wie folgt gelöst werden: Im Anschluß an einzelne Interpretationsschritte wird jeweils ein Interpretationsprotokoll angefertigt, in dem die Ergebnisse materialhaltig diskutiert und erörtert werden. Diese Interpretationsprotokolle - sozusagen die Zwischenhypothesen - dienen im Forschungsgang als Erinnerungsstützen für die weitere Interpretation. Sie können aber auch als ergebnisgewinnungsnahe Darstellungen benutzt werden, vermittels derer der Rezipient sich ein Urteil darüber bilden kann, zu welchem Ergebnis der Interpret in welcher Interpretationsphase gekommen ist. So kommt ein Interpretationsgesamttext zustande, mit dem die Forschungsergebnisse zwar immer noch erheblich verkürzt und literarisiert dargeboten werden, über den er, der Rezipient, aber doch - wie unzulänglich auch immer - einen Eindruck von dem Forschungsvorgang gewinnen kann. Darüber hinaus erhält der Rezipient auf den verschiedenen Ebenen der Ergebnisdarstellung vielfältig die Gelegenheit und die Anregung zur Bildung von Lesartenalternativen, mit denen die Gültigkeit der letzlich gebildeten Strukturhypothese - die rekonstruierte handlungstypspezifische

Problemlage - überprüft werden kann. Auf diese Weise ist dem rezipierenden wissenschaftlichen Interpreten ausreichend Gelegenheit für die Verallgemeinerung der dargestellten Untersuchungsergebnisse gegeben.[17]

---

[17] Von diesem Prinzip bin ich allerdings für die Darstellung meiner methodologischen und methodischen Forschungsergebnisse abgewichen.

Das soeben vorgestellte Verfahren ist genauso wie die noch darzustellenden Ergebnisse des thematischen Forschungsgegenstands Produkt meiner einzelfallanalytischen Auseinandersetzung. Mir schien es allerdings unmöglich, auch diese Seite der Ergebnisgewinnung in die von mir oben vorgeschlagene Darstellungsform zu integrieren: Die annähernde Darstellung der schrittweisen Eruierung des methodischen Verfahrens im Verbund mit der des thematischen Ertrags wäre einfach zu verschlungen, unübersichlich und damit unlesabar ausgefallen. Die Produktion eines rezipierbaren Textes hätte mit Sicherheit mein Vermögen überschritten.

So blieb mir nichts anderes übrig, als für die Darstellung der methodologischen und methodischen Ergebnisse meiner Analyse eine recht weite Form der Literarisierung zu wählen: Ich habe mich den gängigen Darstellungsgepflogenheiten angeschlossen, mit denen stets vorgegeben wird, daß die Verfahren, mit denen die Untersuchungen durchgeführt wurden, vorab bestimmt und somit im Vorgriff beschreibbar waren. Diese Anordnung von Methodenbestimmung und methodisch kontrollierter Lesartenpräsentation ist - zumindest was meine Untersuchung angeht - reines Darstellungsprinzip, das mit dem Forschungsprozedere nur noch recht wenig gemein hat. Seine Berechtigung zieht dieses Darstellungsverfahren allein aus der damit geschaffenen Möglichkeit, einen lesbaren Untersuchungsbericht herzustellen.

5 Das zu interpretierende Datenmaterial: eine Vernehmungsvorbesprechung

Im Blickpunkt meiner Einzelfallanalyse steht die erste Phase der schutzpolizeilichen Vernehmung eines jugendlichen Beschuldigten, also eine Vernehmungsvorbesprechung.

Der betroffene Jugendliche wurde beschuldigt, einen Ladendiebstahl verübt zu haben. Die Vernehmung fand auf der Hauptwache eines Schutzbereiches in einer mittleren Großstadt des Ruhrgebiets statt.

5.1 Zum Geschehen vor Vernehmungsbeginn

Die Vernehmung wurde im Anschluß an die Beschuldigungssituation im Kaufhaus direkt nach der Überführung des Beschuldigten zur Wache vorgenommen. Um eine 'angemessene' Interpretation der von den Beteiligten in der Einstiegsphase der Vernehmung vollzogenen Orientierungsleistungen zu ermöglichen, ist zumindest eine grobe Nachzeichnung der Orientierungschancen, wie sie sich aus dem spezifischen 'Vernehmungsvorlauf' für die Beteiligten ergaben, wünschenswert.

Der unter diesem Aspekt zu interpretierende fallspezifische Vernehmungsvorlauf kann allerdings nicht ohne Bezug auf mündliche Berichte der beteiligten Polizeibeamten beschrieben werden. Da die Berichte der Beamten zudem noch äußerst lückenhaft waren, muß die Darstellung der fallspezifischen Handlungsabfolge für wichtige Passagen durch die von dem wissenschaftlichen Beobachter vorgenommene Rekonstruktion eines 'normalen' Vorlaufs ergänzt werden. Von daher ist später eine äußerst defensive und behutsame Interpretation des Datenmaterials zum Vernehmungsvorlauf geboten. Eine Feinanalyse kommt ohnehin nicht in Betracht.

Die Beschreibung ist zweispaltig angelegt. Die 'Hilfsdaten' zum 'normalen' Verlauf heben sich so deutlich von den Daten zu den fallspezifischen Ereignissen ab. Die Erhebungsquellen sind jeweils angegeben.[1]

---

[1]
- (Gesprächsinfo/normal):
  Die Beschreibung des 'normalen' Ablaufs ist Gesprächen und Berichten (Pb, Besch.) entnommen.
- (t.B./normal):
  Die Beschreibung des 'normalen' Ablaufs basiert auf der Interpretation von Protokollen nicht-teilnehmender Beobachtungen vergleichbarer Situationen.
- (Gesprächsinfo/spez.):
  Die Beschreibung des fallspezifischen Ablaufs ist Gesprächen und Berichten (Pb, Besch.) entnommen.
- (t.B./spez.):
  Die Beschreibung des fallspezifischen Ablaufs entspricht dem Protokoll der nicht-teilnehmenden Beobachtung.

'normaler' Verlauf

1. **Beschuldigungssituation im Kaufhaus**
Eine Person wird von einem Verkäufer (VK) oder einem Kaufhausdetektiv (KD) eines Ladendiebstahls beschuldigt. Die beschuldigte Person wird vom VK/KD in die Büroräume des Kaufhauses gebeten. (Gesprächsinfo/normal)

2. **Kaufhausbüro**
Im Büro des Kaufhauses findet ein Gespräch zwischen dem VK/KD und dem Beschuldigten über den Tathergang in bezug auf die als gestohlen deklarierten Waren und die Geständigkeit des Beschuldigten etc. statt. In diesem Zusammenhang werden auch die Personalien des Beschudigten festgestellt und dann der Strafantrag angefertigt.
(Gesprächsinfo/normal)
Der VK/KD entscheidet, in welcher Form er Strafantrag bei der Polizei erstattet. Ihm stehen zwei Möglichkeiten offen:

A. Erstellung eines Strafantrages, der der Polizei schriftlich zugeleitet wird: Der örtlich zuständige BED-Beamte lädt den Beschuldigten zu einem Vernehmungsgespräch ein. Der Termin liegt in der Regel acht Tage nach Strafantragstellung.
Diese Anzeigenform wird in der Regel dann gewählt, wenn keine 'Komplikationen' bestehen. (Beschuldigter ist geständig; keine weiteren Verdachtsmomente etc.)

B. Telefonische Meldung an die Polizei (Zentrale Leitstelle; Hauptwache (HW) mit der Bitte um

fallspezifischer Verlauf

Das Kaufhauspersonal hat sich im vorliegenden Fall telefonisch an die Polizei gewandt und um die

'normaler' Verlauf	*fallspezifischer Verlauf*
unverzügliche Ermittlung und Tatsachenfeststellung. Bei der telephonischen Übermittlung werden noch keinerlei Details weitergeleitet: Diese Anzeigenvariante wird stets dann gewählt, wenn igendwelche Komplikationen bestehen. Es kann aber durchaus auch bei 'unkomplizierten' Fällen zu einer direkten Informierung der Polizei kommen. Nach der telefonischen Meldung eines Ladendiebstahls begibt sich eine Streifendienstbesatzung zu dem Kaufhaus und führt den Beschuldigten dann nach ersten Ermittlungen vor Ort in der Regel der HW zu. (t.B./normal; Gesprächsinfo/normal) Die Polizei der Stadt ( ) hat für den cityzuständigen Schutzbereich einen sogenannten 'Ladendiebstahlsachbearbeiter' eingesetzt, der die Beschuldigten nach der Überführung auf die HW 'übernimmt'. Er stellt umgehend die Personalien fest, führt unverzüglich die Vernehmung durch und nimmt - falls es ihm erforderlich erscheint - direkt im Anschluß an die Vernehmung eine Durchsuchung vor. (Nach den Angaben der Polizeibeamten liegt der Vorteil dieses Verfahrens in der Chance, gerade den beim Ladendiebstahl leicht möglichen Verschleierungen des Tatbestandes und der Täterschaft entgegenzuwirken.)	Übernahme des Beschuldigten ersucht. Damit wurde eine unverzügliche Bearbeitung des Falles durch den Ladendiebstahlsachbearbeiter eingeleitet. (nebenstehende Anzeigevariante B)

3. **Hauptwache**

Über den Anruf (des Kaufhausbediensteten oder - vermittelt - der Zentralen Leitstelle) erfährt der Vernehmungsbeamte erstmals von dem Ladendiebstahl - falls er sich in den Räumen der Wache aufhält. Er wird informell durch den Funker unterrichtet. Der Funker setzt eine Streifenwagenbesatzung für die Bearbeitung des Falles ein. (t.B./normal)

4. **Kaufhausbüro**
Zwei Streifenbeamte treffen ca 20 Minuten nach dem Anruf bei der Polizei im Kaufhaus ein. (Ein früheres Eintreffen unterbleibt, damit kein Verzug für die Polizeibeamten durch das Warten auf die Anfertigung der Strafanzeige entsteht.) Nach dem Eintreffen informieren sich die Polizeibeamten informell in den ersten Gesprächen mit dem KD/VK und dem Beschuldigten (manchmal auch durch die Lektüre des Strafantrages) darüber, worum es in diesem Fall geht, ob der Beschuldigte geständig ist und ob Besonderheiten und Schwierigkeiten bestehen. Halten es die Polizeibeamte für erforderlich, so werden die als gestohlen deklarierten Waren und andere relevante Sachverhalte von ihnen sicher- bzw. festgestellt. Möglich ist die Durchsuchung von Taschen und Kleidungsstücken. Falls der VK/KD die Personalien noch nicht festgestellt hat, werden sie (manchmal) von den Polizeibeamten noch im Büro des Kaufhauses erfragt. (t.B./normal; Gesprächsinfo/normal)

5. **Überführung des Beschuldigten zur Hauptwache im Polizeiwagen:**

Zwischen den Polizeibeamten und dem Vernehmungsbeamten wurde bereits über Funk abgesprochen, die Eltern telefonisch zu informieren, damit sie - falls sie den Wunsch haben sollten, der Vernehmung beizuwohnen - direkt abgeholt und ge-

'normaler' Verlauf	*fallspezifischer Verlauf*
	meinsam mit dem Beschuldigten zur HW gebracht werden könnten. Die direkte Überführung des Beschuldigten und eine erst dann erfolgende Benachrichtigung der Mutter wäre mit einer starken zeitlichen Verzögerung einhergegangen, da der Familienwohnsitz des Jugendlichen sich in einem entlegenen Stadtteil von ( ) befindet (ca 20 Minuten Autofahrt). Die Mutter des Beschuldigten äußerte den Wunsch, an der Vernehmung teilzunehmen, so daß sie von der Streifenwagenbesatzung direkt abgeholt wurde. (Gesprächsinfo/spez.)
In der Regel bemühen sich die Streifenbeamten während der Überführung zur Wache, im Rahmen einer (unzulässigen) informatorischen Befragung oder eines scheinbar unverfänglichen Gesprächs die Geständigkeit des Beschuldigten abzutesten und Hergangsdetails in Erfahrung zu bringen - in aller Regel ohne eine vorherige Belehrung. (t.B./normal; Gesprächsinfo/normal)	
6. **Eintreffen des Beschuldigten und der Polizeibeamten auf der Hauptwache:**	
	Zwei Polizeibeamte geleiten den Jugendlichen und dessen Mutter in das Vernehmungszimmer, in dem sich nur der Beobachter der Universität aufhält (siehe Skizze). Der Jugendliche und die Mutter grüßen den Beobachter. Der Beobachter grüßt zurück. Der Jugendliche setzt sich, ohne daß er dazu aufgefordert werden muß, auf den Stuhl vor dem Schreibtisch, während sich die Mutter zu dem

seitlich zum Schreibtisch stehenden Stuhl begibt (siehe Vernehmungsraumskizze). Die Polizeibeamten verlassen den Raum. Die Frau macht einen ersichtlich erregten Eindruck (unruhige Augen; angespannte Körperhaltung: sie lehnt sich nicht an die Rückenlehne des Stuhls). Der Jugendliche wirkt zurückgenommen (starrt auf den Boden). Sie sprechen nicht miteinander und nehmen auch keinen Blickkontakt auf. Nach etwa einer halben Minute stellt sich der Beobachter als Mitarbeiter der Universität vor. Er führe - so der Beobachter - zur Zeit eine Untersuchung zur polizeilichen Vernehmung durch und sei für diese Untersuchung auf Tonbandmitschnitte von Vernehmungen angewiesen. Nachdem der Beobachter versichert hat, daß der Polizei die Tonbandaufnahme nicht zur Verfügung gestellt wird und daß die Personaldaten baldmöglichst gelöscht werden, erklären sich Beschuldigter und Mutter mit der Tonbandaufnahme einverstanden. Nach einigen Sekunden kommt einer der beiden Polizeibeamten, von denen der Jugendliche und die Mutter in das Zimmer geführt wurden, und legt den Strafantrag des Kaufhauses auf den Schreibtisch. Dann verläßt er wieder das Zimmer. (t.B./spez.)

Oftmals informieren die Polizeibeamten, die den Beschuldigten überführt haben, den Vernehmungsbeamten über ihre Ermittlungen und über ihre Einschätzung des Falles sowie des Beschuldigten.
(Ort: Funkraum, Wache)
(t.B./normal)

'normaler' Verlauf

7. Erster Kontakt zwischen dem Vernehmungsbeamten und dem Beschuldigten

fallspezifischer Verlauf

Der Vernehmungsbeamte betritt das Vernehmungszimmer, grüßt den Jugendlichen und die Frau mit einem "Guten Tag". Der Gruß wird von den beiden erwidert. Der Vernehmungsbeamte begibt sich hinter den Schreibtisch. Der Beobachter informiert ihn kurz darüber, daß ein Einverständnis für ein Tonbandprotokoll vorliegt. Der Vernehmungsbeamte nickt.
Die Frau hat einen Kinderausweis auf die Ecke des Schreibtisches gelegt.
Der Vernehmungsbeamte liest die Strafanzeige des Kaufhauses. Hintergrundgeräusche: Schreibmaschinentippen und Stimmen von Polizeibeamten aus den neben- und gegenüberliegenden Schreibräumen. (t.B./spez.)

(Beginn des Tonbandprotokolls)

5.2 Die Vernehmungsvorbesprechung

An der Vernehmung waren die folgenden **Personen** beteiligt:

der Vernehmungsbeamte	:	männlich ca. 180 cm , kräftig, ca. 35 Jahre blond, Kurzhaarfrisur Zivilkleidung: blaue Cordhose blauer Pullover
der Beschuldigte	:	männlich 170-180 cm, schlank, 14 Jahre halblange, dunkle, glatte Haare modisch dezente Kleidung: weite dunkle Stoffjacke weite, helle Stoffhose
die Mutter des Beschuldigten	:	ca. 160 cm, ca. 40 Jahre blonde, 'fast' kurze Haare nicht unbedingt modisch gekleidet: rot-weißer Strickpullover blaue Jeans, helle Jacke goldfarbene Kette mit kleinem Anhänger
der wissenschaftliche Beobachter	:	männlich ca 180 cm, 30 Jahre, blond, Kleidung: Hemd, Pullover, blaue Cordjeans

Zur **Transkription des Tonbandprotokolls** von dem Vernehmungsvorgespräch (1. Spalte) wird folgendes **System** benutzt: Für die Kennzeichnung der Vernehmungsbeteiligten sind Abkürzungen eingesetzt (Vb: Vernehmungsbeamter; B: Beschuldigter; M: Mutter; Pb: Polizeibeamter (Streife); Be: Beobachter). Unverständlichkeiten werden durch '&' angegeben. Gleichzeitiges Sprechen ist mit einer eckigen Klammer gekennzeichnet. Kurze, mittlere und lange Pausen werden durch hochgestellte Punkte (·/··/···) angezeigt. Tippassagen sind als gestrichelte Linien (I--------I) kenntlich gemacht.

Die einzelnen Interakte sind doppelt numeriert: Die erste Zahl weist jeweils den Stand der bis dahin gesprochenen Interakte auf. Die zweite Zahl bezieht sich auf die Anzahl der vom jeweiligen Sprecher gesprochenen Interakte.

Die zweite Spalte des Protokolltextes gibt teilnehmende Beobachtungen und nicht-sprachliche Handlungen wieder, während in der dritten Spalte die Protokollierung des Vernehmungsbeamten aufgeführt ist.

1 Vb 1	drei Schachteln ··· drei Schachteln Zigaretten, richtig ··· Und noch ne Schachtel Zigaretten? ··· (5 Sek.) in die Einkaufstasche gesteckt. ··· (5 Sek.) Wieviel · Bargeld · hast Du dabei? Darf ich ja fragen oder darf ich Dich ja duzen?	Vb liest die Strafanzeige des Kaufhauses.
2 B 1	Fahrgeld?	Vb steht auf, geht zum 'Formularschrank' und holt Formblatt NW Pol 11 (hier: Personalbogen für Beschuldigtenvernehmung). Vb geht dann zurück hinter den Schreibtisch, setzt sich und legt die Bögen auf den Schreibtisch.
3 Vb 2	Bargeld	
4 M 1	Bargeld	
5 B 2	Bargeld	
6 M 2	Wieviel hatteste dabei?	
7 B 3	Ja [hundert] Mark hat ich dabei	
8 M 3	[&]	
9 M 4	Hundert Mark. ·· Er war nämlich einkaufen. ·	
10 Vb 3	Ja, warum hast Du's denn dann gemacht? · Mm? ·· (5 Sek.) Wollen Sie das mit den Personalien auch drauf haben?	
11 Be 1	Ja, das ist nicht unwesentlich. & Ich werd die natürlich bei der Verschriftung rauslassen. X	

	[Y] so ne.		
12 Vb 4	[ja]		
13 Vb 5	ja ja is klar. ··(13 Sek.)	Vb rollt mit dem Schreibtischstuhl zum Schreibmaschinentisch und spannt den Personalbogen ein.	
	so ··· (10 Sek.)	Vb richtet des Formular in der Schreibmaschine.	
	I--- 45 Sek ---I		Der Polizeipräsident (Ortsn.) Schutzbereich ( ) Hauptwache
14 Vb 6	··· (5 Sek.)	Vb schaut in den links neben der Schreibmaschine liegenden Kinderausweis des B.	(Postl.Ortsn.),x.xx.1985,yUhr
15 Vb 7	(Vor- und Familienname des B.)? ··· und wo wohnen Sie?		
16 B 4	(Straßenname, Hausnummer)		
17 Vb 8	(Straßenname, Hausnummer)·· I--- 15 Sek ---I Geboren · in · (Ortsname)? I--- 5 Sek -I	Vb schaut bei der Frage in den Kinderausweis.	IFamilienname, Geburtsname, VornameI IGeburtsortI deutsch
18 Vb 9	Spitznamen?		
19 B 5	Hab keinen.		
20 Vb 10	Mm? I--- 3 Sek ---I Schüler?		ledig

21 B 6	Ja	
22 Vb 11	Mm I--- 5 Sek ---I Der [Vater, I-I wie heißt] der? I-I I-I	Schüler V.:
23 B 7	(männlicher Vorname)	
24 Vb 12	(ähnlich klingender, gebräuchlicher Kürzel dieses Vornamens)?	
25 B 8	(von Vb genannter Vornamenskürzel)	
26 Vb 13	I--- 10 Sek ---I	(Vor- und Familienname) M.:
27 Vb 14	Und die Mutter?	
28 B 9	(weiblicher Vorname)	
29 Vb 15	(weiblicher Vorname)? I--- 7 Sek ---I eine Geborene?	(Vor- und Familienname), geb.
30 M 5	(Geburtsname)	
31 Vb 16	Mm?	
32 M 6	(Geburtsname)	
33 Vb 17	(Geburtsname)?	
34 M 7	(buchstabiert den Namen)	
35 Vb 18	I--- 15 Sek ---I	(Geburtsname) wh. s.o.

36 Vb 19	so · geboren am ·	Vb schaut in den Kinderausweis	
37 M 8	XX. [X]		
38 B 10	[XX.] X. 70 ··		
39 Vb 20	I--- 15 Sek ---II ··		IGeburtsdatumI IGeschlechtI
	(Straßenname, Hausnummer/Wohnort des B.?)		
40 B 11	Mm		
41 Vb 21	I- 3 Sek -I		(Postleitzahl Wohnort)
42 M 9	& nicht · & da nicht geboren.		
43 Vb 22	Ne (Straßenname, Hausnummer)		
44 M 10 &	ja		
45 Vb 23	Prima I--- 5 Sek ---I [ ]		(Straßenname, Hausnummer)
46 M 11	(stöhnt kurz auf)		
47 Vb 24	So ·· (8 Sek.) I--- 20 Sek ---I So · wieviel bekommt Du denn Taschengeld monatlich?	Vb schaut in den Kinderausweis	IKinderausweisnr., Ausstellungsdatum, BehördeI
48 B 12	vierzig Mark		
49 Vb 25	Mm?		
50 B 13	vierzig		

51 Vb 26	vierzig Mark · I--- 7 Sek ---I (räuspern)· Kaufst Du da im (Supermarktname)· überwiegend oder I-I	40,-- DM Taschengeld
52 B 14	Nein ich wollt nur ma probieren, wie das geht so was ne.	
53 Vb 27	I-I wie I-I	IVor- u. Fam.-name d. EhegattenI - IKinderI -
54 B 15	Mm	
55 Vb 28	Wie das so klappt mit nem Diebstahl oder?	
56 B 16	Ja	
57 Vb 29	Ich mein · so gleich in der Vernehmung dann·sollte aber schon das ehrlich rauskommen. ·ich mein · wieso und warum Du das gemacht hast und wie · ne? Ich mein das nützt Dir jetzt auch nicht mehr viel, wenn Du jetzt da groß ·drum herum redest ne · ·. So·Pfleger oder Bewährungshelfer · nicht so was ne? && (kurzes Lachen)	
58 M 12	Bis jetzt noch nicht.	
59 Vb 30	Na &&·Eh Schule. Wo gehst Du denn zur Schule?	
60 B 17	Hauptschule (Ortsteilname)	

61 Vb 31	I--- 5 Sek ---I Wo ist die denn da in (Ortstn.)? I--- 3 Sek ---I	Hauptschule (Ortsteilname) (Postleitzahl Ortsname)
62 B 18	(Straßenname)	
63 Vb 32	(Straßenname)?	
64 B 19	Eh	
65 Vb 33	I--- 5 Sek ---I Und in welche Klasse?	(Straßenname)
66 B 20	9b	
67 Vb 34	I-I also neuntes Schuljahr [dann]	
68 B 21	[Mm]	
69 Vb 35	I--- 5 Sek ---I So · Familienverhältnisse Eltern leben zusammen, richtig?	9. Schuljahr
70 M 13	(nickt)	
71 Vb 36	I---5 Sek ---I Geschwister?	Eltern leben zusammen.
72 B 22	eine Schwester	
73 Vb 37	I---3 Sek ---I und wie alt ist die?	eine Schwester
74 B 23	siebzehn	
75 Vb 38	I--- 3 Sek ---I So · (Räuspern) Haste schon was mit der Polizei zu tun gehabt?	17 Jahre
76 B 24	ne	

77 Vb 39	I--- 10 Sek ---I Bist Du irgendwie so angestiftet worden oder?		nach eigenen Angaben nicht vorbestraft
78 B 25	ne		
79 Vb 40	oder hast Du·irgendwie · in der Schule schon mal gehört, daß die sowas gemacht haben oder so? · I-I	"irgendwie" · Vb rollt das Formular in der Schreibmaschine hoch und kreuzt "Beschuldigtenvernehmung" und "Jugendlicher" an. Dann zieht er das Blatt raus. ("...")	IBeschuldigtenvernehmungIX
80 B 26	Ne		
81 Vb 41	I-I ··· (7 Sek.)		IJugendlicherIX
82 Vb 42	Ja · · ich belehr Dich gleich noch mal ganz kurz. · · Wie schon gesagt, was ich Dir vorhalte, ist folgendes: Du hast im (Supermarktname) drei Schachteln Zigaretten, zwei Feuerzeuge · Gesamtwert sechzehnmarkneunzig·äh·in die Einkaufstasche gesteckt·und bist dann · an der Kasse · vorbei hast vermutlich noch andere Ware bezahlt ne?	"Ja" Vb steht auf, geht zum "Formularschrank", nimmt ein Formular "NW Pol 11a (Vernehmungsbogen) "kurz" und geht zurück hinter den Schreibtisch, setzt sich, das Formular auf den Schreibtisch legend. "(Supermarktname)"	
83 B 27	ja		
84 Vb 43	Äh · zwar ohne die Sachen zu bezahlen. Zur Klärung: nen Diebstahl ist dann abgeschlossen, wenn du · Sachen in deiner Tasche · verbirgst · nur in der eigenen Tasche. Es kommt nich darauf an, ob du dann die Absicht gehabt hast, noch an der Kasse zu zahlen oder so. Dann · ist der Diebstahl eigentlich schon vollendet ne, weil der Gesetzgeber davon ausgeht, daß die Zueignungsabsicht · das ist nen Tatbestands-		

merkmal ne beim Diebstahl · das äh · das schon vorliegt·ne? Aber Du hattest auch nicht die·Absicht, die Ware zu bezahlen ne?

85 B 28 ne

86 Vb 44 Mm? n·ja und warum? · Hasse grad vor kurzem angefangen zu rauchen oder so?

87 B 29 nn

88 Vb 45 Rauchst Du denn?

89 B 30 ja, ab und zu ma.

90 Vb 46 Ab und zu ma. ·· Und wo haste das denn rausgenommen? ·

91 B 31 Äh

92 Vb 47 In einem Ständer? [Ich] mein so normalerweise

93 B 32 [mm]

92 Vb 47 ist das so, daß · äh Feuerzeuge und · Zigaretten direkt an der Kasse sind ne?
Hasse ausem Ständer direkt an der Kasse genommen? · oder wie?

94 B 33 Mm ·· (6 Sek.)

95 Vb 48 Mm·Und wer hat Dich dann · dabei beobachtet?

96 B 34	ne Angestellte bestimmt.	
97 Vb 49	Ne, saß die an der Kasse oder?	
98 B 35	Ne, die lief da so rum äh.	
99 Vb 50	Mm? · · [Lief so?]	
100 B 36	[Lief so] rum.	
101 Vb51	Wahrscheinlich Kassenaufsicht dann ne? · Bisse denn damit einverstanden gewesen, daß die Ware einbehalten wurde?	
102 B 37	Na klar!	
103 Vb52	Ne sonst · es ist · , wenn Du nicht damit einverstanden gewesen wärst, hätten die Kollegen mir das mitgebracht, hätten wir's sichergestellt · und wär das beim Verfahren geblieben und wär nachträglich wieder ausgehändigt worden weißte. So geht das dann vor sich ne.	
104 B 38	mm	
105 Vb53	Aber ich brauch Deine Zustimmung dazu, deshalb. · So · ich bin darauf hingewiesen worden, daß es mir nach dem Gesetz freisteht, mich zu der Beschuldigung zu äußern oder nicht zur Sache auszusagen und jederzeit, auch schon vor meiner Vernehmung,	"Ich bin... zu befragen": Vb liest von dem Vernehmungsbogen ab.

· einen von mir zu wählenden Verteidiger zu befragen. · Aber Du möchtest hier aussagen.

106 B 39 Ja

107 Vb54 (Räuspern) Ne · Gut dann ich schreib das so auf, wie Du mir das sagst. ·

5.3 Die Protokollierungsphase

Die Protokollierungsphase der mitgeschnittenen Vernehmung ist nicht Gegenstand der Interpretation. Um dem Leser die Möglichkeit zu geben, sich grob über den weiteren Verlauf der Vernehmung zu orientieren, habe ich die zweite Phase der polizeilichen Vernehmung des Beschuldigten auf der Basis des Vernehmungstranskripts zusammengefaßt:

Der Vernehmungsbeamte orientiert sich in der Protokollierungsphase zunächst auf die Rekonstruktion und Protokollierung des Ereignisablaufs. Er erfährt, daß der Beschuldigte beim Betreten des Kaufhauses noch nicht die Absicht hatte, Waren zu entwenden. Der Beschuldigte ist seiner Aussage zufolge erst auf den Gedanken gekommen, als er an der Kasse vorbeiging. Der Vernehmungsbeamte gestaltet die Vernehmung in dieser Phase nach folgendem 'Schema': Er rekapituliert in knappen Fragen Aspekte des in der Vernehmungsvorbesprechung ermittelten Sachverhalts oder äußert Vermutungen über relevante Ereignisdetails und macht dann, nachdem der Beschuldigte jeweils bestätigt oder Stellung bezogen hat, einen Formulierungsvorschlag für die Protokollierung. Nachdem der Beschuldigte jeweils akzeptiert hat, tippt er den Text in den Vernehmungsbogen.

Dieses 'Schema' muß der Vernehmungsbeamte aber schon frühzeitig modifizieren: Die von ihm vorgetragene Annahme, der Beschuldigte habe die Zigaretten und die Feuerzeuge dem Ständer an der Kasse entnommen und gleich in die Einkaufstasche gesteckt, wird vom Beschuldigten korrigiert. Er, so der Beschuldigte, habe die Ware zunächst in den Einkaufswagen gelegt, habe dann festgestellt, daß ihm noch die Zeitung und die Zahnpasta fehlten, und sei in den Verkaufsinnenraum zurückgegangen. Dort erst habe er - in einem von der Kasse aus nicht einsehbaren Gang - Zigaretten und Feuerzeuge in die Einkaufstasche gesteckt und sei, nachdem er die fehlenden Artikel geholt habe, zurück zur Kasse gegangen, um die im Einkaufswagen liegenden Waren zu bezahlen. Zigaretten und Feuerzeuge habe er nicht bezahlen wollen. Der Beschuldigte macht diese Angaben im Dialog mit dem Vernehmungsbeamten. Der Vernehmungsbeamte ist dabei dazu übergegangen, an den Beschuldigten verstärkt 'offene' Fragen zu richten, auf die der Beschuldigte dann die entsprechenden Auskünfte erteilt. Im Rahmen dieses Dialogs werden die Angaben vom Vernehmungsbeamten in Abstimmung mit dem Beschuldigten protokolliert.

Mit seiner Korrektur klärt der Beschuldigte einen Sachverhalt, der dem Vernehmungsbeamten "nen bißchen ·· unklar war". Der Vernehmungsbeamte forscht anschließend aber nicht nach, ob das Vergessen der Waren und der so erforderliche Rückgang in den Ladeninnenraum Bestandteil eines strategisch geplanten Diebstahls - was die Beschreibung des Einkaufsablaufs zumindest als Möglichkeit nahelegt - oder zufälliger Begleitumstand des Ladendiebstahls - was der Beschuldigte mit seiner Aussage vorzugeben scheint - war.

Stattdessen greift der Vernehmungsbeamte die Aussage des Beschuldigten, 100 DM dabei gehabt zu haben, auf und schließt die Frage an, warum er nicht mit diesem Geld auch die Zigaretten bezahlt habe. Auf die Antwort des Beschuldigten, die 100 DM hätten nicht ihm gehört, reagiert der Vernehmungsbeamte irritiert und entgegnet, eine Regelung mit der Mutter wäre doch bestimmt möglich gewesen. Erst dann erkundigt er sich, ob ihm, dem Beschuldigten, das Rauchen von den Eltern verboten sei, was der Beschuldigte bestätigt. Der Vernehmungsbeamte schiebt nach, daß er, der Beschuldigte, "auch so nicht rauchen" dürfe: "das is ne Ordnungswidrigkeit".

Im Anschluß an diese Belehrung forscht der Vernehmungsbeamte nicht nach der Gültigkeit der mit den Angaben des Beschuldigten sich aufdrängenden Motivlage: 'der Beschuldigte ist altersentsprechend normal ein leichter Raucher; er verfügt als Schüler über ein nur geringes Taschengeld (40 DM); da ihm die Eltern das Rauchen verboten haben und ihm sicherlich kein Geld geliehen hätten, hat er versucht, für den Eigenbedarf Zigaretten zu stehlen.' Der Vernehmungsbeamte greift vielmehr unvermittelt ein von ihm zuvor schon gemachtes Motivangebot wieder auf ("Ausprobieren") und bietet es dem Beschuldigten erneut an: Der Beschuldigte nimmt das Angbot des Vernehmungsbeamten diesmal an und präzisiert es mit dem ihm in der Vernehmungsvorbesprechung ebenfalls schon vom Vernehmungsbeamten 'angebotenen', da aber noch abgelehnten Motiv 'Verleitung durch Erfolgsmeldungen von Mitschülern'. Der Vernehmungsbeamte akzeptiert die Aussage des Beschuldigten und 'hilft' ihm dann, die Angaben zur Motivierung des Diebstahls auf den Aspekt 'Neugier' zuzuspitzen. Anschließend protokolliert er die Aussage des Beschuldigten entsprechend und läßt sie von ihm und dessen Mutter unterschreiben.[2]

---

[2] Eine Analyse dieses Protokolltextes wurde von Ute Donk unter dem Aspekt der formalen Sicherung vor Widerruf vorgenommen. (1989, 1992)

5.4 Raumskizze "Vernehmungszimmer"

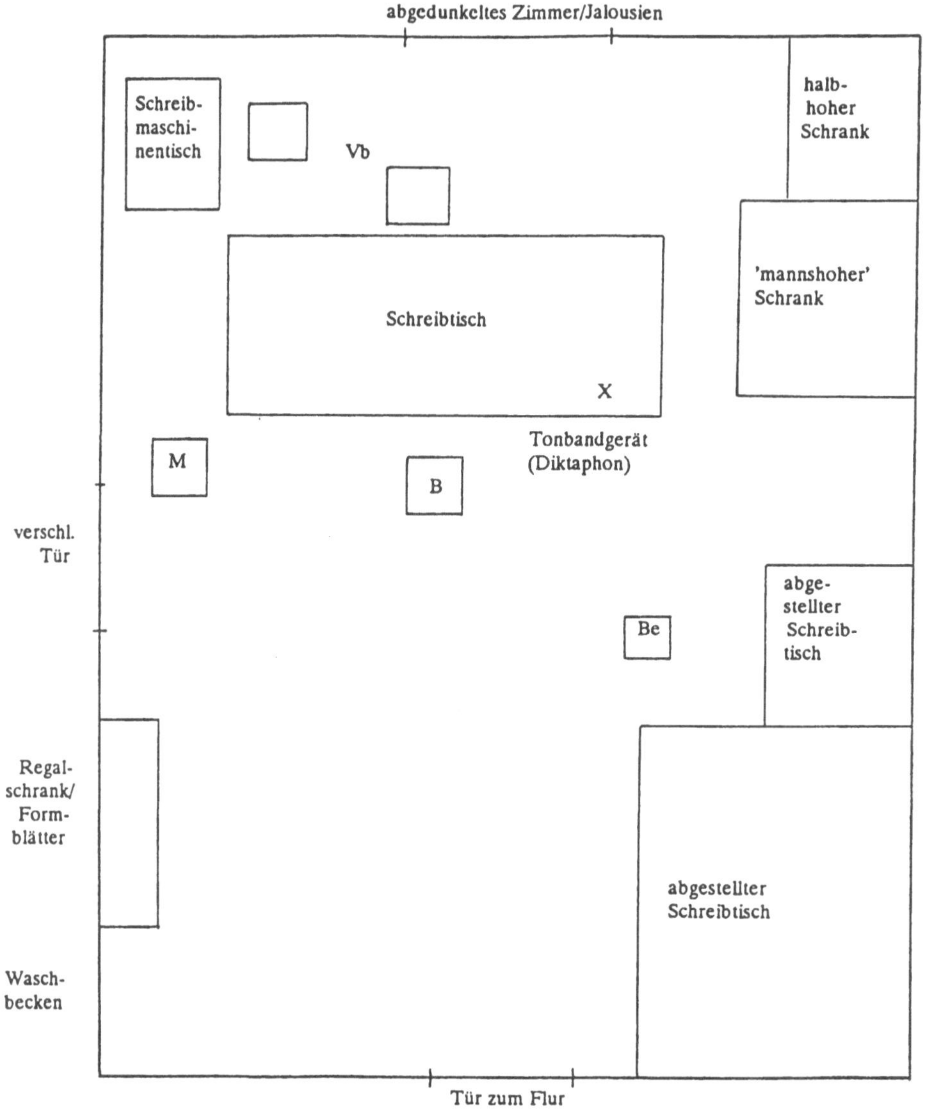

Beleuchtung: Zwei quer angebrachte Neonröhrengehänge zu je vier Röhren hängen von jeweils zwei Stangen gehalten in etwa 2.3 m Höhe - sehr helles, künstliches Licht

6 Die einzelfallanalytische Auswertung der erhobenen Vernehmungsvorbesprechung

6.1 Zur Rekonstruktion der vom polizeilichen Vernehmungsbeamten in Beschuldigtenvernehmungen zu 'lösenden' strukturellen Problemlage (Hypothesenbildung: "abduktive" Phase)

Wie schon bei der Erörterung des methodischen Konzepts begründet, erfolgt die Einzelfallanalyse in einem Dreischritt: der Hypothesenbildung ('abduktive' Phase; Kap. 6.1), der ersten zusammenhängenden Hypothesenbeschreibung (Kap. 6.2) und der Hypothesenüberprüfung mit einhergehender Hypothesenüberarbeitung (qualitative Induktion; Kap. 6.3 und 6.4).

Das Fundament der Ergebnisgewinnung wird mit der **Hypothesenbildung** gelegt. Deshalb empfiehlt sich für diesen Untersuchungsabschnitt eine sorgfältige Analyse: Das dafür geltende Prinzip - Verfremdung von vertrauten Interpretationsgewohnheiten durch eine möglichst detaillierte Analyse des Handlungsprotokolls einhergehend mit dem Zwang zur begründeten (Neu)Orientierung - wurde in den Ausführungen zur Methode entwickelt und erläutert.

Umgesetzt werden soll dieses Analyseprinzip wiederum in drei Schritten, an die ich noch einmal kurz erinnern möchte:

- Zunächst entfaltet der Interpret in einer Feinanalyse vor dem Hintergrund seines eher impliziten und vagen, diffusen und ihm weitgehend selbstverständlichen Wissens um die vom Vernehmungsbeamten zu bewältigenden Aufgaben **detailliert Lesarten von mit dem Transkriptionstext assoziierten Handlungszusammenhängen.**
- Anschließend wird dann das in der Feinanalyse entwickelte Lesartenpotential denkbarer fallspezifischer Handlungszusammenhänge auf einige als wesentlich eingeschätzte Hauptlinien und -aspekte hin : die **'gemeinsamen Besonderheiten der Vernehmungsgestaltung'**, verdichtet.
- In der interpretativen Auseinandersetzung mit den so (re-)konstruierten 'gemeinsamen Besonderheiten der Vernehmungsgestaltung' sollen dann **die charakteristischen** Besonderheiten herausgestellt und anschließend die für die Aufgabenbewältigung eines Vernehmungsbeamten in polizeilichen Vernehmungen Beschuldigter **zentralen handlungstypspezifischen Strukturelemente** ermittelt werden.

Mit Blick auf die Lesbarkeit des Interpretationstextes wird die wegen ihrer Detailfülle recht unübersichtliche Feinanalyse in den Anhang 'verbannt'. Dabei ist es allerdings aus Kapazitätsgründen nur möglich, die erste Hälfte zu dokumentieren.[1] Die Darstellung der Interpretation im fortlaufenden Text beschränkt sich

---

[1] Die gesamte Feinanalyse ist in Schröer 1990: 278-415 dargestellt.

damit auf die 'Verdichtung der Feinanalyse' (Kap. 6.1.1.2), die um eine behutsame Interpretation des Geschehens vor Vernehmungsbeginn ergänzt wurde (Kap. 6.1.1.1), und auf die Rekonstruktion von Strukturelementen der gesuchten handlungstypspezifischen Problemlage (Kap. 6.1.2). Dem Leser ist mit dieser Anordnung der Interpretationsdarstellungen die Möglichkeit gegeben, seine Rezeption der Feinanalyse auf die für die Strukturrekonstruktion zentralen Lesarten - die 'gemeinsamen Besonderheiten' - zu beschränken. Ihm steht allerdings auch stets die Möglichkeit offen, sein Wissen um das herausgearbeitete Handlungspotential in der (punktuellen) Rezeption der Feinanalyse zu vertiefen und so die Interpretation bis in ihre Details zu kritisieren.

6.1.1 Analytische Beschreibung des Vernehmungsvorbesprechungsablaufs

6.1.1.1 Die behutsame Interpretation der Situation vor Vernehmungsbeginn

Die Perspektive des Beschuldigten:

1. Der Beschuldigte dürfte, nachdem er im Kaufhaus des Ladendiebstahls bezichtigt wurde, schon mehrfach aufgefordert worden sein, die beschuldigungsrelevanten Ereignisse aus seiner Sicht darzulegen:
   - Eine erste Aufforderung wird an ihn im Büro des Kaufhauses ergangen sein: Die Reaktion des Beschuldigten ist im Normalfall ein Bezugspunkt für den vom Kaufhauspersonal angefertigten Strafantrag. Von besonderer Bedeutung für die polizeiliche Vernehmung wird sein, inwieweit der Beschuldigte schon gegenüber dem Kaufhauspersonal den ihm zur Last gelegten Diebstahl zugegeben und ob er ggf. eine entsprechende Schulderklärung auf dem Strafantragsformular unterzeichnet hat.
   - Es ist weiterhin davon auszugehen, daß die Streifenbeamten sich während der Überführung zur Wache - sicherlich ohne den Beschuldigten über seine Rechte zu informieren - bemüht haben, in Form einer (unzulässigen) informatorischen Befragung (unverfängliches Gespräch) mit dem Beschuldigten über die Beschuldigung und ihre Berechtigung etc. zu sprechen. Desweiteren liegt ein Gespräch der Streifenbeamten mit der Mutter über den 'Fall' (Informierung der Mutter; Befragung der Mutter etc.) im Bereich des Möglichen.
   - Der Beschuldigte könnte sich bereits seiner Mutter gegenüber aufgefordert gesehen haben, den Sachverhalt, der zu seiner Beschuldigung geführt hat - möglicherweise im Beisein der Streifenbeamten -, darzustellen.

   Bei seinen Reaktionen 'standen' dem Beschuldigten jeweils zwei Basismöglichkeiten zur Verfügung: Er 'konnte' - wie wahrhaftig auch immer - aussagen oder eine Stellungnahme ablehnen.

2. Festgehalten werden muß: An den Beschuldigten gerichtete Aufforderungen zur Offenlegung seiner beschuldigungsrelevanten Ereignisperspektive sind

zwar die Regel und auch für den vorliegenden Einzelfall wahrscheinlich, aber über das erhobene Datenmaterial ebensowenig belegt wie eine spezifische Reaktion des Beschuldigten. Gleichgültig aber, worauf und wie der Beschuldigte reagiert hat: Sein Verhalten im allgemeinen und der Umfang der Veröffentlichung im besonderen wird für die anstehende polizeiliche Vernehmung in jedem Fall von Bedeutung sein, und zwar

(a) für die verbleibenden Veröffentlichungsoptionen des Beschuldigten;
(b) für die Vernehmungsorganisation des über den Strafantrag und (möglicherweise) durch ein informelles Übergabegespräch mit den Streifenbeamten informierten Vernehmungsbeamten;
(c) für die Haltung und die Einlassungen der Mutter während der Vernehmung.

Mit dem nicht hintergehbaren Zwang für den Beschuldigten, auf die gegen ihn vorgebrachte Beschuldigung in irgendeiner Weise für andere wahrnehmbar zu reagieren, und mit der an den Vernehmungsbeamten gerichteten Übermittlung der zur Kenntnis genommenen Reaktion durch das Kaufhauspersonal und möglicherweise auch durch die Streifenbeamten ist bereits ein fallspezifischer Grundstein für die anstehende polizeiliche Vernehmung gelegt - der für diesen Fall aufgrund der 'lückenhaften' Datendecke allerdings im Detail nicht bestimmt werden kann.

3. Die Situation unmittelbar vor dem Vernehmungseinstieg:

Gemeinsam mit seiner Mutter wird der Beschuldigte von den Streifenbeamten in den Vernehmungsraum der Hauptwache geführt. Nachdem sich beide ohne eine entsprechende Einweisung durch den Streifenbeamten auf zwei der bereitstehenden Stühle gesetzt haben (siehe Skizze), verlassen die Streifenbeamten das Zimmer. Die Situation vor Vernehmungsbeginn ist für sie geprägt

(a) durch die Gestaltung der räumlichen Außengrenze, die Lichtverhältnisse und die Anordnung des Mobiliars: Das Fenster ist abgedunkelt, so daß ein Blick nach draußen - in den Alltag - versperrt ist. Die Beleuchtung besteht aus acht Neonröhren, die ein unnatürlich helles Licht abgeben. Die Einrichtung ist ansonsten schmucklos nüchtern, funktional.
Mit dem ersten Blick in das Vernehmungszimmer fällt der Schreibtischbereich (Schreibtisch, Schreibmaschinentisch mit Schreibmaschine, mobiler Schreibtischstuhl) auf, der gegenüber dem Rest des Raumes abgeteilt wirkt. Er läßt sich unschwer als 'Arbeitsplatz' des Vernehmungsbeamten ausmachen. Die Sitzgelegenheiten vor dem Schreibtisch grenzen an den Schreibtischbereich. Der Platzinhaber des Stuhls, der in der Mitte vor dem Schreibtisch steht, soll sich wohl in erster Linie auf den Vernehmungsbeamten beziehen: Sitzt der Vernehmungsbeamte hinter dem Schreibtisch, so läßt die Opposition

der beiden Sitzgelegenheiten den Platzinhabern kaum eine andere Möglichkeit, als in einen direkten Gesprächskontakt miteinander zu treten. Aber auch für den Fall, daß der Vernehmungsbeamte am Schreibmaschinentisch sitzt (und tippt), 'wird' das Gesprächsangebot des vor dem Schreibtisch Sitzenden 'aufrechterhalten'. Der Platz scheint prädestiniert für den zu vernehmenden Beschuldigten. Der zweite Stuhl ist so plaziert, daß der auf ihm Sitzende eine Beobachterhaltung einnehmen kann. Eine direkte Teilnahme ist von der Sitzanordnung her nicht 'gefordert'. Der Platz ist - in diesem Fall - für die Mutter des Beschuldigten geeignet.
So weist die Anordnung des Mobiliars von vornherein rudimentär in die anstehende Vernehmung - Vernehmungsgespräch und Protokollierung - ein, die auf diese Weise dem Beschuldigten und seiner Mutter schon vor Vernehmungsbeginn nahezu unentrinnbar (abgedunkeltes Fenster, helle Beleuchtung) und sinnfällig - wie diffus auch immer - vorgegeben ist.

(b) Die Situation ist bereits soweit arrangiert, daß mit dem jederzeit möglichen Eintreffen des Vernehmungsbeamten die polizeiliche Vernehmung sofort beginnen könnte. Das wissen der Beschuldigte und seine Mutter. Die anstehende Vernehmung ist für sie auch von daher schon im Vorfeld der Vernehmung unmittelbare Realität. Eine Distanzierung des bisherigen und des zukünftigen Geschehens ist ihnen nur sehr eingeschränkt möglich, weil die aktuelle Situation vom Warten auf den Vernehmungsbeamten und den Vernehmungsbeginn geprägt ist: Der Beschuldigte ist auf den noch unbesetzten Platz hinter dem Schreibtisch orientiert. Er sitzt dialogbereit, allein sein Dialogpartner, der Vernehmungsbeamte, ist noch nicht zugegen. Die Mutter - seitlich sitzend und dem Profil ihres Sohne zugewandt - ist gleichfalls schon auf den anstehenden Vernehmungsdialog ausgerichtet. Ihre Plazierung fordert nicht zwingend eine Teilnahme an dem anstehenden Gespräch zwischen dem Vernehmungsbeamten und dem Beschuldigten. Ein direktes 'Eingreifen' in das Vernehmungsgespräch wird ihr aber jederzeit möglich sein.

In dieser Situation betritt der Vernehmungsbeamte den Raum, grüßt mit einem "Guten Tag", setzt sich hinter den Schreibtisch und liest den auf dem Schreibtisch liegenden Strafantrag des Kaufhauses. Nach einigen Sekunden sagt er: 1 Vb 1: "drei Schachteln ..."

Die Perspektive des Vernehmungsbeamten

Wenn auch für den vorliegenden Fall das Vorwissen des Vernehmungsbeamten nicht genau beschrieben werden kann, so lassen sich doch begründete Annahmen über einige Aspekte seines fallspezifischen Ereigniswissens machen.

- Mit dem Wissen des Vernehmungsbeamten, eine Vernehmung durchführen zu müssen, ist er über den Delikttyp informiert: Ladendiebstahl.
- Im vorliegenden Fall war der Vernehmungsbeamte direkt an den Modalitäten der Überführung beteiligt und hat sie über Funk maßgeblich beeinflußt: Auf sein Anraten hin ist die Mutter direkt informiert und gemeinsam mit ihrem Sohn zur Hauptwache überführt worden. Dem Vernehmungsbeamten war somit bekannt, daß es sich bei dem Beschuldigten um einen Jugendlichen handelt.
- Sein verspätetes Eintreffen im Vernehmungszimmer weist auf die Möglichkeit hin, daß der Vernehmungsbeamte sich kurz von den Streifenbeamten über für ihn wissenswerte Aspekte - Gegenstand des angezeigten Ladendiebstahls, Geständigkeit des Beschuldigten etc. - hat unterrichten lassen.

Trotzdem besteht für den Vernehmungsbeamten ein Defizit an relevantem Ereigniswissen. Einzelheiten des zur Vernehmung anstehenden Falls sind ihm nur lückenhaft und aus 'zweiter Hand' übermittelt worden. Die sich aus dieser Informationslage ableitende Vororientierung muß sich erst in der Konfrontation mit den Ereignisdarstellungen aus 'erster Hand' bestätigen, sie muß ausdifferenziert, modifiziert und korrigiert werden.

In der aktuellen Situation verfügt der Vernehmungsbeamte über hauptsächlich zwei relevante Informationsquellen:

- Er kann den Beschuldigten befragen. Diese Möglichkeit bietet sich schon deshalb an, weil der Beschuldigte unmittelbar zugegen und in einem Dialog direkt befragbar ist.
- Er kann sich über die Lektüre des vom Kaufhauspersonal verfaßten Strafantrags, der auf dem Schreibtisch im Vernehmungszimmer abgelegt wurde, orientieren.

Denkbar sind auch:

- ein Anruf beim Kaufhausdetektiv, um z.B. Unklarheiten der Strafanzeige zu klären.
- Aus demselben Grund kann auch eine Nachfrage an die beiden Polizeibeamten, die den Beschuldigten überführt haben, gerichtet werden.
- Möglich ist sogar eine unmittelbare Befragung der Mutter.

Die Wahl zwischen den Möglichkeiten ist für diesen Fall durch die StPO indirekt 'vorbestimmt': Der Paragraph 163a (4) im Zusammenhang mit dem Paragraphen 136 (1) StPO fordert unmißverständlich, daß "bei Beginn der ersten Vernehmung ( ) dem Beschuldigen zu eröffnen ist, welche Tat ihm zur Last gelegt wird" (Paragraph 136 (1) Satz 1 StPO). Darüber hinaus ist der Beschuldigte vor der Vernehmung darauf hinzuweisen, "daß es ihm nach dem Gesetz freistehe, sich zur Beschuldigung zu äußern oder nicht zur Sache auszusagen ... " (Paragraph 136 (1) Satz 2 StPO).

Für die anstehende Vernehmung heißt das: Gemäß StPO muß der Vernehmungsbeamte sich vor einer Vernehmung des Beschuldigten einen Einblick in die Art und den Umfang der Beschuldigung verschaffen, bevor er den Beschuldigten dann nach der Belehrung über die ihm zur Last gelegte Tat - dessen Bereitschaft, bei der Polizei auszusagen, vorausgesetzt - zu den relevanten Ereignissen befragen kann. Eine umgehende Befragung des Beschuldigten oder seiner Mutter wird so über die StPO als rechtlich unzulässig ausgeschlossen.

Diese Verfahrensregulierung durch die StPO muß bedacht werden, wenn man den Einstieg in die Vernehmung des vorliegenden Falles - der Vernehmungsbeamte betritt den Vernehmungsraum, grüßt mit einem "Guten Tag", setzt sich hinter den Schreibtisch und liest den auf dem Schreibtisch liegenden Strafantrag des Kaufhauses; nach einigen Sekunden sagt er: 1 Vb 1 "drei Schachteln ···" - analysiert.

6.1.1.2 Verdichtung der feinanalytischen Beschreibung der Vernehmungsvorbesprechung: 'gemeinsame Besonderheiten' des über die extensive Interpretation ermittelten Handlungspotentials

1/1 Vb 1 - 1/9 Vb 1

"drei Schachteln ··· drei Schachteln Zigaretten, richtig? ·· Und noch ne Schachtel Zigaretten? ··· (5 Sek.) in die Einkaufstasche gesteckt. ··· (5 Sek.)"	**Vb liest die Strafanzeige des Kaufhauses.**[2]

Vor dem Hintergrund des vermittelt (Information der Pb; Strafantrag) erworbenen Wissens oder des Nicht-Wissens um die Geständigkeit oder Nichtgeständigkeit des Beschuldigten im 'Vernehmungsvorfeld' leitet der Vernehmungsbeamte mit der Initiierung eines der für die Interakte 1/1 Vb 1 - 1/9 Vb 1 als möglich herausgestellten 'formalen Gesprächszusammenhänge' unverzüglich die Vernehmung des Beschuldigten zur Sache - aus welcher der in der Feinanalyse als möglich aufgezeigten intentional besonderen Verankerung heraus auch immer und selbst für den Grenzfall des nicht bewußt taktisch motivierten Selbstgesprächs in Reichweite des Beschuldigten und seiner Mutter - ein. Er eröffnet damit die Vernehmungsvorbesprechung (v.a. 1/1 Vb 1; 1/3u4 Vb 1; 1/8 Vb 1): Der Beschuldigte muß zwangsläufig in irgendeiner Weise auf die Redebeiträge des

[2] Da die weiteren in der Verschriftung des Vernehmungsgesprächs angegebenen Beobachtungsnotizen (s. 5.2) für die Interpretation nicht das Gewicht der hier aufgeführten haben, sollen sie in dieser Zusammenfassung der Feinanalyse keine gesonderte Beachtung finden. Auf ihre Darstellung wird verzichtet. In der feinanalytischen Beschreibung ist auf sie ausdrücklich Bezug genommen.

Vernehmungsbeamten reagieren.[3]

Thematischer Bezugspunkt dieser Reaktionen ist ein vom Vernehmungsbeamten vorgetragener, wohl der Darstellung im Strafantrag entnommener Handlungszug, mit dem der Ereignisverlauf des dem Beschuldigten höchstwahrscheinlich vorgeworfenen Ladendiebstahls zwar angedeutet, aber nicht in allen für einen Ladendiebstahl konstitutiven Aspekten beschrieben wird: Der Vernehmungsbeamte thematisiert nach und nach einige Sachverhaltsfragmente ("drei Schachteln ··· drei Schachteln Zigaretten, richtig? · Und noch ne Schachtel Zigaretten? ··(5 Sek.) in die Einkaufstasche gesteckt"), auf die der Beschuldigte und dessen Mutter im Rahmen der in der Feinanalyse als möglich aufgezeigten spezifischen Kontexte jeweils averbal (1/2; 1/5; 1/7; 1/9) bestätigend, widersprechend, korrigierend, irritiert, gesprächsverweigernd, 'neutral' etc. reagiert haben können. Die averbalen Reaktionen des Beschuldigten - genauso wie die der Mutter - vermitteln dem Vernehmungsbeamten in jedem Fall - wie rudimentär auch immer - einen Eindruck von der Ereignisperspektive des Beschuldigten und von ihrem Verhältnis zur im Strafantrag verschrifteten. Die Reaktionen des Beschuldigten (und die der Mutter) dienen ihm - 'gewollt oder ungewollt' - als Indikatoren, mit denen er sich einen ersten Eindruck von der Ereignisperspektive des Beschuldigten und dessen Verteidigungsstrategie verschafft.

3

(a) Während der Lektüre des Strafantrags 'inszeniert' der Vb ein Selbstgegespräch in Reichweite des B und dessen M.

(b) Einhergehend mit der Lektüre des Strafantrags hält der Vb einen rhetorisch aufbereiteten Monolog (Vorhaltung) gegenüber dem B und und dessen M.

(c) Einhergehend mit der Lektüre des Strafantrags leitet der Vb einen "Dialog in wechselseitig expliziten Reaktionen" ein - zumindest unternimmt er dazu einen Versuch.

(d) Einhergehend mit der Lektüre des Strafantrags und beeinflußt durch die Reaktionen des B und seiner M realisiert der Vb eine 'Kombination' aus den vorhergehend aufgezeigten Gesprächsformen (a-c).

Ohne bestimmen zu können, (a) welche Gesprächsformen der B und seine M als vom Vb initiiert erkennen, (b) welche Handlungskonsequenzen sie daraus ziehen und (c) welcher formale Gesprächszusammenhang sich dann ergibt: Der B und seine M reagieren jeweils implizit oder explizit averbal.

Der Rekonstruktion der Ereignisperspektive des Beschuldigten sind aber in dieser ersten Phase der 'Vernehmung zur Sache' trotzdem noch deutliche Grenzen gesetzt:

Schon allein weil die im Strafantrag niedergeschriebene Ereignisperspektive nur fragmentarisch veröffentlicht wird, hat der Vernehmungsbeamte auf der Basis der averbalen Reaktionen des Beschuldigten (und dessen Mutter) in keinem der als möglich erachteten 'Dialoge' gesichert ermitteln können, daß der Beschuldigte einen Ladendiebstahl gesteht oder nicht gesteht.

Zudem dürfte der Vernehmungsbeamte selbst bei einer expliziten Stellungnahme des Beschuldigten[4] kaum mit Sicherheit nachvollziehen können, ob der Beschuldigte auf die erhobene Beschuldigung als solche oder auf den tatsächlichen Handlungsverlauf (z.B. bestätigend) Bezug nimmt.

Damit wird deutlich: Die Ereignisperspektive des Beschuldigten kann vom Vernehmungsbeamten unter Umständen zwar schon weitreichend eingeschätzt worden sein, aber in keinem Aspekt als gesichert rekonstruiert gelten!

__1/10 - 1/11__
"Wieviel · Bargeld · hast Du dabei? Darf ich ja fragen oder darf Dich ja duzen."

Mit dem Interakt 1/10 Vb 1 "Wieviel . Bargeld · hast Du dabei?" wechselt der Vernehmungsbeamte das Thema. Bei einer gegebenen Zahlungsfähigkeit bestünde der Verdacht, daß der Beschuldigte ggf. das als gestohlen angezeigte Gut unbedingt unentgeltlich erlangen wollte.

Implizit deutlich wird so, daß die Frage auf die Rekonstruktion der Motivlage abzielt und somit nur in bezug auf den Täter, der mit dem Beschuldigten noch nicht als ermittelt gelten kann, von Interesse ist. Von daher rückt sie, die Frage, in die Nähe einer Unterstellung der Täterschaft des Beschuldigten.

Der Themenwechsel kann im Rahmen der denkbaren Handlungskontexte Ausdruck verschiedener Vernehmungskonzepte sein:

(a) Es kann sich um einen mehr oder weniger normalen ermittlungsmechanischen Routinevorgang handeln, der nicht eigentlich über die Besonderheiten des aktuellen Falles motiviert ist.

(b) Der Vernehmungsbeamte könnte mit dieser Frage aber auch implizit den Versuch unternehmen, einen bis dahin ihm nicht dialogbereit erscheinenden Beschuldigten in ein - scheinbar unverfängliches - Gespräch zu verwickeln.

(c) Da der Vernehmungsbeamte nicht fest damit rechnen kann, über die Beantwortung der Frage eindeutige Rückschlüsse auf die Täterschaft des

---

[4] Unberücksichtigt bleiben hier Reaktionen, die sich auf das Verständnis der Redebeiträge beziehen.

Beschuldigten vornehmen zu können, kann sie, die Frage, auch als Indiz dafür verstanden werden, daß er, der Vernehmungsbeamte, den Beschuldigten aus einem der aufgezeigten Reaktionszusammenhänge heraus sicher als Täter einschätzt. Geht er dann zudem noch von der Geständigkeit des Beschuldigten aus, so dürfte ihm in erster Linie an der Fortführung der Ermittlungen gelegen sein. Ist er sich der Geständigkeit des Beschuldigten aber nicht sicher, oder ist der Beschuldigte 'offensichtlich' nicht geständig, könnte er mit der Frage auch den Versuch eingeleitet haben, den Beschuldigten zu einem Geständnis zu bewegen. Sollte der Vernehmungsbeamte von der Täterschaft des Beschuldigten nicht oder nicht restlos überzeugt sein, dann ist die Einleitung einer entsprechend anders gelagerten 'Ermittlungslist' denkbar: Aus der Reaktion des Beschuldigten würde der Vernehmungsbeamte für diesen Fall - verdeckt - weitere Aufschlüsse über die Ereignisperspektive des Beschuldigten und ubd besonders dessen Geständnisbereitschaft gewinnen.

Selbstverständlich sind Überschneidungen der aufgelisteten Konzepte möglich - wenn nicht gar wahrscheinlich.

Die Frage fordert von dem Beschuldigten lediglich eine Angabe über den mitgeführten Bargeldbetrag.

Ist der Beschuldigte sich nicht über den vernehmungsspezifischen Horizont der Frage im klaren, dann kann er auch von sich aus keine gezielten Anstrengungen unternehmen, für seine Verteidigung spezifische und bedeutsame Zusammenhänge in seine Antwort eingehen zu lassen. Ihm wird so auch erschwert, die Angaben über das mitgeführte Bargeld zu manipulieren.

2 B 1 - 10/1 Vb 3

2 B 1	**"Fahrgeld?"**
3 Vb 2	**"Bargeld"**
4 M 1	**"Bargeld"**
5 B 2	**"Bargeld"**
6 M 2	**"Wieviel hatteste dabei?"**
7 B 3	**"Ja [hundert] Mark hat ich dabei"**
8 M 3	**" [&] "**
9 M 4	**"Hundert Mark. · Er war nämlich einkaufen. ·"**
10 Vb 3	**"Ja, warum hast Du's denn dann gemacht? · Mh?"**

Im Anschluß an die Klärung eines möglicherweise akustischen Mißverständnisses (2 B 1 - 5 B 2) beantwortet der Beschuldigte von seiner Mutter unterstützt die Frage des Vernehmungsbeamten (6 M 2 -9 M 4): Sie geben an, der Beschuldigte habe 100 DM mit sich geführt und sei einkaufen gewesen.

Obwohl die Beantwortung der Frage (1/10 Vb 1) durch den Beschuldigten und dessen Mutter nicht zwingend Aufschluß darüber gibt, ob der Beschuldigte die als gestohlen angezeigte Ware hätte bezahlen können - alternative Lesarten bieten sich sogar direkt an - (9 M 4: 2)[5], stellt der Vernehmungsbeamte dem Beschuldigten die Frage "Ja, warum hast Du's denn dann gemacht? · Mh?" (10/1 Vb 3). Mit der unterstellten Einschätzung, der Beschuldigte hätte die gestohlenen Waren bezahlen können, entwickelt er implizit - wie auch immer intentional verankert - den Verdacht, daß es dem Beschuldigten bei dem Diebstahl nicht nur auf die unbedingte Aneignung der Zigaretten, sondern auch auf deren unentgeltliche Inbesitznahme ankam.

Mit der Frage thematisiert der Vernehmungsbeamte aber noch einen zweiten für den Ermittlungszusammenhang bedeutsameren Aspekt: Obwohl vom Vernehmungsbeamten aus keinem der bisher über den Text repräsentierten Reaktionszusammenhänge heraus die Täterschaft oder nur ein Geständnis des Beschuldigten verfahrensgemäß zweifelsfrei abgeleitet werden konnte, **zeigt er dem Beschuldigten implizit und erstmals unzweideutig an, daß er selbstverständlich von dessen Täterschaft ausgeht.**

Ist der Beschuldigte weder in bezug auf die Motivunterstellung noch über die Frageform aufgefordert ggf. Alternativen geltend zu machen und so die Unterstellung zu relativieren oder gegenstandslos werden zu lassen, so scheint der Vernehmungsbeamte ohne eine zwingende Absicherung über selbständig unmittelbar geführte Ermittlungen, die im Strafantrag dokumentierte Ereignisperspektive in ihrem wesentlichen Aspekt - der Beschuldigung - wie selbstverständlich übernommen zu haben.

Da nach geltendem Verfahrensrecht die Täterschaft des Beschuldigten zu Beginn der Vernehmung aber nicht als nachgewiesen gelten kann (Paragraph 136, 2 StPO) und somit auch die Ermittlung der Geständnisbereitschaft des Beschuldigten im Rahmen der Rekonstruktion seiner Ereignisperspektive unabhängig von der vor der Vernehmung bestehenden Beweislage für die polizeiliche Vernehmung des Beschuldigten erst noch ansteht, entpuppt sich die Vernehmungsgestaltung - für jede über den Transkriptionstext abgedeckte Fallvariante - als eine spezifische Strategie zur Ermittlung der Geständnisbereitschaft im besonderen und des Ereigniswissens des Beschuldigten im allgemeinen.

So wird deutlich: Von den für ein Strafverfahren geltenden Regeln der Überzeugungsbildung aus betrachtet, ermittelt der Vernehmungsbeamte mit der Frage nach der Geständnisbereitschaft und der Motivlage des Beschuldigten auf der Basis einer waghalsigen Doppelunterstellung, mit der er den Beschuldigten (mehr oder weniger verdeckt) konfrontiert - und auf die der Beschuldigte (und seine Mutter) zu reagieren gezwungen und aufgefordert sind.

---

5 In dieser Form (Interaktnummer: Lesartennummer) wird auch im weiteren Verlauf der Interpretation auf das entsprechende Lesartenpotential der Feinanalyse I (Anhang) verwiesen. Es werden aber nur die Lesarten benannt, die in dem 'hier' dokumentierten Auszug aufgeführt sind. Die gesamte Feinanalyse I ist - darauf wurde schon hingewiesen - in Schröer 1990 vorgestellt.

Beantwortet der Beschuldigte die Frage in bezug auf die Motivlage 'positiv' - gleichgültig, ob er die das Motiv betreffende Unterstellung bestätigt, entkräftet oder gegenstandslos macht -, so bestätigt er immer auch, einen Diebstahl begangen zu haben. So entpuppt sich die Frage des Vernehmungsbeamten nach dem Motiv des Beschuldigten in jedem Fall als **verdeckt geführter Geständnisbereitschaftstest**.

Dabei kann der Vernehmungsbeamte von der Täterschaft des Beschuldigten überzeugt, aber auch nicht überzeugt sein, und seine Frage kann an einen eher Geständnisbereitschaft oder eher Widerspruch andeutenden, an einen sich indifferent oder widersprüchlich zeigenden Beschuldigten - auf der Basis entsprechender ermittlungstaktischer Konzepte (10/1 Vb 3: 3.2.) - gerichtet sein.

Gleichgültig vor welchem intentional besonderen Hintergrund der Vernehmungsbeamte die Frage gestellt hat:

Die Präsentation möglicher Entlastungsargumente wird an dieser Stelle zur Aufgabe allein des Beschuldigten (und seiner Mutter). Dem Beschuldigten obliegt es, in seinem Fall ggf.

- eigenständig alternative Betrachtungsweisen einzubringen und sie
- gegen die vom Vernehmungsbeamten vorgenommenen Unterstellungen - gewissermaßen gegen dessen angezeigte Überzeugung - durchzusetzen.

Bringt er die Unterstellungen nicht zu Fall oder erschüttert er sie nicht wenigstens, so besteht zumindest die Gefahr, daß der Vernehmungsbeamte seine Annahme bis auf weiteres als bewährt betrachtet.

Alternativ denkbar bleibt auch ein Hinweis des Beschuldigten, die Aussage verweigern zu wollen.

10/2 Vb 3 - 10/3 Vb 3
" --(5 Sek.) Wollen Sie das mit den Personalien auch drauf haben?"

Da die Reaktion des Beschuldigten wiederum averbal ausfällt, bleibt für den Interpreten offen, ob der Beschuldigte den Ladendiebstahl implizit z.B. mit einem Achselzucken eingestanden hat oder nicht. 'Angaben' zur Motivlage können nur recht unspezifisch erfolgt sein.

Unabhängig davon, wie der 'Test' ausgefallen ist und vom Vernehmungsbeamten bewertet wird:

In jedem Fall steht auch zum jetzigen Ermittlungszeitpunkt ein zwingender Nachweis der Täterschaft des Beschuldigten immer noch aus. Denn: Der Beschuldigte hat den Ereignisablauf weder direkt noch indirekt aus seiner Sicht dargelegt und selbst für den Fall seiner Geständigkeit ist noch unbestimmt, ob er in der noch anstehenden detaillierten Darlegung seiner Ereignisperspektive überhaupt die Vollendung eines Diebstahls beschreiben wird. Von daher kann auch die Beschuldigung noch nicht mit der Darstellung der Ereignisperspektive des Beschuldigten abschließend in Beziehung gesetzt und auf die Kongruenz ihr gegenüber hin überprüft werden.

Vor dem Hintergund dieser Ermittlungslage geht der Vernehmungsbeamte zur Aufnahme der Personalien über. (Die Frage richtet sich an den Beobachter und bezieht sich auf die Tonbandprotokollierung.) Unklar ist, ob sein Ermittlungsbedarf soweit abgedeckt ist (z.B. nach einem "Geständnis" des Beschuldigten), daß er glaubt, zur Protokollierung der Aussage übergehen und somit die Vernehmungsvorbesprechung beenden zu können.

Alternativ denkbar ist nämlich eine Unterbrechung der Vernehmungsvorbesprechung aus ermittlungstaktischen oder aus eher vernehmungstechnischen Gründen, wobei dann offen bleibt, ob der Vernehmungsbeamte anstrebt, die Vernehmungsvorbesprechung im Anschluß an die Aufnahme der Personalien oder sogar - bei einer ermittlungstaktischen Motivierung - schon während der Personalienaufnahme fortzusetzen.

Der Beschuldigte verfügt aus seinem direkten Erleben der Situation heraus einerseits eher als der Interpret über die Möglichkeit, die vom Vernehmungsbeamten getroffene 'Wahl' zu bestimmen. Da aber andererseits die damit unterstellte Verfahrenskompetenz nicht unbedingt vorausgesetzt werden kann, ist es sinnvoll, das Verständnis auch aus der Sicht des weniger kompetenten Beschuldigten (Jugendlichen) hypothetisch hochzurechnen:

(a) Der Geständige dürfte in der Überleitung eine zwar nicht unbedingt erwartete, aber auch nicht ungewöhnliche Fortführung des Vernehmungsgesprächs sehen. Schließlich muß der Vernehmungsbeamte die Personalien des Täters aufnehmen. Allerdings ist fraglich, ob der Beschuldigte in der Lage ist, eine Ermittlungsstrategie des Vernehmungsbeamten als Möglichkeit hochzurechnen.

(b) Im Gegensatz zum Geständigen könnte v.a. der bisher nicht geständige und/oder wenig gesprächsbereite Beschuldigte vor dem Hintergrund der Doppelunterstellung von der kommentarlosen Überleitung des Vernehmungsbeamten irritiert sein. Für ihn könnte der Verdacht naheliegen, bereits als überführt zu gelten. Warum sollten ansonsten nach der Unterstellung der Täterschaft und seiner nicht erfolgten Bestätigung die Personalien aufgenommen werden?

11 Be 1 - 51/1 Vb 26
(siehe: Transkriptionstext Kap. 5.2)

Die Reaktionen des Beschuldigten und seiner Mutter geben keinerlei Aufschluß darüber, ob sie durch den unvermittelten Übergang zur Personalienaufnahme irritiert sind. Sie beantworten in knapper und präziser Form, und ohne irgendwelche Hinweise zur Sache zu machen die Fragen des Vernehmungsbeamten in bezug auf die erkennungsdienstlich relevanten Persönlichkeitsdaten. Der Vernehmungsbeamte tippt die Angaben jeweils unverzüglich in den Personalienbogen ein.

Nachdem die Aufnahme der Personaldaten abgeschlossen ist, geht der Vernehmungsbeamte - ohne den Beschuldigten zuvor über sein Aussageverweigerungsrecht, wie auf dem Formular als verpflichtend angegeben, zu belehren - zur Aufnahme der Daten über die persönlichen Verhältnisse des Beschuldigten über: Er erkundigt sich zuerst - gemäß der auf dem Personalienbogen vorgegebenen

Reihenfolge - nach dem monatlichen Taschengeld des Beschuldigten. Ähnlich wie die Angaben zum mitgeführten Bargeld ist auch das Wissen um das Taschengeld des Beschuldigten - der Beschuldigte gibt an, 40 DM mtl. zu erhalten - nur in bezug auf den überführten Täter und v.a. für die Rekonstruktion der Motivlage von Interesse. Die Frage zu diesem Zeitpunkt kann über Ermittlungsablaufroutinen motiviert sein, aber auch auf ein zuvor geleistetes Geständnis des Beschuldigten (10/2 Vb 3) hinweisen. Allerdings ist ebenfalls wieder eine Ermittlungsstrategie z.B. eine Provokation nicht ausgeschlossen. Aus welchen Gründen auch immer: Der Vernehmungsbeamte 'verzichtet' in dieser Situation darauf, die Antwort - wie in 10/1 Vb 3 - ermittlungsstrategisch weiter zu nutzen.

51/3 Vb 26 - 77/1 Vb 39

51/3 Vb 26 "Kaufst Du da · im (Supermarktname) · überwiegend oder I-I"
52 B 14 "Nein ich wollt nur ma probieren, wie das geht so was ne"
53 Vb 27 " I-I Wie I-I"
54 B 15 "Mm"
55 Vb 28 "Wie das so klappt mit nem Diebstahl oder?"
56 B 16 "Ja"
57 Vb 29 "Ich mein · so gleich in der Vernehmung dann · sollte aber schon das ehrlich rauskommen · ich mein · wieso und warum Du das gemacht hast und wie · ne? Ich mein das nützt Dir jetzt auch nicht mehr viel, wenn Du jetzt da groß · drum herum redest ne ·· . So · Pfleger oder Bewährungshelfer · nicht so was ne? & & (kurzes Lachen)"
58 M 12 - 77/1 Vb 39
(siehe Transkriptionstext Kap. 5.2)

Ohne daß ein thematischer Bezug zum vorangegangenen Dialog deutlich wird, stellt der Vernehmungsbeamte dem Beschuldigten unvermittelt eine Frage zur Sache : "Kaufst Du da · im (Supermarktname) überwiegend · oder" (51 Vb 26). Auf diese Frage hin macht der Beschuldigte seine erste ausführliche Aussage: "Nein ich wollt nur ma probieren, wie das geht so was ne." (52 B 14).

Die Mehrdeutigkeit sowohl der Frage des Vernehmungsbeamten als auch der Beantwortung durch den Beschuldigten braucht nicht diskutiert zu werden. Auch so wird deutlich: Mit dem zentralen Prädikat "probieren" leitet der Beschuldigte - aus welcher Verteidigungsstrategie heraus auch immer - implizit den Blick auf die oben schon skizzierte Lücke der bisherigen Ermittlungen: Ein die Beschuldigung rechtfertigender Ereignisablauf kann weder vom Beschuldigten hinreichend beschrieben noch kann eine hinreichende Beschreibung des Vernehmungsbeamten vom Beschuldigten bisher bestätigt worden sein. D.h.: eine Rekonstruktion des Ereignisablaufs aus der Sicht des Beschuldigten steht nach wie vor aus, und es ist keineswegs ausgeschlossen, daß der Beschuldigte in der Folge noch einen Ereignisablauf vorstellt, nach dem er zwar einen Diebstahl probiert, aber nicht zur Vollendung gebracht hat.

Ähnlich wie nach der 'Antwort' des Beschuldigten (10/2 Vb 3) auf die oben beschriebene Doppelunterstellung (10/1 Vb 3) reagiert der Vernehmungsbeamte auf die verbleibende bzw. an dieser Stelle immer noch bestehende und durch den Redebeitrag des Beschuldigten implizit hervorgehobene Nachweislücke nicht mit einer klärenden Weiterführung der Ermittlungen zur Sache, sondern - hier nach einer an den Beschuldigten gerichteten mahnenden Empfehlung, gleich in der Vernehmung seine Ereignisperspektive wahrhaftig offenzulegen (57 Vb 29) - mit der (Wieder-)Aufnahme der Personalienfeststellung (57 Vb 29). Bezugspunkt der Ermahnung ist die "gleich" erst beginnende, entscheidende Vernehmungsphase: die Protokollierung, von der die aktuelle Gesprächssituation somit implizit abgegrenzt wird und die der Vernehmungsbeamte wohl aktuell vorbereitet.

Die Ermahnung selbst ist mit dem verklausulierten Hinweis unterlegt, **da die Täterschaft des Beschuldigten bereits so gut wie erwiesen sei**, verspreche die Manipulation der Darstellung seiner Ereignisperspektive auch keinerlei nennenswerten Vorteil mehr, **womit der Vernehmungsbeamte - wie selbstverständlich - seine oben verdeckt ausgesprochene Unterstellung bekräftigt, der Beschuldigte könne bereits als überführt gelten** (vgl. 10/1 Vb 3).

Der Beschuldigte macht von sich aus keine weiteren Angaben zur Sache. Wie zuvor beantwortet er knapp und präzise die Fragen des Vernehmungsbeamten zu seinen persönlichen Verhältnissen.

<u>77/2 Vb 39 - 82 Vb 42</u>

77/2	**Vb 39**	**"Bist Du irgendwie so · angestiftet worden oder?"**
78	**B 25**	**"ne"**
79	**Vb 40**	**" Oder hast Du · irgendwie ·· in der Schule schon mal gehört, daß die sowas gemacht haben oder so? · I-I"**
80	**B 26**	**"ne"**
81	**Vb 41**	**"I-I ··· (7 Sek.)"**
82	**Vb 42**	**"Ja ·· ich belehr Dich gleich noch mal ganz kurz. ·· Wie schon gesagt, was ich Dir vorhalte, ist folgendes: Du hast im (Supermarktname) drei Schachteln Zigaretten, zwei Feuerzeuge . Gesamtwert sechzehnmarkneunzig · äh · in den Einkaufstasche gesteckt · und bist dann · an der Kasse · vorbei hast vermutlich noch andere Ware bezahlt ne?"**

Nach Abschluß der Personalienaufnahme führt der Vernehmungsbeamte die Vernehmungsvorbesprechung zunächst mit zwei Fragen nach bestimmten Motivtypen (Anstiftung, Verleitung durch Erfolgsmeldungen von Mitschülern) fort. Beide Motivangebote werden vom Beschuldigten kommentarlos 'abgelehnt'.

Der Vernehmungsbeamte kündigt die Belehrung an und führt unverzüglich die Belehrung über die dem Beschuldigten zur Last gelegten Tat durch. In diesem Rahmen wird erstmals in der laufenden Vernehmung ein Ereignisablauf dargelegt, in dem alle für einen Ladendiebstahl konstitutiven Aspekte beschrieben sind. Die an den im Strafantrag enthaltenen Angaben orientierte Ereignisschilderung ist als an die Person des Vernehmungsbeamten gebundene ("Was ich Dir vorhalte, ist folgendes") Feststellung (Indikativ) formuliert, wodurch dem Beschuldigten vom Vernehmungsbeamten - neuerlich - wie selbstverständlich die Täterschaft unterstellt wird. Die Ermittlungsfrage zum Abschluß der Belehrung unterstreicht die Unterstellung wie die Selbstverständlichkeit, mit der sie vom Vernehmungsbeamten vorgenommen wird. Mit ihr ist zudem vom Beschuldigten eine Beantwortung gefordert. Durch die Verwobenheit von Ermittlungsfrage und vorangegangener Ereignisdarstellung im Rahmen der Belehrung wird sich die zu erwartende explizite Reaktion des Beschuldigten - wenn auch möglicherweise nur implizit - in irgendeiner Weise immer auch auf die Unterstellung des Vernehmungsbeamten beziehen müssen.

Ähnlich wie bei dem vorher von ihm verdeckt durchgeführten 'Geständnisbereitschaftstest' (10/1 Vb 3), testet der Vernehmungsbeamte auch in dieser Vernehmungsphase seine Unterstellung **indirekt** ab: Der Vernehmungsbeamte lenkt das Augenmerk des Beschuldigten mit der Ermittlungsfrage auf ein zweitrangiges, nur im Zusammenhang mit dem zuvor dargelegten Ereignisablauf in seinem unmittelbaren Aussagesinn erschließbares Ereignisdetail, und er fordert so indirekt eine Reaktion des Beschuldigten auf die wie selbstverständlich vorgenommene und nicht 'offen zur Diskussion gestellte' Unterstellung.

Anders als bei dem 'Geständnisbereitschaftstest' wird sich die zu erwartende Reaktion des Beschuldigten aber nicht auf eine 'abstrakt' unterstellte Täterschaft, sondern auf einen als Ereignisablauf beschriebenen, dem Beschuldigten zugeschriebenen Ladendiebstahl beziehen, so daß in der Folge Unklarheiten und Mißverständnisse über den Gegenstand der Beschuldigung und über den Fluchtpunkt von Unterstellung und entsprechenden Stellungnahmen des Beschuldigten weitgehend ausgeschlossen sein werden.

Möglicherweise sollte gerade mit einer Unterstellung im Rahmen einer förmlichen Belehrung der Eindruck erweckt werden, als sei die dem Beschuldigten zur Last gelegte Tat bereits (so gut wie) erwiesen. In diesem Zusammenhang könnte der Vernehmungsbeamte - sollte er die bisherigen Reaktionen des Beschuldigten als Widerspruch verstanden haben - den Beschuldigten auch konfrontieren wollen.

Ist der Vernehmungsbeamte von der Täterschaft des Beschuldigten überzeugt, so dürfte der strategische Einsatz der Belehrung auf jeden Fall darauf abzielen, den Beschuldigten wieder indirekt dazu 'anzuhalten', die Tat einzugestehen. Ist der Vernehmungsbeamte von der Täterschaft des Beschuldigten nicht unbedingt überzeugt, so dient die Unterstellung einem ähnlichen Ermittlungsziel: Zum einen soll über den Ermittlungstrick denkbaren Tarnhandlungen des Beschuldigten entgegengewirkt werden. Sollte der Beschuldigte aber 'trotzdem' widersprechen, so ist der Vernehmungsbeamte umgehend möglicherweise auch schon über die Gegendarstellung des Beschuldigten im Bilde. Zudem könnte die Aussage - als Widerspruch gegen eine Unterstellung vorgebracht - eventuell mehr Glaubwürdigkeit beanspruchen.

Gleichgültig aber in welch besonderer Weise die Belehrung durch den Vernehmungsbeamten intentional verankert ist: V.a. dann, wenn der Beschuldigte der Darstellung in irgendeiner Weise nicht zustimmen kann/will, dürfte er sich zu einer prompten 'Klarstellung' gezwungen sehen.

83 B 27 - 85 B 28

83 B 27 **"Ja"**

84 Vb 43 **"Äh · zwar ohne die Sachen zu bezahlen. · Zur Klärung: nen Diebstahl ist dann abgeschlossen, wenn du · Sachen · in deiner Tasche · verbirgst · nur in der eigenen Tasche. Es kommt nicht darauf an, ob du dann die Absicht gehabt hast, noch an der Kasse zu zahlen oder so. Dann · ist der Diebstahl eigentlich schon vollendet ne, weil der Gesetzgeber davon ausgeht, daß die Zueignungsabsicht · das ist nen Tatbestandsmerkmal ne beim Diebstahl · das äh · das schon vorliegt · ne? Aber Du hattest auch nicht die · Absicht, die Ware zu bezahlen ne?"**

85 B 28 **"ne"**

Der Beschuldigte bejaht die die Belehrung abschließende Ermittlungsfrage des Vernehmungsbeamten.

Die Bedeutung dieser Bestätigung für die Ermittlungen in diesem Fall resultiert v.a. aus der impliziten Bezugnahme auf die vom Vernehmungsbeamten vorgetragene explizite Darstellung des Ereignisablaufs: Der Beschuldigte hat die Ereignisdarstellung, wie sie der Vernehmungsbeamte vorgetragen hat und wie sie wohl der Sachverhaltsbeschreibung im Strafantrag entspricht, bestätigt, so daß eine Kongruenz der beiden in erster Linie relevanten fallspezifischen Ereignisdarstellungen in den wesentlichen Aspekten festgestellt werden kann.

Mit einer Rechtsbelehrung weist der Vernehmungsbeamte den Beschuldigten dann darauf hin, daß nach geltender Auslegung der juridischen Kriterien der Diebstahl somit zweifelsfrei feststeht. Denkbaren Versuchen des Beschuldigten, den Diebstahl noch - z.B. über die Geltendmachung entlastender Motive - in Abrede stellen zu wollen, seien schon allein mit der Bestätigung des Tathergangs der Boden entzogen. Darüber hinaus deutet er mit der Fragefeststellung "Aber Du hattest auch nicht die Absicht, die Ware zu bezahlen?" indirekt an, davon auszugehen, daß der Beschuldigte eine widerrechtliche Zueignungsabsicht ohnehin nicht leugne. Diese Annahme ist begründet. Der Beschuldigte hat bereits ausgesagt, probiert haben zu wollen, wie ein Diebstahl 'geht' (51/2 Vb 26 - 56 B 16).

Der Beschuldigte bestätigt die Feststellung des Vernehmungsbeamten. Damit hat er ein umfassendes Geständnis abgelegt.

86 Vb 44 - 101/1 Vb 51
(siehe Transkriptionstext Kap. 5.2)

In zwei kurzen Vernehmungsdialogen ermittelt der Vernehmungsbeamte dann noch nach der Motivierung des Beschuldigten und nach weiteren Details des Ereignisablaufs.

Der Vernehmungsbeamte bringt in Erfahrung,

(a) daß der Beschuldigte vor kurzem zu rauchen begonnen und möglicherweise zur Deckung seines Eigenbedarfs gestohlen hat und

(b) daß der Beschuldigte die Zigaretten und Feuerzeuge dem Ständer an der Kasse entnommen hat und wahrscheinlich - so der Vernehmungsbeamte - von der Kassenaufsicht beim Diebstahl beobachtet wurde.

Die Annahme 'Kassenaufsicht' resultiert aus einem Dialog mit dem Beschuldigten, in dem dieser eine Vorgabe des Vernehmungsbeamten korrigierte: Nicht die Kassiererin, 'ne Angestellte, die da so rum lief', habe ihn bestimmt gesehen.

Die eigeninitiativ vorgenommene und nicht entlastende Richtigstellung in einem situationsspezifischen Hergangsdetail, kann - aus der Sicht des Vernehmungsbeamten - als Indiz für die Glaubhaftigkeit der Aussage gelten. Insgesamt betrachtet sind die Ermittlungsfragen des Vernehmungsbeamten - wieder - von weitreichenden inhaltlichen Vorgaben geprägt, und als Folge werden sogar denkbare Lesarten - v.a. in bezug auf den Ereignisablauf - frühzeitig (vorläufig) ausgeschlossen.

101/2 Vb 51 - 107 Vb 54

101/2	**Vb 51**	**"Bisse denn damit einverstanden gewesen, daß die Ware einbehalten wurde?"**
102	**B 37**	**"Na klar"**
103	**Vb 52**	**"Ne sonst · es is · ,wenn Du nicht damit einverstanden gewesen wärst, hätten die Kollegen mir das mitgebracht, hätten wir's sichergestellt · und wär das beim Verfahren geblieben und wär nachträglich wieder ausgehändigt worden weißte. So geht das dann vor sich ne."**
104	**B 38**	**"Mm"**
105	**Vb 53**	**"Aber ich brauch Deine Zustimmung dazu, deshalb · . So · Ich bin darauf hingewiesen worden, daß es mir nach dem Gesetz freisteht, mich zu der Beschuldigung zu äußern oder nicht zur Sache auszusagen und jederzeit, auch schon vor meiner Vernehmung, · einen von mir zu wählenden Verteidiger zu befragen. · Aber Du möchtest hier aussagen."**

106 B 39 "Ja"

107 Vb 54 "(Räuspern) Ne · Gut dann ich schreib das so auf, wie Du mir das sagst. ··"

Nachdem der Vernehmungsbeamte sich erkundigt hat, ob der Beschuldigte sein Einverständnis zum Einbehalten der Ware erteilt hat, geht er - die Vernehmungsvorbesprechung ausleitend - zur Belehrung des Beschuldigten über dessen Verfahrensrechte über: Unvermittelt liest er dem Beschuldigten in der Ich-Form (stellvertretende Verwendung) den Teil der auf dem Protokollformular vorgegebenen Belehrungsformel vor, in dem auf die Aussagefreiheit und die Möglichkeit, einen Verteidiger hinzuzuziehen, Bezug genommen wird.

Der Vortrag der Bestätigungsformel durch den Vernehmungsbeamten legt implizit und v.a. von daher nur schwer zugänglich, der Möglichkeit nach aber durchaus auch für den Beschuldigten und seine Mutter nachvollziehbar offen, daß der Vernehmungsbeamte verpflichtet ist, den Beschuldigten über dessen Aussagefreiheit zu informieren.

Da eine Belehrungspflicht in bezug auf die Aussagefreiheit und die Möglichkeit, schon vor der Vernehmung einen Verteidiger zu konsultieren, nur sinnvoll ist, wenn sie vor der Vernehmung zur Sache durchgeführt wird (s. auch Löwe-Rosenberg Paragraph 136 Rdnr. 24), wird zwischen dem Vernehmungsbeamten und dem Beschuldigten - in welcher Form und vor welchem Wissenshintergrund auch immer - zwangsläufig (noch) ausgehandelt werden müssen, welche Relevanz die bereits geleisteten weitreichenden Aussagen für die weitere Vernehmung und das nachfolgende Strafverfahren haben (sollen).[6]

Es ist zu diesem Zeitpunkt allerdings noch fraglich, ob eine Fortsetzung der polizeilichen Vernehmung überhaupt zustande kommt! Denn: Unabhängig davon, wie der Vernehmungsbeamte die Belehrung verstanden wissen will, **kann** vom Beschuldigten und seiner Mutter realisiert werden, daß der Vernehmungsbeamte es vorgezogen hat, den Beschuldigten erst zur Sache zu vernehmen und ein relativ sicheres Geständnis des Beschuldigten herauszuarbeiten, bevor er auf die Aussagefreiheit und weitere Verfahrensrechte des Beschuldigten aufmerksam gemacht hat.

Sollte der Beschuldigte z.B. nur ungern ausgesagt, sich zu einer Aussage aber gezwungen gesehen haben, oder sollte sich der Beschuldigte (jetzt) vom Vernehmungsbeamten 'ausgetrickst' oder durch ihn in der Wahrnehmung seiner Verfahrensrechte beeinträchtigt sehen, dann könnte er - möglicherweise unterstützt oder angehalten durch seine Mutter - zu dem Entschluß kommen, keine weiteren Angaben zur Sache mehr machen zu wollen. Als Folge wären dann auch die bereits geleisteten Aussagen für das weitere Strafverfahren (wahrscheinlich) nicht verwertbar:

---

[6] In bezug auf die Zwangsläufigkeit ist es nur von zweitrangiger Bedeutung, ob der Vortrag der Belehrungsformel als aktuell erfolgte Belehrung oder als Suggestionsversuch, die Belehrung sei bereits erfolgt, vom Vernehmungsbeamten gemeint ist.

- Der Vernehmungsbeamte kann keinen überprüfbaren Nachweis des vom Beschuldigten geleisteten Geständnisses (z.B. ein vom Beschuldigten genehmigtes Vernehmungsprotokoll) erbringen.
- Ein die weitere Vernehmung ablehnender Beschuldigter dürfte kaum bereit sein, sich an der nachträglichen Anfertigung eines entsprechenden Nachweises zu beteiligen (z.B. unterschriftliche Genehmigung eines nachträglich vom Vernehmungsbeamten erstellten Protokolls der in der Vernehmungsvorbesprechung geleisteten Aussagen).
- Ein vom Beschuldigten nicht lizenziertes Protokoll wäre in diesem Fall (schon allein) deshalb nicht verwertbar, weil der Vernehmungsbeamte nicht nachweisen könnte, den Beschuldigten 'zuvor' über dessen Verfahrensrechte aufgeklärt zu haben.

Von der Reaktion des Beschuldigten auf den Vortrag der Belehrungsformel hängt es somit ab, ob überhaupt eine verwertbare Vernehmung zur Sache zustande kommt.

Der Beschuldigte reagiert auf den Vortrag der Belehrungsformel und auf die eine Zustimmung anregende Fragefeststellung "Aber Du möchtest hier aussagen." mit einem knappen "Ja", und er willigt so in die Vernehmung zur Sache ein.

Ohne die Einwilligung des Beschuldigten für die Verwertung der bisher gemachten Aussagen eingeholt zu haben, geht der Vernehmungsbeamte zur Protokollierungsphase über: "Ne · Gut dann ich schreib das so auf, wie Du mir das sagst. ··"

6.1.2 Rekonstruktion von Strukturelementen in der Auseinandersetzung mit "charakteristischen Besonderheiten" der Vernehmungsvorbesprechungsgestaltung

Die Feinanalyse wurde auf ('die') Hauptlinien der Vernehmungsgestaltung hin verdichtet. Bei den Bemühungen um geeignete Ansatzpunkte für eine Rekonstruktion von strukturalen Elementen des Handlungstyps 'polizeiliches Vernehmen Beschuldigter' richtete sich meine Aufmerksamkeit auf drei charakteristische Besonderheiten der Vernehmungsführung:

- Als erstes geriet mir die gar nicht so selbstverständliche, aber vom Vernehmungsbeamten wie selbstverständlich in Szene gesetzte Annahme, der Beschuldigte sei gesprächs- und aussagebereit, in den Blick.
- Dann irritierte mich - v.a. auch unter dem Aspekt der Wahrheitserforschung - die Ermittlungsführung des Vernehmungsbeamten: Der Vernehmungsbeamte forscht mittels 'verdeckter Unterstellungen der Täterschaft' nach dem Ereigniswissen des Beschuldigten.
- Und auch der 'frühzeitige' Übergang von der Vernehmungsvorbesprechung zur Protokollierungsphase überraschte mich: Obwohl die Ereignisperspektive des Beschuldigten keineswegs 'hinlänglich' rekonstruiert und

überprüft schien, beendete der Vernehmungsbeamte die Vernehmungsvorbesprechung und begann mit der Protokollierung der Aussage des Beschuldigten.

Mit der Suche nach Gesichtspunkten, von denen her betrachtet die drei mich irritierenden Auffälligkeiten als sinnvolle Handlungen des Vernehmungsbeamten nachvollziehbar werden, soll nun die vom Vernehmungsbeamten in der polizeilichen Vernehmung zu 'lösende' strukturelle Problemlage expliziert werden.

6.1.2.1 Die erste Irritatation: Die Unterstellung der Gesprächs- und Aussagebereitschaft des Beschuldigten

Die Verdichtung der feinanalytischen Beschreibung machte noch einmal deutlich, daß der Vernehmungsbeamte den Einstieg in die Ermittlungen als Fortführung der Vernehmung des Beschuldigten durch das Kaufhauspersonal gestaltet hat.[6]

Gegenüber einem sich bis vor dem Interakt 83 B 27 entweder geständig, widersprechend, indifferent oder widersprüchlich zeigenden Beschuldigten hat der Vernehmungsbeamte (obwohl ihm lediglich der Strafantrag des Kaufhauses und möglicherweise ein informeller mündlicher Bericht der Überführungsbeamten zur Verfügung standen und die Ereignisperspektive des Beschuldigten zuvor von ihm noch nicht rekonstruiert wurde) die Vernehmungsvorbesprechung so strukturiert, als sei die dem Beschuldigten von Beschäftigten eines Kaufhauses zur Last gelegte Tat bereits von Beginn der Vernehmung an erwiesen, der Beschuldigte sich der Tat und seiner Schuld bewußt und zu einer Weiterführung der Ermittlungen (Motivrekonstruktion) und so zu einem impliziten Geständnis bereit. **Dabei wird dem Beschuldigten entweder fortlaufend ungebrochen oder aber immer wieder von neuem eine Gesprächs- und Aussagebereitschaft unterstellt.** Der Vernehmungsbeamte verzichtet zu Beginn der Vernehmungsvorbesprechung auf jede Belehrung zum Aussageverweigerungsrecht im besonderen und zu den Verfahrensrechten des Beschuldigten im allgemeinen. Erst beim Übergang zur Protokollierungsphase - nachdem der Beschuldigte sich bereits geständig gezeigt hatte und so unter einen enormen kommunikationsinternen Reaktionsdruck geraten ist - trägt der Vernehmungsbeamte dem Beschuldigten die Belehrungsformel, und dann auch noch passager und schwer zugänglich, vor.

Im Rahmen aller über den Transkriptionstext als möglich abgedeckten Orientierungszusammenhänge (s. Feinanalyse und Zusammenfassung der feinanalytischen Beschreibung) reagiert der Beschuldigte auf den Verbund von Aussagebereitschafts- und Täterschaftsunterstellung (letztlich) aussagebereit. Als Reaktion auf die beschriebene Vernehmungsgestaltung bleibt aber - wie in der

---

[6] Vor diesem Hintergrund wird auch verstehbar, warum in der kontextfreien Interpretation die Lesart "Einstieg in den 'mitweltlichen' Dialog", wie er mit der analysierten Vernehmungsvorbesprechung besteht, als unwahrscheinlich eingeschätzt wurde (Kontextreie Interpretation 1/4 Vb 1: 3.1): Der "Einstieg" wurde als Reaktion in einem bereits laufenden Dialog" gestaltet.

Feinanalyse detailliert herausgearbeitet - immer auch eine Aussageverweigerung des Beschuldigten denkbar. Hochgerechnet wurde in diesem Zusammenhang die Möglichkeit, daß gerade die Unterstellungen des Vernehmungsbeamten den Beschuldigten hätten dazu veranlassen können, die Aussage entgegen seiner ursprünglichen Absicht zu verweigern. (Vertrauensverlust; Entrüstung; Vorsicht etc.: Ein solcher Reaktionsansatz ist z.B. für den in seinem Interpretationspotential vieldeutigen Interakt 10/2 vorstellbar.)

Im hier interpretierten Fall hat der Beschuldigte sich - wie gesagt - aussagebereit gezeigt. Hätte er eine Vernehmung zur Sache abgelehnt, dann wäre dem Vernehmungsbeamten eine Ermittlung der Ereignisperspektive des Beschuldigten von vornherein nicht möglich gewesen.

Deutlich wird so, wie **abhängig** der Vernehmungsbeamte bei der Bewältigung seiner Ermittlungen im Rahmen der polizeilichen Vernehmung Beschuldigter von der nicht selbstverständlichen Aussagebereitschaft des Beschuldigten ist, und es stellt sich die Frage, ob er nicht besser beraten gewesen wäre, von vornherein eine 'sicherere' Strategie zu wählen.

Bei der gedankenexperimentellen Suche nach Vernehmungsstrategien, mit denen die angedeuteten, an eine Unterstellungsstrategie gebundenen Probleme gar nicht erst in den Bereich des Möglichen gerückt wären, werden allerdings nicht hintergehbare Schwierigkeiten für die Auswahl einer geeigneten, die Aussagebereitschaft des Beschuldigten fördernden Vernehmungseinstiegsgestaltung sichtbar:

- Die Möglichkeit einer Aussageverweigerung des Beschuldigten als Folge seines Verteidigungsinteresses kann in keinem Fall ausgeschlossen werden. **Ein nicht aussagebereiter Beschuldigter kann gegenüber jeder Strategie zur Förderung seiner Aussagebereitschaft 'immun' sein, was nichts anderes besagt, als daß mit keiner Strategie ein Mißerfolg ausgeschlossen werden kann. Strukturell bleibt die Aussagebereitschaft ein Entschluß des Beschuldigten.**
- **Da der Vernehmungsbeamte zu Vernehmungsbeginn ein nur beschränktes Wissen um die Reaktionsroutinen des Beschuldigten besitzt, dürfte ihm die fallspezifisch fundierte Wahl eines geeigneten 'Aussagebereitschaftsförderungsverfahrens' nur begrenzt möglich sein: Von daher ist eine Entscheidung des Vernehmungsbeamten stets mit einem beachtlichen Risiko behaftet.**

In Anbetracht der grundlegenden Bedeutung, die der Aussagebereitschaft des Beschuldigten für die Möglichkeit von Ermittlungen in polizeilichen Vernehmungen Beschuldigter zukommt, und der strukturellen Problemlage, in der der Vernehmungsbeamte bei der Initiierung und Förderung der Aussagebereitschaft des Beschuldigten steht, muß der Beamte sich für einen Vernehmungseinstieg entscheiden, über den die Aussagebereitschaft des Beschuldigten seiner Einschätzung nach (fallspezifisches Wissen; allgemeines Erfahrungswissen) am ehesten gewährleistet ist.

Die beschriebene, vom Vernehmungsbeamten gewählte Unterstellungsstrategie stellt **eine** Verfahrensweise dar, über die ein Erreichen der Aussagebereitschaft des Beschuldigten - allerdings ohne Erfolgsgarantie - vorstellbar ist:

- Ist der Beschuldigte aussagebereit, geständig oder nicht geständig, und weiß er zudem um seine Verfahrensrechte, dann wird er die Unterstellungsstrategie nicht unbedingt zum Anlaß nehmen, seine Aussage zu verweigern. Mögliche Gründe: 'Einsicht' in die Unrechtmäßigkeit seines Handelns/Reue; vor dem Hintergrund der eingeschätzen Ermittlungslage: (a) Hoffen auf Vorteile durch unverzügliche Geständigkeit; (b) Interesse an einer 'offensiven' Verteidigung gegen den Tatvorwurf etc.
- Der 'unreflektiert' aussagebereite Beschuldigte erhält zunächst keinen Anhaltspunkt über sein Recht, die Aussage verweigern zu können. Ihm wird so ggf., zumindest zu Beginn der Vernehmung, die Basis für eine Wahl und damit für die Entscheidung zu einer Aussageverweigerung fehlen. Einmal in ein Vernehmungsgespräch eingelassen, dürfte es ihm zumindest schwer fallen, die Aussagebereitschaft zurückzunehmen.
- Ein bisher (gegenüber dem Kaufhauspersonal und den Polizeibeamten) nicht oder zu Beginn der Vernehmung nicht (unbedingt) mehr oder erst nach dem Zustandekommen eines ersten Vernehmungsdialogs (z.B. nach 10/1 Vb 3) nicht mehr aussagebereiter Beschuldigter steht vor dem Problem, dem implizit aufgebauten kommunikationsinternen Reaktionsdruck ad hoc widerstehen und so bereit sein zu müssen, die Erwartungshaltung des Vernehmungsbeamten zu durchbrechen. Er müßte dazu den Vernehmungsbeamten brüskieren - den vom Vernehmungsbeamten projektierten Lauf der Vernehmung ins Stolpern bringen - und schweigen oder das Gespräch auf eine andere thematische - z.B. (falls es die Kompetenz zuläßt) verfahrensrechtliche - Ebene heben und von daher explizit begründet eine Aussage zur Sache ablehnen.
- Der noch nicht geständige oder die Beschuldigung zumindest nicht ohne weiteres akzeptierende und in der aktuellen Vernehmungssituation nicht aussagebereite Beschuldigte - aus dieser Gruppe dürfte sich der größte Teil der potentiellen Aussageverweigerer rekrutieren - muß sich zudem noch mit der wie selbstverständlich und indirekt inszenierten Täterschaftsunterstellung auseinandersetzen. Die so bestehende unvermittelte Bedrohung und die Befürchtung, ohne einen Widerstand als geständig zu gelten, könnten ihn dazu veranlassen, seine Verteidigungshaltung aufzugeben, um der Unterstellung entschieden widersprechen zu können. Denkbar ist in diesem Zusammenhang auch die Aufgabe einer geplanten und/oder bis jetzt durchgeführten Täuschung: also ein Geständnis.

Unterstützt wird die dargestellte Verfahrensweise zur Initiierung und Förderung der Aussagebereitschaft des Beschuldigten durch den oben beschriebenen fallspezifischen 'Vernehmungsvorlauf': Dem Beschuldigten dürfte sich die Überleitung von der Beschuldigungssituation im Kaufhaus zur polizeilichen

Vernehmung als gleitend darstellen: Beschuldigung und Vernehmung im Kaufhaus; Überführung zur Hauptwache, wahrscheinlich mit einhergehender 'informeller Befragung'; Einbeziehung der Mutter in die Überführung auf Geheiß des Vernehmungsbeamten; kurze Wartezeit im Vernehmungszimmer und der Einstieg in die polizeiliche Vernehmung folgen unmittelbar aufeinander. Ein Realisieren der Grenzen zwischen der Beschuldigungssituation im Kaufhaus und der polizeilichen Vernehmung ist für den Beschuldigten - allerdings auch für den Vernehmungsbeamten - durch den 'ungebrochenen Fortlauf der Ereignisse' bedroht. Damit wird auf jeden Fall für den Beschuldigten die Möglichkeit zu einer wohlüberlegten Entscheidung in bezug auf seine Aussagebereitschaft von vornherein erheblich eingeschränkt.

6.1.2.2 Die zweite Irritation: Die Strategie der verdeckten Unterstellung der Täterschaft des Beschuldigten

Weiterführend richtet sich die angedeutete Vernehmungsstrukturierung 'natürlich' auf die Ermittlung der Ereignisperspektive des Beschuldigten. Die **wie selbstverständlich vorgetragenen, verdeckten Unterstellungen der Täterschaft** (10/1 Vb 3: Frage nach dem Motiv/Doppelunterstellung; 57 Vb 29: Ermahnung zur Aufrichtigkeit; 82 Vb 42: Belehrung über die zur Last gelegte Tat) **bilden den thematischen und strategischen Kern für eine vermittelt beiläufige Rekonstruktion der Ereignisperspektive des Beschuldigten** (Geständnisbereitschaftstest; Unterstellung der Täterschaft im Rahmen der Belehrung zur Beschuldigung im Zusammenhang mit der ergänzenden Ermittlungsfrage).

Von erheblicher Bedeutung für die Konstituierung dieser Vernehmungsstrukturierung sind im Zusammenspiel mit den Unterstellungen

(a) die oben bereits angedeutete und vom Vernehmungsbeamten vorgenommene Gestaltung des Vernehmungsvorbesprechungseinstiegs als bruchlose Fortführung der vom Kaufhauspersonal eingeleiteten Vernehmung des Beschuldigten (1/1 Vb 1 - 10/2);

(b) die eigentlich nur in bezug auf einen als Täter bereits überführten Beschuldigten interessierende, unverzügliche - teilweise äußerst restriktiv eingeleitete - Durchführung der Ermittlung zur Motivlage des Beschuldigten (1/10 Vb 1 - 10/1 Vb 1; 47/2 Vb 24 - 51/2 Vb 26; 77/2 Vb 39 - 81 Vb 41);

(c) die unvermittelte Einleitung und Weiterführung der Personalienaufnahme nach wie selbstverständlich vorgenommenen impliziten Unterstellungen der Täterschaft (im Anschluß an die Reaktion des Beschuldigten auf den 'Geständnisbereitschaftstest' und im Zusammenhang mit der Ermahnung des Vernehmungsbeamten, der Beschuldigte solle sein Ereigniswissen wahrhaftig offenlegen);

(d) die in allen Phasen der Vernehmungsvorbesprechung als selbstverständlich unterstellte Gesprächs- und Aussagebereitschaft des Beschuldigten (s. Kap. 6.1.2.1);

(e) und das spezifische Frageverhalten des Vernehmungsbeamten: Der Vernehmungsbeamte bevorzugt insgesamt einen 'interrogativen' Ermittlungsstil und er bedient sich i.d.Z. weitgehend der stark suggestiven "Vorhaltfrage" (ARNTZEN 1978: 26ff), bei der die (erwarteten) Aussagen inhaltlich schon aufgeführt sind und der Beschuldigte eigentlich nur noch aufgefordert ist, zu bejahen oder zu verneinen.

Ob die Gestaltung vom Vernehmungsbeamten aus dem Bewußtsein, die Täterschaft des Beschuldigten sei ohnehin so gut wie sicher und eine förmlich durchgeführte Vernehmung in diesem Bagatellfall mit einem Jugendlichen von daher nicht erforderlich, oder/und ob der Vernehmungsbeamte diese Strukturierung - mehr oder weniger - bewußt und 'ausgeklügelt' zum Zwecke indirekter Ermittlungen vorgenommen hat, ist zu keinem Zeitpunkt der Vernehmungsvorbesprechung entscheidbar.

Unabhängig davon wie die Vernehmungsstrukturierung subjektiv intentional verankert ist: Als Folge des für den Beschuldigten bestehenden, nicht hintergehbaren Zwangs zur Reaktion auf die Unterstellung im ganzen, im Kern aber durch die vermittelt beiläufigen, 'gezielten' Ermittlungen zur Geständigkeit und Täterschaft des Beschuldigten im Zusammenhang mit dem implizit aufgebauten Aussagedruck erweist sich die Vernehmungsstrukturierung für alle über den Protokolltext abgedeckten Vernehmungsverläufe geltend als eine besondere Ermittlungsstrategie: **Gerade die Aspekte, die über die Vernehmungsstrukturierung wie selbstverständlich als erwiesen unterstellt werden: die Täterschaft des Beschuldigten und seine Geständigkeit, werden vom Vernehmungsbeamten über die Unterstellungen (verdeckt) erforscht.**[7] Vermittels dieser Gestaltung gelingt ihm dann auch frühzeitig die Ermittlung des für die Rekonstruktion der Ereignisperspektive des Beschuldigten wichtigen Indiz 'Geständnis'. Der Beschuldigte bestätigt die im Strafantrag niedergeschriebene Sachverhaltsrekonstruktion, mit der die Eckpfeiler eines vollendeten, vom Beschuldigten zu verantwortenden Ladendiebstahls beschrieben sind.

Allerdings kann der Vernehmungsbeamte keineswegs sicher sein, daß das 'knappe', kaum auf Ereignisbeschreibungen des Beschuldigten beruhende Geständnis das tatsächliche Geschehen in punkto 'Täterschaft' angemessen widergibt: So könnte der Beschuldigte andere Straftaten und/oder Personen tarnen bzw. schützen wollen und von daher aus taktischen Gründen die Verantwortung für die ihm zur Last gelegte Tat übernehmen. Nicht ganz auszuschließen ist eine irrtümliche oder - bei einem in hohem Maße interpretationswürdigen Geschehens-

---

[7] Dies gilt natürlich auch dann, wenn der Vernehmungsbeamte selbstverständlich von der Täterschaft und der Geständigkeit des Beschuldigten ausgeht, sich somit des Unterstellungs- und Ermittlungscharakters seines Handelns überhaupt nicht bewußt ist. Denn: Für den Fall, daß der Beschuldigte sich entsprechend der Einschätzung des Vernehmungsbeamten verhält und 'unwillkürlich' intersubjektiv nachvollziehbar gesteht, ist erst mit diesem Geständnis ein Anhaltspunkt geschaffen, auf den sich der Vernehmungsbeamte z.B. im Konfliktfall beziehen kann. D.h.: Ob der Vernehmungsbeamte sich darüber im klaren ist oder nicht - er setzt die Unterstellungen stets zu Ermittlungszwecken ein.

verlauf - zweifelhafte rechtliche Wertung des erlebten Geschehens durch den geständigen Beschuldigten.

Da das Vernehmungsziel "in der Formulierung oder Erforschung der **Wahrheit** besteht" (SCHMITZ 1978: 151; Hervorhebung beim Autor; siehe auch Kap. 2.1.2.2), stellt sich in Anbetracht der verbleibenden Unsicherheiten die Frage, inwieweit eine 'Strategie der verdeckten Unterstellung' - wie sie in der hier interpretierten Vernehmungsvorbesprechung zum Einsatz kommt - überhaupt der gesicherten Wahrheitserforschung dienen und von daher als geeignet für den Einstieg in die polizeiliche Vernehmung gelten kann. Wenn auch davon auszugehen ist, daß der Vernehmungsbeamte seine Ermittlungsergebnisse in der Protokollierungsphase noch überprüfen, ausdifferenzieren und ggf. modifizieren wird, so bleibt doch der Eindruck, als sei das Risiko - die Weichenstellung für eine fehlerhafte Ermittlungsführung schon zu Beginn der Vernehmung - im Falle der Unterstellungsstrategie unangemessen hoch. Bevor auf diese Frage direkt eingegangen wird, zunächst einige grundsätzliche Überlegungen.

6.1.2.2.1 Allgemeine Probleme einer angemessenen Überzeugungsbildung

Der Beschuldigte ist in diesem Fall ebenso wie jeder Beschuldigte in denkbaren anderen Fällen durch die gegen ihn erhobene Beschuldigung und die damit im Zusammenhang stehenden Ermittlungen der Polizei bedroht. Wird die Berechtigung der Beschuldigung in dem gegen ihn eingeleiteten Ermittlungs- und Strafverfahren bestätigt, so zieht das ein soziales Unwerturteil und möglicherweise eine Bestrafung nach sich. Daraus resultiert für den Beschuldigten das Interesse, sich - in welcher Weise auch immer - zu entlasten, zu verteidigen - unabhängig davon, ob die Beschuldigung nach Ansicht des Beschuldigten zu Recht erhoben wurde oder nicht. Der dem Vernehmungsbeamten "auferlegte Verdacht" (RICKEN/SCHRÖER 1987: 67f; RICKEN 1992) - die 'als-ob-Wirklichkeit': der Beschuldigte hat möglicherweise den Diebstahl begangen - konstituiert zwangsläufig die Wirklichkeit sowohl des polizeilichen Ermittlungsinteresses als auch des Verteidigungsinteresses des Beschuldigten. Dieses Verteidigungsinteresse ist der Nährboden für **mögliche** Tarnhandlungen des Beschuldigten.

In bezug auf den an seiner Entlastung interessierten Beschuldigten steht der um eine Sachverhaltsklärung bemühte und auf dieser Basis ermittelnde Vernehmungsbeamte vor der Aufgabe, die Ereignisperspektive des Beschuldigten rekonstruieren und dabei prüfen zu müssen, ob die Aussage des Beschuldigten eine Tarnhandlung darstellt oder ob sie die Ereignisperspektive des Beschuldigten wahrhaftig bzw. quasi-authentisch wiedergibt. Insofern als der Vernehmungsbeamte gezwungen ist, die Aussage des Beschuldigten systematisch zu bezweifeln und in bezug auf denkbare Täuschungen und Vertuschungen zu hinterfragen, sind seine Ermittlungen nicht hintergehbar stets gegen den Beschuldigten gerichtet. Dabei verfährt er so, "daß alles, was als Datum - als 'Spur' (hier: als Aussage; N.S.) - vorliegt, auf die unwahrscheinlichste (hier: 'getarnteste'; N.S.) - als auch noch mögliche - Deutung hin überprüft wird." (SOEFFNER 1989a: 214) Ein so angelegtes Überprüfungsverfahren ist zwingende Voraussetzung für die begründete Entscheidung darüber, ob die Beschuldigung zu Recht oder zu Unrecht besteht.[8] (Es geht also um die Entscheidungsfindung in bezug auf die "konkurrierenden Wirklichkeiten", die der Verdacht aus sich heraustreibt. SOEFFNER 1989a: 213ff, RICKEN/SCHRÖER 1987: 65ff) Der Vernehmungsbeamte wird bei einer solchen Überprüfung kaum um den Einsatz zwangskommunikativer Strategien - wie sie v.a. von Schütze, Brusten/Malinowski und in der 'kriminalistischen Anleitungsliteratur' beschrieben sind - umhinkommen.

Bei der Bewältigung seiner Ermittlungsaufgabe steht der Vernehmungsbeamte in der Regel - wie der hier zu interpretierende Fall exemplarisch belegt - vor dem Problem, im Gegensatz zu dem Beschuldigten über kein fallspezifisches Ereigniswissen zu verfügen: Der Vernehmungsbeamte hat weder den Ladendiebstahl in unmittelbarer Anschauung erfahren, noch verfügt er über die 'Spuren', mit denen er diesen Mangel hinreichend kompensieren könnte (z.B. eine Videoaufnahme). Die vom Beschuldigten vorzunehmende Darstellung seines fallspezifischen Ereigniswissens muß vor dem Hintergrund seines zu anonymen Erfahrungstypen geronnenen Erfahrungswissens[9] **vermittelt** auf die Probe gestellt werden.

Zu Tage tritt so die strukturelle Schwäche der Rekonstruktionswarte eines Vernehmungsbeamten - für die die hier interpretierte Vernehmungsvorbesprechung nur ein typisches Beispiel ist: **Da der Vernehmungsbeamte einerseits mit der Möglichkeit von Tarnhandlungen zu rechnen hat, andererseits aber über kein fallspezifisches Ereigniswissen verfügt, bleibt seine Rekonstruktion des Falles und die Überprüfung der Aussage des Beschuldigten im besonderen zwangsläufig unsicher:** Vor dem Hintergrund der kaum hintergehbaren Ausgangsbedingungen (Interessendivergenz; fallspezifisches - fallunspezifisches Ereigniswissen) wird es dem Vernehmungsbeamten aus seiner berufsspezifischen Ausgangsperspektive heraus tendenziell immer möglich bleiben, zu den bereits abgetesteten konkurrierende Deutungen zu entwerfen, d.h. weitere Lesarten, die nicht von vornherein ausgeschlossen werden können, geltend zu machen. **Die strukturelle Unsicherheit führt dazu, daß (a) die Sachverhaltsrekonstruktion stets vom Zweifel in die Richtigkeit, präziser: in die Wahrhaftigkeit der Einlassungen des Beschuldigten geprägt bleibt, und gerade deswegen (b) Kriterien und Verfahren entwickelt**

---

[8] Dieses Verfahren ist von daher nicht nur mit dem Paragraphen 136(2) StPO vereinbar, sondern zwingende Voraussetzung für seine Geltendmachung: Ein Verdacht kann vom Beschuldigten nur ausgeräumt werden, wenn die geltend gemachten und zu seinen Gunsten sprechenden Tatsachen der Überprüfung standhalten.

[9] - fallunspezifisches Erfahrungswissen
  - Wissen um die typisierte "Symptomatik strafbaren Verhaltens" (SOEFFNER 1989: 213)
  - Wissen um die typisierte Symptomatik von Tarnhandlungen
  - etc.
- fallspezifisch indirektes Wissen um die aktenmäßig erfaßten Personal- und Sachbeweise (Strafantrag etc.)

werden (müssen), in bezug auf die bzw. mit denen die Unsicherheit über die Angemessenheit der Rekonstruktion der Ereignisperspektive des Beschuldigten tendenziell ausgeräumt werden kann. Die Aufgabe des Vernehmungsbeamten kann somit nur darin bestehen, die in bezug auf ein als geeignet erachtetes Ermittlungsverfahren wahrscheinlichste Lesart zu bestimmen.

6.1.2.2.2 Die fallspezifische Bewältigung der Wahrheitserforschung in der Vernehmungsvorbesprechung

Der Vernehmungsbeamte hat dem Beschuldigten im hier interpretierten Fall wie selbstverständlich und indirekt die Täterschaft als erwiesen unterstellt, und der Beschuldigte hat sich dieser Unterstellung gegenüber geständig gezeigt. Ermittlungsstrategisch betrachtet macht die beschriebene Unterstellungshaltung - vor dem Hintergrund der dargelegten strukturellen Problemlage - als Hürde gegenüber möglichen Tarnhandlungen des Beschuldigten Sinn:

- Bewertet der Beschuldigte sein Verhalten im Kaufhaus selbst als Ladendiebstahl, war er zudem geständig und zeigte er dies auch an, so dürfte der Vernehmungsbeamte über seine Ermittlungsgestaltung - im Kern die 'unverblümte' Unterstellung - von vornherein verhindert haben, daß er, der Beschuldigte, überhaupt auf die Idee kam, die Tat abzustreiten.
- Bewertete der Beschuldigte sein Verhalten im Kaufhaus selbst als Ladendiebstahl, war er sich aber noch nicht sicher, die Tat leugnen zu wollen, bzw. hatte er sich entschlossen, sie zu leugnen, so konnte er sich schon zu Beginn der Vernehmung ausrechnen, daß der Vernehmungsbeamte einem Widerspruch (zumindest zunächst) starke Zweifel entgegenbringen und bemüht sein würde, Entlastungsversuche zu entkräften, zu hinterfragen. Diese Aussicht könnte den Beschuldigten im hier zu interpretierenden Fall veranlaßt haben, die Straftat doch noch einzugestehen.

  Vorstellbar ist aber auch ein Überraschungseffekt: Der Beschuldigte könnte sich durch die wie selbstverständlich vorgenommene Unterstellung der Täterschaft ertappt sehen, verunsichert fühlen und die Tat als Folge unkontrolliert eingestanden haben.

Oben wurde darauf aufmerksam gemacht, daß die Aussage des Beschuldigten nicht im Einklang mit dem hier relevanten tatsächlichen Geschehen zu stehen braucht. Auch mit dieser nach wie vor gültigen Einschränkung stellt das 'mit Hilfe' der Unterstellungsstrategie erreichte Geständnis des Beschuldigten aber zunächst einmal ein starkes Indiz für die Wahrhaftigkeit der Aussage des Beschuldigten dar. Denn:

- Der um das zu erwartende soziale Unwerturteil und die zu erwartende Strafe wissende geständige Beschuldigte dürfte 'normalerweise' entweder keine Chance sehen, die Tat mit Aussicht auf Erfolg zu bestreiten, oder reumütig die Tat eingestehen.
- Da die Interessen des Strafantragstellers und die des Beschuldigten konflikthaft aufeinander bezogen sind, ist eine wechselseitige 'Kontrolle' der

jeweiligen Ereignisdarstellungen wahrscheinlich. Kommen beide Parteien zu einer deckungsgleichen Darstellung des Ereignisablaufs - wie in den Grundzügen im beschriebenen Fall - so liegt die Vermutung nahe, daß die gemeinsame Ereignisdarstellung in den wesentlichen Zügen der an sich nicht mehr einholbaren, vergangenen Situation entspricht oder nahe kommt.

Daneben verfügt der Vernehmungsbeamte noch über die Möglichkeit, die Wahrhaftigkeit des Geständnisses

- über sein Wissen um die vor der Vernehmung bestandene Ermittlungslage und damit einhergehend
- über die Zurkenntnisnahme der Art und Weise, in der der Beschuldigte auf die wie selbstverständlich und indirekt vorgetragenen Unterstellungen seiner Täterschaft reagiert hat,

fundierter und differenzierter abzuschätzen.

Dieser letzte Aspekt hätte bei einem Widerspruch des Beschuldigten eine noch erheblich bedeutendere Rolle gespielt: Da ein Abstreiten der Tat - im Gegensatz zum Geständnis - erkenntnislogisch betrachtet erst einmal ein 'schwaches' Indiz für die Wahrhaftigkeit einer Aussage ist -

- die konflikthaft aufeinander bezogenen Ereignisdarstellungen der Verfahrensgegner widersprechen sich und bieten von daher keinen Anhaltspunkt für die Bewertung der Wahrhaftigkeit der Aussage des Beschuldigten;
- zudem könnte der Beschuldigte als potentieller Täter ein Interesse daran haben, den Vernehmungsbeamten zu täuschen;

- kommt in den entsprechenden Fällen der Zurkenntnisnahme der Reaktionsweise des Beschuldigten eine erheblich größere Bedeutung zu als in den Fällen, in denen der Beschuldigte die ihm zur Last gelegte Tat eingesteht: Die Schwäche des Indizes muß kompensiert werden. So betrachtet, leitet der Vernehmungsbeamte mit der beschriebenen Ermittlungshaltung auch für den möglich gewesenen, aber dann (zumindest letztlich) nicht zustandegekommenen Fall 'der Beschuldigte bestreitet, die ihm zur Last gelegte Tat begangen zu haben' vorbeugend eine spezifische Testsituation ein:

Hätte sich der Beschuldigte nicht als Täter im Sinne der Beschuldigung betrachtet, so wäre er durch die Unterstellung der Täterschaft (möglicherweise) recht unvermittelt, überraschend und - aus seiner Sicht - vor allem zu Unrecht von einem sozialen Unwerturteil und von einer Strafe bedroht gewesen. Solch eine existentielle Bedrohung läßt vom aussagebereiten Beschuldigten eine unwillkürliche und entschiedene Widerspruchshaltung erwarten. Geht man auf der anderen Seite von der nicht geringen Chance aus, daß ein Täuschungsversuch qua Ableugnen der zur Last gelegten Tat als Reaktion auf eine unvermittelt und überraschend vorgetragene Unterstellung vom unter Aussagedruck gestellten Beschuldigten nicht auf Anhieb überzeugend gestaltet werden kann (unglaubwürdige Gegendarstellung; 'entlarvendes' Ausdrucksverhalten etc.), so kommt die Möglichkeit für den ermittelnden Vernehmungsbeamten in den Blick, sich ggf. über die Zurkenntnisnahme der Widerspruchsweise des Beschuldigten einen **Eindruck** von der Wahrhaftigkeit der Aussage zu machen.[10]

Deutlich wird so: Die Unterstellungsstrategie des Vernehmungsbeamten ist erst einmal als ein Verfahren zu verstehen, mit dem der potentielle Täter veranlaßt werden könnte, von vornherein von Täuschungen abzusehen. So besteht dann ggf. die Möglichkeit, daß das für die Einschätzung der Wahrhaftigkeit 'starke' Indiz 'Geständnis' schon zu Beginn der Vernehmung verbindlich freigelegt ist. Dieser 'Versuch' ist Kernelement eines allgemeiner angelegten 'Testverfahrens': Über die Zurkenntnisnahme der Aussage des Beschuldigten und dessen unmittelbarer Reaktionsweise auf die bereits in der Einleitungsphase der Vernehmung wie selbstverständlich und indirekt vorgetragenen (für den Beschuldigten überraschenden, den Beschuldigten provozierenden oder dem Beschuldigten selbstverständlichen) Unterstellung der Täterschaft kann der Vernehmungsbeamte schon recht frühzeitig einen ersten relativ komplexen Eindruck von der Stichhaltigkeit und Wahrhaftigkeit des Geständnisses/des Widerspruchs gewinnen. Diese Möglichkeit wird durch den fallspezifischen Vernehmungsvorlauf gefördert: Genauso wie dem Beschuldigten durch diesen Vorlauf die Chance zu einer wohlüberlegten Entscheidung hinsichtlich seiner Aussagebereitschaft erschwert wurde, dürfte durch ihn auch die Chance einer kontrollierten Reaktion und Aussage des Beschuldigten weiter abnehmen. Für den Beschuldigten erhöht sich so die Gefahr, der Unterstellungsstrategie des Vernehmungsbeamten auch in dieser Hinsicht 'schutzlos', weil unvorbereitet gegenüberzustehen.

Im weiteren Verlauf der Vernehmung wird es nun darum gehen, den gewonnenen 'Gesamteindruck' abzutesten und durch weitere ins Detail gehende Ermittlungen auf die Probe zu stellen. Verfahrensrelevante Ereignisdetails dürften zu diesem Zweck extensiver als bisher über Darstellungen des Beschuldigten rekonstruiert werden. Es versteht sich nahezu von selbst, daß die überprüfenden Ermittlungen für den Fall, daß der Vernehmungsbeamte aufgrund seiner Ermittlungen von der Wahrhaftigkeit der Aussage des Beschuldigten überzeugt ist, eine signifikant andere Aufmerksamkeitsausrichtung und Ermittlungslogik annehmen werden, als für den Fall, daß der Vernehmungsbeamte eine Täuschung hinter dem Geständnis vermutet. Dürfte es dem Vernehmungsbeamten im ersten Fall eher darum gehen, das vorläufige Ermittlungsergebnis durch die Angaben des Beschuldigten 'aufzufüllen' und so zu bestätigen, so läßt sich für den zweiten Fall eine eher forschende und die Aussage des Beschuldigten taktisch hinterfragende Ermittlungshaltung vermuten.

---

10 Sollte der Beschuldigte zu Beginn der Vernehmung - wie in der Feinanalyse stets als möglich hochgerechnet - der Beschuldigung widersprochen haben, so könnte ein entsprechender Eindruck den Vernehmungsbeamten veranlaßt haben, 'unbeeindruckt' seine Unterstellungshaltung durchzuhalten, um so das Geständnis des Beschuldigten schon in der Vernehmungsvorbesprechung herbeizuführen.

Hätte der Beschuldigte die ihm zur Last gelegte Tat abgestritten, so wäre eine die 'innere' Konsistenz der Ereignisperspektive des Beschuldigten, den strafverfahrensrelevanten Dissens der dargelegten Ereignisperspektive zu der 'des' Strafantrags, die Glaubwürdigkeit des Beschuldigten etc. immer wieder auf das neue erforschende und einschätzende Ermittlungshaltung obligatorisch. Auch bei einem Widerspruch würde allerdings die Ermittlungshaltung und -logik im Detail von der in der Vernehmungsvorbesprechung gewonnenen 'ersten' Einschätzung der Wahrhaftigkeit der Aussage des Beschuldigten geprägt sein.

Der Vernehmungsbeamte entscheidet sich dafür, zunächst kurz nach dem Motiv des Beschuldigten und dann nach weiteren Ablaufdetails zu ermitteln, bevor er dann - nach der Belehrung des Beschuldigten über dessen Verfahrensrechte - zur Protokollierung übergeht.

6.1.2.2.3 Ist die Strategie der 'verdeckten Unterstellung' ein geeignetes Verfahren zur Einleitung der Sachverhaltsermittlung? - eine erste Einschätzung

Die von vornherein wie selbstverständlich und indirekt vorgenommene Unterstellung der Täterschaft des Beschuldigten ist ermittlungsstrategisch betrachtet dazu geeignet, (a) zügig zentrale verfahrensrelevante Grundaspekte der Ereignisperspektive des Beschuldigten zu rekonstruieren und einhergehend damit (b) den zu Beginn der Vernehmung noch bestehenden fallneutralen allgemeinen Zweifel in die Glaubwürdigkeit der (zu erwartenden) Aussage des Beschuldigten schrittweise in einen fallspezifisch besonderen Zweifel zu transformieren. Dem Vernehmungsbeamten ist es so schon nach einem kurzen Orientierungsgespräch möglich, fallspezifisch gezielter die weiteren Ermittlungen anzugehen - die Einklammerung des Zweifels 'auf den Fall zugeschnitten(er)' weiterzuführen.

Allerdings dürfen die Vorzüge des Verfahrens (Hürde gegenüber Tarnhandlungen des Täters; Provokation einer für den Vernehmungsbeamten aufschlußreichen Spontanreaktion; Chance zur zügigen Entwicklung eines ersten komplexen Eindrucks) nicht über die schon angesprochenen Probleme hinwegtäuschen:

- Vergleichsweise einfach dürfte es dem raffinierten Beschuldigten bei diesem Verfahren (zumindest bis zum Ende der Vernehmungsvorbesprechung) möglich sein, ein Geständnis für die Durchsetzung von Tarnhandlungen zu nutzen (Decken des wirklichen Täters oder eines Mittäters; Verschweigen weiterer Straftaten oder anderer bedeutsamer Hergangsdetails).
- Da die Rekonstruktion der Ereignisperspektive des Beschuldigten durch den Vernehmungsbeamten sich in der Vernehmungsvorbesprechung lediglich auf knappe Bestätigungen von (z.T. impliziten) Vorhalten und auf wenige vom Beschuldigten vorgetragene Ereignisfragmente beziehen kann, ist ein Nicht-Erkennen von vom juridisch inkompetenten Beschuldigten vorgenommenen fehlerhaften oder - bei einer uneindeutigen rechtlichen Bewertungslage -

zweifelhaften Bewertungen des Geschehens durch den Vernehmungsbeamten leicht möglich.

Die Gefahr entsprechender Rekonstruktionsfehler oder -mängel erhöht sich mit der vom Vernehmungsbeamten gewählten Unterstellungsstrategie auch deshalb, weil die Möglichkeit zur Korrektur von vom Vernehmungsbeamten schon vorab (über seine Beteiligung an der Überführung des Beschuldigten; über Vorinformationen der Streifenbeamten und durch das Studium der Strafanzeige) entwickelten, aber möglicherweise unangemessenen Vorurteilen[11] bei einer Übereinstimmung von Verdacht und 'Falschaussage' erheblich eingeschränkt ist. Die Etablierung von 'falschen' Vorurteilen und die Weichenstellung für eine fehlerhafte Sachverhaltsrekonstruktion dürfte durch eine Strategie der verdeckten Unterstellung ganz allgemein begünstigt sein.

Auf diese Mängel jedes von vornherein interrogativen Ermittlungsstils haben schon - gestützt auf ihre empirischen Untersuchungen - Banscherus und Schmitz aufmerksam gemacht (siehe Kap. 2.1.2). Und auch in der kriminalistischen Anleitungsliteratur wird in kritischer Würdigung dieses Verfahrensstils den Vernehmungsbeamten empfohlen, den Beschuldigten zu Beginn der Vernehmung aufzufordern, einen weitgehend zusammenhängenden Bericht von dem Geschehen abzugeben (siehe Kap. 2.1.1.). Erst im Anschluß an den Bericht des Beschuldigten solle der Vernehmungsbeamte dann zum Verhör schreiten. Schmitz hat - darauf wurde oben schon eingegangen - auf die Vorteile von Verfahrensweisen, die sich an der von Schütze entwickelten 'Technik des narrativen Interviews' orientieren, hingewiesen: Die Stärke eines an die Grundsätze dieser Interviewform angelehnten Vernehmungsverfahrens besteht demnach nicht nur in der Verfügbarkeit einer von vornherein breiteren und weit weniger vorselektierten Informationsbasis für den Vernehmungsbeamten. Darüber hinaus könne der Beschuldigte - so Schmitz - über die kommunikationsinternen Zugzwänge als Täter sogar 'gezwungen' sein, sich quasi freiwillig zu entlarven. Zumindest sei es dem Vernehmungsbeamten weitgehend möglich, Täuschungsversuche des Beschuldigten über die Interpretation der gewählten Erzählform zu erkennen und den Beschuldigten dann entsprechend zur Rede zu stellen.

Selbstverständlich kann der Vernehmungsbeamte auch über den Einsatz der angedeuteten Verfahrensalternative keine letzte Sicherheit bei der Wahrheitserforschung erlangen. Allerdings verspricht das 'Bericht-Verhör-Verfahren' **per se** erheblich mehr Sicherheit in bezug auf die verfahrensgerechte Rekonstruktion der eigenerlebten Erfahrungen des Beschuldigten und des zur Debatte stehenden tatsächlichen Geschehens. Von daher kommt der Eindruck auf, als sei die 'Strategie der impliziten Unterstellung' - sieht man einmal von möglichen Vorteilen für die Förderung der Aussagebereitschaft ab - in erster Linie für spezifische vorgegebene Rahmenbedingungen geeignet: Als besonders arbeitsökonomisches Verfahren könnte es Ausdruck allgemeiner (letzlich 'soziohistorischer') oder

---

11 Lesarten zum Aspekt 'Vorurteilsbildung' sind in der Feinanalyse differenziert aufgeführt ('besondere intentionale Verankerung').

aktuell besonderer (situativ zufälliger) institutioneller Rahmenbedingungen für die Bewältigung der Aufgabenstellung von Vernehmungsbeamten in polizeilichen Vernehmungen Beschuldigter sein. Dieser an diesem Punkt der Analyse noch nicht ganz eindeutige Eindruck scheint aber mit dem frühzeitigen Übergang zur Protokollierungsphase bestätigt.

Anstatt den Beschuldigten, nachdem er sein Geständnis als Reaktion auf die Strategie der impliziten Unterstellung schon abgelegt hat, in aller Ruhe zu Einzelheiten des Sachverhalts zu vernehmen, um so - entweder in Form eines 'nachträglichen' Berichts oder doch zumindest in einem eingehenden Verhör - die bisherigen Ermittlungen zu vervollständigen, zu vertiefen und das Geständnis eingehend auf Täuschungen oder Irrtümer hin zu überprüfen, ermittelt der Vernehmungsbeamte vor dem Übergang zur Protokollierungsphase lediglich in einem kurzen Dialog und nahezu ausschließlich auf der Basis von Vorhaltfragen nach dem Tatmotiv und nach einigen Ereignisdetails.

Dabei bringt er in Erfahrung, daß der Beschuldigte die Zigaretten - möglicherweise - für den Eigenbedarf gestohlen und sie einem Ständer an der Kasse entnommen hatte.

Irritiert wird der Vernehmungsbeamte durch eine Korrektur des Beschuldigten: Nicht die Kassiererin - wie vom Vernehmungsbeamten vermutet - sondern 'eine Angestellte , die da so rum lief', habe ihn wohl beim Diebstahl beobachtet. Mit der postwendenden Schlußfolgerung, das sei wohl die Kassenaufsicht gewesen, legt sich die Verunsicherung des Vernehmungsbeamten schnell. Der Vernehmungsbeamte hält es für nicht erforderlich, seine These durch eine weiterführende Befragung des Beschuldigten zu überprüfen.

Ein Übergang zur Protokollierung bei diesem lückenhaften Stand der Sachverhaltserforschung verweist darauf, daß die noch erforderlichen weiteren Ermittlungen (Klärung des Entdeckungszusammenhangs und detaillierte Rekonstruktion des Diebstahlablaufs; Absicherung des Geständnisses über weitere Angaben zum Tathergang; exakte Rekonstruktion der Motivlage des Beschuldigten) mit der Protokollierung einhergehend durchgeführt werden sollen. Bei einem Parallelisieren von 'Ermitteln' und 'Protokollieren' besteht dann aber die Gefahr einer Beeinträchtigung sowohl der Ermittlungen als auch der Protokollierung (s. hierzu v.a. SCHMITZ 1978: 351-373).

Die Vermutung, spezifische (soziohistorische oder situativ zufällige) Rahmenbedingungen könnten auch 'hier' wieder den Ausschlag zugunsten einer arbeitsökonomischen Form der Wahrheitserforschung und Beweiserhebung gegeben haben, drängt sich als erstes auf.

6.1.2.3 Die dritte Irritation: Der 'frühzeitige' Übergang von der Vernehmungsvorbesprechung zur Protokollierungsphase

Es besteht nunmehr folgende Interpretationslage:
Bei dem Versuch, das herausgearbeitete Charakteristikum des Einzelfalles - die Strategie der verdeckten Unterstellung der Aussagebereitschaft und der Täterschaft des Beschuldigten - als typische Besonderheit aus einer Bestimmung der inneren Dynamik des Handlungstyps 'Polizeiliches Vernehmen Beschuldigter' abzuleiten, konnten nicht hintergehbare handlungstypspezifische Problemlagen expliziert werden. Trotzdem ließ sich aber das Fallbesondere nicht ohne weiteres als sinnvoll nachvollziehen: Vom 'Standpunkt' der herausgearbeiteten Problemlagen (Abhängigkeit des Vernehmungsbeamten von der Aussagebereitschaft des Beschuldigten; strukturelle Unsicherheit der Wahrheitserforschung) betrachtet, stellt die angezeigte Verfahrensvariante keine gleichwertige Lösung unter den sich anbietenden anderen dar; als arbeitsökonomischer Gestaltungsansatz scheint sie vielmehr nur bedingt geeignet zur Bewältigung der Wahrheitserforschung und Beweiserhebung in polizeilichen Vernehmungen Beschuldigter.

Bevor ich mich in dieser Interpretationslage daran machte, die idealtypische Strukturexplikation auf die Rekonstruktion der hier relevanten 'sekundär' institutionellen und soziohistorischen Rahmenbedingungen auszuweiten, habe ich mir das herausgearbeitete Lesartenpotential noch einmal angeschaut. Ich wollte ein letztes Mal nachprüfen, ob sich nicht doch Verweise auf bisher unbeachtet gebliebene Aspekte der inneren Dynamik des Handlungstyps 'Polizeiliches Vernehmen Beschuldigter', mit denen dann das charakteristisch Fallbesondere im Kern erklärbar werden könnte, finden lassen.

Und in der Tat: Bei einer nochmaligen Überprüfung der zuletzt vorgenommenen Einschätzung, der frühzeitige Übergang zur Protokollierungsphase sei ein Indiz für ein arbeitsökonomisches Verfahren, ließ sich (jenseits von möglichen 'sekundär einschränkenden' Rahmenbedingungen) ein neuer Gesichtspunkt ausmachen, von dem her der Vernehmungsbeamte sich veranlaßt gesehen haben könnte, die Vernehmungsvorbesprechung bei diesem Ermittlungsstand zu beenden und zur Protokollierungsphase überzugehen.

Geeignet erscheint der Übergang zu einem integrierten Ermittlungs- und Protokollierungsverfahren beispielsweise für Situationen, in denen die Aussage- und Geständnisbereitschaft des Beschuldigten vom Vernehmungsbeamten für das weitere Verfahren als labil eingeschätzt wird. Die Entscheidung des Vernehmungsbeamten wäre dann in erster Linie sicherungstaktisch motiviert.[12]

---

[12] Beispielsweise könnte der Beschuldigte bis zu einem Geständnis widersprüchlich, widersprechend oder indifferent ausgesagt haben. Die auf ein Minimum reduzierte Gesprächsbereitschaft kann vom Vernehmungsbeamten dann als Anzeichen für die Labilität der Aussagebereitschaft des Beschuldigten gedeutet werden. Die weitere Klärung des Sachverhalts wird so in die Protokollierungsphase 'verlegt'.

Mit einer umgehenden Protokollierung des ermittelten Geständnisses und der in der Folge noch zu ermittelnden vom Beschuldigten erlebten Ereignisdetails und des Tatmotivs trüge der Vernehmungsbeamte für den hier hochgerechneten Fall dafür Sorge, den Beschuldigten postwendend auf eine Vertextung seiner Aussage festzulegen. Mit der Umsetzung dieser Verfahrensstrategie soll für den Beschuldigten die Möglichkeit, eine bereits geleistete Aussage noch vor der Protokollierung (z.B. zu Entlastungszwecken) zu modifizieren oder gar 'nachträglich' zu verweigern, eingeschränkt werden. V.a. dann, wenn der Vernehmungsbeamte die Verschriftung des jeweiligen Aussageabschnitts dem Beschuldigten (beim Tippen) vorträgt, wird es für den Beschuldigten später schwerer, sich einer Anerkennung des Textes zu entziehen. Ein nachträgliches Reklamieren von Mißverständnissen - bei der abschließenden Lektüre des Protokolltextes vor der unterschriftlichen Bestätigung - wird erheblich erschwert. Korrekturwünsche sind fast nur noch als deklarierte Änderungen der zuvor gemachten Aussage vorstellbar, die v.a. bei Entlastungen einem verstärktem Begründungszwang unterliegen. 'Nachträglichen' Täuschungen und Aussageverweigerungen des Beschuldigten könnte mit dieser Verfahrensform vorgebaut werden.

Der projektierte Nutzen dieser Strategie besteht also in erster Linie in einer **Sicherung der Verwertbarkeit der zentralen Aussageaspekte** des Beschuldigten. Dieses für den Vernehmungsbeamten handlungsleitende Kriterium wurde bisher in der Interpretation nicht ausdrücklich berücksichtigt. Seine Bedeutsamkeit klang aber gerade in der Darstellung des Orientierungszusammenhangs an. Sie soll jetzt in ihrer handlungstypspezifischen Dimension aufgezeigt werden:

Das in der polizeilichen Vernehmung Beschuldigter zu ermittelnde Ereigniswissen des Beschuldigten ist im weiteren Verlauf des Strafverfahrens auf verschiedenen Entscheidungsebenen relevant:

- Für die Polizei ist es ein Baustein bei der kriminalistischen Rekonstruktion des Falles und ggf. Anhaltspunkt für weitere Ermittlungen.
- Dem Staatsanwalt dient die Aussage des Beschuldigten als mitausschlaggebender Personalbeweis bei seiner Entscheidung über eine Anklageerhebung oder eine Einstellung des Verfahrens.
- Für den Richter bildet die bei der Polizei gemachte Aussage des Beschuldigten einen wichtigen Bezugspunkt bei der Vorbereitung der Hauptverhandlung und - trotz des Mündlichkeits- und Unmittelbarkeitsprinzips - bei der Beweiserhebung und -würdigung in der Hauptverhandlung: Der Richter darf beispielsweise bei Widersprüchen in der Aussage des Beschuldigten in Form eines Vorhalts durchaus auf sie zurückgreifen. (Paragraphen 253, 254(2) StPO)

Um für die weiteren Ermittlungen der Polizeibeamten und für die Verfahrensentscheidung von Staatsanwaltschaft und Richter herangezogen werden zu können und zum Zwecke einer Sicherung der Überprüfbarkeit v.a. der Entscheidungen der Juristen muß die bei der Polizei ermittelte Aussage des Beschuldigten protokolliert vorliegen. Dem Vernehmungsbeamten obliegt es somit, zur Sicherung der Verwertbarkeit der Einlassungen des Beschuldigten eine den Aussageumständen und der Aussagesubstanz 'angemessene' Vertextung der Ereignisperspektive des Beschuldigten zu erstellen. Als Überformungskriterium gelten: fallspezifische Relevanz (Bedeutsamkeit); Exaktheit; Vollständigkeit; Widerspruchsfreiheit etc.

Das Vernehmungsprotokoll wird in der Regel aber erst dann als angemessene Vertextung der Aussage des Beschuldigten verwertbar, wenn es vom Beschuldigten genehmigt und entsprechend ausgewiesen ist. Fehlt eine solche Lizenz, dann könnte der Beschuldigte im weiteren Verlauf des Verfahrens ohne weiteres mit Aussicht auf Erfolg reklamieren, der Protokolltext repräsentiere nicht die von ihm geleistete, sondern eine vom Vernehmungsbeamten vorgenommene Interpretation seiner Aussage. Von daher wird plausibel, aus welchem ihm vorgegebenen Verfahrenszusammenhang heraus der Vernehmungsbeamte - wie z.B. im oben aufgezeigten Orientierungszusammenhang - von vornherein in seinen Überlegungen zur Vernehmungsstrategie die Bedingungen berücksichtigen muß, unter denen der Beschuldigte zu einer Protokollierung und Lizenzierung seiner Aussage veranlaßt werden kann.

Untermauert wird die handlungstypspezifische Bedeutung dieses Gesichtspunktes durch einen weiteren über den Text als möglich abgedeckten Orientierungszusammenhang:

Während der Vernehmungsvorbesprechung kann der Vernehmungsbeamte den Eindruck gewonnen haben, der Beschuldigte wolle ihn mit dem Geständnis täuschen oder zumindest relevante Sachverhalte vertuschen. Weil eine Überprüfung des Verdachts schwierig ist - der Vernehmungsbeamte verfügt über keine sicheren Indizien, zumal der Beschuldigte mit seiner Aussage nicht im Widerspruch zum ihn belastenden Strafantrag steht -, versucht der Vernehmungsbeamte mit dem Übergang zur Protokollierung, den Beschuldigten in Sicherheit zu wiegen, um ihn dann im Laufe der Protokollierungsphase überraschend konfrontieren oder auf mittlerweile unterderhand entstandene (möglicherweise im Protokoll festgehaltene) Widersprüche aufmerksam machen zu können. Sollte dem Vernehmungsbeamten eine Enttarnung gelingen, so besteht gerade in einer umgehenden Protokollierung ein sicherungstaktischer Vorteil: Ist das bis dahin getarnte Ereigniswissen des Beschuldigten einmal protokolliert, dann ist die Möglichkeit für den Beschuldigten, die Aussage noch einmal in Abrede zu stellen, erschwert. V.a. einem geständigen Beschuldigten gegenüber bietet sich ggf. der beschriebene ermittlungstaktische Übergang zur Protokollierungsphase an: Geht der Beschuldigte davon aus, daß der Vernehmungsbeamte seinem Geständnis uneingeschränkt vertraut und von daher zur Protokollierung übergeht, so dürfte er einer auf Enttarnung von Täuschungen angelegten Konfrontation unvorbereitet gegenüberstehen. Stellt das vorher gegebene Geständnis eine Tarnhandlung dar, so ist die Chance gegeben, daß der Vernehmungsbeamte auf diese Weise 'den Schwindel aufdeckt', den 'aufgedeckten' Sachverhalt mit Billigung des überraschten

Beschuldigten umgehend protokollieren und so die Verwertbarkeit der protokollierten Ermittlungen für das weitere Strafverfahren sichern kann.

Im Rahmen dieses Orientierungszusammenhangs geht es dem Vernehmungsbeamten also nicht einfach um eine mögliche Steigerung der Ermittlungs- und Protokollierungseffektivität. Vielmehr soll auch gleichzeitig die Verwertbarkeit der protokollierten Ermittlungen für das weitere Strafverfahren gesichert werden. Der Vernehmungsbeamte bemüht sich immer auch um eine geeignete Ausgangslage für die Billigung des den Beschuldigten ggf. belastenden Protokolltextes durch den Beschuldigten.

Beide als möglich hochgerechneten Orientierungszusammenhänge verweisen auf einen Aspekt, der bei der Entwicklung entsprechender Strategien zur Sicherung der Verwertbarkeit von Ermittlungen vom Vernehmungsbeamten stets zu berücksichtigen ist: **die Stärke der Aushandlungsposition des Beschuldigten in polizeilichen Vernehmungen.** Dies wird noch plausibler, wenn man sich in einer Fortschreibung des zuletzt beschriebenen Orientierungszusammenhangs die Reaktionschancen eines Beschuldigten auf die Unterstellung des Vernehmungsbeamten in der Protokollierungsphase, sein Ereigniswissen nicht oder nur z.T. wahrhaftig veröffentlicht zu haben, vorstellt:

Der Beschuldigte - vom Vernehmungsbeamten mit dieser Vermutung oder Überzeugung konfrontiert - kann erst einmal der Unterstellung (aufrichtig oder unaufrichtig) widersprechen und auf der Protokollierung seiner Aussageversion bestehen.

Dem von der Glaubwürdigkeit der Aussage des Beschuldigten immer noch nicht überzeugten Vernehmungsbeamten stehen nunmehr zwei Vernehmungsstrategien zur Verfügung:

(a) Er kann sich - auf Anhieb kompromißbereit - um eine Vertextung der Aussage des Beschuldigten bemühen, in der seine Zweifel in die 'Richtigkeit' der Aussageversion des Beschuldigten mehr oder weniger deutlich ihren Ausdruck finden. (Geeignete Techniken können in der kriminalistischen Anleitungsliteratur unter der Rubrik 'Protokollierung der Aussage des nicht-geständigen Beschuldigten' nachgelesen werden.)
Eine entsprechende Protokollierung kann vom Beschuldigten allerdings von vornherein unterbunden oder mit einer Verweigerung seiner Unterschrift zum Abschluß 'entwertet' werden.

(b) Der Vernehmungsbeamte kann aber auch seine Bemühungen um eine weitgehende Klärung seiner Vermutung bzw. - ist er von einer (lügenhaften) Falschaussage des Beschuldigten überzeugt - um eine unverstellte Veröffentlichung der eigenerlebten Erfahrungen des Beschuldigten mit dem Einsatz ihm geeignet erscheinender Strategien fortsetzen. (Ausbuchstabierungen entsprechender Konzepte finden sich wieder in der Anleitungsliteratur.)
Dem Beschuldigten bleibt demgegenüber zunächst die Möglichkeit, seine Aussage aufrechtzuerhalten und - unabhängig davon, ob sich der Ver-

nehmungsbeamte überzeugen läßt - auf der Protokollierung dieser Version zu bestehen.
Er könnte sich aber auch, in die Enge getrieben oder als Reaktion auf den Einsatz eines seiner Meinung nach unfairen Vernehmungsverfahrens, dazu entschließen, die Kooperation aufzukündigen und jede weitere Aussage sowie jede Form der Protokollierung verweigern.
Sollte es dem Vernehmungsbeamten aber gelungen sein, den Beschuldigten zu einer Korrektur der Aussage in der von ihm, dem Vernehmungsbeamten, 'erwarteten Richtung' zu bewegen, so bliebe dem Beschuldigten immer noch die Möglichkeit, diese Korrektur vor einer Protokollierung zurückzunehmen oder sie nach der Protokollierung doch nicht zu lizenzieren und damit tendenziell zu entwerten.

'Verwiesen' ist so auf vier ineinandergreifende strukturelle Aspekte, in bezug auf die die Wahrheitserforschung in polizeilichen Vernehmungen Beschuldigter für den Vernehmungsbeamten problematisch ist:

(1) **Der Beschuldigte ist in polizeilichen Vernehmungen - strukturell betrachtet - aushandlungsdominant.** Mit dem Aussageverweigerungsrecht und der Lizenzierungserfordernis hinsichtlich des Protokolltextes sind ihm per se Mittel an die Hand gegeben, über deren Verwendung er den Aushandlungsvorgang - Verfahrenswahl wie Ergebnisfestlegung - zwangsläufig prägt und vermittels der ihm eine an den eigenen Vorstellungen orientierte Einflußnahme möglich ist.[13]

(2) Die Bewältigung seiner Aufgabe - Wahrheitsermittlung und Beweiserhebung - ist für den Vernehmungsbeamten in polizeilichen Vernehmungen Beschuldigter von daher in einer besonderen Weise von einem **strukturellen Ziel-Mittel-Konflikt** geprägt: Bis hin zur Sicherung der Verwertbarkeit seiner Ermittlungsergebnisse ist der Vernehmungsbeamte vor dem Hintergrund nicht zu vereinbarender Interessenlagen von der Kooperationsbereitschaft des ihm gegenüber aushandlungsdominanten Beschuldigten abhängig.

(3) Bei der Wahl eines geeigneten Ermittlungs- und Protokollierungsverfahrens kann der Vernehmungsbeamte somit nicht - wie oben noch mit Schmitz und Banscherus angenommen - auf ein standardisiertes Rahmenverfahren oder allgemeine Verhaltensempfehlungen zurückgreifen, da der Beschuldigte ein so geregeltes Verfahren - wie jedes andere Verfahren auch dazu 'nutzen' könnte, seine Aushandlungsmöglichkeiten in einer der Wahrheitserforschung

---

13 Dieser für die Strukturbestimmung zentrale Aspekt wird im Rahmen der Hypothesendarstellung (Kap. 6.2) noch eingehender diskutiert und erörtert. Aus darstellungstechnischen Gründen wurde an dieser Stelle darauf verzichtet.

des Vernehmungsbeamten im allgemeinen und seiner Beweiserhebung im besonderen abträglichen Weise auszuspielen.

Solche Überlegungen mögen den Vernehmungsbeamten im hier zu interpretierenden Fall - wie soeben für zwei Orientierungszusammenhänge hochgerechnet - veranlaßt haben, frühzeitig zur Protokollierungsphase überzugehen und ein Ineinandergreifen von Ermitteln und Protokollieren in Kauf zu nehmen oder auch anzustreben. Und auch die weiter oben noch als zur Rekonstruktion nur bedingt geeignet eingeschätzte 'Strategie der verdeckten Unterstellung' könnte aus vergleichbaren 'Zwangslagen' (Eindruck des Vernehmungsbeamten von der Kooperationsbereitschaft des Beschuldigten zu Beginn der Vernehmung vor diesem Hintergrund seines berufsspezifischen Erfahrungswissens; Vorinfomation von den Streifenbeamten etc.) und somit eben nicht unbedingt aus arbeitsökonomischen Gesichtspunkten heraus initiiert worden sein.

Deutlich wird so, daß der Vernehmungsbeamte im '(implizit selbstverständlichen) Wissen' um die Stärke der Aushandlungsposition eines Beschuldigten vor der **Aufgabe** steht, nach der **fallspezifischen Möglichkeit eines Ermittlungs- und Protokollierungsverfahrens** zu suchen, daß ihm eine am methodischen Zweifel orientierte Wahrheitserforschung erlaubt und gleichzeitig die Lizenzierung seiner Ermittlungsergebnisse durch den Beschuldigten - auch für den Fall der Belastung des Beschuldigten - wahrscheinlich macht.

(4) Auf eine spezifische, im engen Zusammenhang mit dem Ziel-Mittel-Konflikt stehende Hürde für die Bewältigung dieser Aufgabe - die mit der Aushandlungsdominanz des Beschuldigten für den Vernehmungsbeamten bestehende **strukturelle Unsicherheit bei der Wahl eines fallspezifisch angemessenen Vernehmungsverfahrens** - soll abschließend aufmerksam gemacht werden: Der Vernehmungsbeamte kann nicht nur - wie in Kap. 6.1.2.2 herausgearbeitet - keine letzte Sicherheit über die Wahrhaftigkeit der vom Beschuldigten geleisteten Aussage gewinnen. Auch ein gesicherter Einblick in die Verteidigungshaltung/-strategie des Beschuldigten, dessen Reaktionsgepflogenheiten und dessen Aushandlungskompetenz muß dem Vernehmungsbeamten bis zum Ende der Vernehmung versagt bleiben. Dieser Sachverhalt läßt sich mit der Fortschreibung der beiden oben hochgerechneten Orientierungszusammenhänge zum frühzeitigen Übergang zur Protokollierungsphase plausibilisieren. Beschränken wir uns hier auf die zuerst dargestellte 'Lesart': Im Rahmen dieser Fallvariante wurde die Aussage- und Geständnisbereitschaft des Beschuldigten vom Vernehmungsbeamten als labil eingeschätzt, so daß er sich zur Sicherung gezwungen sah, frühzeitig zur Protokollierungsphase überzugehen. Einer vom Vernehmungsbeamten 'wahrgenommenen' Absicht des Beschuldigten, die Aussage eventuell verweigern zu wollen, könnte aber durchaus ein Täuschungsmanöver zugrunde liegen. D.h.: Es kann nicht ausgeschlossen werden, daß der

Vernehmungsbeamte z.B. auf diese Weise dazu angeregt werden soll, sich auf die Sicherung des Geständnisses zu konzentrieren, damit ihm ein bisher verborgen gebliebener Sachverhalt weiterhin entgeht. Vorstellbar wäre - in diesem Beispiel verbleibend - für den Fall einer Enttarnung des Täuschungsversuchs durch den Vernehmungsbeamten dann noch eine Weigerung des Beschuldigten, die Protokollierung zuzulassen. Eine Protokollierung im Anschluß an extensive Ermittlungen in der Vernehmungsvorbesprechung, bei denen der Vernehmungsbeamte vielleicht eher hätte Täuschungen aufdecken bzw. Bedenken des Beschuldigten gegenüber einer Protokollierung zerstreuen können, wären dann für diese Fälle **möglicherweise** angemessener gewesen.

Deutlich wird so: Der Vernehmungsbeamte kann sich weder von vornherein die verfahrenstaktischen Bedingungen, unter denen der Beschuldigte sich möglicherweise in bezug auf 'gegen ihn' gerichtete Ermittlungen 'überhaupt' kooperationsbereit zeigt, noch die jeweiligen Formen, in denen sich unter verschiedenen Bedingungen die Kooperationsbereitschaft des Beschuldigten ggf. ausdrückt, mit Sicherheit ausrechnen. So bleibt dem Vernehmungsbeamten nur die Möglichkeit, sich auf der Basis der wenigen vermittelt und direkt zu Beginn der Vernehmung erworbenen fallspezifischen 'Indizien' und vor dem Hintergrund seines allgemeinen Erfahrungswissens zu orientieren und von da ausgehend ausprobierend einen gangbaren Weg zu erschließen. Er muß zwangsläufig in Kauf nehmen, daß mit jeder fallspezifisch orientierten Wahl einer Vernehmungsform fallspezifische Risiken in bezug auf die Wahrheitserforschung und eine 'angemessene' Beweiserhebung verbunden sind. Damit aber nicht genug: Der Vernehmungsbeamte kann sich bei seiner Wahl veranlaßt oder gar gezwungen sehen, Vernehmungsstrategien einzuschlagen, die mitunter in erheblichem Maße den geeigneten Nährboden für 'grobe' Vernehmungskunstfehler (eklatante Falschdeutungen und Protokollierungsfehler) abgeben.

Vor dem Hintergrund dieser neu gewonnenen Einsichten in die vom Vernehmungsbeamten in polizeilichen Vernehmungen Beschuldigter zu bewältigenden Aufgabe erschließt sich für den 'frühzeitigen' Übergang zur Protokollierungsphase noch eine dritte Orientierungsausrichtung des Vernehmungsbeamten: Der Vernehmungsbeamte, dem nach den bisherigen Ermittlungen weder die Aussage- noch die Geständnisbereitschaft des Beschuldigten gefährdet scheint, sieht auch keine Veranlassung, von einer Täuschung des Beschuldigten auszugehen. Da er eine extensive 'Vorabermittlung' in diesem Fall nicht für unbedingt erforderlich hält (zumal der Beschuldigte seinerseits kein großes Mitteilungsbedürfnis entwickelt), leitet er in Anbetracht der nicht hintergehbaren Unsicherheit der Kooperationsbereitschaft des Beschuldigten aus vorsorglich sicherungstaktischen Überlegungen heraus - natürlich ohne irgendeine Erfolgsgarantie - schon frühzeitig eine integrierte Ermittlung/Protokollierung ein, in der er sich dann auch um eine

Überprüfung der Angaben des Beschuldigten bemühen wird. Dabei können ihm ggf. die für die oben hochgerechneten Orientierungszusammenhänge aufgezeigten möglichen Vernehmungsvorteile zugute kommen.

Betrachtet man abschließend die drei in bezug auf das vorliegende Vernehmungstranskript als möglich hochgerechneten spezifischen Orientierungszusammenhänge im Vergleich, so stellt man - bei aller Verschiedenheit der unterstellten Problemlagen - eine Gemeinsamkeit fest: Vor dem Hintergrund des jeweils bestehenden Möglichkeitspotentials betrachtet, repräsentieren sie jeweils eine auf die **umgehende Sicherung** der Verwertbarkeit der Ermittlungen angelegte 'Lösung'.

6.2 Die strukturelle Problemlage für die Wahrheitserforschung und für die Beweiserhebung in polizeilichen Beschuldigtenvernehmungen (Hypothesendarstellung)

Handlungstypspezifische Probleme, die der Vernehmungsbeamte nicht hintergehbar zu 'lösen' hat, leiten sich aus dem Spannungsfeld zwischen der dem Vernehmungsbeamten auferlegten Aufgabe - Wahrheitserforschung und Beweiserhebung - und den kriminalistischen und juridischen Rahmenbedingungen ihrer Bewältigung ab. Die Strukturanalyse vorläufig abschließend kann nun beschrieben werden, auf welche Problemlage die Vernehmungsführung eines Vernehmungsbeamten jeweils eine mögliche Antwort darstellt.

6.2.1 Allgemeine Probleme für eine angemessene Überzeugungsbildung in Strafverfahren

In der Regel war der Vernehmungsbeamte an den Ereignissen, in bezug auf die er das Wissen des Beschuldigten erforschen muß, nicht unmittelbar beteiligt. Während er nur ein typisches Wissen um die Normalität von Alltagshandeln und strafbarem Handeln besitzt, verfügt der Beschuldigte - wie auch immer - über ein für die Aufklärung wertvolles fallspezifisches Ereigniswissen. Auf die Ermittlung dieses Wissens ist das Interesse des Vernehmungsbeamten gerichtet.

Die Ermittlungen insgesamt und insbesondere die polizeiliche Vernehmung sollen dem Vernehmungsbeamten u.a. Aufschluß darüber geben, ob der Beschuldigte die ihm zur Last gelegte Tat begangen hat. Der zu Recht oder zu Unrecht Beschuldigte wird im Rahmen dieser Ermittlungen um eine Verteidigung gegenüber dem Tatvorwurf bemüht sein und der Vernehmungsbeamte muß folglich stets die Möglichkeit, daß der Beschuldigte sich mit Täuschungen zu entlasten versucht, in Rechnung stellen.

So läßt sich für das Vernehmungsgespräch eine nicht hintergehbare Divergenz zwischen den von dem Vernehmungsbeamten und dem Beschuldigten repräsentierten Interessen- und Ereigniswissenstypen konstatieren:

(a) Dem Ermittlungsinteresse des Vernehmungsbeamten steht das Verteidigungs- und Entlastungsinteresse des Beschuldigten gegenüber, so daß zum Zwecke der Entlarvung möglicher Tarnhandlungen die Angaben des Beschuldigten vom Vernehmungsbeamten auf ihre Wahrhaftigkeit hin überprüft werden müssen. **Von daher muß der Vernehmungsbeamte die Aussage des Beschuldigten systematisch in Zweifel ziehen. Er ist in diesem Sinne gezwungen, methodisch kontrolliert 'gegen den Beschuldigten' zu ermitteln.** Dabei wird er in der Regel - wie die Fallanalyse plausibilisierte - auf den Einsatz zwangskommunikativer Strategien zurückgreifen müssen.[14]

(b) Weiteres Instrument dieser Überprüfung ist das fallspezifische Erfahrungswissen des Vernehmungsbeamten und sein fallspezifisch 'indirektes' Wissen um die aktenmäßig festgehaltenen Personal- und Sachbeweise. Die vom Beschuldigten vorgenommene Darstellung seines fallspezifischen Erfahrungswissens wird vom Vernehmungsbeamten vor dem Hintergrund seines zu anonymen Erfahrungstypen geronnenen Ereigniswissens vermittelt auf die Probe gestellt. Trotzdem bleibt die Angemessenheit der Rekonstruktion der Ereignisperspektive des Beschuldigten durch den Vernehmungsbeamten nicht hintergehbar unsicher. Das Fehlen eines 'direkten' Zugriffs kann über 'indirekte Verfahren' nicht vollständig eingeholt und kompensiert werden. **Dem Vernehmungsbeamten ist es so lediglich möglich, die in bezug auf ein ihm zur Rekonstruktion und Überprüfung geeignet erscheinendes Ermittlungsverfahren 'wahrscheinlichste' Lesart zu bestimmen und so den Zweifel 'einzuklammern'.**

Die beschriebene Divergenz von Interessen- und Ereigniswissenstypen ist kennzeichnend für die Sachverhaltserforschung des strafprozessualen Erkenntnisverfahrens insgesamt. Von den von ihr ausgehenden Problemen für die Ermittlung des tatsächlichen Geschehens sind nicht allein die Vernehmungsbeamten der Polizei, sondern in vergleichbarer Weise auch der Staatsanwalt und der Richter betroffen.

Die besondere, vom Vernehmungsbeamten zu 'lösende' strukturelle Problemlage wird erst sichtbar, wenn man sich noch einmal genauer die Stellung des Vernehmungsbeamten im Straf- und Ermittlungsverfahren und die mit dieser Stellung verbundene Aufgabe vor Augen führt.

---

[14] Damit ist der oben vorgestellte Analyseansatz von Schütze, unter den gegebenen Umständen sei die zwangskommunikative Vernehmungsanlage ein unverzichtbares Mittel zur Wahrheitserforschung in Strafverfahren (1975), im wesentlichen bestätigt. Inwieweit Schütze später von dieser Hypothese abweicht (1978) oder ob er nur 'vertretbare' von 'auf keinen Fall mehr vertretbaren' zwangskommunikativen Vernehmungsformen abzugrenzen bemüht ist, wird nicht ganz klar. Vgl. dazu auch Hoffmann-Riem 1973: 101-107 und Zielcke 1978: 135f.

6.2.2 Die Abhängigkeit der Wahrheitserforschung und der Beweiserhebung von der Kooperationsbereitschaft des Beschuldigten

Die Wahrheitserforschung, das mittelbare Ziel des Strafverfahrens, wird für den Fall einer Anklageerhebung in der auf dem Mündlichkeits- und dem Unmittelbarkeitsprinzip beruhenden Hauptverhandlung von dem erkennenden Gericht abgeschlossen. Eine Vorbereitung dieser Entscheidung des Gerichts erfolgt im eigenständig von der Staatsanwaltschaft und der Polizei durchgeführten Ermittlungs- oder auch Vorverfahren. Die Ermittlungen im Vorverfahren sind weitgehend arbeitsteilig organisiert. Geleitet werden sie von der Staatsanwaltschaft.

Im Rahmen des Vorverfahrens entscheidet der Staatsanwalt abschließend darüber, ob er Anklage erhebt oder das Verfahren einstellt. Grundlage seiner Entscheidung ist in der Regel die von den Ermittlungsbeamten der Polizei bereitgestellte kriminalistische Lösung des Falles. Der Staatsanwalt überzeugt sich von der juridischen Tragfähigkeit dieser Lösung anhand der von den Ermittlungsbeamten erhobenen Sach- und Personalbeweise. In Hinsicht auf die sichergestellten Beweise nimmt der Staatsanwalt die Einschätzung der Wahrscheinlichkeit einer Verurteilung des Beschuldigten vor.

Spezielle Probleme bereitet die Sicherstellung von Beweisen hinsichtlich der Rekonstruktion des Ereigniswissens der Beteiligten, insbesondere von Beschuldigten, in den entsprechenden polizeilichen Vernehmungen. Um für die Entscheidung des Staatsanwaltes sowie ggf. für die Vorbereitung der Hauptverhandlung und für die Beweiserhebung in der Hauptverhandlung entsprechend verwertbar zu sein, muß das rekonstruierte Wissen in einer Form konserviert werden, die es der Aussageperson später kaum mehr erlaubt, die Angemessenheit der Rekonstruktion - die Bestimmung der 'wahrscheinlichsten' Lesart - in Frage zu stellen. Von daher erscheint es erforderlich, die Rekonstruktionsgrundlage - also die Aussage des Beschuldigten - zu protokollieren und sie vom Beschuldigten abschließend anerkennen zu lassen. Genau diese Sicherungsform ist für die recht seltenen richterlichen und staatsanwaltlichen Ermittlungsvernehmungen mit den Paragraphen 168a und 168b StPO vorgeschrieben.

Für die polizeiliche Vernehmung des Beschuldigten wurde eine entsprechende Beweiserhebung nicht ausdrücklich festgelegt (Paragraph 163a StPO). Trotzdem bleibt gerade den Vernehmungsbeamten der Polizei v.a. bei der Beschuldigtenvernehmung kaum eine andere Möglichkeit für eine Sicherung ihrer Ermittlungen. Denn: Gerade ihnen, den Vernehmungsbeamten, wird als direkt um die Aufklärung des Falles ringende und von daher oft in den Fall unmittelbar verstrickte Kriminalisten eine möglicherweise zu geringe Distanz[15] und bei der an

[15] Peter Wulf macht diesen Aspekt in der Heuristik zu seiner Analyse knapp und gradlinig im Zusammenhang mit der Erörterung struktureller Probleme zwischen Ermittlungsauftrag und der geforderten 'Unschuldsvermutung' klar. Der Ermittlungsauftrag - so Wulf - ziehe immer ein "gewisses Überführungsinteresse" beim Vernehmungsbeamten nach sich, da ansonsten "erhebliche Orientierungslosigkeit" drohe. (1984:7ff,63ff)

juridischen Kriterien orientierten Bewertung von Beweisgrundlagen auch eine nur eingeschränkte juridische Kompetenz unterstellt. Als Folge sind die Vernehmungsbeamten bei der Geltendmachung ihrer kriminalistischen Lösung in besonderer Weise darauf angewiesen, daß die sichergestellten Beweise, in Sonderheit die Aussage des Beschuldigten, 'für sich sprechen' und so den distanziert und streng nach juridischen Maßstäben auswertenden Staatsanwalt überzeugen. Entsprechend hat sich die von der Aussageperson genehmigte Protokollierung als angemessene Form der Sicherung der Ermittlungen auch in polizeilichen Vernehmungen durchgesetzt.

Mit dieser sinnvollen Regelung ist allerdings das Fundament für die in der Einzelfallinterpretation in den Blick gekommene äußerst starke Aushandlungsposition des Beschuldigten gelegt: **Der Beschuldigte ist in der polizeilichen Vernehmung - strukturell betrachtet - aushandlungsdominant!**

Das besagt: **Mit dem strafrechtlich abgesicherten Bestand eines Aussageverweigerungsrechts und der Erforderlichkeit einer Genehmigung der vertexteten Aussagen durch den Beschuldigten ist ein Aushandlungsrahmen geschaffen, in dem die Reaktionen des Beschuldigten (a) zwangsläufig für die Aushandlungsmodalitäten und die Ergebnisbestimmung ausschlaggebend sind, so daß dem Beschuldigten (b) die Möglichkeit eröffnet ist, ein weitgehend an den eigenen Vorstellungen orientiertes Aushandlungsverfahren und eine entsprechende Ergebnisbestimmung durchzusetzen.**

Diese nicht hintergehbare Dominanz des Beschuldigten findet in den oben aufgeführten Untersuchungen von Banscherus, Schmitz, Brusten /Malinowski und auch bei Schütze keine entsprechende Berücksichtigung. Die Forscher richten ihr Augenmerk vielmehr von vornherein auf die Herausarbeitung der Verfahrenskompetenz von Vernehmungsbeamten und Beschuldigten. Auf einen knappen, gemeinsamen Nenner gebracht kommen sie etwa - wie bereits oben ausführlich herausgearbeitet (Kap. 2) - zu folgendem Ergebnis:

Anknüpfend an die institutionell vorgegebenen Rollenfestlegungen und die für einen Beschuldigten nicht hintergehbaren sprechkommunikativen Zwänge wird der Vernehmungsbeamte über seine Ausbildung und im Berufsalltag in die selbstverständliche Beherrschung zwangskommunikativer Vernehmungsroutinen einsozialisiert und so mit einer berufsspezifischen Kompetenz ausgestattet, der der Beschuldigte - mit dieser Form institutionalisierter Kommunikation kaum oder gar nicht vertraut - tendenziell keine gleichwertigen Mittel entgegenzusetzen hat. Bezugnehmend auf eigene empirische Untersuchungen (Banscherus, Schmitz, Wulf) und auf die Auswertung der kriminalistischen Anleitungsliteratur (Brusten/ Malinowski) wird auf ein allgemein bestehendes Kompetenzgefälle zwischen dem Vernehmungsbeamten und dem Beschuldigten verwiesen, das die Bedingung der Möglichkeit darstelle (a) für den erfolgreichen Einsatz spezifischer, die Degradierung des Beschuldigten gewährleistender Vernehmungsverfahren (Brusten/ Malinowski) und (b) für die Durchsetzbarkeit sowohl fehlerhafter Ergebnisfestlegungen als auch von Vernehmungsverfahren, die in erheblichem Maße die

Gefahr von Vernehmungsfehlern und -fehlleistungen mit sich bringen (Banscherus, Schmitz). **Das so konstatierte tentativ schrankenlose Durchsetzungsvermögen des Vernehmungsbeamten legt folglich eher eine Aushandlungsdominanz des Vernehmungsbeamten nahe.**

Allerdings konnte im Rahmen dieser Untersuchungen die **Frage nach dem "treibenden Element"** (SOEFFNER 1989: 212) für die Wahl entsprechender Vernehmungsverfahren nicht zufriedenstellend beantwortet werden: Während Brusten/Malinowski umgehend die "heteronomen Systembedingungen" und letztlich die gesellschaftlichen Herrschaftsverhältnisse in Anspruch nehmen, ließen Banscherus und Schmitz eine Beantwortung eher offen: sie verwiesen zum einen auf die Ausbildung der Beamten, also auf deren Unwissenheit und Sozialisationsbedingungen, und zum anderen tendierten sie dazu, die Bedingung der Möglichkeit - die "Aushandlungsmacht" des Vernehmungsbeamten - unterderhand zum Beweggrund zu transformieren.

Ein Versuch, die Wahl degradierender und fehlergenerierender Vernehmungsverfahren aus der 'inneren' Dynamik der vom Vernehmungsbeamten zu leistenden Aufgabenbewältigung zu erklären, unterbleibt, so daß zwei sich bedingende, in diesem Zusammenhang bedeutsame Aspekte der polizeilichen Vernehmung Beschuldigter in ihrer strukturellen Bedeutung für die Vernehmungsgestaltung des Beamten nicht erkannt werden konnten:

(1) Trotz eines für den Normalfall kaum zu bezweifelnden erheblichen Kompetenzvorsprungs kann der Vernehmungsbeamte sich keinesfalls ohne weiteres auf sein starkes Durchsetzungsvermögen verlassen. Selbst mit einer eingeschränkten Aushandlungskompetenz ausgestattet[16], verfügt der Beschuldigte (im Rahmen der soeben aufgezeigten Bedingungen für die Beweiserhebung in polizeilichen Vernehmungen) über reelle Chancen, die Aushandlungsmodalitäten in allen für den Vernehmungsverlauf wesentlichen Aspekten maßgeblich zu beeinflussen. So ist es ihm beispielsweise auch mit einem nur vagen Wissen um seine Rechte durchaus möglich, während der Protokollierung - aus welchen Gründen auch immer - sich zu einer Aussageverweigerung zu entschließen oder den Vernehmungsbeamten zu veranlassen, die Aussage in der von ihm veröffentlichten Version zu protokollieren. Eine entsprechende Wahrnehmung seiner Rechte und der mit diesen Rechten in Zusammenhang stehenden Aushandlungsmöglichkeiten ist sogar ohne jede ausgereifte Verfahrenskompetenz des Beschuldigten, allein im Rückgriff auf die dem Beschuldigten 'im Alltag'

---

[16] Von einem mehr oder weniger stark ausgeprägten Kompetenzdefizit des Beschuldigten darf -als Folge der für unsere Gesellschaft selbstverständlichen "komplexen sozialen Verteilung des Wissens" (SCHÜTZ/LUCKMANN 1979: 371-376) - 'für den Normalfall' wohl unbestritten ausgegangen werden.

geläufigen Verhaltensroutinen möglich[17]: Das Durchsetzungsvermögen des Vernehmungsbeamten kann beispielsweise in Anbetracht eines durch die Beschuldigung oder durch die Vernehmungsstrategie sich hintergangen sehenden und von daher schweigenden Beschuldigten an seine Grenzen stoßen.

Diese realen und tatsächlich auch von den Beschuldigten mehr oder weniger weitgehend wahrgenommenen Aushandlungsmöglichkeiten werden in den oben aufgeführten Untersuchungen **nicht hinreichend** berücksichtigt.[18] **V.a. wird der strukturelle Hintergrund dieser Möglichkeiten - die dem Beschuldigten auferlegte Aushandlungsdominanz - in keiner dieser Analysen thematisiert oder hinreichend hervorgehoben.** Weitgehend unbeachtet bleibt, daß in polizeilichen Vernehmungen die Reaktionen des Beschuldigten in jedem Fall (letztlich) den Ausschlag geben dafür, ob ein vom Vernehmungsbeamten initiiertes Verfahren sich etablieren und die Ermittlungen des Vernehmungsbeamten in der von ihm 'gewünschten' Weise ihren Niederschlag im Protokoll finden werden.

Damit ist weder gesagt, der Beschuldigte besitze in jeder Ermittlungslage die Chance, sich vor einer Überführung und der damit einhergehenden Sanktionierung und Degradierung zu schützen, noch wird dem Beschuldigten auf diese Weise die Kompetenz zugeschrieben, per se sich ihm bietende Chancen 'in seinem Sinne' nutzen zu können. Verwiesen ist lediglich darauf: **Der Vernehmungsbeamte kann in polizeilichen Vernehmungen ohne eine - wie auch immer zustandekommende - 'Einwilligung' des Beschuldigten keine Aushandlungsform und kein Ermittlungsergebnis durchsetzen. Daß dem Beschuldigten seine Aushandlungsdominanz in manchen Fällen überhaupt nichts mehr nutzt ('eindeutige Ermittlungslage') oder daß er die sich ihm bietenden Chancen allzu häufig nicht zu nutzen weiß ('mangelnde Kompetenz'), steht auf einem anderen Blatt und berührt nicht die strukturelle Dominanz, die ihm für den Bereich der polizeilichen Vernehmung auferlegt ist.**

---

17 Da diese Chance in erster Linie über die strukturell dominante Position des Beschuldigten abgesichert ist, bedarf es eben nicht unbedingt - wie in diesem Zusammenhang stets herausgestellt (beispielsweise BRUSTEN/MALINOWSKI 1975: 98) - der Kompetenz eines verfahrenserfahrenen oder/und intelligenten Beschuldigten. Plausibel wird dies, wenn man sich vergegenwärtigt, daß gerade Beschuldigte des letztgenannten Typs oftmals mit der Schwierigkeit zu kämpfen haben, für die zwangskommunikative Reaktionsstrategie im besonderen Maße anfällig und dann aufgrund ihrer oft gut entwickelten Fähigkeit zur weitgehenden Übernahme der Perspektive des anderen äußerst irritierbar zu sein.

18 Schmitz nimmt in einigen Passagen auf diese Möglichkeit zwar andeutungsweise Bezug (z.B. 1983: 369f und 385), legt dann aber im weiteren Verlauf keine Rechenschaft über die aus ihr zwangsläufig erwachsenden Konsequenzen für die Vernehmungsführung eines Vernehmungsbeamten ab.

(2) Wichtig für den Vernehmungsbeamten ist: Die dem Beschuldigten für den Bereich der polizeilichen Vernehmung auferlegte Aushandlungsdominanz eröffnet ihm, dem Beschuldigten, - von Fall zu Fall unterschiedlich weitgehend - die Möglichkeit zu einer maßgeblichen Einflußnahme auf die Ermittlungen insgesamt und die Chance, daß der Beschuldigte diese Möglichkeit 'nutzt', ist keineswegs rein theoretischer Natur. Denn:

Sieht man einmal von dem seltenen Grenzfall einer Ermittlungslage ab, in Anbetracht derer die Aussage des Beschuldigten tendenziell unerheblich und 'höchstens' noch in bezug auf die Rekonstruktion des subjektiven Tatbestandes relevant ist, dann gilt es - wie soeben angedeutet - für die 'normalen' Ermittlungsvernehmungen im Vorverfahren festzuhalten, daß selbst bei einer unterstellten Inkompetenz des Beschuldigten - von der so ohne weiteres noch nicht einmal ausgegangen werden kann -die strukturelle Aushandlungsdominanz des Beschuldigten keineswegs neutralisiert ist. Zwar wird das für den Normalfall anzunehmende Kompetenzgefälle zwischen dem Vernehmungsbeamten und dem Beschuldigten wohl eher der Aufgabenbewältigung des Vernehmungsbeamten zugute kommen. Der Vernehmungsbeamte kann sich aber letztlich auf nichts verlassen - noch nicht einmal darauf, daß der inkompetent wirkende Beschuldigte wirklich inkompetent ist.

Dadurch, daß die dominante Position des Beschuldigten in ihrer strukturellen Dimension nicht hinreichend herausgestellt wird, bleibt die extreme Ausprägung des **Ziel-Mittel-Konflikts**, von dem die Bewältigung der Aufgabe des Vernehmungsbeamten unweigerlich bestimmt ist, weitgehend unbeachtet: Keine der oben angeführten Untersuchungen arbeitet das strukturelle Problem heraus, das sich daraus ergibt, daß er, der Vernehmungsbeamte, bis hin zur Sicherung der Verwertbarkeit seiner Ermittlungsergebnisse - der unterschriftlichen Genehmigung des Protokolls durch den Beschuldigten zum Ende der Vernehmung - v.d.H. nicht zu vereinbarender Interessenlagen von der Kooperationsbereitschaft des Beschuldigten weitgehend abhängig ist, und somit jederzeit damit rechnen muß, daß der Beschuldigte seine Chance in einer Weise nutzt, die der Wahrheitserforschung und einer entsprechenden Beweiserhebung abträglich ist.[19]

---

[19] So bleibt auch unentdeckt, daß der Bestand einer für den erfolgreichen Einsatz zwangskommunikativer Strategien als unabdingbar geltenden Rahmenbedingung, die Unmöglichkeit für das 'Opfer, aus der zwangskommunikativ geprägten und seine Orientierung beeinträchtigenden Situation, tendenziell ohne Nachteile befürchten zu müssen, aussteigen zu können (SCHÜTZE 1978; 83; 1975: 813), arg ins Wanken gerät. (siehe hierzu auch Kap. 6.4)

Das in diesem Zusammenhang von Schütze vorgebrachte Argument, ein die Aussage verweigernder Beschuldigter werde per se als zu Recht beschuldigt eingeschätzt und gälte von daher als moralisch inkompetent, so daß gerade auch der um eine Tarnung seines 'Vergehens' bemühte Beschuldigte gezwungen sei auszusagen, kann nicht überzeugen.

Unberücksichtigt bleibt, daß der Vernehmungsbeamte gezwungen ist, auf die Wirklichkeit dieser strukturell abgesicherten Möglichkeit zu reagieren und daß allein schon aus dieser Notwendigkeit heraus sich zwingend einschneidende und weitreichende Konsequenzen für die von ihm zu bewältigende Aufgabenstellung und für die Bewältigung selbst ergeben.[20]

Die von einem Vernehmungsbeamten vorgenommene Bewertung einer Aussage- oder Lizenzierungsverweigerung eines Beschuldigten darf und kann nicht ohne weiteres im Rahmen des Strafverfahrens - anders als dies z.B. bei einer 'Vernehmung' des beschuldigten Kindes durch die Mutter der Fall sein könnte oder dürfte - dem Beschuldigten zu dessen Nachteil ausgelegt werden. Von daher ist der Beschuldigte A auch nicht unbedingt - wie Schütze dies reklamiert - "im eigenen Interesse gezwungen, auf die Frage der verhörenden Person B einzugehen "(1975: 824). Der Beschuldigte könnte vielmehr unter gegebenen Umständen z.B. mit einer Aussageverweigerung oder einem Lizenzierungsentzug seinen Status als im Rahmen der polizeilichen Vernehmung recht weitgehend kompetentes Gesellschaftsmitglied unter Beweis stellen: Sich über die Aushandlungskompetenz des Vernehmungsbeamten und die damit verbundene Bedrohung im klaren, würde der Beschuldigte möglicherweise anzeigen, daß er weiß, wie man seine Interessen trotz eines bestehenden Kompetenzgefälles im gegebenen Verfahrensrahmen wahrnehmen und sich so vielleicht sogar vor einer Degradierung schützen kann.

20 Bei der Lektüre von Texten der mit dieser These angesprochenen Forscher kann immer wieder der Eindruck entstehen, als sei die aufgestellte Behauptung unberechtigt, zumindest aber überzogen. Soeben wurde schon auf entsprechende Passagen bei Schmitz verwiesen. Noch deutlicher stellt sich dieses Problem für die Aufsätze von Brusten/Malinowski. Deshalb möchte ich an dieser Stelle meinen Kritikpunkt noch einmal ausführlicher und textnäher deutlich machen. In einem Abschnitt zur zwangskommunikativen Vernehmungstechnik bei 'lügenden' Beschuldigten stellen Brusten/Malinowski fest: "Ein besonderes Problem der Vernehmung besteht darin, daß Beschuldigte häufig die Unwahrheit sagen, um sich oder Mittäter zu schützen. ... Da erfolgreich eingebrachte 'Lügen' die Vernehmung und damit die Ermittlungen der Polizei erheblich beeinträchtigen können, muß die Polizei verhindern, daß sie unwahren Aussagen 'auf den Leim' geht. ... Anders liegt der Fall jedoch, wenn unwahre Aussagen nicht auf der Grundlage 'harter Tatsachen' als Lüge enttarnt werden können. Doch lassen Praxiserfahrung und Alltagsroutinen den Kriminalbeamten auch hier nur selten im Stich:" (1975: 76) Brusten/Malinowski beschreiben im Anschluß dem Vernehmungsbeamten im allgemeinen vertraute Lügenindizien und Entlarvungsstrategien.

Die dargestellten Konturen einer typischen Vernehmungssituation lassen erkennen, daß der Vernehmungsbeamte die Strategie auf ein für ihn bestehendes Handlungsproblem hin entwirft - also aus der 'inneren' Dynamik der polizeilichen Vernehmung heraus. Entscheidend für die oben vorgenommene kritische Bewertung ist im Falle der Analyse von Brusten/Malinowski aber - ähnlich wie auch in bezug auf Schmitz und Banscherus -, daß diese in der situationsnahen Beschreibung durchaus an mehreren Stellen deutlich aufblitzende Darstellung der 'inneren' Dynamik in der anschließenden Verallgemeinerung vollständig ausgeblendet ist (siehe dazu auch Kap. 2). So schreiben Brusten/Malinowski direkt im Anschluß an ihre Beschreibung von spezifischen Vernehmungsstrategien: "Die deskriptive Analyse der polizeilichen Vernehmung hat gezeigt, daß bestimmte, aus der Praxis selbst entwickelte Strategien, Taktiken und Techniken mit dazu beitragen, den 'Vernehmungserfolg' der Polizei zu sichern." (1975: 88) Schon hier möchte ich korrigieren: 'in vielen Fällen sichern' ! Weiter: "Wesentliche Vorbedingungen für den Einsatz dieser Methoden sind relativ breite Handlungs- und Ermessensspielräume sowie eine instituionell abgesicherte Definitionsmacht der Polizei." (88) In bezug auf diese Aussage habe ich dann die gewichtigeren Einwände: (1) In polizeilichen Vernehmungen und insbesondere in denen von

Wie tiefgreifend diese Konsequenzen für die Vernehmungsgestaltung in jedem Einzelfall sind, wird deutlich, wenn man einmal die für die Wahl eines geeigneten Ermittlungsverfahrens bestehenden Probleme allgemein hochrechnet.

Bei dieser Wahl muß der Vernehmungsbeamte jeweils nicht nur die Möglichkeit einer methodisch kontrollierten Wahrheitserforschung, sondern - im (implizit selbstverständlichen) Wissen um die starke Aushandlungsposition des Beschuldigten - auch gleichzeitig die Bedingungen bedenken, unter denen der Beschuldigte - selbst für den Fall seiner Belastung - wahrscheinlich kooperationsbereit sein wird, bzw. sich gezwungen sehen wird, kooperationsbereit zu sein. Da die Ermittlungslage, die Verteidigungsstrategie des Beschuldigten, seine Verfahrenskompetenz (Wissen um seine Dominanz; Vermögen, die Chancen zu nutzen) und seine eingeschliffenen Reaktionsroutinen von Fall zu Fall verschieden ausfallen, ist eine an den Besonderheiten des Einzelfalles orientierte Wahl erforderlich. Bei dieser Wahl tritt aber in allen Fällen eine spezifische Schwierigkeit auf: Genauso wie der Vernehmungsbeamte keine letzte Sicherheit über die Wahrhaftigkeit des vom Beschuldigten veröffentlichten Ereigniswissens erhalten kann, ist ihm auch ein gesicherter Einblick in die Verteidigungsstrategie des Beschuldigten, dessen Verfahrenskompetenz und Reaktionsgepflogenheiten verwehrt: Der gewonnene Eindruck kann täuschen, das zugrundeliegende Verhalten des Beschuldigten sogar auf eine Täuschung hin angelegt sein! **Folglich kann der Vernehmungsbeamte sich weder von vornherein die verfahrenstaktischen Bedingungen, unter denen der Beschuldigte sich**

Beschuldigten ist die Definitionsmacht des Vernehmungsbeamten nicht von vornherein abgesichert. Der Beschuldigte hat durchaus die Möglichkeit, seine Definition - natürlich im Rahmen strafrechtlich genormter Überformungen - durchzusetzen. Die Frage ist eher (aber nicht eigentlich), ob er dazu kompetent genug ist. (2) Brusten/Malinowski ist Recht zu geben bei der Feststellung, daß die Handlungs- und Ermessenspielräume eine wesentliche Vorbedingung für den Einsatz zwangskommunikativer Strategien darstellen. Allerdings bleibt dann doch noch die Frage - siehe Kap. 2.2.2 -, warum die Vernehmungsbeamten die von Brusten/Malinowski beschriebene Ausrichtung bei der Methodengestaltung wählen. **Die Entwicklung dieser Methoden "aus der Praxis selbst"** - wie Brusten/Malinowski sich ausdrücken - müßte "jetzt" differenziert und v.a. strukturell aufgearbeitet werden. Stattdessen wird in diesem Stadium der Analyse - nach der Rezeption der oben zitierten typischen Vernehmungssituation überraschenderweise - umgehend auf "heteronome Systembedingungen" verwiesen - und damit eben nicht auf die für den Vernehmungsbeamten bestehenden Probleme der Wahrheitserforschung und der Beweiserhebung v.d.H. der 'primären' Rahmenbedingungen.

Aus welchem Grund auch immer: Das Thema der strukturellen Problemlage, das der Vernehmungsbeamte in polizeilichen Vernehmungen Beschuldigter unmittelbar zu bearbeiten hat, wird an diesem Angelpunkt der Analyse ausgeblendet und es wird auch an keiner Stelle des fortlaufenden Textes wieder aufgegriffen. Die Analyse der strukturellen Merkmale fällt so entscheidend hinter die situationsnahen Darstellungen der Vernehmungsstrategien zurück. Das Verständnis für den Einsatz von den Beschuldigten degradierenden Strategien - das dort noch durchschimmert - geht vollständig verloren, weil der Vernehmungsbeamte zum verdinglichten Instrument bestehender Herrschaftsverhältnisse degradiert wird.

möglicherweise in bezug auf 'gegen ihn' gerichtete Ermittlungen 'überhaupt' kooperationsbereit zeigt, noch die jeweiligen Formen, in denen sich ggf. unter verschiedenen Bedingungen die Kooperationsbereitschaft des Beschuldigten ausdrücken, mit Sicherheit ausrechnen. Es bleibt dem Vernehmungsbeamten nur die Möglichkeit, sich auf der Basis der wenigen vermittelt und direkt zu Beginn der Vernehmung erworbenen fallspezifischen Indizien zu orientieren und, von da ausgehend, einen Weg zu erschließen, über den der Beschuldigte in das Vernehmungsgespräch eingebunden werden kann.

Insgesamt wird deutlich, daß das Problem der Wahrheitserforschung in der polizeilichen Vernehmung in einer spezifischen Weise zugespitzt ist. Die ohnehin schwache Rekonstruktionswarte der Vernehmenden im Strafverfahren - Richter, Staatsanwalt, etc. - erhält für den Vernehmungsbeamten in polizeilichen Vernehmungen Beschuldigter ihre besondere Ausprägung durch die oben beschriebenen Rahmenbedingungen der Aufgabenbewältigung: Der Vernehmungsbeamte muß den Staatsanwalt von seiner - nämlich der kriminalistischen - Lösung des Falles auf der Basis juridisch gültiger und beständiger Beweise überzeugen. Von daher wird er, der Vernehmungsbeamte, bemüht sein, das von ihm zu erforschende Ereigniswissen des Beschuldigten in Form eines vom Beschuldigten verbindlich bestätigten Aussageprotokolls festzuhalten. Damit aber ist die strukturelle Aushandlungsdominanz des Beschuldigten aus der Taufe gehoben. Über die verdeckte Täuschung des Vernehmungsbeamten hinaus steht dem an seiner Verteidigung interessierten Beschuldigten immer auch die Möglichkeit offen, 'gegen den Vernehmungsbeamten' bei der Protokollierung seines Ereigniswissens weitreichenden Einfluß auf die Ergebnisbestimmung zu nehmen. Er könnte sogar jede Ergebnissicherung oder Ermittlung unterbinden. Allerdings bleibt es von Fall zu Fall fraglich, inwieweit der Beschuldigte über ein Wissen um seine Aushandlungsdominanz verfügt und ggf. hinreichend kompetent ist, seine Dominanz im eigenen Interesse zu nutzen. Bei seinen Bemühungen um die Erforschung des Ereigniswissens des Beschuldigten und der entsprechenden Beweiserhebung muß der Vernehmungsbeamte jedenfalls die Bedingungen der Kooperationsbereitschaft des Beschuldigten bis hin zur Sicherung der Verwertbarkeit seiner Ermittlungen in Rechnung stellen. Daraus resultieren dann (a) die Notwendigkeit des Einsatzes zwangskommunikativer und den Beschuldigten schon qua Verfahren degradierender Strategien, die gleichzeitig (b) den Zwang zur Wahl oft extrem riskanter Verfahren und so die nicht von der Hand zu weisende, strukturell angelegte Gefahr für den Vernehmungsbeamten, die Rekonstruktion der eigenerlebten Erfahrungen und damit auch das verfahrensrelevante tatsächliche Geschehen zu verfehlen, mit sich bringen.

Die strukturell angelegte und vergleichsweise große Gefahr von fehlerhaften Ermittlungen und Protokollierungen in der polizeilichen Vernehmung des Beschuldigten hängt also eng mit der Aushandlungsdominanz des Beschuldigten zusammmen: Der Vernehmungsbeamte ist tentativ gezwungen, zum Zwecke der Wahrheitserforschung und der Beweiserhebung Verfahren zu wählen, mit denen die Wahrheitserforschung und Beweiserhebung immer auch erheblich gefährdet sein können. Aus diesem Dilemma kommt der Vernehmungsbeamte nicht heraus.

6.2.3 Die Aufgabe von Vernehmungsvorbesprechungen

Zumindest eingeschränkt wird diese Gefahr durch die von den Vernehmungsbeamten weitgehend wie selbstverständlich vorgenommene Einleitung der Beschuldigtenvernehmung mit einer Vernehmungsvorbesprechung. Denn:

Mit der Entscheidung zur Durchführung einer Vernehmungsvorbesprechung hat der Vernehmungsbeamte sich unter den Zwang gesetzt, (a) eine - wenn auch immer noch mehr oder weniger spekulative - fallspezifisch motivierte Entscheidung für den Übergang zur Protokollierungsphase zu fällen und damit (b) - wie differenziert oder rudimentär auch immer - ein Konzept in bezug auf die in diesem Fall als angemessen erachteten Modalitäten der Protokollierung zu erstellen.[21] **Als Reaktion auf die strukturell unsichere Orientierungslage unternimmt der Vernehmungsbeamte mit der Einleitung einer Vernehmungsvorbesprechung also unabhängig davon, wie weit er sich dessen bewußt ist, den Versuch, die Protokollierungsphase - in der sich entscheidet, ob und unter welchen Umständen eine Sicherung der Verwertbarkeit der Ermittlungen gelingt - kontrolliert von einem den Besonderheiten des Falles Rechnung tragenden Gesamtentwurf her vorzubereiten und vorzustrukturieren.**

Die Vorbereitung erfolgt in der Bewältigung von drei aufeinander bezogenen - und für die Vernehmungsvorbesprechung konstitutiven Aufgaben:

(1) Als erstes obliegt es dem Vernehmungsbeamten, die Aussagebereitschaft des Beschuldigten zu initiieren und zu erforschen, unter welchen Bedingungen der Beschuldigte kooperativ sein dürfte.

(2) Da die Erforschung der Bedingungen für die Kooperationsbereitschaft des Beschuldigten in der Vernehmungsvorbesprechung stets selbst schon folgenreiche Vernehmungsrealität ist, bietet es sich für den Vernehmungsbeamten an, zur Vorbereitung der Protokollierungsphase den Beschuldigten schon in der Vernehmungsvorbesprechung so in die Vernehmung einzubinden, daß sich für ihn, den Beschuldigten, daraus zumindest nur schwer

---

21 Im Rahmen aller drei für den Vernehmungstext als sinnvoll hochgerechneten Orientierungszusammenhänge entwickelt der Vernehmungsbeamte ein mehr oder weniger grobes Konzept für die Gestaltung der **gesamten** Protokollierungsphase. (Kap. 6.1.2.3)

Die Entscheidung, den Entwurf für die Weiterführung der Vernehmung des Beschuldigten beim Übergang zur Protokollierungsphase in dieser Reichweite zu erstellen, ist also weder eine fallspezifische Besonderheit noch gar auf die Willkür eines über die Lesartenbildung des Interpreten geschaffenen Vernehmungsbeamten zurückzuführen. Vielmehr kann sich der Vernehmungsbeamte einer solchen Entscheidung nicht entziehen, weil er die polizeiliche Vernehmung des Beschuldigten mit einer Vernehmungsvorbesprechung eingeleitet hat.

rücknehmbare Kooperationsverpflichtungen ergeben. D.h.: Der Vernehmungsbeamte wird bereits in der Vernehmungsvorbesprechung Anstrengungen zur Einbindung des Beschuldigten in einen 'kooperativen Kontakt' unternehmen.

(3) Der Aufbau von Kooperationsverpflichtungen für den Beschuldigten und die Reichweite der in diesem Zusammenhang erfolgten Ermittlungen des Vernehmungsbeamten in der Vernehmungsvorbesprechung werden - wie gesagt - jeweils begrenzt durch die aus dem Zusammenhang der laufenden Vernehmungsvorbesprechung heraus erfolgende fallspezifische Entscheidung des Vernehmungsbeamten zum Übergang zur Protokollierungsphase. Diese Entscheidung und der mit ihr zwangsläufig verbundene Entwurf zur Strukturierung der Protokollierungsphase sind begründet (a) in den vorausgegangenen Ermittlungen des Vernehmungsbeamten zur Sache und in seinem Urteil über die erreichbare Kooperativität des Beschuldigten in Zusammenhang (b) mit dem Wissen um den in der Vernehmungsvorbesprechung erreichten Stand der Einbindung des Beschuldigten in das Vernehmungsgespräch.

Den mit der Entscheidung zum Übergang zur Protokollierungsphase (jeweils) konstruierten Entwurf gilt es dann in der Protokollierungsphase umzusetzen, zu konkretisieren, auszudifferenzieren, zu modifizieren und ggf. unter dem Eindruck nicht in das Konzept integrierbarer neuer Sachverhalte zu verwerfen und durch einen anderen zu ersetzen.

6.3. Die fallspezifische Bewältigung der strukturellen Problemlage in der erhobenen Vernehmungsvorbesprechung (Hypothesenüberarbeitung und -überprüfung: qualitative Induktion)

Ein Vernehmungsbeamte kommt also in polizeilichen Vernehmungen Beschuldigter nur an sein Ziel, wenn es ihm gelingt, die Kooperationsbereitschaft des Beschuldigten zu initiieren, zu fördern und zu sichern. Daß damit nicht lediglich auf die Bereitschaft des Beschuldigten, sich zur Sache zu äußern, abgehoben ist, braucht im Anschluß an die bisherige Strukturrekonstruktion kaum noch betont zu werden: Die Kooperation des Beschuldigten sollte sich eben und v.a. auch auf seine Bereitschaft zur unverstellten Offenlegung seines Ereigniswissens und zur Lizenzierung eines Protokolltextes von diesem Wissen erstrecken.

Die nicht hintergehbaren Probleme, von denen jede Bewältigung dieser Aufgabe zwangsläufig geprägt ist - im Kern der "Ziel-Mittel-Konflikt" - stand im Zentrum der Strukturanalyse. Zuletzt konnte dann im Rahmen der ersten Hypothesenbildung auch die Bedeutung der Vernehmungsvorbesprechung bei der Bewältigung dieser Problemlage näher bestimmt werden: Mit der Durchführung einer Vernehmungsvorbesprechung schafft sich der Vernehmungsbeamte die

Möglichkeit für einen vergleichsweise kontrollierten fallspezifischen Aufbau der Vernehmung, insbesondere der Protokollierungsphase. Im einzelnen obliegt es dem Vernehmungsbeamten in der Vernehmungsvorbesprechung

- die Bedingungen zu erforschen, unter denen der Beschuldigte kooperativ sein dürfte,
- die Grundlagen für eine 'kooperative Haltung' des Beschuldigten zu schaffen und
- den geeigneten Übergang zur Protokollierungsphase zu bestimmen.

Betrachtet man nun vor dem Hintergrund der gewonnenen Strukturhypothese die bisherige Interpretation der Vernehmungsvorbesprechung von der Feinanalyse bis hinein in die Bestimmung der 'strukturellen Elemente' (Kap. 6.1.2), so stellt man sehr schnell fest, daß bei der Rekonstruktion der Besonderheiten dieses Einzelfalles dieser strukturelle Hintergrund kaum hinreichend Berücksichtigung fand.

Zwar konnte mit der "Strategie der verdeckten Unterstellung der Aussagebereitschaft und der Täterschaft des Beschuldigten" ein Verfahren 'freigelegt' werden, das auch schon als Versuch des Vernehmungsbeamten, für den Beschuldigten eine kooperationsfördernde, kommunikative Zwangslage herzustellen, begriffen wurde. (s. Kap. 6.1.2.1 und 6.1.2.2). Trotzdem scheint vom jetzigen Stand der Strukturbestimmung aus betrachtet (Aushandlungsdominanz des Beschuldigten; Ziel-Mittel-Konflikt) noch nicht hinreichend differenziert und gezielt rekonstruiert, mit welchen Verfahren der Vernehmungsbeamte sich darum bemüht, den Beschuldigten dazu zu 'verleiten', Kooperationsverpflichtungen einzugehen: Es wurde erst sporadisch herausgearbeitet, welche Anstrengungen der Vernehmungsbeamte zur **Einbindung des Beschuldigten in einen 'kooperativen Kontakt'** unternimmt.

Der Grund für dieses Analysedefizit ist leicht gefunden: Der Ziel-Mittel-Konflikt, in dem der Vernehmungsbeamte unweigerlich steht, wurde erst zum Ende der Hypothesenbildung in seiner vollen Tragweite als das zentrale Problem der Wahrheitserforschung des Vernehmungsbeamten in polizeilichen Vernehmungen Beschuldigter erkannt (Kap. 6.1.2.3). Infolge der 'ursprünglichen Bezugnahme' auf ein dem Interpreten selbstverständliches, noch vages und diffuses Wissen um die dem Vernehmungsbeamten auferlegte Aufgabe stand zuvor eher der Gesichtspunkt 'an juridischen Maßstäben orientierte Überzeugungsbildung des Vernehmungsbeamten und die darauf ausgerichtete Ermittlungsführung' im Vordergrund der Lesartenbildung. Von daher wurden die Bemühungen des Vernehmungsbeamten um die Kooperativität des Beschuldigten nur aus etwa diesem Blickwinkel und dann auch noch - der Interpretationsphase entsprechend - recht unsystematisch betrachtet.

So ist es sinnvoll, jetzt - nachdem die strukturelle Problemlage für den Vernehmungsbeamten erstmals als geschlossene Hypothese dargestellt werden konnte - den dieser Interpretation zugrundeliegenden Transkriptionstext von einer Vernehmungsvorbesprechung noch einmal und dann **unter dem Gesichtspunkt der**

Anstrengungen, die der Vernehmungsbeamte unternimmt, um die Kooperationsbereitschaft des Beschuldigten zu erwirken, zu untersuchen. Dabei könnten sich auch Hinweise auf allgemeine, fallneutrale Lösungsansätze ergeben.

Mit einer neuerlichen Interpretation der Vernehmungsvorbesprechung wird gleichzeitig auch ein erstes Mal die Gültigkeit der herausgearbeiteten strukturellen Problemlage auf die Probe gestellt.

Die qualitativ induktive Überprüfung der Hypothese an dem Material, an dem sie abduktiv gewonnen wurde, macht Sinn, weil - wie gerade gesagt - der lesartenerschließende Gesichtspunkt sich im Verlaufe der Hypothesenbildung einschneidend geändert hat und so der Nachweis, daß die erhobenen Handlungsspuren - der Transkriptionstext - in bezug auf die gewonnene Strukturhypothese bis in die Details als sinnvoller Handlungselemente nachvollziehbar sind, noch aussteht.

Die bisher herausgearbeiteten Besonderheiten der Vernehmungsführung des Vernehmungsbeamten sollen - soweit es das Transkript zuläßt - von 'Ungereimtheiten', 'Verzerrungen' und 'Lücken' befreit werden. Gelingt dies und läßt sich die ermittelte Strukturhypothese an den an den Daten herausgearbeiteten Besonderheiten dieses Einzelfalles plausibilisieren (nicht als unwirksam nachweisen), dann kann dem Ziel-Mittel-Konflikt **bis auf weiteres** ein entsprechender Wirklichkeitsakzent verliehen werden (vgl. KELLNER/HEUBERGER 1988a: 276ff).

6.3.1. Zweite feinanalytische Rekonstruktion des Vorbesprechungsverlaufs

Bei der Präsentation des Datenmaterials wurde bereits herausgestellt, daß mit dem hier interpretierten Fall auch eine Bearbeitungssonderform für die polizeiliche Vernehmung Beschuldigter vorgestellt ist: die Ladendiebstahlsachbearbeitung. Organisatorisch betrachtet, besteht die Besonderheit dieser Bearbeitungsform, die von der zuständigen Polizeibehörde - wie der Name schon sagt - lediglich für den Delikttyp Ladendiebstahl eingerichtet wurde, in der umgehenden Überführung eines im Kaufhaus des Diebstahls Beschuldigten zur Wache und einer dann unmittelbar erfolgenden Vernehmung (ausführlicher in Kap. 5.1).[22]

---

22 Die 'Vorzüge' dieser Rahmenkonzeption kommen der Bearbeitung von Ladendiebstählen in besonderer Weise zugute, weil der Personalbeweis hier in der Regel von großer Bedeutung für die Sachverhaltsrekonstruktion ist. Zudem sind bei zu bearbeitenden Ladendiebstahlsanzeigen die Voraussetzungen für die Zuteilung des Verfahrens günstig, weil die beschuldigte Person ohne großes Aufheben bis zum Eintreffen der Polizei am (vermeintlichen) Tatort festgehalten werden kann.

Wie stellt sich nun der allgemeine bewältigungsspezifische Orientierungsrahmen für den Vernehmungsbeamten fallspezifisch dar?[23]

Natürlich weiß der Vernehmungsbeamte, daß eine Ladendiebstahlanzeige zur Bearbeitung ansteht. Aufgrund seiner Funkbeteiligung an der Überführung des Beschuldigten weiß er zudem, daß der Beschuldigte ein Jugendlicher ist und gemeinsam mit seiner Mutter erscheinen wird. Selbstverständlich ist ihm das Wissen, daß die bewältigungsrelevante Situation höchstens zwei Stunden zurückliegt. Er kann davon ausgehen, daß der Beschuldigte (ähnlich wie die Mutter) höchstwahrscheinlich von der Beschuldigungssituation und der anschließenden Überführung zur Wache noch recht unvermittelt beeindruckt sein wird.

Über die Aussagebereitschaft des Beschuldigten, dessen Geständigkeit und Verteidigungskompetenz (und die der Mutter) könnte der Vernehmungsbeamte vor der Vernehmung von den Überführungsbeamten - die beim Abholen des Beschuldigten im Kaufhaus und während der Fahrt zur Wache ohne Belehrung entsprechende Informationen einzuholen pflegen - mehr oder weniger weitgehend ins Bild gesetzt worden sein. Inwieweit eine entsprechende Vorinformation erfolgte, kann für diesen Fall nicht gesagt werden. (Kap. 5.1)

Dem Vernehmungsbeamten ist selbstverständlich, daß der Beschuldigte (ähnlich wie dessen Mutter) kaum Gelegenheit hatte, wohlüberlegt ein 'vorläufiges' oder gar 'abgerundetes' Verteidigungskonzept zu entwickeln. Daran ändert auch die Tatsache nichts, daß der Ablauf des Geschehens nach dem Eintreffen von Beschuldigtem und Mutter auf der Wache und im Vernehmungszimmer etwas ins Stocken gerät, als sie, der Beschuldigte und dessen Mutter, im Vernehmungszimmer auf den Vernehmungsbeamten warten müssen (möglicherweise, weil der Vernehmungsbeamte in dieser Zeit bei den Überführungsbeamten Informationen einholt): Eine Distanzierung des Geschehens und der aktuellen Situation dürfte ihm/ihnen beim Warten - wenn überhaupt - nur sehr eingeschränkt möglich sein: Das unmittelbare Erleben des Vernehmungszimmers, die von der Gestaltung des Zimmers her geforderte und die von dem Beschuldigten und der Mutter realisierte Sitzordnung im Zusammenhang mit dem Wissen des Beschuldigten um das baldige Eintreffen des Vernehmungsbeamten sorgen schon vor Vernehmungsbeginn für eine nahezu unvermittelte Präsenz des anstehenden Vernehmungsgeschehens (siehe im Detail Kap. 6.1.1.1: "Die Perspektive des Beschuldigten unmittelbar vor Vernehmungsbeginn").

Als der Vernehmungsbeamte nach zwei Minuten eintrifft, kurz grüßt und sich sofort hinter seinen Schreibtisch begibt, fügt er sich trotz seiner 'Verspätung' (noch) recht nahtlos in den Geschehensablauf ein:

---

23 Soweit bei der Darstellung des fallspezifischen Ablaufs der Vernehmungsvorbesprechung auf die bereits in der extensiven Feinanalyse I und auf ihre Zusammenfassung (Kap. 6.1.1.2) zurückgegriffen werden kann, sollen - um umfängliche Doppelungen zu vermeiden - im folgenden entsprechende Interpretationssequenzen gerafft dargestellt werden. Auf besonders wichtig erscheinende Details der vorgelagerten Interpretation wird ausdrücklich verwiesen (FA I).

1/1 Vb 1 - 1/9 Vb 1

Der Vernehmungsbeamte liest umgehend die auf dem Schreibtisch liegende Strafanzeige und 'äußert' dabei für alle Anwesenden vernehmlich einige 'Bruchstücke' des in der Anzeige wohl verzeichneten Ereigniszusammenhangs.

Obwohl der Beschuldigte gesprächsbereit und seine Anwesenheit überhaupt mit der Vernehmung zur Sache begründet ist, erlebt er so, wie der Vernehmungsbeamte den Grundstein für den Blickpunkt seiner Ereignisperspektive ganz selbstverständlich mit Hilfe der Lektüre des Strafantrags legt. Dieser über die Rezeption gebildeten Ereignissicht gegenüber wird er sich dann wohl behaupten müssen. Der Beschuldigte gerät so schon zu Beginn der Vernehmung verstärkt in eine Verteidigungsposition.

Gleichgültig vor dem Hintergrund welchen übermittelten Wissens um die Aussagebereitschaft, Vernehmungskompetenz und Geständnisbereitschaft des Beschuldigten und gleichgültig auch im Rahmen welcher vom Vernehmungsbeamten initiierten Gesprächsform (('Selbstgespräch'; rhetorisch aufbereiteter Monolog; Dialog in wechselseitig expliziten Reaktionen; Mischformen (siehe im Detail FA I 1/1 Vb 1 -1/9 Vb 1)) - die Reaktionen des Beschuldigten auf die Redebeiträge des Vernehmungsbeamten geben ihm, dem Vernehmungsbeamten, stets - mehr oder weniger weitreichend und konturenscharf - einen Eindruck von der Kooperationsbereitschaft des Beschuldigten. Der Vernehmungsbeamte wird auf jeden Fall einen ersten - möglicherweise ja trügerischen - Einblick in die Aussagebereitschaft des Beschuldigten, den Gehalt der Ereignisperspektive des Beschuldigten, dessen Wahrhaftigkeit und Verfahrenskompetenz und in die Bedingungen, unter denen der Beschuldigte kooperationsbereit sein könnte oder dürfte, gewinnen.

Der Beschuldigte besitzt keine Chance zu verhindern, daß der Vernehmungsbeamte sich entsprechende - möglicherweise schon recht weitreichende - Eindrücke verschafft, denn selbst die implizit averbale Reaktion vermittelt dem Vernehmungsbeamten im Zusammenspiel mit dem unwillkürlichen Ausdrucksverhalten des Beschuldigten entsprechende Aufschlüsse.

In diesem Zusammenhang bekommen zwei Aspekte der Redebeitragspräsentation Gewicht:

(a) Die Redebeiträge, die der im Strafantrag verschrifteten Ereignisperspektive entnommen sein dürften, sind jeweils für sich und bleiben auch im Zusammenhang betrachtet fragmentarisch. Wesentliche Ereignisdetails wurden vom Vernehmungsbeamten nicht 'vorgetragen'. Da der zu Recht oder zu Unrecht, aussagebereite oder nicht aussagebereite, geständige oder nicht geständige Beschuldigte in einem besonderen Verhältnis zu dem vom Vernehmungsbeamten angedeuteten Geschehen steht, wird (auch) er sich einen Reim auf die vom Vernehmungsbeamten geäußerten Fragmente machen; Er wird sie vor dem Hintergrund seiner Ereignisperspektive kontextualisieren. Die vom Beschuldigten unwillkürlich vorgenommene Kontextualisierung kann dann Ausgangspunkt und Hintergrund für mehr oder weniger spontan nach außen getragene Reaktionen des Beschuldigten sein. So wird ein 'kommunikativer Mechanismus' deutlich, über den der Beschuldigte zu aussageträchtigen Reaktionen 'verleitet' werden könnte.

(b) Vor diesem Hintergrund ist dann auch die Abfolge der einzelnen Redebeiträge von Bedeutung: Mit der Nennung einer abstrakten Menge über das Aufführen des gemeinten Produkts bis hin zur Beschreibung einer für die Rekonstruktion des vermeintlichen Diebstahls entscheidenden Handlungssequenz entfaltet der Vernehmungsbeamte für seine Zuhörer, in erster Linie den Beschuldigten, einen Spannungsbogen, der mit jedem Redebeitrag stärker einen Anreiz für den Beschuldigten darstellen könnte, explizit - widersprechend, zustimmend, kommentierend etc. (s. FA I) - zu reagieren. Zusätzliche Anregungen erhält der Beschuldigte durch die Frageform der Beiträge (1/3u4 und 1/6), ggf. durch die Bemühungen des Vernehmungsbeamten um einen Dialog in wechselseitig expliziten Reaktionen, aber auch durch die Pausen, die der Vernehmungsbeamte zwischen den Redebeiträgen macht.

Der Beschuldigte wird nicht nur zwangsläufig in den Vernehmungsdialog einbezogen, er wird auch schon subtil dazu angeregt, explizit zu reagieren (im Falle eines monologartig gestalteten Vorhalts in erster Linie bei einer Abweichung).

Trotzdem bleibt dem Beschuldigten aber doch ein recht großer Reaktionsspielraum. Mit keinem der Redebeiträge des Vernehmungsbeamten ist zwingend eine verbale Stellungnahme gefordert. Auch für den Fall eines vom Vernehmungsbeamten angestrebten Dialogs in wechselseitig expliziten Reaktionen besteht für den Beschuldigten die Möglichkeit, implizit averbal zu reagieren, ohne daß dies unbedingt schon als Dialogverweigerung verstanden werden müßte. Dem Beschuldigten bleibt es überlassen zu entscheiden, auf welche Weise er in den Vernehmungsdialog einzusteigen gedenkt - und er kann sich mit seinem Einstieg für die Folgereaktionen breite Spielräume offenhalten.

D.h.: Mit der von ihm gewählten Einstiegsgestaltung zwingt und ermuntert der Vernehmungsbeamte den Beschuldigten **einerseits**, wie auch immer 'aufschlußreich' zu reagieren; **andererseits** aber räumt er dem Beschuldigten im Rahmen dieses nicht hintergehbaren Zwangs weitreichende Möglichkeiten ein, unbedrängt die ihm, dem Beschuldigten, geeignet erscheinende Reaktionsform zu wählen. Insofern kann die beschriebene Einstiegsgestaltung (a) als erst noch **vorsichtige** Ermittlung des Vernehmungsbeamten nach den Bedingungen, unter denen der Beschuldigte sich kooperationsbereit zeigen könnte, und (b) als **'weicher', non-direktiver** Versuch einer "interaktiven Einbeziehung" des Beschuldigten gelten.

Über den zur Verfügung stehenden Transkriptionstext kann lediglich mit Sicherheit festgestellt werden, daß der Beschuldigte sich nicht verbal geäußert hat. Von daher ist auch nicht genau bestimmbar, ob und inwieweit schon ein 'expliziter Dialog' zustande gekommen ist und welche Aufschlüsse und Einschätzungen der Vernehmungsbeamte erhalten hat bzw. vornehmen konnte. Der Vernehmungsbeamte kann allerdings auf keinen Fall - an juridischen Maßstäben gemessen - ein Geständnis des Beschuldigten ermittelt haben (siehe hierzu FA I 1/1 Vb 1 - 1/9 Vb 1). Natürlich sind schon weitreichende und 'fundierte' Einschätzungen denkbar.

1/10 Vb 1 - 1/11 Vb 1

Nachdem der Vernehmungsbeamte den Strafantrag zur Kenntnis genommen hat, bestehen verschiedene Möglichkeiten der Vernehmungsweiterführung:

- Der Vernehmungsbeamte könnte zunächst einmal die Personalien des Beschuldigten aufnehmen.
- Er könnte aber auch schon jetzt zur Ermittlung des Sachverhalts übergehen und den Beschuldigten beispielsweise fragen, ob er den Diebstahl begangen hat, oder ihn bitten, den Sachverhalt aus seiner Sicht zu schildern.
- Für diesen Fall ist - gemäß StPO - vorhergehend eine Belehrung des Beschuldigten über die ihm zur Last gelegte Tat und über sein Aussageverweigerungsrecht gefordert.

1.
Mit seiner recht unvermittelt an den Beschuldigten gerichteten Frage "Wieviel Bargeld hast Du dabei?" geht der Vernehmungsbeamte zwar - wie als möglich hochgerechnet - zur Sachverhaltsrekonstruktion über, setzt aber direkt mit der Motiverforschung ein.

Der Vernehmungsbeamte versucht, mit seiner Frage in Erfahrung zu bringen, ob der Beschuldigte - vorausgesetzt, er hat die Tat begangen - in der Lage gewesen wäre, die gestohlene Ware zu bezahlen. Die angefragte Information ist somit für die Bewertung der Motivlage des Beschuldigten und infolgedessen für die Bewertung der Tatschwere von Bedeutung. Dieser Fragehintergrund dürfte dem Beschuldigten nicht unbedingt vertraut und nicht auf Anhieb bekannt sein. Von daher könnte die Zuspitzung der Frage auf das mitgeführte Bargeld und der damit verbundene Verzicht auf eine Erklärung der Relevanz den Versuch darstellen, Täuschungen des Beschuldigten zu verhindern.

Die Frage birgt noch weitergehende erklärungsbedürftige Auffälligkeiten:

(a) Eine unvermittelt gestellte Frage nach dem mitgeführten Bargeld ist in weitgehend 'anonymen Beziehungen' ungewöhnlich und nur in Sonderfällen 'erlaubt'. Sie gilt als ungehöriger Eingriff in die Privatsphäre! Die Selbstverständlichkeit, mit der der Vernehmungsbeamte dem Beschuldigten die Frage stellt, kann als Verweis darauf verstanden werden, daß sie, die Frage, in polizeilichen Vernehmungen Beschuldigter zugelassen ist und hier nicht als ungewöhnlich gilt. Gefördert wird ein entsprechender Eindruck v.a. durch den verwaltungspraktischen Anstrich der Frageform, mit der die Normalität der Frage für polizeiliche Vernehmungen Beschuldigter implizit herausgestellt und zudem suggeriert wird, daß die Frage vom Beschuldigten auch zu beantworten sei (Reaktionsstrategie im institutionellen Rahmen; vgl. SCHÜTZE 1975).

D.h. aber:

- Andeutungsweise wird mit der Form der Fragestellung eine Dominanz des Vernehmungsbeamten suggeriert, die in dieser Weise keinesfalls strukturell abgesichert ist.
- Damit aber nicht genug: Die vom Vernehmungsbeamten gestellte Frage ist eindeutig Bestandteil der Sachverhaltsrekonstruktion. Da aber die Sachverhaltsrekonstruktion erst nach der Belehrung des Beschuldigten und nach dessen ausdrücklicher Erklärung, zur Sache aussagen zu wollen, erfolgen darf, ist nicht nur die Beantwortung der Frage durch den Beschuldigten nicht selbstverständlich, sondern schon die Fragestellung selbst zu diesem Zeitpunkt der Vernehmung noch nicht erlaubt. Der Vernehmungsbeamte hat also mit seiner Frage einen Verfahrensverstoß zuungunsten des Beschuldigten begangen.

(b) Oben wurde herausgestellt, daß die Frage Bestandteil der Ermittlungen zur Motivlage ist. Die erfragte Information ist nur von Bedeutung für den Fall, daß der Beschuldigte auch als Ladendieb überführt wird. Die anstehende Vernehmung soll dazu beitragen, entsprechende Aufschlüsse zu erbringen. D.h. aber: Wenn mit der Frage nach dem mitgeführten Bargeld auch - selbst implizit - keine Unterstellung der Täterschaft des Beschuldigten vollendet ist, so steht doch die Frage im Raum, ob die Ermittlungsausrichtung 'Motivrekonstruktion' nicht doch schon mit einer bisher vom Vernehmungsbeamten so noch nicht ausgesprochenen Annahme, der Beschuldigte habe den Ladendiebstahl begangen, einhergeht. Fraglich ist, ob der Vernehmungsbeamte andeutet, von der Täterschaft des Beschuldigten auszugehen.

2.

Gleichgültig von welchem über den Text abgedeckten Ermittlungshintergrund und von welchem strategischen Konzept des Vernehmungsbeamten die Fragestellung geleitet ist (siehe FA I 1/10u11 Vb 1) - in Anbetracht der vom Vernehmungsbeamten in Vernehmungsvorbesprechungen zu bewältigenden Aufgabe dient die Frage nach dem vom Beschuldigten mitgeführten Bargeld immer auch der Förderung und/oder der Stabilisierung der Aussagebereitschaft des Beschuldigten: Der Beschuldigte, der erstmals zu einer verbal expliziten Beantwortung aufgefordert ist, 'soll' mit der unvermittelt gestellten und verwaltungspraktisch anmutenden Frage ins Gespräch gezogen werden und über eine de-facto-Einwilligung eine erste Kooperationsverpflichtung eingehen. Hat er einmal geantwortet, wird es ihm später zumindest schwerer fallen, bei Bedarf die Aussage noch zu verweigern. Der Verzicht auf eine Belehrung zu den Verteidigungsrechten einhergehend mit dem suggerierten 'Beantwortungszwang' können Bestrebungen des Vernehmungsbeamten, den Beschuldigten erst einmal in ein Gespräch hineinzuziehen, unterstützen. Dieses Ziel wäre selbstverständlich auch dann erreicht, wenn der Beschuldigte sich ausdrücklich auf die mit der Frage anklingende Unterstellung der Täterschaft - widersprechend etc. -bezöge: Der Dialog wäre erst einmal in Gang gekommen und ein Ansatz für den Aufbau eines kooperativen Kontakts gefunden. In jedem Fall werden die Reaktionen des Beschuldigten dem Vernehmungsbeamten weitere Anhaltspunkte für die Einschätzung der Verfahrenskompetenz, der Reaktionsgepflogenheiten und des 'Verteidigungskonzepts' geben. Sieht sich der Beschuldigte gar veranlaßt, im Zusammenhang mit einer Beantwortung der Frage nach dem mitgeführten Bargeld schon Angaben zum Tathergang zu machen, so kann der Vernehmungsbeamte auch schon weitreichende Ermittlungen zur Ereignisperspektive des Beschuldigten anstellen.

3.
Die Frage des Vernehmungsbeamten fördert aber **nicht unbedingt** die Aussagebereitschaft und Kooperativität des Beschuldigten. Stets mitgedacht werden muß die Möglichkeit, daß der Beschuldigte als Reaktion auf die soeben herausgestellten Besonderheiten der Frage in einer Weise irritiert wird, mit der seine Kooperationsbereitschaft von vornherein auf dem Spiel steht (v.a im Falle des aussageunwilligen oder nicht geständigen Beschuldigten). Auf diesen Aspekt scheint der Vernehmungsbeamte mit seiner angehängten Zusatzbemerkung "Darf ich ja fragen oder darf Dich ja duzen." zu reagieren:

Als erstes betont er damit, daß seine Frage erlaubt ist. Damit kann eigentlich nur auf den spezifischen institutionellen Rahmen abgehoben sein, der eine so 'indiskrete' Frage gestatten soll. Dann spezifiziert oder begründet der Vernehmungsbeamte, eine eindeutige Lesart läßt die Konjunktion "oder" nicht zu, daß ihm das Duzen des Beschuldigten erlaubt ist.

Das Duzen ist in institutionellen Kontexten unüblich, hier aber gegenüber dem vierzehn Jahre alten Beschuldigten erlaubt. Damit ist - wie schon mit der vorangegangenen Feststellung - (a) der förmlich behördliche Charakter dieses Vernehmungsgesprächs implizit hervorgehoben, genauso wie (b) die Tatsache, daß der Beschuldigte als vierzehnjähriger Jugendlicher noch nicht als vollkompetentes Mitglied der Gesellschaft gelten kann: Seine Erziehung ist noch nicht zum Abschluß gekommen. Da vierzehnjährige Jugendliche gerade auch in Behörden trotz der Möglichkeit, sie zu duzen, häufig durchaus gesiezt werden, kann die Feststellung des Vernehmungsbeamten auch (c) als an den pubertierenden Jugendlichen gerichteter beruhigender Hinweis verstanden werden, nicht unnötig pikiert zu sein.

Der Vernehmungsbeamte begegnet mit den beiden nachgeschobenen Fragefeststellungen prophylaktisch möglichen Einwänden und Irritationen, die durch seine Frage ausgelöst worden sein könnten, allerdings ohne die Anlässe selbst zu beseitigen. Die knappen Feststellungen sind eher dazu geeignet, diese Anlässe nachträglich zu verschleiern: Dadurch, daß als Folge der Thematisierung das Duzen in diffuser Bezugnahme auf die Frage problematisiert wird, wird indirekt Verständnis und Entgegenkommen signalisiert und gleichzeitig in Andeutungen eine Berechtigung der Frage angezeigt. Die 'Begründung' - wenn sie denn eine ist - bleibt implizit diffus: Der behördliche Rahmen und der Status des Beschuldigten als noch zu sozialisierender Jugendlicher stehen in unklarer Bezugnahme als 'Argumente' im Raum. Vor diesem diffusen und verschleiernden Feststellungs(- und Begründungs)hintergrund könnte dann die unbestreitbare Feststellung, den Beschuldigten duzen zu dürfen im Verbund möglicherweise mit dem implizit inszenierten Entgegenkommen des Vernehmungsbeamten den Ausschlag dafür geben, daß ein durch die Frage irritierter Beschuldigter dazu veranlaßt wird, eine kooperative Haltung einzunehmen.

2 B 1 - 9 M 4

Auf die Frage des Vernehmungsbeamten und die dann nachgeschobene Feststellung reagiert der Beschuldigte mit einer Gegenfrage: "Fahrgeld?".
Unklar bleibt, was mit der Frage zum Audruck gebracht wird: ein akustisches Mißverständnis; ein akustisches Mißverständnis, basierend auf einem mangelnden Verständnis von der Bedeutung der Frage; ein Verweis auf die Unkenntnis des Wortes 'Bargeld'; eine verkappte Aussageverweigerung des Beschuldigten etc.

Der Vernehmungsbeamte, dem so wieder unklar bleibt, ob der Beschuldigte aussage- und kooperationsbereit sein wird, sieht in der Frage des Beschuldigten noch keinen Anlaß, die zuvor eingeschlagene Fragestrategie z.B. mit einer Erläuterung zu modifizieren. Er wiederholt lediglich richtigstellend das 'mißverstandene' Wort 'Bargeld'.

In dieser Situation greift die Mutter in den Dialog ein. Sie wiederholt ihrerseits das vom Beschuldigten 'mißverstandene' Wort. Unklar bleibt, ob sie den Beschuldigten etwa beruhigen, zur Beantwortung auffordern oder/und darauf hinweisen will, daß er die Frage eigentlich beantworten können müßte. Jedenfalls wiederholt auch der Beschuldigte dann "Bargeld" und zeigt damit an, daß er akustisch verstanden hat. Nachdem die Mutter nochmals eingegriffen hat und ihren Sohn nun unmißverständlich zur Beantwortung der Frage auffordert, gibt der Beschuldigte dann an, 100 DM dabei gehabt zu haben.

Bemerkenswert ist die Höhe des angegebenen Bargeldbetrags - der Beschuldigte ist bekanntlich erst vierzehn Jahre alt - und damit zusammenhängend das Fehlen jeder Kommentierung, mit der die Höhe des mitgeführten Betrags nachvollziehbar gemacht würde. Der Verzicht auf eine Kommentierung kann ein Hinweis darauf sein, daß der Beschuldigte nur widerstrebend und lediglich infolge der Anwesenheit und Aufforderung seiner Mutter eine oder diese Angabe gemacht hat. Vielleicht geht er auch davon aus, keine entlastenden Argumente geltend machen zu können, so daß sich jeder Kommentar erübrige. Nicht zuletzt ist aber auch denkbar, daß der Beschuldigte (irritiert) nur mechanisch antwortet und den Sinn der Frage wie die Bedeutung seiner Angabe gar nicht versteht.

Die Mutter bestätigt anschließend unaufgefordert die Angaben ihres Sohnes und kommentiert dann ihrerseits "Er war nämlich einkaufen". Sie stellt damit indirekt klar, daß ihr Sohn im Normalfall nicht so viel Geld mit sich führt. Dies kann als Hinweis etwa auf 'geordnete familiäre Verhältnisse' verstanden werden. Nicht ganz offengelegt ist mit dieser Angabe aber, für wen der Beschuldigte einkaufen ging, für wen die Zigaretten bestimmt waren und v.a. wem das Geld gehörte. In diesem Zusammenhang bleibt dann auch unklar, ob die Mutter - für den Fall, daß sie ihren Sohn als Täter betrachtet - mit diesem Kommentar auch zum Ausdruck bringt bzw. bringen will, daß der Beschuldigte die Zigaretten hätte bezahlen können (weil ihm das Geld gehörte oder weil er, bevor er einen Ladendiebstahl begeht, das 'Familiengeld' hätte nehmen müssen) oder sie nicht ohne weiteres hätte bezahlen können (weil er mit dem Geld der Eltern nicht unbedingt und problemlos die Möglichkeit gehabt hat, Zigaretten für den Eigenbedarf zu bezahlen).

Die Einschätzung der Kooperationsbereitschaft des Beschuldigten durch den Vernehmungsbeamten dürfte in dieser Phase (eigentlich) nicht sehr weit gediehen, zumindest aber noch nicht zu einem vorläufigen Abschluß gekommen sein. Sicherlich: Der Beschuldigte hat die Frage beantwortet. Allerdings nähren Eigenheiten ("Fahrgeld?") und Umstände (Moderation durch die Mutter) der Beantwortung Zweifel an der Tragfähigkeit von Aussagebereitschaft und Kooperativität des Beschuldigten. Zu viele Möglichkeiten können allein schon aus dem bisher noch ungeklärten Zusammenspiel von Mutter und Sohn in Betracht kommen (heimliche Regie der Mutter; Versuch des Beschuldigten, sich der Kontrolle der Mutter zu entziehen etc.).

Jedenfalls ist es dem Vernehmungsbeamten nicht gelungen, den Beschuldigten in das Vernehmungsgespräch hineinzuziehen. Der Dialog scheint vielmehr allein durch die eigenständigen Interventionen der Mutter des Beschuldigten in Gang gehalten zu werden.

Das Hauptanliegen des Vernehmungsbeamten dürfte in dieser Situation darin bestehen, den Beschuldigten endlich ins Vernehmungsgespräch einzubeziehen, um so allmählich einen tragfähigen Gesprächskontakt aufbauen zu können. Dazu bieten sich ihm verschiedene Handlungsrahmen an:

- Er könnte - durchaus den Gepflogenheiten entsprechend - zur Aufnahme der Personalien schreiten.
- Er könnte sich aber auch Klarheit darüber verschaffen, wem die 100 DM gehören und so den aktuellen Gesprächsfaden weiterspinnen.
- Der Vernehmungsbeamte könnte ganz offen zur Ermittlung des Sachverhalts übergehen und beispielsweise den bisher so zurückhaltenden Beschuldigten bitten, den Sachverhalt einmal aus seiner Sicht darzustellen.
- Im Zusammenhang mit den beiden letztgenannten Möglichkeiten, müßte der Vernehmungsbeamte eigentlich (StPO) vorher auch die Belehrungen vornehmen.

10/1 Vb 3

1.
Der Vernehmungsbeamte reagiert auf die Bestätigung und Erläuterung der Mutter mit einer an den Beschuldigten gerichteten Frage: "Ja warum hast Du's denn dann gemacht? . Mh?" Unmißverständlich wird jetzt klar, was oben noch aufgedeckt werden mußte: der Vernehmungsbeamte hat die Motiverforschung eingeleitet! Zunächst brachte er vermittels einer isoliert auf den Geldbetrag zugespitzten Frage das vom Beschuldigten mitgeführte Bargeld in Erfahrung, um dann einen Rückschluß auf die Zahlungsfähigkeit und damit auf die Motivlage vorzunehmen. Dieser Rückschluß ist jetzt Ausgangspunkt für eine genauere Erforschung der Motivlage.

1.1.
Der Vernehmungsbeamte verzichtet mit der von ihm gestellten Frage darauf, sich nach der fallspezifischen Rahmung des Einkaufs zu erkundigen. Statt dessen wählt er eine Frageform, die sich auf alle denkbaren Varianten beziehen kann und in bezug auf all diese Varianten über einen 'gemeinsamen' thematischen Nenner verfügt: Unterstellt wird dem Beschuldigten, genug Geld für den Kauf der gestohlenen Zigaretten mitgeführt zu haben. Dem Beschuldigten wird also vorgehalten, die Zigaretten in jedem Fall gestohlen haben zu wollen. Zwingend ist dieser den Beschuldigten schwerer belastende Rückschluß auf die Motivlage aber nicht: Zumindest für die denkbare, wenn nicht gar wahrscheinliche Variante "Familieneinkauf mit dem Geld der Mutter/Diebstahl der Zigaretten für den Eigenbedarf" bleibt die oben schon angedeutete Alternative ("Rückschrecken des Beschuldigten vor einem Familiendiebstahl") bestehen. Das ermittlungspraktische Ziel der Frage läßt sich nun genauer bestimmen: Über eine Beantwortung der Frage kann der Vernehmungsbeamte nicht nur einen weitergehenden Einblick in die Motivlage des Beschuldigten erhalten; ggf. wird er auch - quasi nebenher - erfahren, ob sein unterstellter Rückschluß 'Zahlungsfähigkeit des Beschuldigten' gerechtfertigt war und - vielleicht auch - unter welchen spezifischen Bedingungen der Diebstahl zustande kam.

1.2.
Auch wenn der Vernehmungsbeamte eine Frageform wählt, die sich auf alle 'Rahmungsvarianten' beziehen läßt, so erweckt er doch gerade (a) als Folge des Verzichts auf nähere Erkundigungen im allgemeinen und (b) als Folge der mit der Frage einhergehenden, aber nicht zwingend für alle Rahmungsvarianten begründeten Unterstellung der Zahlungsfähigkeit des Beschuldigten im besonderen den Eindruck, als sei er über die spezifischen Umstände im Bilde. Es scheint so, als stelle er seine Frage aus einer Insider-Perspektive - als wüßte er selbstverständlich, was es familienintern bedeutet, wenn die Mutter in dieser Situation bestätigt, der Beschuldigte habe 100 DM mitgeführt, weil er einkaufen war. Dieser Eindruck vermittelt sich nicht zuletzt auch über die Gestaltung der Frage selbst:

Die Rückfrage weist keinerlei moderierende Distanzierung auf und sie ist geprägt von einer hohen Indexikalität, mit der ein implizites Wissen um den hier relevanten Kontext - ähnlich wie bei dem vorhergehenden Kommentar der Mutter - bei den am Gespräch Beteiligten unterstellt wird.

So läßt sich der Vernehmungsbeamte auf die vorangegangene Moderierung des Gesprächs durch die Mutter des Beschuldigten in einer bemerkenswerten Weise ein: **Mit seiner an den Beschuldigten gerichteten Frage nach dessen Motiv klinkt er sich - interaktiv - zwischen Mutter und Sohn scheinbar aus deren familialer Binnenperspektive heraus ein, und es hat von daher den Anschein, als habe er, der Vernehmungsbeamte, seine Rolle als Vernehmungsbeamter mit der personalen Haltung eines Vaters 'eingefärbt'.**

1.3.

Dieser Anschein verdichtet sich, wenn man den Aspekt, der bei der Interpretation des Interakts 10/1 Vb 3 in den vorangegangenen Teilen dieser Einzelfallanalyse im Vordergrund stand, noch einmal heranzieht. Zur Erinnerung: Der Vernehmungsbeamte unterstellt dem Beschuldigten nicht nur, die Zigaretten bewußt unentgeltlich an sich genommen zu haben; mit dem Erfragen des Motivs unterstellt er ihm implizit und in der laufenden Vernehmung erstmals unmißverständlich auch, die ihm zur Last gelegte Tat begangen zu haben. Da ein entsprechender juridisch tragfähiger Beweis bis dahin noch nicht erbracht sein konnte, muß auch diese Unterstellung als verdeckte Ermittlung - hier der Täterschaft und Geständigkeit des Beschuldigten - betrachtet werden. Die verdeckt angelegte Doppelunterstellung insgesamt - so wurde oben herausgearbeitet - dient ermittlungstaktischen Zielen: (1) Mit der 'näher an der Oberfläche' liegenden Motivunterstellung könnte zum einen die gravierendere Täterschaftsunterstellung aus dem Blick des Beschuldigten gehalten und zum anderen eine Beantwortung 'provoziert' werden, mit der der Beschuldigte ggf. 'unkontrolliert' auf die Täterschaftsunterstellung aufschlußreich Bezug nähme. (2) In jedem Fall aber konfrontiert der Vernehmungsbeamte den Beschuldigten - unabhängig davon wie diese im besonderen subjektiv intentional verankert ist (FA I 10/1 Vb 3: 3.2.) - mit einer Unterstellung sowohl in bezug auf die Motivlage als auch auf die Täterschaft, und er testet damit - ob er sich darüber im klaren ist oder nicht - ab, ob und ggf. in welcher Form und mit welchen Argumenten er, der Beschuldigte, die Tat eingesteht oder aber Widerspruch leistet.

Beide Unterstellungen können lediglich in der Überzeugung des Vernehmungsbeamten oder in der ermittlungstaktisch kalkulierten Vorgabe einer entsprechenden Überzeugung begründet sein. Diese Überzeugung dürfte sich in der zurückliegenden Einstiegsphase im Zusammenhang mit der Einschätzung des Strafantrags und der Kenntnisnahme von Berichten der Überführungsbeamten vor dem Hintergrund eines fallspezifisch alltagsweltlichen und berufsspezifischen Erfahrungswissens ohne weiteres soweit herausgebildet haben, daß für den Vernehmungsbeamten keine Zweifel mehr bestehen. Wird eine so gewonnene 'zweifelsfreie Überzeugung' oder die Vorgabe einer entsprechenden Überzeugung

- wie im vorliegenden Fall - vom Vernehmungsbeamten wie selbstverständlich und implizit dem Gespräch zugrundegelegt, dann erhält die polizeiliche Vernehmung des Beschuldigten zwangsläufig ein **alltagsweltlich partikularistisches Gepräge**! Die juridisch universalistische Maxime ("Zunächst einmal, v.a. aber vor Abschluß der Einlassung des Beschuldigten könnte sich der Fall noch ganz anders darstellen, als meine Überzeugnung es mir momentan anzeigt:" (systematischer Zweifel) scheint durch die alltagsweltlich partikularistische ("(Schon) bei diesen Anzeichen und Beweisen kann man - auch vor Abschluß der Befragung des Beschuldigten - nach meinen Erfahrungen sicher sein, daß ...") ersetzt.

Die partikularistische Form der Überzeugungsbildung ist dem Beschuldigten über eine stete Verinnerlichung in alltagsweltlichen Zusammenhängen bestens vertraut. Grundlegend eingeübt wurde sie in der sozialisatorischen Interaktion mit den Eltern. Ihre Inanspruchnahme durch den Vernehmungsbeamten stützt von daher die oben geäußerte Vermutung, der Vernehmungsbeamte färbe seine Rolle in dieser Situation mit der personalen Haltung eines Vaters ein.

Ins Bild paßt auch, daß der Vernehmungsbeamte als von der Täterschaft des Beschuldigten überzeugter 'Als-Ob-Vater' sich umgehend nach den Beweggründen des 'Sohnes' erkundigt: Die Frage, wie so etwas passieren konnte und wo der Ansatzpunkt ist für eine Einflußnahme, die 'so etwas' für die Zukunft ausschließt, sind für einen erziehenden Vater von größerer Bedeutung als die Klärung der Tathergangsdetails.

2.

Die Interpretation des Interakts 10/1 Vb 3 geht jetzt schon über die Herausarbeitung der Besonderheiten im Rahmen der Hypothesenbildung hinaus - und doch wieder nicht: Die mit der Doppelunterstellung eingeschlagene, soeben skizzierte Ausrichtung der Ermittlungsführung wurde schon in der FA I erarbeitet. Allerdings wurde die 'Einfärbung' der Rolle des Vernehmungsbeamten mit der personalen Haltung 'Vater' nicht bemerkt. Nur: Der Sinn, den diese Einfärbung macht, konnte bisher noch nicht recht deutlich werden.

Er läßt sich am besten von der zu erwartenden Wirkung auf den Beschuldigten her beschreiben:

(a) Wenn auch dem Beschuldigten zu keinem Zeitpunkt unklar sein dürfte, daß es sich bei der ihn befragenden Person um einen Vernehmungsbeamten (und nicht um seinen Vater) handelt, so ist die subtile Einfärbung dieser Rolle mit der personalen Haltung eines Vaters doch dazu geeignet, tendenziell eine komplementäre personale Haltung beim Beschuldigten auszulösen (ebenso bei der Mutter) - ohne daß sich der Beschuldigte darüber im klaren ist. Entsprechend unterschwellig ablaufende Übertragungsvorgänge sind in der Psychonanalyse - allerdings mit dem Schwerpunkt 'pathologische Abweichung' - hinreichend beschrieben. Sie sind unverzichtbarer Bestandteil jeder Lebenspraxis. Angesprochen durch die soeben beschriebenen väterlichen Verhaltensformen des Vernehmungsbeamten könnte der Beschuldigte sich quasi automatisch dazu veranlaßt sehen, bestimmte Kooperationsverpflichtungen, die gegenüber Vätern 'normalerweise' bestehen, auf der Basis verinnerlichter Reaktionsroutinen einzulösen: Gesprächsbereitschaft, Aufrichtigkeit, Folgsamkeit, Rechenschaftspflicht etc.

(b) Wie beschrieben, stellt der Vernehmungsbeamte seine nach juridischen Maßstäben noch unbewiesene Überzeugung von der Täterschaft des Beschuldigten nicht zur Diskussion. Sie fließt implizit in die weiterführende Frage nach dem Motiv ein. Diese oben als partikularistisch markierte Überzeugungsbildung und v.a. ihre selbstverständliche Geltendmachung ist für einen Vater - auch darauf wurde schon verwiesen - nicht weiter ungewöhnlich: Urteilsbildungen in Anbetracht flüchtiger, oft nur weniger Indizien v.d.H. abgelagerter einschlägiger (milieuspezifischer) Erfahrungen sind typisch v.a. (auch) im Rahmen familialer Kommunikation: Es reicht aus, überzeugt zu sein. Man muß seine Überzeugung nicht beweisen! Mit den so gebildeten Urteilen sind dann jeweils hohe Geltungsansprüche verbunden. Die Ansprüche sind besonders hoch, wenn sie von einem dominanten Gesprächspartner vorgenommen werden. In einer Vater-Sohn-Beziehung, wie sie vom Vernehmungsbeamten der Tendenz nach suggeriert wird, hat der Vater die dominante Position inne - jedenfalls im kulturspezifischen Normalfall: Seine Überzeugungsbildung ist erst einmal ausschlaggebend; er verfügt über die Definitionsmacht.

Will der 'beschuldigte Sohn' einer familieninternen Etikettierung entgehen, so muß er sich um eine Entlastung bemühen und sich dabei an den Bedingungen der partikularistischen Überzeugungsbildung des Vaters orientieren.

Der Vernehmungsbeamte bemüht sich also mit der Einnahme der personalen Haltung eines 'Vaters' um die Anbindung des Vernehmungsgesprächs an einen sozial geteilten und hier v.a. für den Beschuldigten kooperationsverpflichtenden Diskurs. **Indem der Vernehmungsbeamte wie ein 'Vater' agiert, 'muß' der Beschuldigte wie ein 'Sohn' agieren.**

Nimmt der Beschuldigte die Haltung eines 'Sohnes' ein, dann erhöhen sich die Chancen dafür, daß er bereit ist - daß es ihm im Extremfall sogar ein Bedürfnis ist, wahrhaftig auszusagen und diese Aussage dann auch zu Protokoll zu geben. Konkreter: Der Beschuldigte, sich seiner Tat bewußt, ist als 'Sohn' aufgefordert, ohne Umschweife die Motive seiner Tat dem 'Vater' gegenüber offenzulegen. Der sich einer Straftat nicht bewußte Beschuldigte hingegen sollte in seiner angenommenen Haltung als 'Sohn' sich umgehend darum bemühen, den 'Vater' von seiner Unschuld zu überzeugen, um sich selbst vor Degradierungen zu bewahren.

3.

Jetzt wird deutlich, mit welchem 'Mittel' der Vernehmungsbeamte sich in dieser Situation darum bemüht, den aushandlungsdominanten Beschuldigten in das Vernehmungsgespräch hineinzuziehen und einen 'kooperativen Kontakt' zu ihm herzustellen, aus dem heraus sich ihm, dem Beschuldigten, ermittlungshemmende 'Schachzüge' von vornherein verbieten: **Über die Einkleidung seiner Rolle als Vernehmungsbeamter mit der personalen Haltung 'Vater' soll der Beschuldigte in eine (andere) ihm vertraute alltagsweltlich familiale Beziehungswirklichkeit versetzt werden, in der ihn möglicherweise und ggf. noch überrascht oder gar enttäuscht, daß der 'Vater' von seiner Täterschaft überzeugt ist - wovon in diesem Beziehungsrahmen ja auch gar nicht abgelenkt werden soll (vgl. Pkt. 1.3.) -, in der ihm dann aber auch selbstverständlich ist, daß er sich dieser Überzeugung des 'Vaters' den beziehungsgemäßen Gepflogenheiten entsprechend stellen muß.**

Blind gehalten für den strafrechtlich förmlichen Ermittlungscharakter des Gesprächs und für die eigene Aushandlungsdominanz könnte der Beschuldigte so dazu 'verleitet' werden, sich quasi selbständig im Sinne der vom Vernehmungsbeamten zu bewältigenden Ermittlungsaufgabe kooperativ zu zeigen.

Der Vernehmungsbeamte kann natürlich nicht sicher sein, daß seine Bemühungen fruchten: Zum einen besteht die Möglichkeit, daß der Beschuldigte die ihm zugeschriebene personale Haltung als Sohn nicht einnimmt und sich dann auch nicht von der Täterschaftsunterstellung irritieren läßt, und zum anderen kann für den Fall einer weitgehenden 'Akzeptanz' der zugeschriebenen personalen Haltung durch den Beschuldigten keinesfalls ausgeschlossen werden, daß für ihn, den Beschuldigten, mit der Einnahme der Haltung eines Sohnes Reaktionsgepflogenheiten verknüpft sind, die einer im verfahrenspraktischen Sinne kooperativen Haltung nicht entsprechen.

<u>10/2 Vb 3</u>

Aus der Verschriftung des Dialogs geht hervor, daß der Beschuldigte auf die Frage des Vernehmungsbeamten akustisch nicht wahrnehmbar reagiert:

(1) Wenn auch von daher mit der Reaktion des Beschuldigten kein Geständnis zum Ausdruck gekommen sein konnte (vgl. FA I 10/3 Vb 3: 4), so bleibt aber doch möglich, daß die Reaktion des Beschuldigten, im bisherigen Reaktionszusammenhang betrachtet, es dem Vernehmungsbeamten als wahrscheinlich erscheinen läßt, daß der Beschuldigte geständig und im Grunde auch aussagebereit ist.

(2) Dann ist es aber auch denkbar, daß der Beschuldigte zwar eher aussagebereit, aber nicht (zumindest nicht unbedingt) geständig erscheint.

(3) Nicht zuletzt bleibt es aber auch vorstellbar, daß der Beschuldigte sich eher auf ganzer Linie kooperationsunwillig präsentiert.

Als vergleichbar problematisch für alle drei Möglichkeiten - also auch in bezug auf den geständig und aussagebereit erscheinenden Beschuldigten - stellt sich allerdings die verhaltene Reaktionsweise des Beschuldigten dar.

Dem Vernehmungsbeamten ist bisher weder non-direktiv noch über eine vermeintlich verwaltungstechnisch geprägte, direkt an den Beschuldigten gerichtete

Frage und auch nicht - zuletzt - über ein interaktives Einklinken in das familiale Binnengefüge und der damit verbundenen Einnahme der personalen Haltung eines Vaters gelungen, den Beschuldigten in das Vernehmungsgespräch hineinzuziehen. Damit - und darin liegt der Kern des Problems - hat sich für ihn bisher immer noch kein Ansatzpunkt für den Aufbau eines 'kooperativen Kontakts', aus dem heraus ihm erst die vergleichsweise sichere Bewertung der Wahrhaftigkeit des Beschuldigten genauso wie 'Sicherheit' beim Aufbau des Vernehmungsgesprächs möglich und dem Beschuldigten gleichzeitig ein 'Rückzug' aus der Vernehmung (Aussageverweigerung; Täuschung) tentativ verwehrt ist, gefunden. Der Vernehmungsbeamte hat immer noch 'keinen Boden unter den Füßen'!

In dieser für den Aufbau eines tragenden Gesprächkontaktes und einer kooperativen Haltung wohl vorentscheidenden Situation kommt der Reaktion des Vernehmungsbeamten besonderes Gewicht zu.

In bezug auf alle drei oben als möglich herausgestellten Einlassungsvarianten des Beschuldigten (10/2) bietet sich eine Anschlußfrage entweder nach der Motivlage oder aber zum Tathergang an. Der Vernehmungsbeamte könnte auf diese Weise und durchaus in der personalen Haltung eines 'Vaters' seine Ermittlungen zur Sache fortführen, dabei eingehendere Einschätzungen zum Ereigniswissen des Beschuldigten vornehmen, aber eben auch weiter austesten, ob bzw. unter welchen Umständen der Beschuldigte ins Gespräch einsteigt, Kooperationsverpflichtungen eingeht und dann umfassend kooperationsbereit ist/sein könnte.

<u>10/3 Vb 3 - 44 M 10</u>

1.

Der Vernehmungsbeamte führt die Vernehmung aber in gänzlich anderer Weise fort: Er bricht die Ermittlungen zur Sache ab und geht zur Aufnahme der Personalien über.

Drei Gestaltungsaspekte verdienen besondere Beachtung:

- Nachdem der Vernehmungsbeamte im Anschluß an seine Frage fünf Sekunden verstreichen läßt, wendet er sich an den Beobachter mit der Frage, ob er auch die Personaldaten tonbandprotokollieren wolle. Damit kündigt er dem Beschuldigten (und seiner Mutter) den Plan, zur Personalienaufnahme überzugehen, lediglich indirekt und über den Kontakt zu einer vierten Person vermittelt an.
- Nach der Antwort des Beobachters rollt er seinen Schreibmaschinenstuhl hinüber, spannt den Personalbogen ein und tippt etwa 45 Sekunden lang.
- Danach schaut er in den neben sich liegenden Kinderausweis und sagt mit einer Frageintonation den Vor- und Familiennamen des Beschuldigten. Damit will er sich offenbar die Richtigkeit des Namens bestätigen lassen.

Ohne jede Moderation - und d.h. beispielsweise auch: ohne den Beschuldigten (und dessen Mutter) über die Bedeutung und den verfahrensrelevanten Stellenwert der Personalienaufnahme in Kenntnis zu setzen - trifft der Vernehmungsbeamte die Vorbereitungen für die Aufnahme der Personalien.

Bei der Gestaltung der ersten Phase der Personalienaufnahme springt dann auf Anhieb die Form ins Auge, in der der Vernehmungsbeamte - sich bei der Erhebung der Personalien an 'eine' im Formular vorgegebene Folge haltend - die Fragen an den Beschuldigten richtet: Allein eine der Fragen ist elaboriert als vollständiger Satz formuliert. Mit einer Ausnahme fehlt jede persönliche Anrede. Bei dieser Ausnahme verwendet der Vernehmungsbeamte das distanzierende "Sie" - obwohl er sich zuvor die Genehmigung zum Duzen eingeholt hat. Im ganzen gewinnt man dadurch, daß die Fragen - pragmatisch betrachtet - jeweils in der wohl kürzest möglichen Form gestellt werden, den Eindruck eines **Kommandostils**, mit dem dem Beschuldigten unterschwellig **zu antworten befohlen** wird.

Offensichtlich wird so, daß der Vernehmungsbeamte die zuvor eingenommene personale Haltung eines "Vaters" wieder abgelegt und 'statt dessen' die - wenn man so will - 'rollenadäquate' Haltung eines mit Macht ausgestatteten Vernehmungsbeamten eingenommen hat: Aus dieser Haltung heraus demonstriert er dann das Recht, die Personalien des Beschuldigten abzufragen, genauso wie die Pflicht zur Protokollierung der abgefragten Personalien in den institutionell vorgegebenen Kategorien. Nicht unerheblich ist in diesem Zusammenhang, daß der Beschuldigte in der ersten Phase der Personalienaufnahme tatsächlich über kein Aussageverweigerungsrecht verfügt (Erhebung erkennungsdienstlich relevanter Identitätsmerkmale).

2.
Der Beschuldigte wird dadurch, daß der Vernehmungsbeamte die personale Haltung eines Vernehmungsbeamten einnimmt und aus dieser Haltung heraus recht förmlich zur Personalienaufnahme übergeht und diese dann auch entsprechend einleitet, abrupt auf seinen neu gewonnenen Status als Beschuldigter hingewiesen. Dieser Status scheint für ihn zwingend mit institutionell vorgegebenen und von ihm kaum beeinflußbaren Konsequenzen verbunden zu sein. So muß er - vermeintlich - nicht nur über sich ergehen lassen, zur Person und zu seinen Lebensverhältnissen befragt zu werden. Er muß es sich wohl darüber hinausgehend auch noch gefallen lassen, daß seine Person und Lebenswelt aus einer allgemeinen und denkbar abstrakten Sicht 'entfremdet' (ohne eine angemessene Übersetzung der Binnenperspektive) beschrieben und die so zustande gekommene Beschreibung, sozusagen das erste Ermittlungsergebnis, als Protokoll festgehalten wird. Der Jugendliche wird in der Personalienaufnahme seiner alltäglichen Wirklichkeit beraubt und vom Vernehmungsbeamten sozial 'neu eingekleidet'.

Nachdem es dem Vernehmungsbeamten zuletzt nicht gelungen ist, den Beschuldigten 'aus der familialen Binnenperspektive heraus' ins Gespräch zu ziehen, kehrt er mit dem Übergang zur Personalienaufnahme und der Einstiegsgestaltung der Personalienaufnahme also den institutionellen und förmlichen Charakter des Gesprächs, damit den Status des Jugendlichen als Beschuldigten und die für den Beschuldigten so (vermeintlich) bestehenden Kooperationsverpflichtungen heraus. Der Mutter ist auf diese Weise die vermittelnde Gesprächsführung entzogen, während der Beschuldigte angehalten ist, aus dem 'Windschatten' der Mutter herauszutreten und sich dem Vernehmungsbeamten als Beschuldigter zu stellen. Aus der Haltung eines Vernehmungsbeamten scheint er, der Vernehmungsbeamte, den Beschuldigten in einen direkten, wenn auch recht förmlichen Gesprächskontakt zwingen zu wollen.

3.
Mit der Hinwendung des Vernehmungsbeamten zur Personalienaufnahme ist die im Raum stehende Unterstellung der Täterschaft des Beschuldigten keinesfalls zurückgenommen oder auch nur ausgesetzt. Sie scheint vielmehr unterstrichen, weil der Beschuldigte - zumindest unterschwellig - den Eindruck gewinnen dürfte, bereits als überführt zu gelten:

(1) Die Gefahr, daß der geständige Beschuldigte von dem doch recht unvermittelten Wechsel zur Personalienaufnahme überrascht ist oder gar an ihm Anstoß nimmt, ist allerdings erst einmal gering. Der Beschuldigte dürfte sich vielmehr darin bestätigt sehen, als Täter bereits - amtlich - festzustehen. Die Chance, daß der geständige Beschuldigte doch noch auf die Idee kommt, sich auf die eine oder andere Weise herausreden zu wollen, wird so zurückgedrängt. Und:

Der Vernehmungsbeamte erhält die Chance, die Wahrhaftigkeit des Geständnisses weitergehend einzuschätzen.

(2) Risiken birgt die beschriebene Übergangsgestaltung zur Personalienaufnahme allerdings für den Fall des nicht oder nicht unbedingt geständigen, aber aussagebereit wirkenden Beschuldigten. Mit dem Übergang zur Personalienaufnahme besteht nämlich durchaus die Gefahr, daß der Beschuldigte sich nicht nur vorschnell als Täter eingeschätzt, sondern überdies auch noch als Gesprächspartner brüskiert, von vornherein nicht ernst genommen sieht. Dadurch könnte die Kooperationsbereitschaft des Beschuldigten im ganzen gefährdet sein.

In Anbetracht dieser Gefahr macht die Personalienaufnahme eigentlich v.a. dann Sinn, wenn der Vernehmungsbeamte von der Täterschaft des Beschuldigten überzeugt ist und davon ausgeht, daß der Beschuldigte die Unwahrheit sagt. Der Vernehmungsbeamte könnte die Gefahr gesehen haben, daß bei einem umgehenden Klärungsversuch (a) der Beschuldigte an seinem Widerspruch festgehalten und ihn zementiert und (b) bei eindringlichen Versuchen des Vernehmungsbeamten, ihn zu einem Geständnis zu bewegen, gar frühzeitig schon zum Mittel 'Aussageverweigerung' gegriffen hätte. In beiden Fällen hätte sich der Beschuldigte aus

Sicht des Vernehmungsbeamten als nicht kooperativ erwiesen, so daß es ihm, dem Vernehmungsbeamten, sinnvoll erscheinen konnte, trotz der oben aufgezeigten Risiken erst einmal den angedeuteten Widerspruch zu ignorieren und mit dem Übergang zur Personalienaufnahme die Unterstellung aus dem direkten Blickfeld des Beschuldigten zu nehmen. Dadurch, daß die Unterstellung aber weiterhin im Raume steht, ist nicht nur eine direkte Konfrontation erst einmal vermieden, sondern der Druck auf den wahrscheinlich nur eingeschränkt verfahrenskundigen und ohnehin schon unter enormem Handlungsdruck stehenden Beschuldigten gleichzeitig eher verstärkt worden: V.a. der wenig kompetente Beschuldigte kann leicht den Eindruck gewinnen, als habe sein Widerspruch für die Klärung des Falles keine Bedeutung (mehr) und als gehe es dem Vernehmungsbeamten lediglich noch darum, den bereits geklärten Fall verwaltungsmäßig zum Abschluß zu bringen.

Solchermaßen verunsichert **könnte** der Beschuldigte dann bereit sein, ein unverfänglich erscheinendes Kommunikationsangebot des vermeintlich aushandlungsdominanten Vernehmungsbeamten -die Angabe von Personalien - anzunehmen. Er würde sich damit in dieser Situation kooperativ zeigen. Unterschwellig könnte es ihm dabei aber passieren, daß er die (in dieser Phase durchaus bestehende) Interaktionsdominanz des Vernehmungsbeamten 'verinnerlicht' und so den Grundstein für seine Einbindung in einen kooperativen Kontakt legt.

(3) In ähnlicher Weise verunsichernd kann der fallspezifische Übergang zur Personalienaufnahme auch auf den nicht aussagebereit erscheinenden Beschuldigten wirken.

Ihm gegenüber gäbe der Vernehmungsbeamte vor, daß die mit der Frage eingeleiteten Ermittlungen für ihn, den Vernehmungsbeamten, zumindest momentan nicht von Bedeutung seien. Auch vor diesem Hintergrund könnte der Beschuldigte den Eindruck bekommen, als führe der Vernehmungsbeamte lediglich den vor der Frage schon eingeleiteten 'Verwaltungsakt' fort und als sei die vorher gestellte Frage lediglich ein 'nett gemeintes' Angebot an ihn, den Beschuldigten, gewesen, sich vor der Erledigung der Formalien schon mal zur Sache äußern zu können.

4.

Aus welcher besonderen Ausgangslage auch immer - **der Vernehmungsbeamte bemüht sich in jedem Fall in dieser ersten Phase der Personalienaufnahme darum, den Beschuldigten - der sich bisher zumindest nicht sehr gesprächig gezeigt hat - in ein ermittlungsfreundliches turn-taking 'einzuüben' und mit der dafür angemessenen 'Rollenverteilung' vertraut zu machen.** Der Beschuldigte soll sich daran gewöhnen bzw. darin bestärkt werden, eine dominante Aushandlungsposition des Vernehmungsbeamten, die für die Vernehmung zur Sache ja keineswegs strukturell abgesichert ist, zu verinnerlichen/zu akzeptieren. In diesem Sinne können die Nachfrage des Vernehmungsbeamten in 24 Vb 12 und die an den Beschuldigten in Anwesenheit der Mutter gerichtete Frage nach deren Vornamen durchaus als Tests verstanden werden: Der Vernehmungsbeamte erhält Anhaltspunkte für die Bereitschaft des Beschuldigten, sich dieser Dominanz zu unterwerfen. Dazu gehört auch, daß der Beschuldigte sich daran gewöhnen soll, daß der Vernehmungsbeamte die Angaben protokolliert.

5.
Der Beschuldigte und seine Mutter sind bereit, Angaben zur Person zu machen. Sie beschränken sich dabei auf eine sachlich knappe, präzise, schnörkellose Form. Sie ergreifen in keiner Phase die Gelegenheit, sich zur Sache zu äußern. Sie geben so dem Vernehmungsbeamten keine Chance, neue 'harte' Anhaltspunkte in bezug auf die Ereignisperspektive des Beschuldigten zu gewinnen.

Im Rahmen ihrer auf die Personaldaten bezogenen Antworten zeigen sich der Beschuldigte und seine Mutter kooperativ, was v.a. bei der vermischten Erhebung der Personaldaten des Beschuldigten und der Eltern zum Ausdruck kommt: Der Beschuldigte - vom Vernehmungsbeamten angesprochen - gibt den Vornamen seiner dabeisitzenden Mutter an. Die Frage nach dem Geburtsnamen der Mutter beantwortet die Mutter unaufgefordert selbst, bevor der Beschuldigte bei der Beantwortung der Frage nach seinem Geburtsdatum - der Mutter ins Wort fallend - die Beantwortung der Personaldaten wieder übernimmt. Bei der doppeldeutigen Frage des Vernehmungsbeamten nach dem Wohnort (39 Vb 20) paßt die Mutter - in die Befragung eingreifend - darauf auf, daß Wohnort und Geburtsort des Beschuldigten nicht verwechselt werden (42 M 9).

Damit haben sowohl der Beschuldigte als auch seine Mutter - zumindest für diesen Teil der Personalienaufnahme bzw. Vernehmung - implizit die Dominanz genauso wie den Status des Jugendlichen als Beschuldigten akzeptiert.

Es bleibt die Frage, ob diese Akzeptanz auch im weiteren Verlauf der Vernehmung trägt.

45 Vb 23 - 51/2 Vb 26

Nachdem der Vernehmungsbeamte die erkennungsdienstlich relevanten Personaldaten eingeholt hat, steht die Erhebung der Daten zu den persönlichen Verhältnissen an. Die relevanten Kategorien sind auf der unteren Hälfte des Formblattes aufgeführt - und mit dem Vermerk versehen, daß bei Beschuldigtenvernehmungen vorher die Belehrung vorzunehmen sei. D.h.: im folgenden gilt wieder das Aussageverweigerungsrecht und es wird sich zeigen, ob die während der ersten Phase der Personalienaufnahme vom Beschuldigten demonstrierte Aussagebereitschaft auch weiterhin Bestand hat.

Der Vernehmungsbeamte kann auf die veränderte Ausgangsbedingung verschieden reagieren:

Er könnte den Beschuldigten beispielsweise über seine Rechte in Kenntnis setzen und ihn auf sein Aussageverweigerungsrecht aufmerksam machen. Über eine so demonstrierte Lauterkeit könnte er das Vertrauen des Beschuldigten zu gewinnen und als dessen Gegenleistung sozusagen die Aussagebereitschaft des Beschuldigten zu erreichen versuchen.

Gleichwohl ist mit einem solchen Schritt nicht zu rechnen. Nicht nur, daß einem nicht geständigen oder bisher eher kooperationsunwilligen Beschuldigten so die Perspektive eröffnet würde, sich einer Vernehmung entziehen zu können. Der bisher um die Suggestion seiner Aushandlungsdominanz bemühte Vernehmungsbeamte würde seine eigene Strategie unterlaufen und sich so vom 'Wohlwollen' des Beschuldigten abhängig machen. Da nicht damit zu rechnen ist, daß der Beschuldigte um die Feinheiten der Belehrungspflicht eines Vernehmungsbeamten weiß, kann man eher davon ausgehen, daß der Vernehmungsbeamte seine Strategie - Einüben des Beschuldigten in eine kooperative Haltung, aus der heraus er selbstverständlich 'die' Aushandlungsdominanz des Vernehmungsbeamten anerkennt - fortführt. Ihm stehen dazu zwei Möglichkeiten offen:

- Der Vernehmungsbeamte könnte natürlich im gleichen Stil die Aufnahme der Personalien fortführen und dabei die weitere Entwicklung abwarten.
- Er könnte aber auch zu einem moderateren Vernehmungsstil wechseln, zumal die nun abzufragenden Daten auch persönlichkeitsnäher verortet sind und von daher auch eine Irritation denkbar wird, die nichts mit dem Unterlassen der Belehrung zu tun hätte.

Schon mit dem ersten Redebeitrag "Prima" (45 Vb 23) deutet sich an, daß der Vernehmungsbeamte wohl den zuletzt aufgeführten Weg eingeschlagen hat: Dieser Eindruck wird durch das abschließende "So" zwischen dem Eintippen von Straßennamen und Hausnummer einerseits und dem Notieren der Kinderausweisnummer andererseits, das dann vor die Frage "Wieviel bekommst Du denn Taschengeld monatlich?" sogar noch einmal wiederholt wird, unterstrichen. Welche Bedeutung könnte dieser Überleitung zur zweiten Phase der Personalienaufnahme zukommen?

Die Kommentierungen des Vernehmungsbeamten sind zunächst einmal selbstbezogen: So könnte der Vernehmungsbeamte mit dem "Prima" beispielsweise sich selbst gegenüber seiner Befriedigung Ausdruck verleihen, einen ersten Kontakt zum Beschuldigten (und zur Mutter) hergestellt zu haben. Da die Redebeiträge aber von dem Beschuldigten und dessen Mutter gehört werden und der Vernehmungsbeamte dies weiß, müssen sie auch an sie adressiert gewesen sein: Mit dem "Prima" dürfte der Vernehmungsbeamte die Aussagebereitschaft des Beschuldigten loben und für die weitere Vernehmung unterstützen wollen; das "So" zwischen den kurzen Tipphasen könnte dann als Bemühen des Vernehmungsbeamten, zum Beschuldigten Kontakt zu halten, verstanden werden; das "So" vor der Frage hat aber hinweisenden Charakter: Es wird der Abschluß einer Erhebungsphase markiert und auf die Hinwendung zu einem neuen Vernehmungsabschnitt aufmerksam gemacht. Im ganzen betrachtet hält der Vernehmungsbeamte zwar seinen Anspruch auf Interaktionsdominanz aufrecht (er setzt die

Akzente; tippt beispielsweise auch Daten in den Bogen, ohne den Beschuldigten in Kenntnis zu setzen), zeigt aber gleichzeitig - wenn auch noch diffus - erstmals während der Personalienaufnahme ein von ihm ausgehendes Bemühen um eine kontaktfreundliche Atmosphäre.

Vor dem Hintergrund dieser Überleitung richtet er dann die Frage "Wieviel bekommst Du denn Taschengeld monatlich?" an den Beschuldigten.

Als erstes fällt der auch in der Frage durchgehaltene veränderte Kommunikationsstil auf: Der knappe Kommandostil ist aufgegeben (Alternative i.d.S.: "Wieviel Taschengeld monatlich?"). Durch die grammatikalische Vollständigkeit, die v.a. durch die explizite Nennung von Subjekt und Prädikat zustande kommt, liest sich die Frage wie eine Hinwendung des Vernehmungsbeamten zum Beschuldigten. Unterstützt wird diese Haltung (a) durch das Interesse an der Antwort des Beschuldigten, das der Vernehmungsbeamte mit dem Partikel "denn" betont bekundet, und (b) durch die Form der Anrede: Nicht nur, daß der Vernehmungsbeamte den Beschuldigten persönlich anspricht, erstmals in der Personalienaufnahme duzt er ihn auch.

Gleichwohl schleichen sich auch in diese Frage wieder 'leichtere' Unterstellungen ein: So geht der Vernehmungsbeamte wie selbstverständlich davon aus, daß der Beschuldigte ein Taschengeld - und zwar ein monatliches - bezieht. Das vorgezogene Prädikat betont diesen Aspekt. Die Unterstellung wird zwar nicht aus einer familialen Binnenperspektive, sondern eher aus einem Wissen um allgemeine Normalität heraus vorgenommen, aber der Beschuldigte ist wieder gezwungen, auf eine selbstverständlich vorgetragene Annahme des Vernehmungsbeamten über seine persönlichen Verhältnisse zu reagieren. Damit legt der Vernehmungsbeamte seine Normalitätsvorstellungen selbstverständlich als Ermittlungsbasis an - ähnlich wie er es oben schon in 10/1 Vb 3 mit der Frage nach dem Motiv, allerdings thematisch unweit brisanter, gemacht hat. V.a. dann, wenn der Beschuldigte ohne weiteres einen Geldbetrag nennt, könnte dies als alltagsweltlicher 'Beleg' für die Kompetenz des Vernehmungsbeamten und die Angemessenheit seiner Unterstellungen wirken.

Insgesamt betrachtet lockert der Vernehmungsbeamte - nachdem der Beschuldigte sich erstmals unproblematisch auf einen wenn auch noch recht förmlichen Dialog mit dem Vernehmungsbeamten eingelassen hatte - in dieser Teilsequenz seine zuvor doch strenge, fast konfrontative Befragung auf, nimmt eine freundliche und moderate Haltung ein, ohne allerdings von seinem Dominanzanspruch abzurücken: Er akzentuiert das Verfahren, entwirft und unterstellt die 'relevanten' Normalitätsfolien und - vom Beschuldigten wahrscheinlich nicht erlebt - er setzt sich über verfahrensrechtliche Bestimmungen hinweg.

Der Beschuldigte beantwortet die Frage ohne weiteres und zwar in der Form, in der er auf die Fragen des Vernehmungsbeamten auch schon während der ersten Phase der Personalienaufnahme reagiert hat: Er sagt knapp und präzis "vierzig Mark". Der Vernehmungsbeamte, der die Antwort wohl nicht verstanden hat oder dies vorgibt, um die Reaktion des Beschuldigten weiter auszutesten, entgegnet ein "Mh?", das den Beschuldigten zu einer noch weiteren Verknappung seiner Antwort treibt: "vierzig". Der Vernehmungsbeamte wiederholt "vierzig Mark" und tippt den Betrag dann in den Bogen ein.

Der Beschuldigte zeigt sich also weiterhin aussagebereit. Auf sein Aussageverhalten hat der veränderte Fragestil des Vernehmungsbeamten allerdings keinen, zumindest keinen ersichtlichen Einfluß gehabt: Der Beschuldigte antwortet nicht ausführlicher.

51/3 Vb 26

Nachdem der Beschuldigte auf die moderatere Gesprächsführung des Vernehmungsbeamten noch nicht sonderlich aufgeschlossen reagiert hat, steht die Frage im Raum, wie tragfähig der zustandegekommene Gesprächskontakt zwischen Vernehmungsbeamtem und Beschuldigtem mittlerweile geworden ist. Starke Indizien, die jetzt schon auf die tentative Einnahme einer kooperativen Haltung schließen ließen, sind noch nicht auszumachen. Vor diesem Hintergrund betrachtet ist es auffällig, daß der Vernehmungsbeamte dem Beschuldigten überraschend eine vergleichsweise 'offene' Frage (Alternativfrage), die eine elaboriertere Antwort des Beschuldigten nahelegt, stellt: "Kaufst Du da · im (Supermarktname) · überwiegend oder?"

Die Frage scheint in der Sache nicht weiter verfänglich und für die Sachaufklärung nicht von besonderer Relevanz, so daß fast der Eindruck entstehen kann, als sei der Vernehmungsbeamte mehr persönlich und so nebenbei an ihrer Beantwortung und damit an den Lebensgewohnheiten des Beschuldigten interessiert. Dazu paßt der unterschwellige Verweis, daß dem Vernehmungsbeamten das Geschäft bekannt ist und die weiterhin persönliche Anredeform.

Der Vernehmungsbeamte dürfte sich mit dieser unbrisant erscheinenden Nebenbeifrage verstärkt um die Kooperationsbereitschaft des Beschuldigten bemühen. Er testet ab, ob der Beschuldigte, nachdem er sich ja auf einen förmlichen Dialog eingelassen hat, jetzt auch auf einer scheinbar alltagsweltlich persönlichen Ebene bereit ist, sich ausführlicher zur Sache zu äußern, und inwieweit es möglich ist, daß der Beschuldigte unter diesen Umständen eigeninitiativ wird. Letztlich bemüht sich der Vernehmungsbeamte darum, den Beschuldigten in einen eher persönlich gestalteten Gesprächskontakt einzubinden.

Dem Beschuldigten wird es überlassen, sich weitgehend eigenständig zu entscheiden, wie weit er auf den angebotenen Kontakt eingeht und was er preiszugeben bereit ist.

52 B 14

Die Bemühungen des Vernehmungsbeamten scheinen von Erfolg gekrönt. Erstmals in der laufenden Vernehmung läßt der Beschuldigte sich zu einer ausführlichen Einlassung 'hinreißen'. Er beschränkt sich dabei keineswegs auf eine passive Beantwortung, sondern setzt eigenständig einen thematischen Akzent: Nachdem er die Frage des Vernehmungsbeamten knapp verneint hat ("Nein"), führt er weiter aus, "ich wollt nur ma probieren, wie das geht so was ne".

1.
Betrachtet man diese Aussage des Beschuldigten genauer, so wird deutlich, daß mit der Angabe des Motivs keinesfalls schon ein Geständnis des Beschuldigten einhergehen muß. Die Angabe, es probiert haben zu wollen, läßt offen, (a) ob die Probe überhaupt eingeleitet und v.a. (b) ob sie zu einem Abschluß gekommen ist. Von daher kann mit der Motivangabe zwar immer auch ein Geständnis verbunden sein. Genausogut ist aber aus all den stets mitgedachten Ausgangslagen heraus denkbar, daß der Beschuldigte seine Entlastung einleitet - und das auch unabhängig davon, ob der Beschuldigte wahrhaftig ist und ob die Entlastung intendiert ist. Zur Illustration zwei Extremvarianten: (1) Der Beschuldigte kann sich für schuldig halten, ein Geständnis bekräftigen oder erstmals zum Ausdruck bringen wollen und dann einen Ereignisablauf darstellen, demzufolge die Tat nicht vollendet wurde. (2) Der schuldige Beschuldigte kann sich bisher aus taktischen Erwägungen heraus geständig gezeigt haben, um die Glaubwürdigkeit seiner Ereignisdarstellung, derzufolge er unschuldig wäre, zu erhöhen.

Die Interpretation des Prädikats "probieren" lenkt so den Blick auf die Vielfalt der aktuell denkbaren Verteidigungsstrategien und auf die unabhängig vom Modus der Geständnisbereitschaft des Beschuldigten noch bestehenden Lücken der bisherigen Ermittlungen.

So kann man festhalten: **Die Antwort des Beschuldigten ist als (erstes) starkes Indiz seiner Bereitschaft zu werten, zur Sache aussagen zu wollen.** Dafür spricht nicht nur, daß er sich unaufgefordert zu seinem Motiv geäußert hat. Auch die kommunikative Form der Antwort: Umgangssprachlichkeit; hohe Kontextabhängigkeit, mit der Konsens über das Kontextwissen unterstellt wird; die direkte Bezugnahme auf den Vernehmungsbeamten mit dem abschließenden "ne", weist darauf hin, daß die vom Vernehmungsbeamten eingeschlagene alltäglich persönliche, Eigeninteresse suggerierende und 'offene' Form des Zugehens auf den Beschuldigten die Aussagewilligkeit des Beschuldigten förderte.

Ob der Beschuldigte aber auch eine Kooperationsbereitschaft 'auf ganzer Linie' anzeigt, bleibt noch ungewiß.

2.
Nun, da der Beschuldigte sich nicht nur unzweifelhaft aussagebereit gezeigt, sondern auch eigeninitiativ zur Sache geäußert hat, dürfte es dem Vernehmungsbeamten wichtig sein, den Beschuldigten weiter ins Gespräch zu ziehen, allein schon um dessen Aussagebereitschaft zu stabilisieren. Da der Sachverhalt und Modus der Geständigkeit des Beschuldigten mit der Aussage in wesentlichen Teilen noch unklar bleiben, bieten sich dazu entsprechende Nachfragen an. Die Situation scheint ohnehin günstig für eine vertiefende Ermittlung zur Sache: Der

Beschuldigte hat dieses Thema ja selbst zuletzt ins Gespräch eingeführt. Nachfragen zu den verbliebenen Unklarheiten dürften ihn von daher eigentlich nicht nachhaltig irritieren.

Bei einer entsprechenden Thematisierung besteht allerdings die Gefahr, daß der Beschuldigte die Gelegenheit zu 'unwahrhaftigen Entlastungen' nutzt, und in diesem Sinne eben nicht kooperativ sein wird. Für den Vernehmungsbeamten wird es darauf ankommen, zum einen die Aussagebereitschaft und den aufkeimenden Kontakt zu stärken, ohne den Beschuldigten zum anderen gewissermaßen dazu einzuladen, 'unwahrhaftige Einlassungen' zu machen, die von ihm, dem Beschuldigten, - sollte der Vernehmungsbeamte ihm auf die Schliche kommen - dann nur schwer noch oder gar nicht mehr zurückgenommen werden könnten.

Dem Vernehmungsbeamten stehen etwa die folgenden Möglichkeiten zur Verfügung:

- Ungeachtet der Gefahr, daß der Beschuldigte ihn zu täuschen versuchen und sich auf eine falsche, entlastende Version festlegen könnte, könnte der Vernehmungsbeamte sich entschließen, den Beschuldigten zu einer detaillierten Schilderung der Ereignisse zu animieren ('Und wie ist die Probe dann ausgegangen?'). Der Vorteil: Der Beschuldigte wird umgehend angeregt, sich eingehender zur Sache zu äußern. Zum einen werden spätere Rückzieher des Beschuldigten erschwert und zum anderen könnte der Vernehmungsbeamte sich mit der Rezeption der Darstellung des Beschuldigten ein genaues Bild von der Wahrhaftigkeit der Aussage und der Glaubwürdigkeit des Beschuldigten machen.

  Um die Gefahr einer Verstrickung des Beschuldigten in Lügen zu mindern, könnte der Vernehmungsbeamte auch versuchen, über gezielte Fragen die Aussagen von vornherein zu kanalisieren. Die damit aber verbundenen Risiken brauchen nicht mehr erörtert zu werden.
- Der Vernehmungsbeamte verfügt auch über die Möglichkeit, die in 10/1 Vb 3 vorgenommenen Unterstellungen, v.a. die der Täterschaft, in ähnlicher Form zu reproduzieren. Die Chance, daß der Beschuldigte in der aktuellen Situation 'konstruktiv' auf diese Ermittlungsform eingeht, ist größer als zuvor, da sich eine stabilere Gesprächsbeziehung in Ansätzen herausgebildet zu haben scheint. Die Risiken v.a. bei einem ehemals kooperationsunwilligen oder nicht-geständigen Beschuldigten bleiben aber grundsätzlich bestehen.
- Von daher könnte der Vernehmungsbeamte auch, um jedes größere Risiko erst einmal zu vermeiden, die Einlassung des Beschuldigten lediglich zur Kenntnis nehmen und während einer Weiterführung der Personalienaufnahme versuchen, den entstandenen Kontakt vor einem Einstieg in die Ermittlung zur Sache weiter zu vertiefen.

<u>**53 Vb 27 - 56 B 16**</u>

Der Vernehmungsbeamte trägt zwei Personaldaten, die er vom Beschuldigten nicht unbedingt erfragen muß, in den Erhebungsbogen ein. Zwischen den Eintragungen sagt er ohne jede Frageintonation "Wie".

Der Vernehmungsbeamte deutet so an, daß er die Personalienaufnahme fortzusetzen gedenkt, und er bezieht sich so gesehen eher nebenbei auf den Objektsatz der Erklärung des Beschuldigten, der ja in sich nicht ganz eindeutig war). Insgesamt stellt das "Wie" einen nur schwachen Anreiz dar: Der Beschuldigte muß sich nicht aufgefordert sehen, seine Aussage zu vertiefen - er kann es aber. Der Vernehmungsbeamte stellt es dem Beschuldigten anheim, sich weitergehend zur Sache, zu seiner Motivlage zu äußern.

Nachdem der Beschuldigte mit einem "Mh" nicht ganz eindeutig reagiert, aber doch bekundet, daß es ihn nicht dränge, weitere - beispielsweise entlastende - Aussagen zu machen, paraphrasiert der Vernehmungsbeamte die Erklärung des Beschuldigten in einer Frage "Wie das so klappt mit nem Diebstahl oder?" Der Vernehmungsbeamte will sich mit dieser Frage vergewissern, ob er den Beschuldigten richtig verstanden hat. Er bleibt bei seiner Frage thematisch im Rahmen der vom Beschuldigten vorgegebenen Einlassung, und er verzichtet darauf, den Beschuldigten direkt zu weitergehenden Ausführungen zur Sache oder zu einem Geständnis aufzufordern. Gleichfalls unterläßt er Versuche, die Geständigkeit des Beschuldigten durch neuerliche Unterstellungen auf die Probe zu stellen. Der Vernehmungsbeamte scheint vielmehr bemüht, eine Atmosphäre der Einvernehmlichkeit herzustellen. Darauf deutet nicht nur die enge Bindung seiner Frage an die 'Vorgabe' des Beschuldigten, sondern auch die umgangssprachliche Form der Frage, die sich von der des Beschuldigten (52 B 14) nicht unterscheidet, und das frageabschließende "oder" hin: Der Beschuldigte bekommt - kooperativerweise - die Möglichkeit angeboten, Mißverständnisse des Vernehmungsbeamten zu korrigieren. Da der Vernehmungsbeamte aber die Einlassung des Beschuldigten recht genau widergibt, ist mit einer Bejahung, also mit einem Einvernehmen zu rechnen. D.h.: **Obwohl die Aussage des Beschuldigten weiter in der oben beschriebenen Weise klärungsbedürftig ist, stellt der Vernehmungsbeamte eine solche Klärung zunächst einmal zurück, um über die Etablierung einer Atmosphäre der Einvernehmlichkeit und Kooperativität den Beschuldigten in einen entsprechenden Kontakt einzubinden.** Im Sinne eines **"kommunikativen Gabenaustausches"** soll der Beschuldigte wohl verpflichtet werden, sich seinerseits weiterhin kooperativ zu zeigen und die entsprechende gute Atmosphäre nicht (wieder) zu stören.

Der Beschuldigte bestätigt die Paraphrase erwartungsgemäß mit einem "Ja" und rundet damit eine von beiden Seiten erstmals einvernehmlich kooperativ gestaltete Dialogsequenz zur Sache ab. Der Gesprächskontakt zwischen dem Vernehmungsbeamten und dem Beschuldigten hat sich weiter stabilisiert.

57/1 Vb 29

1.
Nachdem der Beschuldigte im Verlaufe der Personalienaufnahme ja schon deutlich seine Aussagebereitschaft angezeigt hat und sich zuletzt auch die Konturen eines kooperativen Kontakts am Horizont abzuzeichnen schienen, geht der Vernehmungsbeamte jetzt noch einen Schritt weiter auf den Beschuldigten zu und gibt ihm - betont subjektiv ("ich mein") - eine Empfehlung ("sollte"). Er rät dem Beschuldigten, "gleich bei der Vernehmung ··· aber schon" ehrlich zu sagen, "wieso und warum ··· und wie" er "das gemacht" habe. Der Vernehmungsbeamte ist weiterhin der Meinung, daß es dem Beschuldigten "jetzt auch nicht mehr viel" nütze, wenn er "jetzt da groß · drum herum" rede. Der Beschuldigte sollte nach Ansicht des Vernehmungsbeamten also sein Ereigniswissen unverstellt offenlegen, zumal und/oder weil seine Täterschaft schon 'jetzt' als erwiesen gelten kann. Da der Beschuldigte aber immer noch kein direktes oder indirektes Geständnis abgelegt hat, stellt der Redebeitrag des Vernehmungsbeamten nicht nur eine ermahnende Empfehlung zur Ehrlichkeit, sondern implizit auch die neuerliche Unterstellung der Täterschaft des Beschuldigten dar.

2.
Stellt man einen Vergleich zu der ersten verdeckt vorgetragenen Unterstellung der Täterschaft an (10/1 Vb 3), so fällt der dem Beschuldigten hier zugestandene Reaktionsspielraum auf:

(a) Die Empfehlung ist als Stellungnahme gestaltet, so daß der Beschuldigte nicht umgehend zu einer Reaktion auf die Unterstellung gezwungen ist. Er steht somit nicht umgehend vor der Entscheidung, explizit Stellung nehmen oder aber die Kooperation aufkündigen zu müssen.
(b) Durch die angedeutete, etwas konfuse, betont subjektiv gehaltene Darstellung der Empfehlung ist der Unterstellung die Schärfe, die den Beschuldigten ansonsten ggf. gezwungen hätte, sich umgehend zu verwahren, genommen.
(c) Mit dem Empfehlungscharakter der Stellungnahme ("ich mein"; "sollte") ist es letztlich dem Beschuldigten überlassen, sich nach eigenem Gutdünken zu entscheiden, wie er sich verteidigt - letztlich dann auch, ob er die Zuschreibung der Täterschaft akzeptiert.

Insgesamt gewinnt man dann auch eher den Eindruck von einer entscheidungs- und handlungsentlasteten Vorzimmeratmosphäre: Der Vernehmungsbeamte nimmt den Beschuldigten vor der entscheidenden Vernehmungsphase ("·so gleich in der Vernehmung dann · ") beiseite (er setzt auch mit dem Tippen, der Personalienaufnahme und der Sachverhaltsrekonstruktion aus), um ihm informell und fast schon persönlich einen (gut gemeinten) Ratschlag zu erteilen. Er deutet an, (a) welche Verhaltenseinstellung er in der Situation des Beschuldigten für anständig und nützlich hält: Ehrlichkeit, und (b) unter welchen Umständen er die einvernehmliche und kooperative Atmosphäre gestört sähe.

3.
Mit der **mahnenden Empfehlung** klingen diesmal gleich zwei personale Haltungen an, die nicht unbedingt ins Bild von einem ermittelnden Vernehmungsbeamten passen:

(a) Mit seinem Appell an die Ehrlichkeit des Beschuldigten - eine Aussagehaltung, die dem sich unschuldig Wähnenden selbstverständlich sein dürfte und die dem Täter von der StPO nicht abverlangt wird, die aber im Einklang steht mit allgemeinen Moralvorstellungen, nach denen man im Falle eines Rechtsnormenverstoßes wie Diebstahl etc. aufrichtig sein sollte, auch wenn einem aus der Aufrichtigkeit Nachteile erwachsen - erinnert der Vernehmungsbeamte an die einem jeden aus der alltäglichen Lebenswelt bekannten außerfamilialen Autoritäten, die immer auch im Dienste der Aufrechterhaltung einer allgemeinen, moralisch legitimierten Ordnung wirken, wie z.B. den Pastor, den Lehrer, aber durchaus auch den Polizeibeamten. Diesen Autoritäten gegenüber gelten - uns allen einsozialisiert - tendenziell ähnliche Kooperationsverpflichtungen, wie sie oben schon für den Vater aufgeführt wurden (10/1 Vb 3: 2): Gesprächsbereitschaft, Aufrichtigkeit etc. In dem Maße, in dem man mit diesen Autoritäten in einen ständigen Kontakt wie z.B. das Lehrer-Schüler-Verhältnis eingebunden ist, wird in Konfliktfällen ihre Überzeugungsbildung ausschlaggebend. Sie befinden sich (a) in der dominanten Position und (b) gelten für ihre Urteilsbildung letzlich partikularistische Maxime. Denn schließlich geht es nicht um die Erstellung eines rechtsförmigen Nachweises, sondern um die moralische Erziehung des (auf Abwege geratenen) Zöglings. Gegenüber solchen Autoritäten dürfte es bei einer entsprechenden Überzeugungsbildung in vergleichbaren Situationen dann "auch nicht mehr viel nützen", wenn der Beschuldigte/'Schüler' etc. "jetzt da groß · drum herum" redet (Tat und/oder Motiv betreffend).

'Erblickt' der Beschuldigte in dem Vernehmungsbeamten eine in der beschriebenen Weise dominante, moralische Autorität - eine Assoziation, die der Vernehmungsbeamte mit seinem Appell an die Ehrlichkeit dem Beschuldigten nahelegt - dann könnte es dem sich schuldig Wähnenden angemessen erscheinen bzw. er könnte darin bestärkt werden, die Tat einzugestehen, um weitere Verfehlungen und Belastungen der Beziehung zu vermeiden. Dem sich unschuldig Wähnenden dürfte allerdings gegenüber einer solchen Autorität an einer nachdrücklichen und v.a. überzeugenden Widerlegung der Vorwürfe gelegen sein. Beide Aussagehaltungen versprechen, aufschlußreich und von daher kooperativ im Sinne der vom Vernehmungsbeamten zu bewältigenden Aufgabenstellung zu sein.

(b) Die Empfehlung zu einem rundum ehrlichen Geständnis im Zusammenhang mit den an den Beschuldigten herangetragenen Nützlichkeitserwägungen (Satz 2 der Empfehlung) suggeriert aber zugleich eine über die spezifische Ermittlungslage informierte, verfahrenskompetente und an der Interessenlage des Beschuldigten sich ausrichtende personale Haltung. Im Strafverfahren entspricht diese Haltung am ehesten der Rolle des Rechtsanwaltes.

Insofern der Vernehmungsbeamte die personale Haltung eines 'Rechtsanwaltes' einnimmt, suggeriert er eine Vertrauensstellung, die es dem sich auf diese Haltung einlassenden Beschuldigten erschwert, (a) die Kooperationsbereitschaft aufzukündigen und/oder (b) den Vernehmungsbeamten anzulügen. Für den Fall einer ersichtlichen Verletzung dieses Vertrauens 'droht dem Beschuldigten die Niederlegung des Mandats durch den Vernehmungsbeamten/'Rechtsanwalt'.

4.
Der Vernehmungsbeamte bemüht sich in dem von ihm eingerichteten 'Vorzimmerprovisorium' also darum, den Beschuldigten für die anstehende entscheidende Vernehmungsphase auf eine für seine Ermittlungen geeignet erscheinende, kooperative Haltung einzustimmen (bekräftigend/umstimmend). Dabei färbt er seine Rolle als Vernehmungsbeamter wieder mit 'einer' 'abweichenden' personalen Haltung ein: Dieses Mal bemüht er sich allerdings nicht um die Haltung eines "Vaters", sondern - distanzierter - (a) um die einer eher **"öffentlich moralischen Autorität"**[24], wie sie etwa ein Pastor oder ein Lehrer verkörpert, und (b) um die eines **verfahrenskompetenten Beraters**, ähnlich einem Rechtsanwalt.

Über die Einnahme der anklingenden personalen Haltungen soll der Beschuldigte tentativ in eine Beziehungswirklichkeit 'versetzt' werden, in der ihm die Einnahme einer kooperativen Haltung selbstverständlich ist. Die oben hochgerechnete Gefahr, daß der nicht geständige oder ehemals kooperationsunwillige Beschuldigte auf die Unterstellung mit einer Aussageverweigerung reagiert, dürfte in dem Maße, in dem er sich auf die suggerierte Beziehungsebene einläßt, schwinden. Denn: Im Gewande dieser personalen Haltungen stellt die Unterstellung eine durchaus haltungsgerechte Kommunikationsform, die im Normalfall nicht mit Kontaktabbruch und Kooperationsverweigerung 'bestraft' wird, dar.

Nachdem zuvor erstmals vom Vernehmungsbeamten und Beschuldigten einvernehmlich und kooperativ eine Dialogsequenz zur Sache gestaltet wurde, intensiviert der Vernehmungsbeamte mit der mahnenden Empfehlung seine Bemühungen um die Einbindung des Beschuldigten in einen kooperativen Kontakt.

---

[24] Auch wenn die genannten 'öffentlich moralischen Autoritäten' sich von der Vaterrolle ableiten, so besteht doch eine strukturelle Differenz, die sich - vom jugendlichen Beschuldigten her gesehen - aus der unterschiedlichen Stellung im Sozialisationsprozeß und damit zusammenhängend aus der unterschiedlichen Stellung zur familialen Binnenperspektive ergibt.

Dabei suggeriert er dem Beschuldigten eine Beziehungswirklichkeit, in der der 'Vernehmungsbeamte' sowohl dominant (moralische Autorität/erziehender Vernehmungsbeamter) als auch verfahrenskompetent (Rechtsberater/rechtskundiger Vernehmungsbeamter) und im ganzen vertrauenswürdig ist. Deutlich wird der erneute Versuch, das Vernehmungsgespräch an alltagsweltliche, dem Beschuldigten vertraute Diskurse anzuschließen und auf diese Weise eine personale Bindung herzustellen, aus der heraus für den Beschuldigten in dem Maße, in dem er sich auf sie einläßt, nur schwer hintergehbare ermittlungsförderliche Reaktionszwänge entstehen.

57/2 19 - 77/1 Vb 39

Nachdem der Vernehmungsbeamte seine Ermahnung abgeschlossen hat, hält er kurz ein, so daß dem Beschuldigten und der Mutter die Möglichkeit zu einer Reaktion gegeben ist. Beide verzichten zumindest auf eine explizit verbale Stellungnahme, so daß es an dem Vernehmungsbeamten ist, das Gespräch fortzusetzen.

Es steht die Frage im Raum, ob die bisherigen Bemühungen des Vernehmungsbeamten, die in der mahnenden Empfehlung gipfelten, den Beschuldigten in einen kooperativen Kontakt einzubinden, gefruchtet haben. Um sich darüber mehr Klarheit zu verschaffen, könnte der Vernehmungsbeamte

- den Beschuldigten oder auch dessen Mutter umgehend um eine Stellungnahme bitten.
- Denkbar ist aber auch die Fortsetzung der mit der Ermahnung unterbrochenen Ermittlung zur Sache. So könnte mit dem noch unter dem Eindruck der Ermittlungen stehenden Beschuldigten umgehend - mit oder ohne den Einsatz einer Unterstellung - geklärt werden, wie der Ladendiebstahl aus Sicht des Beschuldigten vor sich gegangen ist.

Der Vernehmungsbeamte 'wählt' allerdings den dritten sich in dieser Situation anbietenden Weg: Er setzt die Personalienaufnahme fort!

1.
Nach einem überleitenden "So" fragt der Vernehmungsbeamte "Pfleger oder Bewährungshelfer · nicht so was ne && (kurzes Lachen)". Die Frage fügt sich nahtlos sowohl in die Strategie der impliziten Unterstellung als auch in die Bemühungen um einen kooperativen Kontakt ein. Die Mutter verweist den Vernehmungsbeamten darauf, daß sie noch uneingeschränkt erziehungsberechtigt ist ("Bis jetzt noch nicht").

Im Anschluß an diese Erwiderung wendet der Vernehmungsbeamte sich wieder an den Beschuldigten und fragt ihn weiter nach dem Namen und der Adresse der von ihm besuchten Schule und nach seiner Klassenstufe; dann geht er zu den "Familienverhältnissen" über und erkundigt sich, ob die Eltern zusammenleben, ob er Geschwister habe und wie alt sie - der Beschuldigte gibt "eine Schwester" an - sei.

Die standardisierte Erhebung der Daten zu den persönlichen Verhältnissen abschließend fragt er den Beschuldigten dann "Haste schon was mit der Polizei zu tun gehabt?" Auch in dieser Frage, die vom Beschuldigten verneint wird, schwingt die im Raume stehende Unterstellung vernehmlich mit.

Die skizzierte Befragung des Beschuldigten durch den Vernehmungsbeamten ist zwar recht sachlich gehalten, erinnert aber in keiner Weise an den Kommandostil der ersten Phase. Der Vernehmungsbeamte führt vielmehr den mit dem Übergang zur Befragung zu den persönlichen Verhältnissen 'angeschlagenen' Ton fort: Die Fragen sind etwas ausführlicher angelegt; der Beschuldigte wird meist persönlich angesprochen; es kommt in Ansätzen zu einer vom Vernehmungsbeamten ausgehenden 'dialogischen Verzahnung' der Redebeiträge: Anschlußfrage; Bestätigungsfrage nach eigenständigen Folgerungen und Einschätzungen; der Vernehmungsbeamte deutet überdies an, daß ihm der Lebensraum des Beschuldigten vertraut ist.

Der Beschuldigte beantwortet die Fragen des Vernehmungsbeamten unverändert sachlich, präzis und schnörkellos.

2.

Der Vernehmungsbeamte hat den Reaktionsdruck für den Beschuldigten erst einmal gering gehalten: Der Beschuldigte ist nicht genötigt, direkt einen Beweis seiner Kooperationsbereitschaft zu erbringen.

Der Vernehmungsbeamte bemüht sich vielmehr weitgehend um eine unterschwellige Festigung des Kontakts auf einem vermeintlich unverfänglichen Terrain: Dazu vollendet er die oben schon eingeleitete soziale Neueinkleidung des Beschuldigten (10/3 Vb 3 - 44 M 10): Mit den beiden die Befragung zu den persönlichen Verhältnissen einrahmenden Fragen nach einem Pflegebeistand und nach früheren Kontakten zur Polizei wird der Beschuldigte nahezu sinnfällig als Abweichler - um den sich jetzt die Polizei kümmern muß - aus seiner Familie herauslöst. Fast schon unvermittelt thematisiert wird dies mit der Abschlußfrage (frühere Polizeikontakte), über die der Beschuldigte auf seine aktuelle Situation und auf den sozialen Status, den er in ihr erworben hat, verwiesen wird: Er ist spätestens jetzt einer, der schon einmal "was mit der Polizei zu tun" hatte.

Mit der nach Beendigung der Personalienaufnahme nun wieder anstehenden Befragung zur Sache steht die Probe darauf an, ob es dem Vernehmungsbeamten während der Personalienaufnahme gelungen ist, dem Beschuldigten eine ermittlungsförderliche Haltung 'anzuerziehen' und ihn in einen kooperativen Kontakt, in dem er die suggerierte Aushandlungsdominanz des Vernehmungsbeamten anerkennt und seine Rolle als Beschuldigter und die mit ihr vermeintlich einhergehenden Kooperationsverpflichtungen annimmt, einzubinden.

3.
Man kann aufgrund der beschriebenen Reaktionen davon ausgehen, daß der Beschuldigte bereit sein wird, zur Sache auszusagen. Ein Rückzug ist im Anschluß an die implizit angezeigte Kommunikationsbereitschaft ohne entsprechenden Anlaß kaum vorstellbar. Aufgrund der gleichbleibenden Zurückhaltung des Beschuldigten erhielt der Vernehmungsbeamte aber keinen hinreichenden Aufschluß darüber, inwieweit der Beschuldigte auch bereit sein wird, seine Ereignisperspektive wahrhaftig offenzulegen und zu Protokoll zu geben. Diesbezügliche Zweifel werden auch durch die Angaben zu seinem Motiv (52 B 14) zumindest nicht ausgeräumt. Überdies bleibt unsicher, ob der Beschuldigte auf kritische Einwände des Vernehmungsbeamten hin bereit bleiben wird, an seiner Aussagebereitschaft festzuhalten. Für die Einschätzung des erreichten Standes der Kooperativität durch den Vernehmungsbeamten wird somit nicht zuletzt mitentscheidend sein, ob der Beschuldigte sich ursprünglich (10/2) eher geständig, widersprechend oder gänzlich kooperationsunwillig gezeigt hat.

77/2 Vb 39 - 80 B 26

Wie erwartet nimmt der Vernehmungsbeamte die Ermittlungen zur Sache wieder auf, ohne daß angezeigt ist, ob er die Vernehmungsvorbesprechung weiterführt oder zur Protokollierungsphase überzugehen gedenkt. Er fragt den Beschuldigten zunächst "Bist Du irgendwie so · angestiftet worden?" und nachdem der Beschuldigte knapp verneint, variiert er seine Frage "Oder hast Du · irgendwie ·· in der Schule mal gehört, daß die sowas gemacht haben oder so?"

1.
Von der Sprachgestalt her unterscheidet sich die Frage kaum von der vorangegangenen Frage nach den bisherigen Polizeikontakten des Beschuldigten. Da der Vernehmungsbeamte noch eine Eintragung in den Bogen vornimmt, gewinnt man den Eindruck von einer Nebenbei- oder nicht unbedingt bedeutsamen Übergangsfrage.

Thematisch knüpft der Vernehmungsbeamte an die letzte Frage vor dem Übergang zur Personalienaufnahme (10/1 Vb 3) und an den kurzen einvernehmlichen Dialog zwischen Vernehmungsbeamtem und Beschuldigtem während der Personalienaufnahme an (51/3 Vb 26 - 57 Vb 29): Er bemüht sich um eine Weiterführung der Motivrekonstruktion und verzichtet dabei auf den Einsatz einer direkten Unterstellung der Täterschaft. Allerdings steht diese Unterstellung nach wie vor im Raume: die Erforschung der Motivlage macht letztlich nur in bezug auf den überführten Täter Sinn.

Das Interesse, das der Vernehmungsbeamte dem Beschuldigten mit dieser Frage entgegenbringt, 'paßt zu' den mit der mahnenden Empfehlung vorgenommenen 'Haltungseinfärbungen': (a) Der 'moralisierende Erzieher' könnte nach den Beweggründen des Beschuldigten forschen, um fundiert eine angemessene erzieherische Maßnahme ergreifen zu können. Dieser Aspekt würde in gleicher Weise der Haltung eines 'Vaters' (10/1 Vb 3) entsprechen. (b) Der 'Rechtsberater' könnte mit der Frage die Suche nach Entlastungsargumenten verbinden und entsprechend brauchbare Entlastungsmöglichkeiten dem doch sehr zurückhaltenden Beschuldigten 'nahelegen'.

2.
Mit den Fragen ist eine etwas ausführlichere Beantwortung gefordert ("oder?"): Bejaht der Beschuldigte, dann sind weiterführende Erläuterungen zu erwarten. Verneint er, so müßte er eigentlich den wahren Beweggrund nennen. Dabei ist es ihm überlassen zu entscheiden, wie weitgehend er dem Vernehmungsbeamten Aufschluß über seine Motivlage, Geständnisbereitschaft etc. gibt.

Die zu erwartende Reaktion des Beschuldigten verspricht dem Vernehmungsbeamten so nicht nur Einblicke in die Motivlage des Beschuldigten und - vermittelt - in dessen Geständnisbereitschaft. In erster Linie wird sie ihm Anhaltspunkte darüber liefern, ob mittlerweile ein kooperativer Kontakt zum Beschuldigten zustande gekommen ist und der Beschuldigte bereit bzw. in der Lage ist, (eigeninitiativ) ermittlungsverwertbare Aussagen zu machen. Die Frage stellt also einen Test auf den erreichten Stand der Einbindung des Beschuldigten in das Vernehmungsgespräch und - weiterführend - in einen kooperativen Kontakt dar.

3.
Der Beschuldigte verneint beide Fragen jeweils mit einem knappen "ne". Dieses Anwortverhalten kann als Indiz dafür gelten, daß der Beschuldigte - geständig oder nicht geständig - immer noch nicht so weit in das Gespräch eingebunden ist, daß ohne weiteres ein auch nur halbwegs flüssiger Dialog zustande kommt. Inwieweit sich aber trotzdem schon zumindest der Ansatz eines kooperativen Kontaktes entwickelt hat (51/3 Vb 26 - 57 Vb 29), muß mit diesen Antworten offenbleiben.

81 Vb 41 - 82 Vb 42

1.
Aus der Sicht des Vernehmungsbeamten ist die Lage also weiterhin ungeklärt: Er verfügt weder über Sicherheit in bezug auf die Geständigkeit oder Täterschaft des Beschuldigten noch hat er hinreichenden Aufschluß über den Grad der kooperativen Einbindung des Beschuldigten erhalten. Die Bereitschaft des Beschuldigten, sich auf ein Gespräch einzulassen, läßt jedenfalls noch deutlich zu wünschen übrig. So wird dem Vernehmungsbeamten wohl nichts anderes übrig bleiben, als seine Bemühungen um einen kooperativen Kontakt zum Beschuldigten fortzusetzen! Wie sehen diese Bemühungen nun im einzelnen aus?

2.
Nachdem er im Anschluß an die letzte Verneinung des Beschuldigten eine letzte Eintragung in den Personalbogen vorgenommen hat, begibt sich der Vernehmungsbeamte zum Formularschrank, um einen Vernehmungsbogen zu holen. Dabei leitet er bereits die Belehrung zur Sache ein, die er, nachdem er sich wieder hinter seinem Schreibtisch befindet, zum Abschluß bringt.

Im Rahmen dieser Belehrung hält der Vernehmungsbeamte dem Beschuldigten vor, den zur Bearbeitung anstehenden Ladendiebstahl begangen zu haben: Er beschreibt wie selbstverständlich feststellend 'den' Tathergang in wenigen für einen Ladendiebstahl konstitutiven spezifischen Ablaufdetails. Mit einer nebensächlich erscheinenden Ermittlungsfrage zum Abschluß der Belehrung ist dann vom Beschuldigten eine Beantwortung gefordert, die sich als Folge der Verwobenheit von Ermittlungsfrage und vorangegangener Ereignisdarstellung - wenn auch möglicherweise implizit - in irgendeiner Weise immer auch auf die Unterstellung der Täterschaft beziehen muß. Ähnlich wie bei dem vorher von ihm verdeckt durchgeführten Geständnisbereitschaftstest (10/1 Vb 3) testet der Vernehmungsbeamte auch in dieser Vernehmungsphase seine Unterstellung indirekt ab. Abweichend von diesem 'zurückliegenden Test' wird sich eine Beantwortung des Beschuldigten ggf. aber auf einen als Ereignisablauf beschriebenen, dem Beschuldigten zugeschriebenen Ladendiebstahl beziehen, so daß Unklarheiten und Mißverständnisse über den Gegenstand einer Stellungnahme des Beschuldigten weitgehend ausgeschlossen sein dürften.

Die Reaktion des Beschuldigten auf diese dritte Unterstellung der Täterschaft verspricht also für die Ermittlungen zum Tathergang von größerer Bedeutung zu werden. Der Beschuldigte - so er die Aussage nicht verweigert - wird nicht umhinkommen, sich weitgehend festzulegen, ob er die ihm zur Last gelegte Tat eingesteht. Es steht somit die Entscheidung an, ob der Beschuldigte geständig ist.

3.
Die Belehrung und die in der Belehrung des Beschuldigten über die ihm zur Last gelegte Tat 'integrierte' Unterstellung der Täterschaft des Beschuldigten dürfen aber nicht einfach unter dem Gesichtspunkt eines kurzfristigen Ermittlungsinteresses abgehandelt werden. Der Vernehmungsbeamte bemüht sich vielmehr in erster Linie darum, Klarheit darüber zu bekommen, ob der Beschuldigte bereits weitgehend in einen kooperativen Kontakt eingebunden ist bzw. nunmehr eingebunden werden kann! Denn:

Mit dem Holen des Formblattes und der einhergehenden Belehrung des Beschuldigten zum Tatvorwurf nimmt der Vernehmungsbeamte wieder 'demonstrativ' die Haltung eines Vernehmungsbeamten ein. Insgesamt ist der jugendliche Tatverdächtige von neuem massiv auf die aktuelle Situation - er befindet sich in einem förmlichen Strafverfahren - und damit auf seinen Status als Beschuldigter genauso wie auf die mit diesem Status vermeintlich verbundenen Pflichten verwiesen. Der Vernehmungsbeamte unterstreicht dies mit seiner Zwischenfrage:

Er geht - scheinbar selbstverständlich von ihrer 'positiven' Beantwortung und damit von der Kooperationsbereitschaft des Beschuldigten aus.

Bei etwas genauerer Betrachtung der Belehrung gerät die gerade aufgestellte Behauptung, der Vernehmungsbeamte nehme eine rollenentsprechende Haltung ein, arg ins Wanken:

(a) Zunächst einmal entspringt die wie selbstverständlich und nicht zur Diskussion gestellte Unterstellung der Täterschaft einer partikularistischen Form der Überzeugungsbildung.

(b) Und dann ist diese Täterschaftsunterstellung - und diesem Aspekt kommt mehr Bedeutung zu - ausdrücklich als an die Person des Vernehmungsbeamten gebundener Vorhalt formuliert ("was ich Dir vorhalte") und stellt von daher nicht bloß ein technisches In-Kenntnis-Setzen dar. Unverkennbar zur Geltung kommt auch die zweite Bedeutungsdimension von "vorhalten": vorwurfsvoll tadeln.

Die Belehrung zum Tatvorwurf entpuppt sich so als Belehrung über einen vorwurfsvollen Tadel des Vernehmungsbeamten!

Deutlich klingt so die schon im Raume stehende personale Haltung einer 'öffentlich moralischen Autorität' (Lehrer; Erzieher etc.) an. Der Beschuldigte wird damit wieder verstärkt auf eine Beziehungswirklichkeit 'verpflichtet', in der er sich als 'abhängiger' und als einer strafbaren Abweichung bezichtigter Zögling in der oben schon hinlänglich beschriebenen Weise kooperativ zu zeigen hat.

Trotz der starken Anklänge an die personale Haltung eines 'öffentlichen Erziehers' läßt sich die Belehrungsgestaltung nicht voll mit ihr verrechnen: Rahmenhandlung ist und bleibt unverkennbar ein ausgesprochen förmlicher Vernehmungsteil.

Diese Förmlichkeit wird auch mit der eingeleiteten Deklarierung einer Belehrung des Beschuldigten ("ich belehr Dich gleich noch mal ganz kurz") und der dann folgenden betont sachlichen, an den Relevanzen eines Strafverfahrens orientierten Beschreibung des "Tathergangs" (der Preis z.B. wird bis auf den Pfennig genau genannt) offensichtlich und erlebbar.

So kann man festhalten: Der Beschuldigte soll auf zwei 'an der Oberfläche' sich zeigenden und diffus aufeinander bezogenen personalen Haltungsebenen in einen kooperativen Kontakt integriert werden. Läßt er sich darauf ein, dann nimmt er sowohl die Haltung des aussagebereiten Beschuldigten als auch die des folgsamen Zöglings ein.

Zumindest aus der analytischen Perspektive wirkt die formelle wie informelle Belehrung aber gerade wegen ihrer diffusen Gebrochenheit auf der Ebene der personalen Haltungen und auch wegen ihrer offensichtlich ermittlungsstrategischen 'Zweckentfremdung' (Belehrung als Unterstellung) irritierend, und es fragt sich von daher, ob sie sich für den Aufbau eines kooperativen Kontaktes zum Beschuldigten überhaupt eignet. Oder kurz: Dürfte der Beschuldigte nicht eher stutzig als kooperativ werden?

Damit ist ein die gesamte bisher beschriebene Vernehmungsgestaltung betreffendes Problem berührt!

4.
In Anbetracht der Bemühungen um die suggestive Einführung und Stabilisierung einer Beziehungswirklichkeit, von der aus die ansonsten nicht unbedingt zu erwartende und schon gar nicht einklagbare Kooperativität des Beschuldigten dem Beschuldigten nahezu selbstverständlich wird und ist, muß das Nebeneinander recht unterschiedlicher personaler Haltungen und insbesondere das Nebeneinander 'rollenkonformer' und 'rollenabweichender' Haltungen **irritieren.** Konkretisiert und überzeichnet: Wie kann sich eine tragfähige und kooperationsfördernde Beziehungswirklichkeit entfalten, wenn der Vernehmungsbeamte

- in der Einstiegsphase der Vernehmungsvorbesprechung (bis 9 M 3) 'rollenkonform' eine förmlich sachliche Haltung einnimmt,
- urplötzlich zum 'Vater' wird (10/1 Vb 3),
- abrupt wieder in die Haltung des 'Vernehmungsbeamten' zurückfällt (ab 10/3 Vb 3),
- aus der heraus er dann allmählich die Haltung eines 'moralisierenden Erziehers' - kurzfristig gekoppelt an die Haltung eines 'Rechtsanwalts' - aufbaut (im Zentrum 57/1 Vb 29),
- die er dann aber zunächst tendenziell wieder zurücknimmt (57/2 Vb 3 - 76 B 24),
- um sie dann wieder aufzugreifen (77 Vb 39 - 80 B 26) und im Rahmen der Belehrung des Beschuldigten über die ihm zur Last gelegte Tat an die 'rollenkonforme' Haltung eines Vernehmungsbeamten zu koppeln.(82 Vb 42)

Gerade in Anbetracht der zu erreichenden Kooperativität des Beschuldigten fragt es sich, worin denn die für den Aufbau einer - an den Belangen der Aufgabenbewältigung eines Vernehmungsbeamten orientierten, und in diesem Sinne - tragfähigen Beziehung erforderliche Kontinuität der eingenommenen 'personalen Haltungen' bestehen und worin v.a. die **durchgehende** Akzeptanz einer gewissen Aushandlungsdominanz des Vernehmungsbeamten begründet sein könnte.

Auf der Suche nach einer in unserem kommunikativen Haushalt abgelagerten Haltung, in der die bis jetzt zur Geltung gekommenen Haltungstypen als Haltungsaspekte integriert sind und 'bruchlos nebeneinander' stehen können, bietet sich das eigentlich jedem Mitglied unserer Sprachgemeinschaft vertraute Bild von dem Beamten der Schutzpolizei an. Aufgrund der Bedeutung, die dieser Haltung für die Bestimmung der Bemühungen des Vernehmungsbeamten um die Kooperativität des Beschuldigten zukommen könnte, soll die personale Haltung 'Schutzpolizist' jetzt folgend in einer exkursorischen Skizze aufgearbeitet werden.

Exkurs: Personale Haltung 'Schutzpolizist'

1. Schutzpolizisten üben den ihnen erteilten Auftrag, "Gefahren für die öffentliche Sicherheit und Ordnung abzuwehren (Gefahrenabwehr)" (PolG NW vom 25. 3. 1980 Paragraph 1, Satz 1) und damit ist positiv gemeint, die öffentliche Sicherheit und Ordnung zu gewährleisten, zwangsläufig im Kontakt mit dem Bezugsmilieu als Bezirks-, Dorf- oder Streifen(wagen)polizisten aus. Sie halten dabei mehr oder weniger engen Kontakt zu diesem Milieu, machen sich mit den jeweiligen Besonderheiten vertraut und sind über ihre stete Präsenz Bestandteil dieses Milieus.

   Für die Durchsetzung ihres Auftrags verfügen die Polizeibeamten über weitreichende Befugnisse, und ihnen stehen umfassende Zwangsmittel zur Verfügung, die im einzelnen in den Polizeigesetzen der Länder ihre grundlegende rechtliche Regelung erfahren (beispielsweise PolG NW, Abschnitte 1 und 4). Allgemein gilt das Opportunitätsprinzip und der Grundsatz der Verhältnismäßigkeit. Der oft kritisierte Bestand des sich daraus ableitenden mitunter weitreichenden Ermessensspielraums (z.B. MATHES o.J.: 288) resultiert letztlich aus der Unmöglichkeit, die Symptomatik öffentlicher Sicherheit und Ordnung, konkret auftretender Gefahrenspezifika genauso wie die jeweils angemessen erscheinende Mittelwahl nach allgemeinen Gesichtspunkten vorab kategorial zu beschreiben. Es muß also letzlich vom Polizeibeamten - nach pflichtgemäßem Ermessen - am Fall entschieden werden, ob Gefahr besteht, ob er überhaupt zur Gefahrenabwehr schreitet und mit welchen Mitteln ggf. der Gefahr begegnet und die öffentliche Sicherheit und Ordnung wiederhergestellt werden soll.

   Von daher sind es Polizeibeamte gewohnt, eigenständig in den Kernbereichen der von ihnen zu bewältigenden Aufgaben maßgebliche Entscheidungen zu fällen und beim Fällen und Umsetzen dieser (letztlich zwar immer an universalistischen Normen ausgerichteten) Entscheidungen im hohen Maße auf partikularistisch fundierte Handlungsnormen und -routinen zurückzugreifen.

   Insgesamt betrachtet sind Schutzpolizisten bei der Bewältigung ihrer Aufgabe tendenziell aushandlungsdominant!

2. Den Bewohnern des Milieus ist der Schutzpolizist weitgehend (oft sogar persönlich) vertraut und selbstverständlich. Man weiß und erkennt meist schon an seiner Kleidung (Uniform, Pistole), daß er für die Sicherheit und Ordnung im Milieu zuständig ist. Er repräsentiert öffentliche Sicherheit und Ordnung und ist in diesem Sinne Mitglied dieses Milieus.

   Gerade die Uniform weist aber nicht nur auf einen Status als besonderes Mitglied hin; der Schutzpolizist wird gleichermaßen auch als Außenstehender erkennbar, der seine Bemühungen um die Sicherheit und

Ordnung zwar milieuangepaßt, aber aus einer tendenziell allgemeingesellschaftlich universalistischen Perspektive heraus organisiert.

Der Schutzpolizist, das ist allen implizit klar, ist sozial gesehen eine 'Grenzfigur'. Das in unserem kommunikativen Haushalt abgelagerte Bild von einem Schutzpolizisten weist kaum übersehbare Affinitäten zu dem eines Vaters in der Familie auf: Auch der Vater steht mit einem Bein außerhalb der Familie, schützt und ordnet die Verhältnisse nach eher allgemeinen Gesichtpunkten und gilt als Vermittler zwischen familienexternen und -internen Normen. Noch weitgehender als der Schutzpolizist ist er in der Familie aushandlungsdominant und er verfügt über große Ermessensspielräume bei seinen Entscheidungen. So ist dann auch nachvollziehbar, daß der Schutzpolizist in unserem soziokulturellen Gefüge als eine der zentralen Vaterfiguren des öffentlichen Lebens gilt.

Zur Stärkung der Kooperationsbereitschaft der Bevölkerung bei der Gewährleistung von öffentlicher Sicherheit und Ordnung haben Schutzpolizisten so auch immer wieder selbstverständlich die personale Haltung eines 'Vaters' integriert.

3. Die Einnahme dieser Haltung durch den Schutzpolizisten hat aber Grenzen, deren Gründe in den dann doch erheblichen Differenzen beider Rollen- und zugrundeliegenden Handlungstypen zu suchen sind:

- Ist die normative Orientierung eines Vaters durch und durch partikularistisch fundiert, so gilt dies für den Schutzpolizisten trotz aller verbleibenden großen Ermessensspielräume doch nur eingeschränkt: Letztlich bleibt der Schutzpolizist universalistischen Normen verpflichtet - wie hoch der 'parikularistische Anteil' bei der realen Durchsetzung dieser Normen auch immer sein mag. In bezug auf solche Normen kann er auch zur Rechenschaft gezogen werden. In bezug auf sie muß er sich legitimieren können.
- Eng damit zusammen hängt der Umstand, daß große Bereiche der Gestaltung des schutzpolizeilichen Alltags trotz aller weitreichenden Ermessensspielräume einer formellen Regelung unterliegen (PolG; PDV).

  Von daher haben von polizeilichen Eingriffen zur Sicherung der öffentlichen Ordung betroffene Milieubewohner auch im Rahmen der gesetzlichen Regelungen durchaus Chancen, sich v.a. ex post zur Wehr zu setzen.
- Zur Bezugsgruppe: Während ein "Vater" rollengemäß Anbindungen zu seiner Frau und im arbeitsteiligen Verbund mit ihr im wesentlichen zu ihren gemeinsam zu sozialisierenden Kindern unterhält, erfüllt der Schutzpolizist seine Über-Ich Funktion gegenüber selbstverantwortlichen oder in familiäre Submilieus integrierten unselbständigen Personen aller Altersgruppen.

Aus all dem wird deutlich, daß es dem Schutzpolizisten - im weiteren Sinne - zwar auch um die Erziehung, nämlich um die Erziehung seines Milieus, geht und gehen muß (Prävention, selbst im repressiven Gewand, ist die zentrale handlungsleitende Norm), daß diese Erziehung sich aber stets im öffentlichen Raum, an partikularistisch durchtränkten universalistischen Normen orientiert und somit eben doch vermittelt aufgebaut ist (Ihr-Beziehung). **So gesehen entspricht der moralischen Autorität, über die der Schutzpolizist ja ohne Zweifel verfügt, am ehesten die personale Haltung eines "förmlich eingebundenen öffentlichen Erziehers"** (Erzieher der Öffentlichkeit in der Öffentlichkeit).

Bei der Einnahme dieser personalen Haltung integriert der Schutzpolizist mehr oder weniger verwandte personale Haltungen.

- Naheliegend ist beispielsweise die 'Anbindung' der Beziehung zu den Milieubewohnern an informelle Alltagsdiskurse:
    - Da ist selbstverständlich zuerst die personale Haltung des Vaters zu nennen, die v.a. gegenüber Jugendlichen eingenommen werden kann.
    - Denkbar erscheint auch das Auftreten des 'öffentlichen Erziehers' als Kumpel oder Nachbar.
    - Möglich ist sogar die Einnahme der personalen Haltung eines Sohnes (gegenüber weit älteren Bürgern) oder die eines Ehemanns.
    - etc.
- Der förmlich institutionelle Aspekt der allgmeinen Grundhaltung findet seinen Ausdruck in anderen Haltungen. So kann der Schutzpolizist
    - aus seinem in der Regel wohl bestehenden Kompetenzvorsprung in rechtlichen Belangen die personale Haltung eines Rechtsberaters (Als-Ob-Rechtsanwalt) ableiten.
    - Genausogut kann es ihm aber auch zur Durchsetzung von öffentlicher Sicherheit und Ordnung opportun erscheinen, sich hinter die Geltung von Gesetzen - z.B. bedauernd - als Person zurückzuziehen und dann lediglich als Mahner oder Vermittler aufzutreten.
    - Mit dem Aspekt der erforderlichen verwaltungstechnischen Bewältigung seiner Aufgabe ist dem Schutzpolizisten gleichfalls die Möglichkeit gegeben, sich als Verwaltungsbeamter darzustellen, der an die Durchführung bestimmter Formalitäten gebunden ist.

Der Schutzpolizist gestaltet seine Rolle in der Regel nicht in der Einnahme lediglich einer der aufgeführten personalen Haltungen. Er greift vielmehr - intuitiv - auf verschiedene Haltungen zurück und setzt sie 'kombiniert' in Szene. Ein solcher 'Haltungsverbund' irritiert nicht, wenn

er im Rahmen der Aufgabenbewältigung eines Schutzpolizisten nachvollziehbar bleibt.

4. Vor dem Hintergrund des gesellschaftlich geteilten mehr oder weniger weitgehend im- bzw. expliziten Wissens um
   - die Aufgaben des Schutzpolizisten (Gewährleistung der öffentlichen Sicherheit und Ordnung),
   - seine soziale Grenzstellung im Bezugsmilieu (er ist als 'Angehöriger' des Milieus Vertreter universalistischer Normen),
   - die Gestaltungsmöglichkeiten seiner personalen Grundhaltung (v.a. "haltungsabweichende" Einfärbungen) und
   - seine alles in allem dominante Position bei der Bewältigung dieser Aufgabe (Definitionsmacht bzgl. der Bestimmung spezifischer Situationen als gefährlich für die Sicherheit und Ordnung; weitgehend eigenständige Entscheidung über die Reaktionsgestaltung)

   ist uns mit der Vermittlung dieses Wissens eine Haltung gegenüber den Schutzpolizisten einsozialisiert, aus der heraus wir uns ihnen gegenüber der Tendenz nach nahezu selbstverständlich kooperativ zeigen und auch glauben, uns im eigenen Interesse kooperativ zeigen zu müssen. **Der Schutzpolizist stellt als integere Persönlichkeit eine mit Macht ausgestattete moralisch öffentliche Autorität dar, der gegenüber wir uns weitgehend folgsam und kooperativ zeigen sollten. Das wissen wir, und dieses Wissen bleibt uns bis ins hohe Alter -zumindest als erster Reaktionsimpuls - erhalten.**

5. Die Chancen dafür, daß die Anbindung des Vernehmungsgesprächs an den alltagsweltlich vertrauten Diskurs zwischen einem Schutzpolizisten und einem in den Verdacht der Unordnungsstiftung geratenen Jugendlichen gelingt, sind hoch, weil die Rolle des Vernehmungsbeamten und die des Schutzpolizisten in Personalunion von den Beamten der Polizei eingenommen werden: (a) Dem Vernehmungsbeamten wird es so kaum schwerfallen, die personale Haltung eines 'Schutzpolizisten' auszufüllen. Eher im Gegenteil: Da seine berufliche Identität - auch die des Kriminalpolizisten - von der auferlegten Aufgabe 'Gewährleistung von Sicherheit und Ordnung' dominiert ist, wird er aus einer gewissen Selbstverständlichkeit heraus dazu neigen, die entsprechende Haltung einzunehmen. (b) Die erheblichen Unterschiede, die zwischen dem Handlungstyp 'Strafverfahren', an dem der Polizist im Rahmen der polizeilichen Vernehmung des Beschuldigten als Vernehmungsbeamter, und dem Handlungstyp 'Gewährleistung der öffentlichen Sicherheit und Ordnung', an der der Polizist als Schutzpolizist teilnimmt, sind den meisten Gesellschaftsmitgliedern in der Regel genausowenig vertraut und präsent, wie die Differenzen, die für die beiden Handlungstypen in bezug auf die strukturell abgesicherte Aushandlungsdominanz bestehen. Da aber der Polizist vornehmlich mit dem einsoziali-

sierten Bild des Schutzpolizisten assoziiert wird, bestehen gute Chancen, daß der Beschuldigte dem Vernehmungsbeamten von vornherein eine gewisse Aushandlungsdominanz unterstellt und demgemäß dazu neigt, eine kooperative Haltung einzunehmen. V.a. die fallspezifische Eignung einer 'gewählten' Gestaltung der personalen Grundhaltung 'Schutzpolizist' dürfte dann den Ausschlag dafür geben, ob es dem Vernehmungsbeamten gelingt, den strukturell aushandlungsdominanten Beschuldigten in eine kooperative Haltung einzubeziehen. (**Exkursende**)

Unterstellt man für den hier interpretierten Einzelfall dem Vernehmungsbeamten die Einnahme der personalen Haltung eines Schutzpolizisten, dann ist

(a) die herausgearbeitete und soeben noch einmal gedrängt aufgelistete Haltungsvielfalt als integriert nachvollziehbar. V.a. aber wird jetzt erst richtig deutlich, mittels welcher personalen Haltung der Vernehmungsbeamte sich **durchgängig** mit Aussicht auf Erfolg als aushandlungsdominant darstellen kann und bisher dargestellt hat.[25]

(b) Und auch die oben herausgearbeitete 'Strategie der verdeckten Unterstellung der Täterschaft' wird als spezifischer Ausdruck dieser personalen Grundhaltung verstehbar: Die verdeckten Unterstellungen sind aus dieser Sicht (suggestive) Verweise auf die zwar nicht für einen Vernehmungsbeamten, jedoch für einen Schutzpolizisten bestehende - grundsätzlich an universalistische Normen gebundene, aber doch stets partikularistisch durchzogene - tentative Aushandlungsdominanz und insofern als haltungsentsprechend einzustufen. Das verwaltungspraktische Gepräge der Vernehmungsgestaltung unterstreicht dies: Wenn für den Schutzpolizisten der Fall bereits so gut wie geklärt ist, dann kann dies Anlaß genug für ihn sein, den Fall auch umgehend verwaltungstechnisch zum Abschluß zu bringen: Öffentliche Sicherheit und Ordnung werden so schnellstmöglich wiederhergestellt, v.a. auch dadurch, daß beiläufig ermittelt wird, ob der Verdacht begründet ist und sich weiter erhärten läßt.

5.

Unterlegt man der Belehrung des Vernehmungsbeamten über den Tatvorwurf - die der Anstoß für die exkursorisch eingebrachten Überlegungen war - die skizzierte personale Haltung eines 'Schutzpolizisten', dann wirkt das Zusammenspiel von

- formell informeller Belehrungseinführung;
- an die Person des Vernehmungsbeamten gebundenem moralisierendem Vorhalt;

[25] Zur Vermeidung von Wiederholungen wird an dieser Stelle auf eine Ausdifferenzierung verzichtet. Verwiesen sei auf Kap. 6.3.2 'Zur Bestimmung der Fallspezifik'.

- betont sachlicher, an Strafverfahrensrelevanzen orientierter (institutioneller) Darstellung des Tathergangs;
- ermittlungsorientierter Nebenbeifrage, mit der vom Vernehmungsbeamten auch Sachkompetenz zum Ausdruck gebracht wird etc.

"auf einmal" plausibel und in sich stimmig. Auf den Punkt gebracht werden kann dieses Zusammenspiel etwa so: **Aus der Haltung eines sich hier distanziert erzieherisch/väterlich gebenden Schutzpolizisten heraus gestaltet der Vernehmungsbeamte die Belehrung des jugendlichen Beschuldigten zum Tatvorwurf als förmliche Belehrung über seine Urteilsbildung mit einhergehendem Tadel!** Die oben reklamierten Antagonismen - Zweckentfremdung der Belehrung; Unverträglichkeit der personalen Haltungen 'Vernehmungsbeamter' und 'Erzieher' - sind mit der Einnahme der personalen Haltung "(öffentlich rechtlicher) Schutzpolizist" quasi aufgehoben. Als Schutzpolizist hat der Vernehmungsbeamte sich eine Überzeugung gebildet; er belehrt den Beschuldigten pflichtgemäß darüber und trifft seine Vorkehrungen, die gestörte öffentliche Ordnung - selbstverständlich mit artiger Hilfe des Unordnungstifters - wiederherzustellen: (a) er macht den Fall aktenkundig und bearbeitet ihn verwaltungstechnisch; (b) er läßt gegenüber dem Jugendlichen in erzieherischer Absicht einen Tadel anklingen, damit der sich darüber im klaren wird, was er angestellt hat.

Der Beschuldigte ist so angehalten, sich als 'erziehungsbedürftiger Unordnungsstifter' dem 'Schutzpolizisten' zu stellen, damit die öffentliche Ordnung baldmöglichst wiederhergestellt werden kann.

83 B 27

Der Beschuldigte antwortet auf die Frage des Vernehmungsbeamten umgehend, aber in der ihm bislang eigenen einsilbigen Weise mit einem "Ja"!
Damit hat er zwar indirekt, aber eigentlich unmißverständlich gestanden, den ihm vorgeworfenen Ladendiebstahl begangen zu haben. Da er nicht nur den Vorwurf allgemein, sondern die Darstellung eines Diebstahlsablaufs bestätigt hat, bekommt dieses Geständnis weitreichende Bedeutung.

Die Antwort des Beschuldigten gibt keinerlei Aufschluß darüber, ob der Beschuldigte sich zuvor eher geständig, widersprechend oder kooperationsunwillig gezeigt hat. Unklar bleibt auch, ob er sich überhaupt vollständig darüber im klaren ist, ein Geständnis abgelegt zu haben.

Auch wenn der Beschuldigte sich mit seiner Antwort kooperationsbereit gezeigt hat und mit seiner Bejahung auch schon weitreichende Kooperationsverpflichtungen eingegangen ist, so dürfte es für den Vernehmungsbeamten in dieser Situation und in Anbetracht der sparsamen Reaktion des Beschuldigten trotzdem von zentraler Bedeutung sein, die angezeigte, möglicherweise aber noch labile Aussagebereitschaft zu stabilisieren, den aufkeimenden Kontakt zu festigen und dabei das Geständnis des Beschuldigten auf seine Wahrhaftigkeit hin zu überprüfen.

<u>84 Vb 43</u>

1.
Der Vernehmungsbeamte führt die mit der Nebenbeifrage unterbrochene Belehrung, die Darstellung des Tathergangs, zu Ende: "Zwar ohne die Sachen zu bezahlen". Spätestens mit diesem Nachtrag dürfte dem Beschuldigten restlos klar geworden sein, daß er zuvor ein Geständnis abgelegt hat.

Unverzüglich geht der Vernehmungsbeamte dann zu einer Rechtsbelehrung über, mit der er dem Beschuldigten klarmacht, unter welchen Umständen nach geltender Rechtsauslegung der Straftatbestand des Ladendiebstahls erfüllt ist: Ausschlaggebendes Tatbestandsmerkmal sei das Verbergen von unbezahlter Ware in der eigenen Tasche. Die möglicherweise ja bestehende Absicht, die Ware an der Kasse zahlen zu wollen, sei dann unerheblich.

2.
Der Vernehmungsbeamte bedeutet dem Beschuldigten mit dieser Rechtsbelehrung die Aussichtslosigkeit seiner Verteidigungslage. An rechtlichen Kriterien gemessen sei die Etikettierung des Beschuldigten als Ladendieb und die damit einhergehende soziale Degradierung unvermeidbar. Selbst wenn er wollte - so der Vernehmungsbeamte implizit - hätte er keine Bewertungsspielräume und Einflußmöglichkeiten.

Obwohl seiner Darstellung zufolge der Fall bereits geklärt ist, der Beschuldigte als überführt gelten kann und den subjektiven Motiven ja keine Bedeutung zukommen sollte, zeigt der Vernehmungsbeamte mit seiner Abschlußfrage allerdings doch Interesse dafür, ob der Beschuldigte den Diebstahl begehen wollte - ihm unterstellend, daß er es wollte!

Legt man die vom Vernehmungsbeamten aufgezeigte vermeintlich aussichtslose Lage zugrunde, dann stellt dieses Interesse momentan den einzigen Ansatz für den Beschuldigten dar, aus dem aufgezeigten sozialen Abseits wenigstens einen Schritt herauszukommen. Der Vernehmungsbeamte als herausgehobener Repräsentant dieser Ordnung reicht ihm mit seiner Abschlußfrage sozusagen die Hand, macht ihm damit fürsorglich ein Kontaktangebot, das er wahrnehmen kann, indem er offen und ehrlich bekennt (und Einsicht zeigt).

Die Fürsorglichkeit gegenüber dem 'Abweichler' erinnert dabei (wieder) eher an die Haltung eines 'Schutzpolizisten' als an die eines Vernehmungsbeamten. Die Einnahme einer fürsorglichen Haltung ist der Wiederherstellung einer gestörten öffentlichen Ordnung dienlich: Der Abweichler kann reintegriert werden, so daß kein Risiko mehr für die Öffentlichkeit besteht.

Will der Beschuldigte wieder Anschluß an die Gemeinschaft finden, so bleibt ihm - dieser Eindruck entsteht - nichts anderes übrig, als das Angebot des vermeintlichen Schutzpolizisten anzunehmen.

So macht der Vernehmungsbeamte aus der Haltung eines sich fürsorglich gebenden Schutzpolizisten heraus dem als 'sozial degradierten Unordnungstifter' aufgebauten Beschuldigten ein Kontaktangebot und versucht so, eine Beziehungswirklichkeit einzurichten, in der der Beschuldigte - läßt er sich auf diese Wirklichkeit ein - unter enormen Reaktionsdruck gerät und gezwungen ist, einen kooperativen Kontakt einzugehen.

3.
Implizit geht der Vernehmungsbeamte mit dieser Vernehmungsgestaltung auch die Bewältigung zweier Ermittlungsprobleme an:

3.1.
Da das soeben vom Beschuldigten abgelegte Geständnis recht knapp und v.a. indirekt ausfiel, ist es noch ziemlich unsicher. Darauf wurde schon verwiesen.

Mit der Belehrung über die Aussichtslosigkeit seiner Lage wird dem Beschuldigten nochmals verdeutlicht, daß er mit dem Bejahen der vorangegangenen Frage eingestanden hat, einen Ladendiebstahl begangen zu haben. Gleichzeitig bekommt er mit diesem Hinweis aber auch die Gelegenheit, ggf. ein Mißverständnis zum vermeintlich eingestandenen Tathergang zu reklamieren.

Mit der allgemeinen Rechtsbelehrung wird das Geständnis des Beschuldigten aber nicht noch einmal offen zur Diskussion gestellt: Bejaht der Beschuldigte die feststellende Frage, so bestätigt er das Geständnis ebenso, wie wenn er der 'Vermutung' des Vernehmungsbeamten widerspricht und darauf hinweist, daß er sehr wohl eine entsprechende Absicht gehabt habe, die Ware zu bezahlen. Die Frage stellt so de facto eine indirekte Überprüfung des Geständnisses dar.

3.2.
Mit der Rechtsbelehrung reagiert der Vernehmungsbeamte aber zugleich auf Probleme, die ihm aus der Möglichkeit einer Überschätzung der Bedeutung des subjektiven Tatbestandes für die rechtliche Wertung auf seiten des Beschuldigten entstehen können:

Weil der Beschuldigte davon ausgehen könnte, durch die überzeugende Präsentation entsprechender Motive seine Lage noch entscheidend verbessern zu können - z.B.: Zur Erprobung der Möglichkeit eines Diebstahls steckt der Beschuldigte die Ware in seine Einkaufstasche in der festen Absicht, sie an der Kasse zu bezahlen, was er dann aber vergißt -, lassen sich aus Sicht des Vernehmungsbeamten Täuschungsmanöver nicht ausschließen. Daraus resultierenden Problemen für die Rekonstruktion des subjektiven Tatbestandes sollen mit dem Hinweis auf die nur eingeschränkte Bedeutung, die der Motivlage bei der rechtlichen Bewertung einer Handlung zukommt, von vornherein der Boden entzogen werden.

Dieser Versuch birgt dann aber Folgeprobleme: Der Beschuldigte - mit dieser Rechtslage konfrontiert - könnte sich gewissermaßen vom Recht ungerecht behandelt sehen und mit einer mehr oder weniger weitgehenden Einschränkung seiner Kooperationsbereitschaft reagieren. Der mühsam aufgebaute kooperative Kontakt zum Beschuldigten, der zuletzt in dem impliziten Geständnis seinen bisherigen Höhepunkt fand, droht so in Gefahr zu geraten.

Dadurch, daß der Vernehmungsbeamte auf eine vermeintlich aussichtslose Verteidigungslage des Beschuldigten verweist, damit seine fehlenden Einflußmöglichkeiten andeutet und gleichzeitig unterschwellig Ehrlichkeit ihm gegenüber als die einzige echte Chance des Beschuldigten herausstellt (Pkt. 2), bestehen gute Chancen, daß der Beschuldigte von vornherein auf Kooperationsverweigerungen aller Art verzichtet und das Kooperationsangebot des Vernehmungsbeamten annimmt.

85 B 28

Der Beschuldigte scheint das Kontaktangebot des Vernehmungsbeamten angenommen zu haben. Er bestätigt mit einem knappen "ne" nochmals das Geständnis und gibt gleichzeitig an, den Ladendiebstahl beabsichtigt zu haben.

Damit hat der Vernehmungsbeamte ein erstes Etappenziel bei seinen Bemühungen um die Kooperationsbereitschaft erreicht:

- Erstmals macht der Beschuldigte eine unmißverständliche und unzweideutige Aussage in bezug auf den zentralen Aspekt der Sachverhaltsrekonstruktion. Damit signalisiert er seine Bereitschaft, auszusagen und sein Ereigniswissen veröffentlichen zu wollen.
- Der Beschuldigte hat sich erstmals in der laufenden Vernehmung im vollen Umfang geständig gezeigt. Für die Wahrhaftigkeit des Beschuldigten stellt dieses Geständnis - zunächst - ein starkes Indiz dar: Selbstbezichtigung; Wissen um zu erwartende Sanktionierung und soziale Degradierung; Kongruenz der 'konkurrierenden' Ereignisperspektiven (näheres siehe Kap. 6.1.2.2).

D.h.: **Im Zusammenhang mit dem bereits etablierten Ansatz eines kooperativen Kontakts betrachtet, verfügt der Vernehmungsbeamte zum ersten Mal in der laufenden Vernehmung über ein 'abgerundetes' Indiz dafür, daß der Beschuldigte bereit ist, sein Ereigniswissen wahrhaftig zu veröffentlichen und somit kooperationsbereit zu sein.**

Allerdings zeigt sich der Beschuldigte immer noch wenig auskunftsfreudig. Obwohl mittlerweile ja von einer gewissen Stabilität des Dialogs ausgegangen werden kann, wird der Vernehmungsbeamte sich darum bemühen, den Beschuldigten weiter ins Gespräch hineinzuziehen. Nur so wird es ihm auch möglich sein, das Ereigniswissen des Beschuldigten genauer in Erfahrung zu bringen und dabei eine weitergehende Überprüfung der Aussage des Beschuldigten vorzunehmen.

In der 'nächsten Etappe' wird es also darum gehen, den bis jetzt aufgebauten kooperativen Kontakt - aus der personalen Haltung eines Schutzpolizisten heraus - zu vertiefen. Aus einer so sich festigenden personalen Bindung soll es (a) dem Vernehmungsbeamten möglich sein, größere Sicherheit bei der Bewertung des Geständnisses zu erhalten, genauso wie es (b) dem Beschuldigten 'unmöglich'

werden soll, die Veröffentlichung seines Ereigniswissens - im Kern die lizenzierte Protokollierung - (doch noch) zu hintertreiben.

<u>86 Vb 44 - 105/1 Vb 53</u>

Der Vernehmungsbeamte fragt zunächst nach dem Motiv des Beschuldigten und als der nicht reagiert, setzt er mit einer Zusatzfrage nach: "Hasse grad vor kurzem angefangen zu rauchen oder so?" Nachdem der Beschuldigte auch diese und eine weitere Frage wieder nur einsilbig bestätigt, wechselt der Vernehmungsbeamte das Thema: "Und wo haste die dann rausgenommen?"

Dem Vernehmungsbeamten geht es jetzt also um ein Hergangsdetail. Der Beschuldigte vermag wieder nicht umgehend zu antworten, so daß der Vernehmungsbeamte sich genötigt sieht, ihm seine auf eigenen Milieukenntnissen beruhende Vermutung offenzulegen (Feuerzeuge und Zigaretten befinden sich normalerweise im Ständer an der Kasse; "Hasse aussem Ständer direkt an der Kasse genommen? . Oder wie?") Der Beschuldigte bestätigt - und wieder nur mit einem "Mm".

Als der Vernehmungsbeamte dann die Sprache darauf bringt, wer ihn denn beobachtet habe, und auf eine etwas unbestimmte Angabe des Beschuldigten nachfragt "Ne saß die da an der Kasse oder?" reagiert der Beschuldigte allerdings mit einer Korrektur: "Ne die lief da so rum äh". Der Vernehmungsbeamte - zunächst irritiert - macht sich etwas kurzschlüssig einen Reim auf diese Angabe ("Kassenaufsicht") und wechselt dann wieder das Thema. Er fragt den Beschuldigten, ob er denn im Kaufhaus mit dem Einbehalten der Ware einverstanden gewesen sei. Der Beschuldigte antwortet postwendend "Na klar" und läßt so keine Zweifel daran, nicht von vornherein geständig und aussagebereit gewesen zu sein. Der Vernehmungsbeamte bedeutet ihm, daß seine Zustimmung schon erforderlich sei und geht dann zur Belehrung des Beschuldigten über dessen Verfahrensrechte über.

Nachdem der Beschuldigte zuletzt doch recht unzweideutig seine Kooperationsbereitschaft signalisiert hatte, zeigt der Vernehmungsbeamte sich verstärkt an Einzelheiten des Ereigniswissens des Beschuldigten interessiert, allerdings ohne den Sachverhalt dabei eingehend aufzuarbeiten und ohne den Eindruck zu erwecken, als hänge von den Antworten noch Entscheidendes ab. Er unterstreicht so den oben erweckten Eindruck der Aussichtslosigkeit der Lage in Anbetracht der gesetzlichen Bestimmungen.

Er geht vielmehr eher informell, fast schon wie persönlich interessiert, auf den Beschuldigten zu, bemüht sich um ein Erfassen der Beweggründe des Beschuldigten, verhält sich wohlwollend und unterstützend, wenn der Dialog durch die Reaktionsabstinenz des Beschuldigten immer wieder ins Stocken gerät, stellt bei allem aber doch stets seine vermeintliche Aushandlungsdominanz heraus: In bezug auf den Vernehmungsgegenstand demonstriert er in Ansätzen Milieukenntnisse, während er in bezug auf das Verfahrensgeschehen sein Verfahrenswissen aufblitzen läßt und sein Recht, die Rekonstruktionsakzente zu setzen, als selbstverständlich in Szene setzt (Vorhaltfragen; Themenwahl; Themenwechsel).

Insgesamt wirkt der Vernehmungsbeamte auf distanzierte Art und Weise um den Beschuldigten bemüht: Er versucht, das Geschehene zu verstehen.

Die Reaktion des Beschuldigten auf diese ihm entgegengebrachte Haltung muß nach zwei Seiten hin betrachtet werden:

(a) Er, der Beschuldigte, bleibt auch in dieser Sitution sehr zurückhaltend.

(b) Allerdings hat er sich im Rahmen dieser Reaktionsform als durchaus 'folgsam' erwiesen: Seine eigeninitiativ und umgehend vorgetragene und ihn nicht entlastende Richtigstellung in einem situationspezifischen Hergangsdetail muß als weiteres starkes Indiz für die Glaubwürdigkeit des Beschuldigten im besonderen und für seine Kooperationsbereitschaft im allgemeinen gelten. Mit dem "Na klar" (Reaktion auf die Frage nach dem Einverständnis zum Einbehalten der Waren) verdichtet sich der Eindruck von der Kooperationsbereitschaft des Beschuldigten noch weitergehend.

So ist es dem Vernehmungsbeamten aus der eingenommenen Haltung eines sich eher distanziert väterlich gebenden Schutzpolizisten heraus gelungen, den zurückhaltenden Beschuldigten schrittweise ins Vernehmungsgespräch hineinzubemühen und zunehmend in einen kooperativen Kontakt einzubinden. Nachdem der Beschuldigte sich nach einem eher 'passiv' abgegebenen Geständnis dann auch bereit gezeigt hat, eigeninitiativ und ohne damit ersichtlich einen Entlastungsversuch zu starten, in das Gespräch einzugreifen, scheint eine insgesamt kooperative Haltung des Beschuldigten erst einmal wahrscheinlich zu sein. Dem Beschuldigten dürfte die (vermeintliche) Aussichtslosigkeit seiner Lage klar geworden sein. Er wird die aufgezeigte Chance nutzen wollen. Aus welchem der oben stets hochgerechneten besonderen Ausgangslagen heraus diese Einbindung erfolgte und erforderlich wurde, bleibt allerdings offen.

<u>105/2 Vb 53</u>

Wie bereits angedeutet, führt der Vernehmungsbeamte, nachdem er sich der Kooperativität des Beschuldigten erst einmal recht sicher sein kann, das Gespräch mit der Belehrung über zwei Verfahrensrechte - Aussageverweigerungsrecht; Recht des Beschuldigten zur Konsultation eines Verteidigers - fort.

Laut StPO Paragraph 136 (1) ist der Vernehmungsbeamte verpflichtet, den Beschuldigten über dessen Verfahrensrechte (und über die ihm zur Last gelegte Tat) zu unterrichten. Die Durchführung der Belehrung muß gemeinsam mit der protokollierten Entscheidung des Beschuldigten separat unterschriftlich bestätigt werden, so daß der Vernehmungsbeamte - selbst wenn er es wollte - um die Belehrung des Beschuldigten nur schwer umhinkäme.

Es ist nicht von der Hand zu weisen, daß eine den Verfahrensregeln gemäße Belehrung vor Beginn der Sachverhaltsrekonstruktion von vornherein Gefahren für den Aufbau eines kooperativen Kontakts zwischen dem Vernehmungsbeamten und dem Beschuldigten mit sich gebracht hätte. Nicht nur, daß der Beschuldigte so relativ problemlos (ohne großartigen Reaktionsdruck) die Aussage hätte verweigern können. Belehrt über seine starke Aushandlungsposition hätte er - aussagebereit - sich auch zu Täuschungsversuchen ermuntert sehen können.

Allerdings steht auch jetzt, nachdem die Aussagebereitschaft des Beschuldigten und seine Kooperationsbereitschaft gegenüber dem sich aushandlungsdominant gebenden Vernehmungsbeamten informell über den Ausbau einer personalen Bindung allem Anschein nach erreicht wurden, das Erreichte mit der nachzuholenden formellen Belehrung des Beschuldigten zu den Verfahrensrechten wieder auf dem Spiel: Der informell kooperative Kontakt könnte durch eine formelle Erklärung empfindlich gestört und die Aufmerksamkeit des Beschuldigten auf die für ihn vielleicht immer noch verlockende Möglichkeit der Aussageverweigerung gelenkt werden.

Bleibt die Frage, wie der Vernehmungsbeamte die mit der Belehrung verbundenen spezifischen Risiken eingrenzt. V.a. zwei Aspekte fallen hier ins Gewicht:

- Der Vernehmungsbeamte trägt die auf dem Vernehmungsbogen abgedruckte und dem Gesetzestext weitgehend angeglichene Belehrungsformel vor. Allerdings ist der Gesetzestext beim Zuhören in seiner Bedeutung nicht unbedingt auf Anhieb nachvollziehbar.
- Der Vernehmungsbeamte übernimmt bei seinem Vortrag die Ich-Form des Belehrungstextes. So scheint es - ähnlich wie bei einer geschäftlichen Vertragsunterzeichnung - , als gelte es für den Beschuldigten, den Text im Vorbeigehen 'mit einem Ohr' eben noch zur Kenntnis zu nehmen, bevor dann das längst feststehende Einverständnis pro forma und selbstverständlich erteilt wird. Dazu paßt auch die suggestive Abschlußfrage "Aber Du wolltest hier aussagen." , die nicht einmal mehr mit einer Frageintonation gestellt wird.

Mit der passageren Form erweckt der Vernehmungsbeamte den Eindruck, als sei die Belehrung hier an sich überflüssig: Er sei - so die dem Vernehmungsbeamten unterstellte Einstellung - zwar gehalten, eine solche Formalität zu beachten; sie habe sich aber eigentlich durch den mittlerweile erreichten Stand der Beziehung erübrigt, störe zudem nur den entstandenen Kontakt und müsse von daher, um den Gesprächszusammenhang nicht zu zerreißen, möglichst geschmeidig und unauffällig abgewickelt werden.

Genau wie schon die Belehrung zum Tatvorwurf, so wird auch die Belehrung zu den Verfahrensrechten in den informellen Beziehungsrahmen eingepaßt und so 'entschärft'.

<u>**106 B 39ff**</u>

Der Beschuldigte bekundet mit einem "ja" wie selbstverständlich seine Aussagebereitschaft.

Damit scheint für den Vernehmungsbeamten der letzte Beleg erbracht, daß der Beschuldigte kooperativ und die Beziehung zu ihm gefestigt ist: Er geht zur Protokollierungsphase über "Gut dann ich schreib das so auf, wie Du mir das sagst."

Mit dieser Überleitung bringt der Vernehmungsbeamte dem Beschuldigten sein mittlerweile entstandenes Vertrauen zum Ausdruck: Er nimmt ihn - ähnlich einem Erzieher oder Vater, der seinem Zögling kontrolliert Verantwortung überträgt - in die Pflicht: Der Vernehmungsbeamte überläßt dem Beschuldigten nicht nur die Federführung; er sagt ihm sogar zu, es so aufzuschreiben, wie er es sagt, und kündigt damit seinen Rückzug auf die Position des Protokollanten an. Es ist jetzt an dem Beschuldigten, aus sich herauszugehen, sich initiativ zu zeigen und sein Ereigniswissen dem Vernehmungsbeamten - zu dessen Zufriedenheit - in die Maschine zu diktieren. Der Beschuldigte könnte so veranlaßt werden, im Rahmen des vom Vernehmungsbeamten eingeleiteten Projekts 'Protokollierung' sein Ereigniswissen selbstverständlich zu Protokoll zu geben, auf diese Weise Kooperativität zu demonstrieren, 'um so' wieder Anschluß an die Gemeinschaft zu finden.

Auf diese Weise gelingt es dem Vernehmungsbeamten, den formellen Charakter einer 'Protokollierung mit Hilfe einer Schreibmaschine auf einem Formblatt' informell zu unterlaufen, die bestehende Beziehung zum Beschuldigten weiter auszubauen und in die Protokollierungsphase 'hineinzutransportieren'. So bewältigt der Vernehmungsbeamte auch die im Rahmen der Vernehmungsvorbesprechung letzte Klippe auf dem Weg zur Lizenzierung einer im Protokolltext festgehaltenen wahrhaft veröffentlichten Ereignisperspektive durch den strukturell aushandlungsdominanten Beschuldigten.

6.3.2 Zur Bestimmung der Fallspezifik

Bevor ich zu einer ersten Überarbeitung der Strukturhypothese schreite, soll die Bearbeitung der Frage, auf welche Weise der Vernehmungsbeamte in polizeilichen Vernehmungen Beschuldigter sich um die Einbindung des aushandlungsdominanten Beschuldigten in einen kooperativen Kontakt bemüht, auf der fallspezifischen Ebene abgerundet werden. Beginnen will ich mit einer kurzen Replik!

Im Verlaufe der zweiten Feinanalyse konnte ein 'Verfahrensansatz' isoliert werden, über den der Vernehmungsbeamte die Kooperativität des Beschuldigten in diesem Fall - mit einer gewissen Wahrscheinlichkeit - fördern und sichern konnte: Bei der Suche nach kooperationsfördernden Maßnahmen des Vernehmungsbeamten fiel der Blick zunächst auf verschiedene vom Vernehmungsbeamten eingenommene rollenabweichende personale Haltungen (Vater, Erzieher, Lehrer, Rechtsanwalt), die geeignet schienen, dem Beschuldigten eine ihm vertraute Beziehungswirklichkeit zu suggerieren, aus der heraus er - in dem Maße, in dem er sich auf sie einläßt - eigentlich eine kooperative Haltung einnehmen mußte. Problematisch erschien die Haltungsvielfalt, die einer für den angestrebten

Beziehungsaufbau erforderlichen Kontinuität abträglich zu sein schien. Mit der personalen Haltung 'Schutzpolizist' wurde dann eine Grundhaltung entdeckt, die nicht nur die rollenabweichenden, sondern auch die rollenkonforme Haltung 'Vernehmungsbeamter' auf der Basis entsprechender 'Einpassungserfordernisse' zu integrieren vermag und in Anbetracht der ihm erst richtig deutlich wird, auf welche Weise der Vernehmungsbeamte sich **durchgängig** mit Aussicht auf Erfolg als aushandlungsdominant darstellen konnte. Kurz: **Im Zentrum der Bemühungen des Vernehmungsbeamten um die Einbindung des Beschuldigten in einen kooperativen Kontakt steht - so die These - im hier interpretierten Fall die Einnahme der dem Beschuldigten weitgehend vertrauten (weil einsozialisierten und als implizites Wissen im kommunikativen Haushalt abgelagerten) personalen Haltung eines tentativ aushandlungsdominanten 'Schutzpolizisten'. Mit dieser Haltung konfrontiert soll der Beschuldigte in eine Beziehungswirklichkeit entrückt werden, aus der heraus er sich dann ggf. gezwungen sähe, eine kooperative Haltung einzunehmen.**

Die Chance dafür, daß die Anbindung des Vernehmungsgesprächs an den Diskurs eines Schutzpolizisten mit einem 'Unordnungsstifter' gelingt, ist in zweierlei Hinsicht recht groß:

(a) Da mit einer Straftat nicht nur geltendes Recht, sondern immer auch die öffentliche Ordnung gestört ist, wundert es nicht, daß der Polizeibeamte als Ermittlungsbeamter in einem Strafverfahren dazu tendiert, selbstverständlich die seiner beruflichen Sozialistion entsprechende Haltung eines "Ordnungshüters", eines Schutzpolizisten, einzunehmen.

Wenn der Vernehmungsbeamte in dem hier interpretierten Fall den Ziel-Mittel-Konflikt über die Einnahme der personalen Haltung eines "Schutzpolizisten" bewältigt, dann kommt darin also weniger eine bewußt reflektierte Haltungs- und Mittelwahl als vielmehr eine einsozialisierte **Haltungsroutine, die die "selbstverständliche Wahl" spezifischer Mittel und Techniken aus sich heraustreibt,** zum Ausdruck. Inwieweit nun einzelne Entscheidungen reflektiert gewählt oder 'automatisch' selbstverständlich vollzogen wurden, ist kaum entscheidbar. Wichtig ist nur: **Die sich in der Interpretation oft als Folge bewußter Wahlen darstellenden Handlungszüge des Vernehmungsbeamten (und des Beschuldigten) sind in 'unbewußt selbstverständlich eingenommenen Haltungen' dem Typ nach bereits vorentworfen.**

(b) Nicht nur die berufliche Identität eines Schutzpolizisten sondern auch das in der Bevölkerung verinnerlichte Bild von ihr ist von der Aufgabe, die öffentliche Sicherheit und Ordnung zu gewährleisten, geprägt. Jedermann weiß, daß der Schutzpolizist ein, besser: **der** 'Ordnungshüter' ist.

Die Tatsache, daß der Schutzpolizist bei Ermittlungen in Strafsachen und eben auch bei der Vernehmung des Beschuldigten de facto den

Handlungstyp wechselt[26], also Ermittlungs-/Vernehmungsbeamter in einem justizförmigen Strafverfahren wird, findet nicht nur häufig genug bei den Polizeibeamten keine Beachtung, sondern wird von der (laienhaften) Bevölkerung im Normalfall gar nicht erst gesehen. Durch die Personalunion von Schutzpolizist und polizeilichem Vernehmungsbeamten und als Folge der selbstverständlichen Erinnerung an das einsozialisierte Bild von einem Ordnungshüter, die sich bei der Konfrontation mit einem vernehmenden Polizeibeamten einstellt, ist von vornherein der Blick dafür verstellt, daß der Polizeibeamte in der Vernehmung weniger die Ordnung hütet als vielmehr - nach völlig anders gelagerten Verfahrensgrundsätzen - dem Recht und der Gerechtigkeit zur Geltung verhilft. (Abhilfe könnte wohl nur die Aufklärung durch den Vernehmungsbeamten schaffen.) D.h.: Stehen wir in einer Beschuldigtenvernehmung einem polizeilichen Vernehmungsbeamten gegenüber, dann gehen wir der Tendenz nach erst einmal selbstverständlich davon aus, uns in einem Diskurs zu befinden, in dem es um die Wiederherstellung der verletzten öffentlichen Sicherheit und Ordnung geht.

In einem solchen Diskurs, und dieses Wissen ist uns genauso selbstverständlich, ist der ordnungshütende Schutzpolizist tendenziell aushandlungsdominant: Der Schutzpolizist stellt eine moralische, mit Macht ausgestattete Autorität dar, der sich zu widersetzen nicht nur unklug und gefährlich sein kann - nein: es gehört sich schlichtweg nicht, einem Hüter der öffentlichen Ordnung 'ungerechtfertigt' Widerstand zu leisten: die Aussage zu verweigern, ihn zu täuschen etc. Zwar sind die Loyalitätsbindungen nicht so eng wie bei einem Vater, aber noch immer eng genug, um bei dann doch eingeleiteten Widerstandsversuchen oftmals die Hemmungen spüren zu können, die es dabei zu überwinden gilt.

Von daher bestehen für ein Gelingen der Anbindung des Vernehmungsgesprächs an den Diskurs 'Wiederherstellung öffentlicher Sicherheit und Ordnung' nicht nur gute Aussichten; eine solche Anbindung dürfte der strafrechtlichen Aufgabenbewältigung in einem Vernehmungsgespräch auch erheblichen Nutzen bringen: die Aussichten dafür, daß der strukturell aushandlungsdominante Beschuldigte eine kooperative Bindung zum vermeintlich aushandlungsdominanten Vernehmungsbeamten, dem vermeintlichen Schutzpolizisten, eingeht, steigen.

---

[26] Genauer ist: Der Polizist bewegt sich gleichzeitig in zwei relativ eigenständigen Handlungs- und Verfahrenszusammenhängen, wobei der Rechtspflege und damit dem Prozeßrecht im Konfliktfall der Vorrang gebührt.

6.3.2.1 Der Prozeß der Besonderung

Die Herausarbeitung der fallspezifischen Besonderheit dieses Falles abschließend soll nun in einer Überarbeitung und Zusammenfassung[27] der zweiten feinanalytischen Rekonstruktion die Gestaltung des Vorgesprächsablaufs, so wie er sich aus der Haltung eines 'Schutzpolizisten' heraus vorgenommen darstellt, nachgezeichnet werden.

1. Etappe: **Die Einnahme der personalen Haltung eines 'väterlichen Dorfpolizisten in einem umweltlich strukturierten Milieu' (1/1 Vb 1 - 10/2)**

In der Einstiegsphase der Vernehmungsvorbesprechung macht der Vernehmungsbeamte dem Beschuldigten zunächst ein recht behutsames Angebot, in das Gespräch einzusteigen: Bei der Lektüre des Strafantrags äußert der Vernehmungsbeamte einige relevante Sachverhaltsfragmente und schafft so Anreize für ausführliche Stellungnahmen des Beschuldigten, ohne sie direkt zu fordern. So erhält er einen ersten Eindruck von den Reaktionsgepflogenheiten des Beschuldigten, der allerdings zunächst nicht explizit reagiert.

Nach Abschluß der Strafantragslektüre wendet der Vernehmungsbeamte sich direkt an den Beschuldigten und fragt ihn, wieviel Bargeld er bei sich habe:

- Obwohl die Frage nach dem mitgeführten Bargeld bereits unbestreitbar Bestandteil der Sachverhaltsrekonstruktion ist, unterbleibt jede Form der Belehrung des Beschuldigten. Dem Beschuldigten werden so Chancen, eine Verteidigungslinie aufzubauen und in diesem Rahmen legalen Widerstand zu leisten, genommen.
- Die unmittelbare Form, in der der Vernehmungsbeamte die vermeintlich verwaltungspraktische Frage an den Beschuldigten richtet, läßt dem Beschuldigten schon bei der ersten direkten Kontaktaufnahme des Vernehmungsbeamten (vermeintlich) wenig Chancen, die Bedeutung oder auch nur eine Bedeutung nachzuvollziehen. Der Vernehmungsbeamte bietet dem Beschuldigten keine Anhaltspunkte für eine Orientierung, und das, obwohl er mit seiner Frage ja durchaus "auf Anhieb" die 'Privatangelegenheiten' des Beschuldigten berührt.
- Der Vernehmungsbeamte fordert (wie) selbstverständlich eine Beantwortung der Frage durch den Beschuldigten, und er stellt die Forderung mit

[27] Bei der Darstellung werde ich mich auf den 'Aufbau des kooperativen Kontakts' - dem zentralen Anliegen des Vernehmungsbeamten - konzentrieren und dabei viele Details und v.a. die einhergehenden Ermittlungsbemühungen weitgehend vernachlässigen. Mit dieser "Betonung" (PLESSNER 1979) versuche ich, den Blick auf den wesentlichen Aspekt der Vernehmungsgestaltung - den 'Beziehungsaspekt' - zu lenken.
Die Zuordnung anderer Gestaltungsaspekte dürfte mühelos bei einer Implantation der nachfolgenden "Verzeichnung" (ders.) in die zweite feinanalytische Rekonstruktion möglich sein.

seiner nachgezogenen Feststellung, 'fragen oder duzen zu dürfen', auch noch als rechtens heraus.

Mit all dem führt der Vernehmungsbeamte schon direkt nach Beginn der Vernehmungsvorbesprechung den Beschuldigten in eine Beziehungswirklichkeit ein, in der er, der Vernehmungsbeamte, anscheinend das Sagen hat, die Akzente setzt und in die der Beschuldigte sich zu fügen hat, auch wenn es um die Erforschung von Privatangelegenheiten geht und eine Orientierung dem Beschuldigten auf Anhieb nicht möglich ist.

Mit dieser Haltung erinnert der Vernehmungsbeamte schon zu Beginn der Vernehmung deutlich an das vertraute Bild eines von Amts wegen anmaßenden Polizeibeamten, der zum Zwecke einer Wiederherstellung von Sicherheit und Ordnung auch 'leichtere' Regelverstöße in Kauf nimmt.

Die Einführung des Vernehmungsbeamten geht allerdings nicht reibungslos vonstatten: Der Beschuldigte reagiert 'irritiert' und antwortet erst nach einer Vermittlung durch die Mutter, die sich dann auch noch genötigt sieht, die recht knappe Antwort ihres Sohnes gegenüber dem Vernehmungsbeamten zu kommentieren. In dieser Gesprächsphase bietet der Beschuldigte dem Vernehmungsbeamten noch keinen greifbaren Ansatzpunkt für den Aufbau eines ermittlungsförderlichen Kontakts: Es kommt nur zu einem indirekten Dialog und es ist noch keinesfalls entschieden, ob der Beschuldigte sich dem 'Schutzpolizisten' unterordnen wird.

In dieser für den Kontaktaufbau schwierigen und wohl auch vorentscheidenden Situation greift der Vernehmungsbeamte das mit der Kommentierung im Raum stehende Kontaktangebot der Mutter in besonderer Weise auf. Er fragt den Beschuldigten, warum er's denn dann gemacht habe.

Oben (FA II 10/1 Vb 1) wurde herausgestellt, daß die mit der Frage einhergehende Unterstellung der Zahlungsfähigkeit des Beschuldigten keinesfalls für alle möglichen und noch nicht einmal für die wahrscheinlichsten Rahmungsvarianten des Einkaufs unbedingte Geltung besitzt. Z.B. kann es dem Beschuldigten als heimlichem Raucher ja verwehrt gewesen sein, das Geld der Mutter für den Kauf seiner Zigaretten zu verwenden! Von daher wurde dann - stark verkürzt dargestellt - gefolgert, daß der Vernehmungsbeamte scheinbar die familiale Binnenperspektive einnimmt, sich also als 'Als-Ob-Vater' einführt, "um" entsprechende Loyalitäten zu aktivieren.

Inspiriert durch die erst zu einem späteren Zeitpunkt der Feinanalyse entdeckte Grundhaltung 'Schutzpolizist', läßt sich nunmehr eine Modifikation der Lesart vornehmen, mit der die reklamierte Väterlichkeit nicht mehr als Sichtblende in bezug auf die öffentlich amtliche Seite des Gesprächs 'herhalten muß'.

Unterlegt man dem Vernehmungsbeamten die Einnahme der Haltung eines 'Schutzpolizisten', dann stellt er mit seiner Frage - ähnlich 'wie der' Familienvater oben - implizit fest: 'Bevor man einen Diebstahl und damit einen Rechtsbruch begeht, nimmt man das zur Verfügung stehende Geld, auch wenn es einem anderen Familienangehörigen gehört. Familieninterne Regelungen, auch wenn sie unangenehm sein sollten, sind einem Rechtsbruch in jedem Fall vorzuziehen.' Als

'Schutzpolizist' verweist der Vernehmungsbeamte allerdings - etwas anders als der Familienvater - aus einer **milieuspezifischen Binnenperspektive** auf Normen, die **in dem gemeinsamen Bezugsmilieu allgemeine Geltung besitzen (sollen)** und für jedermann selbstverständlich und von daher auch bindend sind (/sein sollen).

Mit seiner Frage, in der sich Unverständnis, Interesse und Tadel mischen, bringt der Vernehmungsbeamte sich demzufolge als Vertreter sowohl der rechtlichen Normen als auch der milieuspezifischen Gepflogenheiten ins Spiel. Von dieser Warte aus klinkt er sich in diesen Konfliktfall vaterähnlich zwischen Mutter und Sohn als 'öffentlich milieuverwachsener Vater' ein. Der Vernehmungsbeamte präsentiert sich als ein im traditionellen Sinne milieueingebundener Schutzpolizist, wie er etwa als 'Dorfpolizist' oder 'städtischer Bezirkspolizist alten Stils' bekannt ist. Pointiert und griffig gemacht, wenn auch etwas gewagt, könnte man von der Haltung eines **'väterlichen Dorfpolizisten in einem umweltlich strukturierten Milieu'** sprechen. Einem solchen Dorf(- oder Bezirks)polizisten obliegt es für den Fall, daß sich Mitmenschen nicht an die milieuspezifischen Gepflogenheiten halten und in der Folge auch noch geltendes Recht verletzen, auf die milieuspezifischen Regelungen bis in die Familien hinein agierend zu verweisen. Und genau dieses Ziel scheint der 'Dorfpolizist' mit seiner Frage zu verfolgen[28].

Die Lesart 'Einnahme der personalen Haltung 'väterlicher Dorfpolizist in einem umweltlich strukturierten Milieu" wird unterstützt durch die - hinlänglich beschriebene - Form der Überzeugungsbildung des Vernehmungsbeamten: Der Vernehmungsbeamte unterstellt dem Beschuldigten - ohne ihn vorher eingehend angehört zu haben - die Täterschaft.

Damit suggeriert der Vernehmungsbeamte nicht nur eine Aushandlungsdominanz, wie sie etwa im Strafverfahren dem auf eine intersubjektive Überprüfbarkeit seiner Urteilsbildung festgelegten Richter zukommt. Nein: Er nimmt für sich sogar implizit eine partikularistische Überzeugungsbildung mit der Maßgabe in Anspruch, der Beschuldigte habe sich an ihr bei seinen Einlassungen - Rechtfertigungen, Entlastungsversuchen etc. - zu orientieren. Als 'Dorfpolizist' - so suggeriert der Vernehmungsbeamte - brauche er nicht beweisen. Er müsse überzeugt sein. Und die Überzeugungslast liege beim Beschuldigten.

Der Vernehmungsbeamte 'bemüht sich' also darum, den Beschuldigten in eine 'dörfliche oder auch städtische Binnenöffentlichkeit' zu entführen, in der für ihn, den Beschuldigten, - ließe er sich ein - ermittlungsförderliche Kooperationsverpflichtungen entstehen: Er müßte sich gegenüber dem 'Dorfpolizisten' dann aufrichtig erklären, sich ggf. rechtfertigen oder ein Mißverständnis glaubhaft reklamieren etc. etc. : Er müßte sich der moralischen Autorität 'Dorfpolizist' beziehungsgemäß stellen.

Allerdings bringt auch die Einnahme der Haltung eines 'Dorf-/Bezirkspolizisten' nicht mehr den gewünschten Erfolg. Der Beschuldigte reagiert genauso

---

[28] Die angedeutete personale Haltung eines Dorfpolizisten ist mit der Figur des Hauptmeisters Kroppjahn in dem Roman "Schnee im Dezember" (1990) von Horst Bieber hervorragend illustriert.

wie die vordem noch moderierende Mutter averbal und somit zunächst nicht vernehmungsförderlich. Beide lassen nicht erkennen, ob sie sich auf die vom Vernehmungsbeamten angeschlagene Beziehungswirklichkeit einlassen.

Dem Vernehmungsbeamten ist es damit weder non-direktiv noch direktiv und auch (zunächst) nicht über die Einnahme der personalen Haltung 'Dorf-/Bezirkspolizist' gelungen, den Beschuldigten auch nur ansatzweise in das Vernehmungsgespräch einzubinden. Ohne damit von einer Aussageunwilligkeit oder Nicht-Geständigkeit des Beschuldigten auszugehen, kann aber für alle über den Transkriptionstext als denkbar hochgerechneten Fälle festgehalten werden, daß der Beschuldigte dem Vernehmungsbeamten bisher so gut wie keinen Ansatzpunkt für den Aufbau eines kooperativen Kontakts, aus dem heraus dann eine kooperative Haltung des Beschuldigten erwartet werden könnte, bietet.

2. Etappe: **Umorientierung: die Einnahme der Haltung eines 'Dorfpolizisten in einem mitweltlich strukturierten Milieu'** (10/3 Vb 3 - 57/1 Vb 19)

Vor diesem Hintergrund schreitet der Vernehmungsbeamte umgehend und auf jede direkte Moderierung verzichtend zur Personalienaufnahme.

Man gewinnt den Eindruck, als wolle er den Beschuldigten in den Dialog mit ihm einüben, ihn mit seinem zunächst eingenommenen Kommandostil in ein 'vernehmungsfreundliches' turn-taking hineinzwingen. Auf diese Weise führt der Vernehmungsbeamte dem Beschuldigten seinen Status als Tatverdächtiger in einem förmlichen Strafverfahren vor Augen und suggeriert von neuem überdeutlich die Stellung eines dominanten vernehmenden Schutzpolizisten. Er habe - diesen Eindruck erweckt er - das Recht, den Beschuldigten über die Befragung quasi sozial neu einzukleiden, und er könne (wie) selbstverständlich eine Beantwortung der Frage durch den Beschuldigten erwarten.

Nachdem der Beschuldigte sich mit einer sachlich knappen Beantwortung der Fragen zur Person erstmals ersichtlich gesprächsbereit gezeigt hat, lockert der Vernehmungsbeamte die straffe Gesprächsführung und schlägt bei seinen weiteren Fragen einen moderateren Ton an. Dabei geht er sogar soweit, ein Nebengespräch einzuleiten: Er fragt den Beschuldigten, ob er in dem Supermarkt überwiegend einkaufe. Der Beschuldigte läßt sich auf dieses thematisch unverfängliche Gesprächsangebot ein, macht erstmals eine ausführliche und eigenständige Aussage zur Sache, ohne damit allerdings ('unbedingt') ein Geständnis zu leisten.

Der Vernehmungsbeamte hakt an dieser Stelle nicht - wie man vielleicht erwarten könnte - nach, sondern schafft durch eine in der Sache eher überflüssige Anschlußfrage, die Voraussetzung für die Vollendung einer ersten vom Vernehmungsbeamten und vom Beschuldigten einvernehmlich gestalteten Dialogsequenz zur Sache. Der Vernehmungsbeamte ist bei seinen Bemühungen um die Einbindung des Beschuldigten in das Gespräch deutlich vorangekommen - und er geht noch einen Schritt weiter: In einer persönlich gehaltenen Empfehlung ermahnt er den Beschuldigten: "so gleich in der Vernehmung dann · sollte aber schon das ehrlich rauskommen · ich mein · wieso und warum Du das gemacht hast und wie · ne? Ich mein das nützt Dir jetzt auch nicht mehr viel, wenn Du jetzt da groß · drum herum redest ne ·."

Im Rahmen der zweiten Feinanalyse wurde v.a. unter dem Eindruck des ersten Satzes dieser Empfehlung die Einnahme der personalen Haltung 'öffentlich moralische Autorität/ Erzieher, Lehrer, Pastor etc.' herausgestellt. Von dieser Einfärbung kann auch unter dem Vorzeichen Grundhaltung 'Schutzpolizist' weiterhin ausgegangen werden. Der Schutzpolizist zeigt sich hier als Vertreter einer allgemeinen, moralisch legitimierten Ordnung, und er rät dem Beschuldigten, sich an dieser Ordnung zu orientieren.

Allerdings: Mit dem Verweis auf eine allgemeine Moral und der eingeräumten Entscheidungsfreiheit gibt der Vernehmungsbeamte anscheinend die Verpflichtung des Beschuldigten auf die zuvor von ihm eingenommene Haltung 'Dorfpolizist in einem umweltlich strukturierten Milieu' auf. Denn: Ein 'Dorfpolizist' verkörpert die Moral und es steht einem in bezug auf Ehrlichkeit keinerlei Spielraum zur Verfügung.

Der Anschein verdichtet sich mit dem zweiten Satz zur Gewißheit: Der Vernehmungsbeamte wirft das Kriterium 'Nützlichkeit' in die Waagschale: Es nütze - so der Vernehmungsbeamte - dem Beschuldigten jetzt auch nichts mehr, wenn er herumzureden versuche! Die milieubezogene 'Wir-Beziehung' ist damit wohl endgültig aufgegeben: Einem 'Dorfpolizisten' gegenüber hätte man nämlich ehrlich zu sein - gleichgültig, ob man Nutzen daraus zieht oder nicht. Und da dies einem Dorfpolizisten selbstverständlich ist, käme er auch gar nicht erst auf die Idee, dies zu thematisieren.

Der Vernehmungsbeamte hat also (spätestens mit der Ermahnung) offensichtlich die personale Haltung eines 'väterlichen Dorf-/Bezirkspolizisten in einem umweltlich strukturierten Milieu' aufgegeben. Nur: Wodurch hat er sie ersetzt?

Versuchen wir, uns mit einer neuerlichen Paraphrasierung der 'mahnenden Empfehlung' einer Beantwortung zu nähern.

Zunächst einmal ermahnt der Vernehmungsbeamte den Beschuldigten zur Ehrlichkeit, und er führt sich so - wie schon gesagt - als Verfechter allgemeiner Moralvorstellungen ein.

Im Anschluß flankiert er seine Ermahnung dann mit scheinbar aus der Sicht des Beschuldigten vorgenommenen Nützlichkeitserwägungen! An dieser Stelle kommt aber die Frage auf, warum dem Beschuldigten denn ein 'Drum-Herum-Reden' nichts mehr nutzen sollte. Immerhin - so läßt der Vernehmungsbeamte doch selbst durchblicken - ist noch nicht vollständig 'rausgekommen', 'wieso', 'warum' und 'wie' der Beschuldigte das gemacht hat. Und da der Beschuldigte auch noch kein Geständnis geleistet hat, steht jeder Beweis für seine Schuld doch noch aus.

Die mahnende Empfehlung des Vernehmungsbeamten ist hintergründig und als stiller Verweis 'zu lesen'. Der Vernehmungsbeamte läßt durchblicken,

(a) daß trotz des noch nicht erbrachten vollgültigen Beweises alles dafür spreche, daß der Beschuldigte die Tat begangen hat;

(b) daß er, der Vernehmungsbeamte, davon überzeugt sei, daß der Beschuldigte die Tat begangen habe;

(c) daß er zudem davon ausgehe, vom Beschuldigten nicht mehr vom Gegenteil überzeugt werden zu können, und

(d) daß seine Überzeugung von der Täterschaft des Beschuldigten - sollte der Beschuldigte sich doch herausreden wollen - sich mühelos beweiserheblich erhärten lassen dürfte.

Mit seiner mahnenden Empfehlung verweist der Vernehmungsbeamte unterschwellig

- auf seine Milieuvertrautheit und seine fachliche Kompetenz: Er kennt seine 'Pappenheimer' und weiß von daher auch, ohne einen (lückenlosen) justizförmigen Beweis erbracht zu haben, daß der Beschuldigte die ihm zur Last gelegte Tat begangen hat;
- auf seine Vertrauenswürdigkeit und moralische Kompetenz: Er berät den Beschuldigten freundlich. Sein Engagement scheint er in den Dienst allgemein anerkannter Tugenden wie 'Ehrlichkeit' und 'Fürsorglichkeit' gestellt zu haben;
- und v.a. auf seine Durchsetzungsfähigkeit, in der seine Dominanz wohl in erster Linie fundiert sein soll: Unausgesprochen ist dem Beschuldigten angedeutet, daß er für den Fall eines erheblichen Täuschungsmanövers mit einer 'Auseinandersetzung' zu rechnen habe, die er nur verlieren könne. Und damit nicht genug: Er würde die für ihn noch bestehende Chance, sich zumindest ehrlich gezeigt zu haben, genauso wie das Wohlwollen des Vernehmungsbeamten verspielen.

In Anbetracht (a) wohl nicht mehr unbedingt selbstverständlicher Loyalitätsbindungen der Milieubewohner zu einem Schutzpolizisten und (b) der Möglichkeiten, die die strafrechtlichen Regelungen dem Beschuldigten eröffnen, versucht der Vernehmungsbeamte mit der Einnahme der Haltung eines moralisierend mahnenden, fürsorglichen und durchsetzungsfähigen Schutzpolizisten eine formell informelle Beziehungswirklichkeit einzuführen, in der der Beschuldigte - läßt er sich entsprechend beeindrucken - Zögling der Erziehungsanstalt 'Polizeiwache' wird und dann nicht mehr umhinkommt, sich in seinem Aussageverhalten an moralischen Tugenden wie 'Ehrlichkeit' zu orientieren - und so veranlaßt wird, sein Ereigniswissen offenzulegen.

Man könnte auch - wieder auf eine griffige 'Formel' gebracht - von der Einnahme der personalen Haltung eines **'Dorf-/Bezirkspolizisten in einem mitweltlich strukturierten Milieu'** sprechen.

So wird deutlich, daß der Vernehmungsbeamte sich wohl als Folge des Aussageverhaltens des Beschuldigten in der Einstiegsetappe dieser Vernehmungsvorbesprechung gezwungen gesehen hat, zur Förderung der Kooperationsbereitschaft des Beschuldigten die eingenommene personale Haltung in der beschriebenen Weise zu modifizieren.

3. Etappe: **Erste Anzeichen der Einbindung des Beschuldigten in den schutzpolizeilichen Erziehungsprozeß** (57/2 Vb 29 - 85 B 28)

Der Vernehmungsbeamte verzichtet zunächst darauf zu klären, ob der Beschuldigte sich auf die von ihm veranschlagte informelle Beziehungswirklichkeit einläßt. Er führt nach Abschluß seiner Ermahnung die Personalienaufnahme fort und festigt auf diese Weise den entstandenen Gesprächskontakt.

Als der Beschuldigte dann aber zwei im Anschluß an die Personalienaufnahme vom Vernehmungsbeamten gestellte Fragen zu möglichen Verführungen durch Schulkameraden knapp verneint, obwohl implizit für den Fall der Verneinung eine Angabe des maßgeblichen Motivs 'gefordert' ist, steht die Frage, ob sich der Beschuldigte auf die vom Vernehmungsbeamten "vorgegebene" Beziehungswirklichkeit überhaupt einläßt, unweigerlich im Raum.

Der Vernehmungsbeamte leitet in der Folge eine etwas 'eigenwillig' gestaltete Belehrung des Beschuldigten zu der ihm zur Last gelegten Tat ein.

Der Redebeitrag ist sofort als eine Art förmliche Belehrung zu erkennen. Dieser Anstrich kann aber und soll wohl auch nicht über den informell erzieherisch ausgerichteten Kern hinwegtäuschen:

Der Vernehmungsbeamte gestaltet die Belehrung als formelle Belehrung über seine Überzeugung mit einhergehendem Tadel. Damit erinnert er den Beschuldigten daran, daß er einer gesellschaftlich beauftragten, moralischen und durchsetzungsfähigen Autorität, einem Schutzpolizisten, gegenübersitzt, der von ihm als erziehungsbedürftigem Abweichler Folgsamkeit erwartet. Diese Erwartungshaltung setzt er explizit gegen Ende seines Redebeitrags dann in Szene: Aus der noch unabgeschlossenen Beschreibung der unterstellten Diebstahlhandlung heraus wechselt der Vernehmungsbeamte unvermittelt zu der Frage "hast vermutlich noch andere Ware bezahlt ne?"

Er testet auf diese Weise umgehend ab,

- ob der Beschuldigte sich auf die mit der Frage als 'bereits akzeptiert' unterstellte 'schutzpolizeilich informelle Erziehungswirklichkeit' einläßt und
- ob der Beschuldigte sich ggf. im Rahmen dieser Beziehungswirklichkeit 'auf ganzer Linie' kooperativ erweist.

Der Beschuldigte ist aufgefordert zu antworten, so daß Aufschluß zu erwarten ist.

Mit seiner - wiederum - knappen Bestätigung ("Ja") liefert der Beschuldigte einen zwar immer noch unsicheren, aber doch schon ernstzunehmenden Hinweis auf seine Kooperativität. Immerhin bestätigt er indirekt, die ihm vorgeworfene Handlung begangen zu haben.

Sofort setzt der Vernehmungsbeamte nach: Er erläutert dem Beschuldigten im Rahmen einer Rechtsbelehrung, daß seine tatsächlichen Motive, über die er ja noch keine Auskunft gegeben hat, bei der juridischen Bewertung der Tat nur eine untergeordnete Rolle spielen.

Spätestens mit dieser Rechtsbelehrung muß dem Beschuldigten deutlich geworden sein, zuvor ein Geständnis abgelegt zu haben. Weitergehend wird ihm auch die vermeintlich sich für ihn 'jetzt schon' daraus ergebende Lage vor Augen geführt: Gleichgültig was ihn zu der Handlung bewogen haben mag, er gilt als

Ladendieb und ist damit erst einmal zwangsläufig als sozialer Abweichler stigmatisiert und degradiert. Die Situation stellt sich nicht zuletzt deshalb als so aussichtslos dar, weil die Rechtslage als an eine anonyme Macht (Gesetzgeber) gebundene Realität präsentiert wird. Der Vernehmungsbeamte deutet so an, gebunden zu sein und keinen Ermessensspielraum mehr zu haben: Er verkörpere die Rechtslage nicht, er stehe lediglich im Dienste ihrer Geltendmachung. Die für den Beschuldigten "objektiv" bestehende Möglichkeit, noch über die Protokollierung entscheidenden Einfluß auszuüben, wird damit (wie) selbstverständlich ausgeblendet.

In dieser (in Anbetracht der unverrückbaren Rechtslage, dem zuvor implizit geleisteten Geständnis und der deklarierten Aushandlungsdominanz des erziehenden Schutzpolizisten) dem Beschuldigten wahrscheinlich aussichtslos erscheinenden Situation stehen die Chancen nicht schlecht, daß der Beschuldigte dazu neigt, sich 'einsichtig', ehrlich und kooperativ gegenüber dem Repräsentanten der verletzten öffentlichen Ordnung, dem vernehmenden Schutzpolizisten, zu zeigen. Über einen Kontakt zum Ordnungshüter könnte die aufgezeigte soziale Degradierung gemildert, ein Anschluß an die Gemeinschaft trotz allem aufrechterhalten bleiben.

So überrascht es nicht, daß der Beschuldigte die ihm vom Vernehmungsbeamten mit der Frage "Aber Du hattest auch nicht die . Absicht, die Ware zu bezahlen ne?" vermeintlich fürsorglich gereichte Hand ergreift und die Vermutung mit einem "ne" bekräftigt.

Der Beschuldigte hat damit ein umfassendes Geständnis und darüberhinaus ein 'abgerundetes' Indiz dafür geliefert, sein Ereigniswissen wahrhaftig veröffentlichen und sich kooperativ zeigen zu wollen. Der Beschuldigte scheint sich auf die suggerierte schutzpolizeilich informelle Erziehungswirklichkeit eingelassen zu haben.

4. Etappe: **Festigung des kooperativen Kontakts** (86 Vb 49 - 106 B 39)

Für den Vernehmungsbeamten geht es jetzt darum, die vom Beschuldigten angezeigte Kooperationsbereitschaft zu festigen und dabei den Beschuldigten auf seine Wahrhaftigkeit hin zu prüfen. Deshalb zeigt er sich verstärkt an Einzelheiten des Ereigniswissens interessiert, allerdings ohne den Sachverhalt dabei eingehend aufzuarbeiten und ohne den Eindruck zu erwecken, als hinge von den Antworten noch Entscheidendes ab.

Der Vernehmungsbeamte geht schon fast wie persönlich interessiert auf den Beschuldigten zu, unterstützt den Beschuldigten, wenn der Dialog durch dessen Reaktionsabstinenz wieder ins Stocken gerät, stellt bei allem aber subtil seine Aushandlungsdominanz heraus. Der Vernehmungsbeamte bleibt deutlich distanziert, wirkt dabei aber um den Beschuldigten bemüht.

Der Beschuldigte zeigt sich auch in dieser Gesprächssequenz zurückhaltend. Allerdings: Eine von ihm eigeninitiativ und umgehend vorgetragene, ihn nicht entlastende Richtigstellung in einem situationsspezifischen Hergangsdetail muß als weiteres starkes Indiz für die Glaubwürdigkeit des Beschuldigten im besonderen und für seine Kooperationsbereitschaft im allgemeinen gelten. Mit dem "Na klar" (Reaktion auf die Frage nach dem Einverständnis zum Einbehalten der Ware im Kaufhaus) verdichtet sich dieser Eindruck noch weitergehend, so daß der Vernehmungsbeamte jetzt wohl davon ausgehen kann, daß sich ein kooperativer Kontakt zum Beschuldigten herausgebildet hat und der Beschuldigte dazu bereit ist, sein Ereigniswissen ehrlich offenzulegen.

Mit der kaum hintergehbaren Belehrung des Beschuldigten über sein Aussageverweigerungsrecht ist das Erreichte allerdings noch einmal in Gefahr. Der informelle schutzpolizeiliche Erziehungsprozeß könnte durch eine formelle Belehrung empfindlich gestört werden und der Beschuldigte noch einmal - vielleicht verlockende - Anregungen für eine Kooperationsverweigerung erhalten.

Dem Vernehmungsbeamten gelingt es aber, die Belehrung in den informellen Bezugsrahmen einzupassen. Er liest die auf dem Formblatt aufgeführte Belehrungsformel dem Beschuldigten in der Ich-Form vor und erweckt den Eindruck, als erledige er eine längst oder überhaupt überflüssige Formalität.

Der Beschuldigte bekundet dann auch wie selbstverständlich seine Aussagebereitschaft.

5. Etappe: **Die Integration der Protokollierung in die schutzpolizeiliche Erziehungswirklichkeit** (107 Vb 54)

Mit dieser Erklärung des Beschuldigten scheint für den Vernehmungsbeamten der letzte Beleg dafür erbracht, daß der Beschuldigte kooperativ und die Beziehung zu ihm gefestigt ist: Er geht zur Protokollierungsphase über und sagt "Gut dann ich schreib das so auf wie Du mir das sagst."

Mit dieser Aufforderung nimmt der Vernehmungsbeamte den Beschuldigten aus dem entstandenen Kontakt heraus in die Pflicht: Der Vernehmungsbeamte überläßt dem Beschuldigten nicht nur die Federführung; er kündigt auch seinen Rückzug auf die Position des Protokollanten an. Es ist jetzt an dem Beschuldigten, aus sich herauszugehen, sich initiativ zu zeigen und sein Ereigniswissen dem Vernehmungsbeamten - zu dessen Zufriedenheit - in die Maschine zu diktieren.

Auf diese Weise leitet der schutzpolizeiliche Erzieher die entscheidende Etappe dieses formell informellen Erziehungsverfahrens ein: Der Beschuldigte ist angehalten, seine Ehrlichkeit und Kooperationsbereitschaft unwiderruflich unter Beweis zu stellen. Mit einer vorbehaltlosen und selbständigen Protokollierung könnte er die Beziehung zum vernehmenden 'Ordnungshüter' vertiefen und so einen wichtigen Schritt aus dem sozialen Abseits heraus auf die öffentliche Gemeinschaft hin tun. Über seine Kooperativität würde er Einsicht und Besserungswilligkeit demonstrieren und dokumentieren.

Gelingt dieses erzieherische Unternehmen, dann hat der Vernehmungsbeamte sein Ziel erreicht: Der zum erziehungsbedürftigen Zögling regredierte Beschuldigte hätte die gewünschte ermittlungsfreundliche und -förderliche Haltung eingenommen.

6.3.2.2. Die Struktur des Besonderen

Was läßt sich abschließend zur Bestimmung der Besonderheit der hier rekonstruierten Vernehmungsvorbesprechung sagen?

1. Mit der zweiten feinanalytischen Interpretation wurde schon die eigentümliche wie naheliegende Lösung, die der Vernehmungsbeamte in diesem Falle zur Bewältigung des Ziel-Mittel-Konflikts umsetzt, im Kern herausgestellt: Der Vernehmungsbeamte versucht, mit der ihm selbstverständlichen Einnahme der personalen **Haltung eines Schutzpolizisten** den strafrechtlichen Vernehmungsdiskurs an eine dem Beschuldigten wie auch ihm, dem Vernehmungsbeamten, vertraute Beziehungswirklichkeit anzuschließen. Läßt ein Beschuldigter sich auf diese Beziehungswirklichkeit ein, davon kann man in diesem Fall zum Ende der Vernehmungsvorbesprechung ausgehen, dann entstehen für ihn daraus weitreichende, 'vernehmungsförderliche' Kooperationsverpflichtungen. Denn: In einem (quasi) **schutzpolizeilichen Diskurs** erscheint der 'Vernehmungsbeamte' als tendenziell aushandlungsdominant. Dieses Wissen ist uns selbstverständlich, so daß der strukturell aushandlungsdominante Beschuldigte sich bei seiner Verteidigung entsprechend ausrichten wird.

   Blind gehalten für den strafrechtlich förmlichen Ermittlungscharakter des Gesprächs und für die eigene Aushandlungsdominanz, könnte der Beschuldigte so angehalten oder darin unterstützt werden, sich quasi selbständig im Sinne der vom Vernehmungsbeamten zu bewältigenden Ermittlungsaufgabe kooperativ zu zeigen.
2. Mit dem letzten interpretativen Durchgang konnte dann genauer bestimmt werden, in welcher spezifischen Ausprägung der Vernehmungsbeamte die personale Haltung eines 'Schutzpolizisten' einnahm.

   Nachdem er zunächst bei dem Versuch, den Beschuldigten auf die Haltung eines 'traditionalen milieueingebundenen Schutzpolizisten' - ich sprach pointiert von einem **'väterlichen Dorfpolizisten in einem umweltlich strukturierten Milieu'** - zu verpflichten, auf Probleme stieß, nahm der Vernehmungsbeamte eine Modifikation dieser Haltung vor: Er präsentierte sich nun als eine im institutionellen Kontext eingebundene moralische Autorität, als erziehender Schutzpolizist (strukturähnlich einem Lehrer), dem gegenüber es sich zwar gehört, dem gegenüber es aber nicht unbedingt selbstverständlich ist, folgsam und ehrlich zu sein, und der von daher gezwungen ist, zumindest 'leise' und inszeniert auf sein 'schutzpolizeiliches Durchsetzungsvermögen' zu verweisen. Ich gab dieser modifizierten Haltung

- wieder etwas gewagt - den Namen **'Dorfpolizist in einem mitweltlich strukturierten Milieu'** und wollte damit betonen, daß der Vernehmungsbeamte eine schutzpolizeiliche Haltung einnimmt, mit der er in Anbetracht gelockerter Loyalitätsbindungen seine dominante Stellung als moralische Autorität gegenüber dem Beschuldigten im Rahmen einer partikularistischen Bindung mit Verweis auf die ihm zur Verfügung stehenden Machtmittel zur Geltung zu bringen versucht. Mit der Einnahme dieser Haltung gelingt es dem Vernehmungsbeamten dann auch, einen schutzpolizeilich informellen Erziehungsprozeß in Gang zu setzen[29], über den ein kooperativer Kontakt zum Beschuldigten gefördert wird, bis auf weiteres als gesichert erscheinen darf und in dem der Vernehmungsbeamte mehr Sicherheit bei der Bewertung der Wahrhaftigkeit des Beschuldigten erhält, so daß es ihm möglich erscheint, zur Protokollierungsphase überzugehen.

3. Der Vernehmungsbeamte hätte selbstverständlich auch aus der Haltung eines "Dorfpolizisten" die Möglichkeit zu einer Fortführung der Vernehmungsvorbesprechung im Rahmen der entstandenen Beziehungswirklichkeit gehabt. Gute Gründe hierfür wurden oben schon hinlänglich aufgeführt.

In Anbetracht dieser Alternative nimmt der Vernehmungsbeamte mit seinem "frühzeitigen" Wechsel zur Protokollierungsphase und der damit projektierten Parallelisierung von Ermitteln und Protokollieren eine **"vorsorglich sicherungstaktische" Gestaltung der Vernehmung** insgesamt vor. Der letzlich nicht hintergehbaren Unsicherheit der Kooperationsbereitschaft des Beschuldigten wird so Rechnung getragen.

Diese sicherungstaktischen Gesichtspunkte bekommen ein weit größeres Gewicht, wenn der Vernehmungsbeamte - was allerdings nach der oben durchgeführten Interpretation recht unwahrscheinlich ist - während der Vernehmungsvorbesprechung den Eindruck gewonnen hätte, der Beschuldigte wolle ihn mit dem Geständnis täuschen oder relevante Sachverhalte vertuschen.

Die oben bei der Hypothesenbildung (Kap. 6.1.2.3.1) noch hochgerechnete dritte Möglichkeit: "Der Vernehmungsbeamte sieht die Aussagebereitschaft des Beschuldigten akut gefährdet und ist von daher so frühzeitig zur Protokollierungsphase übergegangen" kann nach der eben angestellten feinanalytisch untermauerten Rekonstruktion und den zuletzt deutlich hervorgehobenen Indizien für die Kooperationsbereitschaft, zumindest aber für die Aussagebereitschaft des Beschuldigten kaum noch aufrechterhalten werden.

---

[29] Die vom Vernehmungsbeamten eingenommene schutzpolizeiliche Erzieherhaltung hat hier nichts gemein mit sozialpädagogisch quasi therapeutischen Haltungen und Konzepten, wie sie über Schulungen und im Rahmen von modellhaften Bearbeitungen mittlerweile schon von Polizeibeamten/Vernehmungsbeamten eingeübt werden. Erziehung erfolgt hier (noch) aus der genuin schutzpolizeilichen Bearbeitungspraxis selbst und über die Einbindung des Beschuldigten in diese Praxis. Der 'Erzieher' tritt hier als 'Schutzpolizist', nicht als 'Therapeut' auf.

6.4 Erste Überarbeitung der Strukturhypothese (Hypothesendarstellung: Fortschreibung)

Mithilfe der zweiten feinanalytischen Rekonstruktion sollte geklärt werden, über welche Verfahren und Mittel der Vernehmungsbeamte in dieser Vernehmungsvorbesprechung die Kooperativität des strukturell aushandlungsdominanten Beschuldigten zu fördern und zu sichern versucht und die Bewältigung des der Wahrheitserforschung und Beweiserhebung zugrundeliegenden Ziel-Mittel-Konflikts angeht.

Gebunden daran war die Hoffnung auf die Erschließung des Blicks für allgemeine 'Lösungsansätze'.

Das Problem besteht für den Vernehmungsbeamten - daran sei noch einmal erinnert - darin, daß er

- bis zur Sicherung der Verwertbarkeit seiner Ermittlungsergebnisse - die Lizenzierung des Vernehmungsprotokolls durch den Beschuldigten - vor dem Hintergrund nicht zu vereinbarender Interessenlagen von der Kooperationsbereitschaft des strukturell aushandlungsdominanten Beschuldigten abhängig ist.
- Er muß mit der **Möglichkeit** rechnen, daß der Beschuldigte aus seinem Verteidigungsinteresse heraus die sich ihm bietende Chance der Kooperationsverweigerung 'nutzt' (Täuschungen, Aussageverweigerung etc.)[30], und
- er kann sich zu keinem Zeitpunkt sicher sein, einen fallspezifisch geeigneten Weg der Verfahrensgestaltung beschritten zu haben. Hinter der vermeintlichen Kooperationsbereitschaft kann bis zuletzt ein raffiniert angelegtes Täuschungsmanöver stecken.

Der Vernehmungsbeamte kommt nicht umhin, bei der Vernehmungsgestaltung auf die **Wirklichkeit der Möglichkeit von Kooperationsverweigerungen** und die für ihn **nicht hintergehbare Orientierungsunsicherheit** reagieren zu müssen.

Mit der Durchführung einer Vernehmungsvorbesprechung bemühen sich die meisten Vernehmungsbeamten um die Eingrenzung der Risiken. Sie erforschen 'vorab' die Bedingungen, unter denen der Beschuldigte wie weitgehend kooperativ sein dürfte, sie bemühen sich in diesem Zusammenhang schon um die Grundlegung eines kooperativen Kontakts zum Beschuldigten und wählen vor diesem Hintergrund einen ihnen geeignet erscheinenden Übergang zur Protokollierungsphase.

---

[30] Daß dem Beschuldigten mit der ihm auferlegten Aushandlungsdominanz nicht per se die Kompetenz unterstellt ist, die sich ihm im Einzelfall mehr oder weniger weitreichend bietenden Chancen unbedingt nutzen zu können, wurde oben genauso herausgestellt wie die Möglichkeit einer Nutzung der sich dem Beschuldigten bietenden Chancen auf der Basis einer höchst eingeschränkten Verfahrenskompetenz (s. Kap. 6.2).

Was blieb, war eben die Frage, auf welche Weise der Vernehmungsbeamte in polizeilichen Vernehmungen Beschuldigter sich um die Einbindung des aushandlungsdominanten Beschuldigten in einen kooperativen Kontakt bemüht.

Nun, da die Bestimmung der Fallspezifik abgeschlossen werden konnte, ist ein Herausfiltern der verallgemeinerbaren Ergebnisse kaum mehr erforderlich. Zu deutlich zeigte sich das zentrale Moment schon bei der Beschreibung des Besonderen, so daß es an dieser Stelle nur noch kurz umrissen und in die Strukturhypothese eingepaßt werden muß.

Der Ziel-Mittel-Konflikt wurde in dem hier interpretierten Fall über die unterschwellig vorgenommene Anbindung des Vernehmungsgesprächs an einen dem Beschuldigten vertrauten[31] und für ihn tentativ kooperationsverpflichtenden Diskurs - den informellen schutzpolizeilichen Erziehungsprozeß - bewältigt. Die Anbindung erfolgte über die Einnahme einer 'rollenabweichenden' personalen Haltung durch den Vernehmungsbeamten: im Kern der Haltung des 'schutzpolizeilich erzieherischen Dorfpolizisten', über die dem jugendlichen Beschuldigten die Haltung eines 'erziehungsbedürftigen Unordnungsstifters' und 'sozialen Abweichlers' zugeschrieben wurde.

Eine solche Anbindung, die in diesem Fall zum Ende der Vernehmungsvorbesprechung gelungen scheint, verspricht zweierlei:

- Der Beschuldigte 'soll' auf eine personale Bindung verpflichtet werden, aus der heraus sich ihm - läßt er sich auf sie ein - ermittlungshemmende Manöver von vornherein verbieten. Er wird angehalten, sich dem 'Vernehmungsbeamten' gleichermaßen 'beziehungsgemäß' wie ermittlungsfördernd zu stellen.
- Der Vernehmungsbeamte, der ja selbst 'mit einem Bein' in der von ihm suggerierten Beziehung steckt, erhält ggf. größere Sicherheit zum einen bei der Beantwortung der Wahrhaftigkeit des Beschuldigten und zum anderen bei der Gestaltung des Vernehmungsgesprächs: Er selbst wird aktions- und reaktionssicherer, und die Reaktionen des Beschuldigten werden für ihn - zumindest scheinbar - ein- und abschätzbarer.

In dem Maße, in dem der Beschuldigte sich auf eine Anbindung des Vernehmungsgesprächs an einen ihm vertrauten und für ihn kooperationsverpflichtenden Diskurs einläßt, verfügt der Vernehmungsbeamte (dann) über die Möglichkeit, methodisch kontrolliert 'gegen den Beschuldigten' zu ermitteln, dessen Aussage gezielt und für den Beschuldigten durchaus unangenehm auf die Probe zu stellen, ja sogar eine Auseinandersetzung mit dem Beschuldigten einzugehen - ohne umgehend die Aufgabe oder die Einschränkung der Kooperationsbereitschaft befürchten zu müssen.

---

[31] Mit 'vertraut' ist nicht gemeint, der Beschuldigte habe diesen Diskurs schon des öfteren am eigenen Leibe erfahren. Bezug genommen wird vielmehr in erster Linie auf die sozialisatorisch vermittelte Verinnerlichung des Typs 'schutzpolizeiliches Handeln' und auf dessen Ablagerung im kommunikativen Haushalt (s. Kap. 6.3.2).

D.h.: **Die gelingende Überlagerung des Vernehmungsgesprächs mit einer dem Beschuldigten alltagsweltlich vertrauten, für den Beschuldigten verpflichtenden Beziehungswirklichkeit schafft erst die Voraussetzung dafür, daß der Vernehmungsbeamte es sich überhaupt leisten kann, die Aussage des Beschuldigten systematisch in Zweifel zu ziehen, ohne daß direkt die Protokollierungs- und Lizenzierungsbereitschaft des Beschuldigten in Gefahr gerät.** Der Einsatz zwangskommunikativer Vernehmungstechniken und -taktiken - wie er in der kriminalistischen Anleitungsliteratur noch zusammenhanglos beschrieben ist und wie er in dem hier interpretierten Fall mit der 'Strategie der verdeckten Unterstellung' zum Tragen kommt, ist erst im Zusammenhang mit dem Aufbau von Kooperationsverpflichtungen sinnvoll; denn: erst vor diesem Hintergrund wird für das 'Opfer', den Beschuldigten, der Eindruck entstehen oder hinreichend vertieft werden können, nicht ohne Nachteile befürchten zu müssen, aus der Vernehmungssituation aussteigen zu können. Und dieser Eindruck ist die entscheidende Rahmenbedingung für den erfolgversprechenden Einsatz zwangskommunikativer Strategien (vgl. SCHÜTZE 1978: 83; 1975: 813).

Insofern ist die Anbindung des formellen Vernehmungsgesprächs an einen alltagsweltlich vertrauten (informellen) Diskurs für die Bewältigung des Ziel-Mittel-Konflikts dringend erforderlich, so daß Vernehmungsgespräche notwendig strukturell diffus angelegt sind.

Mit der Beschreibung des strukturell allgemeinen Lösungsansatzes zur Bewältigung des Ziel-Mittel-Konflikts durch den Vernehmungsbeamten erfährt die Rekonstruktion der strukturellen Problemlage, die der Vernehmungsbeamte in polizeilichen Vernehmungen zu bewältigen hat, die 'erhoffte' Abrundung.

Bleibt zu vermerken, daß **die These von der strukturellen Aushandlungsdominanz des Beschuldigten damit keineswegs widerlegt ist**. Im Gegenteil: Die Notwendigkeit für den Vernehmungsbeamten, den beschriebenen Lösungsansatz wie auch immer umzusetzen, ist erst als Reaktion auf die dominante Position des Beschuldigten nachvollziehbar, und der Beschuldigte verfügt jederzeit über die Möglichkeit, die ihm unterschwellig angetragene Beziehungsüberlagerung zurückzuweisen oder sie für seine Interessen auszunutzen. Letzte Sicherheit ist also mit diesem Lösungsansatz für den Vernehmungsbeamten nicht zu haben. Wenn der Vernehmungsbeamte allerdings überhaupt Aussicht auf Erfolg haben will, dann drängt sich ihm der aufgezeigte Lösungsansatz nahezu zwangsläufig auf - in der Regel ohne daß er von ihm im Kern reflektiert wird.

7 Die vom polizeilichen Vernehmungsbeamten zu bewältigende Aufgabe ist Ausdruck der inneren Widersprüchlichkeit des "Modernen Anklageprozesses mit Ermittlungsgrundsatz"

Mit dieser Erweiterung der Strukturhypothese ist die erste Phase der wissenssoziologischen Rekonstruktion des Handlungstyps "Wahrheitserforschung und Beweiserhebung in polizeilichen Beschuldigtenvernehmungen" zu einem Ende gekommen. Es ist nunmehr nachvollziehbar, aus welchen den Vernehmungsbeamten historisch vorgegebenen institutionellen Voraussetzungen beobachtbare Vernehmungs- und insbesondere Vorgesprächsgestaltungen sinnvoll und insofern erforderlich sind.

Mit der Etablierung des "Modernen Anklageprozesses mit Ermittlungsgrundsatz" zum Ende des vergangenen Jahrhunderts und mit der entsprechenden Einrichtung eines inquisitorischen Ermittlungsverfahrens wurde in Deutschland ein verfahrensrechtlicher Bedingungsrahmen geschaffen, aus dem heraus der polizeiliche Vernehmungsbeamte gezwungen ist, die liberalen Rechtsgrundsätze, die ja gerade mit dem modernen Anklageprozeß abgesichert und zur Geltung gebracht werden sollten[1], zu unterlaufen. **Der polizeiliche Vernehmungsbeamte ist wie kein anderer der im Strafprozeß Vernehmenden gezwungen, den Status des Beschuldigten als Prozeßsubjekt zu hintertreiben und auszuhöhlen; eine Situation herzustellen, in der der Beschuldigte "nicht mehr" Herr seiner Entscheidungen ist. - Genauer: Er ist aufgrund seiner in jeder Beziehung "schwachen" Stellung im Verfahren genötigt, kommunikative Lagen zu schaffen, in denen dem Beschuldigten die ihm aus dem verfahrensrechtlichen Rahmen erwachsenen Möglichkeiten unklar werden oder verborgen bleiben.**

Würde der Vernehmungsbeamte - wie von Brusten/Malinowski, von Schmitz und auch von Banscherus gefordert - seiner "Sorgfaltspflicht" insofern nachkommen als er den Beschuldigten fallspezifisch über die Ermittlungs- und Rechtslage aufklärend in den Stand setzt, unbedrängt eigenständige und kompetente Verfahrensentscheidungen zu fällen, dann könnte er, der Vernehmungsbeamte, bei der gegebenen handlungstypspezifischen "Verteilung" der Interessenlagen getrost von der Umsetzung seines Ermittlungsauftrags absehen: Wie in der Einzelfallanalyse herausgearbeitet, ist als Folge der vorgegebenen Verfahrensrahmung der an seiner Entlastung interessierte Beschuldigte in einer Weise aushandlungsdominant, die den Vernehmungsbeamten in jeder Phase der Vernehmung von den "Entscheidungen" des Beschuldigten abhängig macht, so daß er sich ihnen im Konfliktfall beugen muß.

---

[1] Bei Wulf sind die wesentlichen liberalen Rechtsstaatselemente zusammengefaßt (1984: 5-28). Zur historischen Entwicklung des rechtsstaatlich-liberalen Verfahrensrechts siehe Schmidt 1965: 282-353.

Die Lage des polizeilichen Vernehmungsbeamten scheint besonders symptomatisch zu sein für den Grundwiderspruch eines Verfahrensrechts, das gleichzeitig liberalen (menschenrechtlich verankerten) Grundsätzen wie der Geltendmachung gesellschaftlich allgemeiner Rechtsnormen - also durchaus repressiven Grundsätzen - verpflichtet ist. Kompromißbildungen bei der Verfahrensgestaltung in die eine oder andere Richtung werden unvermeidbar.

Auf der Ebene der polizeilichen Beschuldigtenvernehmung besteht der gemeinsame Nenner aller Kompromisse tentativ in dem Bemühen des Vernehmungsbeamten, die Entscheidungsmacht und -freiheit des aushandlungsdominanten Beschuldigten zu unterlaufen und einzuschränken. Da es dem Vernehmungsbeamten dazu weitgehend an einer geeigneten direktiven oder nondirektiven verfahrensrechtlichen Handhabe fehlt, muß er "etwas statt dessen tun": Er muß die formelle Beschuldigtenvernehmung unterderhand an für den Beschuldigten verpflichtende alltagsweltlich informelle Diskurse binden, in denen dem Beschuldigten (a) der Blick für seine verfahrensrechtlich starke Position genommen wird oder bleibt, und mit denen gleichzeitig (b) die Voraussetzungen für ein ermittlungsfreundliches und -förderliches Verhalten des Beschuldigten geschaffen sind.

Und genau dieses Wissen ist es, das die Vernehmungsbeamten der Polizei in der routinisierten Gestaltung von Beschuldigtenvernehmungen alltäglich leben. Einsozialisiert in erster Linie über den beruflichen Alltag, nehmen sie selbstverständlich und weitgehend unbedacht - nur in Ausnahmefällen in Grenzen wohlüberlegt - 'rollenabweichende' personale Haltungen ein, die ihnen und nach ihren Erfahrungen auch dem Beschuldigten aus der Teilhabe an einer gemeinsamen Lebenswelt bestens vertraut sind. Der Beschuldigte 'soll' so wie von selbst in einen kooperativen Kontakt eingebunden werden, aus dem heraus er dann ggf. einer kritisch zwangskommunikativen Ermittlungsarbeit des Vernehmungsbeamten zugänglich wird und die Protokollierung der Ermittlungen des Vernehmungsbeamten ohne weiteres lizenziert. Der vorliegende Einzelfall legte die Vermutung nahe, daß für die Vernehmung von Beschuldigten durch Beamte der Schutzpolizei der schutzpolizeilichen Beziehungswirklichkeit selbst und damit der Einnahme der personalen Haltung "Schutzpolizist" durch den Vernehmungsbeamten eine Schlüsselfunktion bei der Einnahme erfolgversprechender Haltungen zukommt. Diese Vermutung muß aber noch abgetestet werden. Auf jeden Fall kann an dieser Stelle schon - bis auf weiteres - festgestellt werden, daß der polizeiliche Vernehmungsbeamte die strukturelle Schwäche seiner Ermittlungsposition über die Anbindung des Vernehmungsgesprächs an einen für den Beschuldigten sozial verpflichtenden Diskurs - allerdings ohne Gelingensgewähr - kompensieren kann und daß ihm - nimmt er seinen Ermittlungsauftrag ernst - nichts anderes übrigbleibt, als diesen allgemeinen Lösungsansatz zu wählen - womit er dann aber kaum um die Verletzung liberaler Verfahrensgrundsätze umhinkommt.[2]

[2] Ohne allerdings die strukturelle Problemlage, in der sich der Vernehmungsbeamte unweigerlich befindet, und ohne den aufgezeigten allgemeinen "Lösungsansatz" beachtet zu haben, kommt Wulf aus einer eher juridischen Auffassungsperspektive zu einer ähnlichen Einschätzung (1984: 7ff; 63ff).

8 Forschungsprogrammatischer Ausblick

In dem nun anstehenden zweiten Teil der wissenssoziologischen Untersuchung des Handlungstyps "Wahrheitserforschung und Beweiserhebung in der polizeilichen Beschuldigtenvernehmung" wird es darum gehen, genauer zu erforschen, mit welchen Haltungen und Verfahrensroutinen polizeiliche Vernehmungsbeamte alltäglich die liberalen Verfahrensgrundsätze unterlaufen, auf welche gesellschaftlich gemeinsamen Wissensbestände sie dabei im einzelnen zurückgreifen und aus welchen soziohistorischen Zusammenhängen und Entwicklungen heraus die beobachtbaren Gesprächsführungen zu verstehen sind. Kurz: die bisher **eher** strukturlogisch betriebene Analyse muß in ihrer strukturhistorischen Verankerung detaillierter herausgearbeitet werden.

De facto wurde mit der Bestimmung der Typik einer einzelfallspezifischen Vernehmungsgestaltung (Kap. 6.3, insbesondere 6.3.2) die anstehende zweite Untersuchungsphase bereits eingeleitet: Mit der herausgearbeiteten personalen Haltung eines "Dorfpolizisten" und der haltungskonform "eingesetzten" Unterstellungsstrategie ist **ein** routinisierter Gestaltungstyp, mit dem vom Vernehmungsbeamten die Bewältigung der strukturalen Problemlage angegangen werden kann, nachgewiesen worden (Kap. 6.3.2.1 und 6.3.2.2). Es gilt nunmehr weitergehend zu erkunden,

- mit Hilfe welcher typischen Haltungs- und Verfahrensroutinetypen die Vernehmungsbeamten der Polizei in der aktuellen soziohistorischen Situation den ihnen auferlegten Ziel-Mittel-Konflikt bewältigen und auf welche uns gemeinsamen kommunikativen Ressourcen sie dabei zurückgreifen.

  Mit dieser Zielsetzung ist bereits die Erforderlichkeit (weiterer) einzelfallanalytischer Rekonstruktionen nach dem Prinzip der minimalen und maximalen Kontrastierung (GLASER/ STRAUSS 1979; HILDENBRAND 1984; BECKER U.A. 1987) vorgezeichnet. Im Rahmen eines solchen Kontrastierungsverfahrens erfährt die soeben vorläufig abgeschlossene Bestimmung der Fallspezifik dann sicherlich eine noch schärfere Konturierung, genauso wie die mit dieser Analyse vorgegebene Strukturhypothese immer wieder von neuem abgetestet und angereichert werden wird.

- In diesem Zusammenhang lohnt es sich dann auch, gedankenexperimentell hochzurechnen, welche Gestaltungsspielräume den Vernehmungsbeamten "überhaupt" bzw. in bestimmten denkbaren soziohistorisch besonderen Lagen offenstehen.

  So kann dann auch anschließend deutlicher herausgestellt werden, aus welcher Bewältigungstradition heraus sich die aktuell gelebten Bewältigungsformen gebildet haben und welche Entwicklungstendenzen sich aktuell abzeichnen und herauskristallisieren.

Die mit der zweiten Untersuchungsphase angestrebte Vollendung der Modellbildung umfaßt also im wesentlichen zwei Aspekte:

(a) Zunächst einmal soll eine strukturgeschichtliche Momentaufnahme, mit der deutlich wird, aus welcher soziohistorischen Situation und mit Bezug auf welche uns gemeinsamen Wissensbestände der Ziel-Mittel-Konflikt von den Vernehmungsbeamten mit welchen Haltungsroutinen bewältigt wird, erstellt werden.

(b) Darüber hinausgehend gilt es aber 'das' aktuelle Bewältigungsschema in seiner "gesellschaftlichen Bewegung" aufzuzeigen, um so mit der Beschreibung der soziohistorischen Dynamik die Entstehung des Handlungstyps differenzierter herleiten und das (mögliche oder wahrscheinliche) "Schicksal" des Handlungstyps angemessen prognostizieren zu können.

Erst vor dem Hintergrund einer so vollendeten Modellbildung lohnt es sich streng genommen, rechtspolitische Entscheidungen um verfahrensrechtliche Belange anzustreben. Denn: Erst wenn die Modellbildung abgeschlossen ist, ist es möglich zu übersehen, welche Möglichkeiten bestehen, in der Zukunft die aufgezeigten Strukturkonflikte auf der Ebene polizeiliche Beschuldigtenvernehmung - nach welchen normativen Vorstellungen auch immer - 'angemessen' zu handhaben.[1]

Die Durchführung der zweiten Phase der Untersuchung ist allerdings im Rahmen dieser Arbeit von mir nicht mehr zu leisten. Sie muß einer Anschlußuntersuchung vorbehalten bleiben.

Mir ging es in meiner Analyse erst einmal darum, (so etwas wie) ein 'strukturelles Fundament' für die wissenssoziologische Erforschung des Handlungstyps "Wahrheitserforschung und Beweiserhebung in polizeilichen Beschuldigtenvernehmungen" zu schaffen und damit einhergehend den Weg andeutend aufzuzeigen, den ich gegangen bin, um dieses Zwischenziel zu erreichen.

---

1 Dies wird v.a. an dem Reformvorschlag von Wulf, grundsätzlich bei der polizeilichen Beschuldigtenvernehmung einen Verteidiger hinzuzuziehen, um so ein faires Verfahren zu garantieren, deutlich. (1984:523ff; 1985) Wulf rechnet in keiner Weise die Konsequenzen, die die Umsetzung seines Vorschlags für das Verfahren insgesamt hätte, hoch, so daß offen bleibt, ob sein 'Modell' überhaupt wirklichkeitsrelevant ist.

Anhang: Erste feinanalytische Rekonstruktion des Vorbesprechungsablaufs (Auszug)

Kontextfreie Interpretation des 'ersten Interakts'

1 Vb 1 drei Schachteln ··· drei Schachteln Zigaretten, richtig? ·· Und noch ne Schachtel Zigaretten? ··· (5 Sek.) in die Einkaufstasche gesteckt. ··· (5 Sek.) Wieviel · Bargeld · hast Du dabei? Darf ich ja fragen oder darf Dich ja duzen.

1/1 Vb 1 "drei Schachteln"

---

1. **Gesprächsgegenstand**

1.1. **alltagspraktisch typische Sprecherintentionen für eine Verwendung der Bezeichnung 'Schachtel'**

1.1.1. **Gemeint ist der Behältertyp 'Schachtel'.**
Die gemeinte Abgrenzung erfolgt stets allein gegenüber alternativen Behältertypen oder alternativen Gegenständen. Bezugspunkte des Redebeitrags können sein:

- Schachteln ohne Inhalt (z.B.: gebraucht werden Schachteln für...)
- Schachteln mit Inhalt
  - Der Inhalt ist nicht von Interesse. (Gleichgültig, was in ihm steckt: ich brauche die Schachteln für das Verpacken von Geschenken/für meine Schachtelsammlung.)
  - Der Inhalt ist primär von Interesse. Wenn sich aber der gleiche Inhalt in verschiedenen Behältertypen befindet, dann bevorzugt der Sprecher die Schachteln.

1.1.2. **Gemeint ist der spezifische Inhalt der (drei) Schachteln.**
Die gemeinte Abgrenzung erfolgt stets vorrangig in bezug auf Inhalte alternativer Verpackungsformen oder in bezug auf unverpackte andere Gegenstände. Die Kennzeichnung 'Schachtel' dient als Mittel zur Abgrenzung des 'gemeinten' Schachtelinhalts. Als Bezugspunkte des Redebeitrags sind denkbar:

- die Qualität des Schachtelinhalts
  (z.B. Pralinen sind in der Schachtel. Links daneben stehen Dosen, in denen sich Kekse befinden. Rechts stehen zwei Tassen. Der Sprecher verweist auf "drei Schachteln", weil er Pralinen haben möchte.)
- die Menge eines bestimmten Schachtelinhalts
  (z.B.: In einer Schachtel sind weniger Kekse als in einer Dose. Ich wähle die Schachteln, weil ich nicht so viel Kekse essen mag.) Die Qualität des Schachtelinhalts wird als gewußt unterstellt.

1.1.3. **Gemeint sind 'drei ältere Frauen'**, die mit "drei Schachteln" eine verächtliche Bezeichnung erfahren.

2. **Handlungszusammenhänge**

2.1. **Selbstgespräch (außerhalb der unmittelbaren Reichweite eines anderen)**
- Wiederholung zur Verhinderung des Vergessens
- in Erinnerung Rufen
- Feststellung
- etc.

2.2. **Teil eines Dialogs zwischen mindestens zwei Personen**

2.2.1. **Der Redebeitrag stellt den Einstieg in einen Dialog/in eine Handlungssequenz dar.**

die Handlungstypen:
- Feststellung ohne eine (spezifische) Reaktionserwartung;
- Aufforderung zu einer spezifischen verbalen und/oder averbal gestischen Reaktion;
- 'Selbstgespräch' in unmittelbarer Reichweite eines oder mehrerer anderer;
- etc.

sind im Rahmen eines 'vertraut' und eines 'anonym' umweltlichen Situationstyps als auch in entsprechenden 'Zwischenformen' denkbar.

2.2.1.1. **vertraut umweltlicher[1] Situationstyp**
(im folgenden kurz: 'umweltlicher' Situationstyp)

Die Dialogführenden verfügen über eine spezifische gemeinsame Vorgeschichte, aus der heraus der Redebeitrag "drei Schachteln" seine spezifisch typische Bedeutung gewinnt.
Oder: Wenn dieser Sprecher mir in dieser nur uns beiden vertrauten und nur für uns spezifischen Situation "drei Schachteln" sagt, dann meint er diese Schachteln (mit diesem Inhalt).

2.2.1.2. **anonym umweltlicher Situationstyp**
(im folgenden kurz: 'mitweltlicher' Situationstyp)

Die Situation ist für **jedermann** in der strukturierenden Themenstellung und in den Bewältigungsroutinen in typischer Weise bestimmt. Aus dieser Bestimmung heraus hat der Redebeitrag "drei Schachteln" in dieser konkreten Situation eine jedermann vertraute, allgemeinverbindlich typische Bedeutung:
oder: Wer in dieser uns allen vertrauten Situation "drei Schachteln" sagt, **kann nur** diesen Schachteltyp (mit diesem Inhalt) meinen.

2.2.2. **Der Redebeitrag stellt eine Aktion oder Reaktion in einem bereits laufenden Dialog/Handlungszusammenhang dar:**

denkbare Aktionen und Reaktionen in weiter nicht spezifizierbaren ('umweltlichen' und 'mitweltlichen') Situationen:
- Bestätigung
- Antwort
- Korrektur

---

1 Die Begriffe 'umweltlich' und 'mitweltlich' sind entlehnt: A. Schütz/Th. Luckmann; Die (1979: 87-124). Kap. II B 5: Die soziale Struktur der Lebenswelt des Alltags; Frankfurt/M

- Wiederholung
- Spezifizierung
- Feststellung ohne (spezifische) Reaktionserwartung
- Aufforderung zu einer spezifischen verbalen und/oder averbal gestischen Reaktion
- 'Selbstgespräch' in unmittelbarer Reichweite eines oder mehrerer anderer
- etc.

3. **Ausschluß von Lesarten**

1/2 "..."

---

1. **Gesprächsgegenstand**

---

2. **Handlungszusammenhänge**

2.1. **Selbstgespräch**

- averbale Weiterführung des Selbstgesprächs
- averbal durchgeführtes Wirken oder Arbeiten[2]

2.2. **Dialog** zwischen mindestens zwei Personen
(Dialogeinstieg - laufender Dialog; 'umweltlich'-'mitweltlich')

2.2.1. **verbale Reaktion eines Dialogpartners**
Die verbale Reaktion eines Dialogpartners ist nur für ein Telephongespräch denkbar. Für diesen Fall wurde der Redebeitrag dann nicht tonbandprotokolliert.

2.2.2. **averbale Reaktion mindestens eines Dialogpartners**

2.2.2.1. **'keine' Reaktion/averbal implizite Reaktion**[3]

- Der vorhergehende Redebeitrag wurde nicht gehört.
- Der vorhergehende Redebeitrag wurde gehört.
    - Der Hörer geht davon aus, daß der Sprecher von ihm keine (spezifische) explizite Reaktion erwartet. Der Redebeitrag wird von ihm eingeschätzt als
        - Abschluß eines Dialogs
        - isolierte Äußerung
        - Teil eines Monologs ("redezuginterne Sprechpause"; BERGMANN 1982: 149-152)
        - Teil eines 'Selbstgesprächs'
        - etc.

---

2 Zur Bestimmung der Begriffe 'Handeln', 'Denken', 'Wirken' und 'Arbeit' siehe A. Schütz/Th. Luckmann, Frankfurt /M. 1984: 14-27

3 Für die Bestimmung dieser Lesartenkategorien verdanke ich den konversationsanalytisch orientierten Arbeiten von Jörg Bergmann (1980; 1982) wertvolle Anregungen.

- Der Hörer geht davon aus, daß der Sprecher von ihm nur im Falle einer wie auch immer gearteten Abweichung eine entsprechende explizite Reaktion erwartet: Die Reaktionsabstinenz könnte so eine Zustimmung darstellen, aber auch die Weigerung, eine Abweichung dem Sprecher kundzutun, anzeigen.
- Der Hörer geht davon aus, daß der Sprecher von ihm keine (spezifische) explizite Reaktion erwartet, und er sieht sich seinerseits nicht zu einer Reaktion veranlaßt.
- Der Hörer geht davon aus, daß der Sprecher eine (spezifische) explizite Reaktion nicht wünscht und daß sie insofern auch nicht angebracht ist selbst wenn er - der Hörer - sich veranlaßt sähe.
- Der Hörer geht davon aus, daß der Sprecher von ihm eine explizite Reaktion erwartet (die 'Pause' entspräche dann einer 'Redezugvakanz'; BERGMANN 1982: 154-156):
    - Der Hörer verweigert eine Antwort.
    - Der Hörer reagiert nicht unmittelbar. (Er denkt - z.B. - nach, um dann antworten zu können.)
- Der Hörer ist unsicher, ob der Sprecher von ihm eine explizite Reaktion erwartet und zögert.
- Die Hörer gehen davon aus, daß der Sprecher eine explizite Reaktion erwartet, sind sich aber im unklaren darüber, wer von ihnen aufgefordert ist. ("freie Gesprächspause"; BERGMANN 1982: 152-154)
- etc. (V.a. für den Fall, daß mehr als zwei Personen an dem Dialog beteiligt sind, ist noch eine Vielzahl weiterer Reaktionssets denkbar.)

2.2.2.2. **averbal explizite Reaktion**

Eine averbal explizite Reaktion kann Ausdruck dafür sein, daß der/die anderen (Reagierenden) sich vom Sprecher zu reagieren aufgefordert oder sich unabhängig davon zu einer Reaktion veranlaßt sehen (Extremfall: Reaktion auf ein 'Selbstgespräch' des Sprechers). Im folgenden sollen einige der denkbaren Reaktionsformen aufgelistet werden.

	Bedeutungsmöglichkeit		Geste (beispielsweise)
-	Bestätigung, Unterstützung	:	Kopfnicken
-	Verneinung	:	Kopfschütteln
-	Überlegen	:	Stirnrunzeln, Hochziehen der Augenbrauen
-	Anzeige: akustisch nicht verstanden	:	Zeigegeste auf sein Ohr gerichtet
-	Sinn nicht verstanden	:	Hochziehen der Augenbrauen
-	Zweifel	:	Augen zusammenziehen; skeptischer Blick auf den Sprecher gerichtet

- (Taubstummensprachzeichen)
- etc. (v.a. dann, wenn mehr als zwei Personen an dem Dialog beteiligt sind, ist noch eine Vielzahl weiterer Reaktionssets denkbar.)

2.2.2.3. **Arbeits- und Wirkreaktion**
Der/die Hörer sieht/sehen sich veranlaßt oder gar aufgefordert, arbeitend oder wirkend zu reagieren.

3. **Ausschluß von Lesarten**

1/3 Vb 1 **"drei Schachteln Zigaretten"**

---

1. **Gesprächsgegenstand**
Der Sprecher thematisiert wahrscheinlich den Inhalt der schon in 1/1 Vb 1 angesprochenen "drei Schachteln". Obwohl es möglicherweise naheliegt, kann man nicht ohne weiteres davon ausgehen, daß der Sprecher schon in seinem vorhergehenden Redebeitrag Zigaretten in einer bestimmten Menge gemeint hat oder mit diesem Redebeitrag anzeigt, primär an den Zigaretten interessiert zu sein. Er kann sich nach wie vor in erster Linie auf die Schachteln als Behältertypen beziehen. In diesem Fall diente die Angabe 'Zigaretten' als Abgrenzungsmittel (zu anderen Schachteltypen). (s. 1/1 Vb 1: 1.1.)

2. **Handlungszusammenhänge**

2.1. **Selbstgespräch**
- beiläufige "Wiederholung"/Spezifizierung
- bekräftigende "Wiederholung"/Spezifizierung
- Spezifische Ergänzung
- Reaktion des Sprechers auf eine Entdeckung (in der Pause) - Spezifizierung

2.2. **Dialog** zwischen mindestens zwei Personen
('umweltlich' oder 'mitweltlich'; laufender Dialog-Einstieg)

2.2.1. Reaktion des Sprechers auf einen anderen, der in der Pause **verbal** reagiert hat: Telephongespräch

2.2.2. Reaktion auf mindestens einen anderen oder im Beisein mindestens eines anderen, der/die in der Pause averbal reagiert hat/haben:
- Der Sprecher hatte auf seinen 'ersten' Redebeitrag (1/1 Vb 1) eine spezifisch explizite Reaktion des Hörers erwartet:
  - Mit "drei Schachteln Zigaretten" reagiert er auf ein Schweigen des Hörers, wiederholt und spezifiziert seinen Redebeitrag und versucht so, den Hörer auf seine Erwartungen nachdrücklich aufmerksam zu machen.[4]
  - Der Beschuldigte hat in einer spezifischen Weise explizit, aber nicht wie vom 'Sprecher' erwartet, reagiert. Der 'Sprecher'

---

[4] Jörg Bergmann bezeichnet diesen Reaktionstyp als 'selbstkorrigierende Intervention'(1982: 168-174). Ziel der Intervention ist die Aufhebung einer 'Redezugvakanz'.

korrigiert den 'Hörer' (möglicherweise dessen Wirk- oder Arbeitsreaktion).
- Der Sprecher wiederholt und spezifiziert seinen Redebeitrag auf eine 'Nicht-Verstanden'-Anzeige des 'Hörers' hin.
- Denkbar ist auch eine Reaktion des Sprechers gewissermaßen 'auf sich selbst' (z.B. aufkommender Zweifel darüber, ob die Kennzeichnung "drei Schachteln" ausreicht).
- Der Sprecher könnte ebenso auf eine in der 'Pause' gemachte Entdeckung reagieren,
- genauso wie eine averbal explizit vorgetragene Information des 'Hörers' der Anlaß sein kann. (Spezifizierung)
- Zudem bleiben möglich: 'Selbstgespräch' in unmittelbarer Reichweite eines oder mehrerer anderer,
- mit 1/3 Vb 1: 'Ausstieg aus dem Dialog': 'Selbstgespräch',
- mit 1/3 Vb 1: 'Ausstieg aus dem Selbstgespräch': 'Einstieg in den Dialog' und
- Monolog des Sprechers (1/2 wäre in diesem Fall eine 'redezuginterne Sprechpause'; BERGMANN 1982: 149-152)
- etc.

3. **Ausschluß von Lesarten**

Die Lesart 1/1 Vb 1: 1.1.3. kann - streng genommen - nicht ausgeschlossen werden , soll aber nicht mehr weiter verfolgt werden.

1/4 Vb 1 "richtig?"

---

1. **Gesprächsgegenstand**

---

2. **Handlungszusammenhänge**

2.1. **Selbstgespräch**

Das zuvor Gesagte wird vom Sprecher in Zweifel gezogen oder aber überprüft (i.S. von: "Ist das richtig?"). Gemeint sein können die Menge und der Gegenstand in bezug auf a) die Erinnerung des Sprechers, b) die Richtigkeit einer erhaltenen Information (z.B. einer aktuellen Entdeckung) oder anderer Aspekte des aktuellen Handlungszusammenhangs.

2.2. **Dialog** zwischen mindestens zwei Personen:

Ziel der Frage "richtig?" ist die Herstellung bzw. Überprüfung von Konsens. Die Reaktion des Angesprochenen wird die Weiche für den weiteren Dialog bilden.

2.2.1. In Abgrenzung zu alternativen Frageformen (?, falsch?, oder?, oder was sagen Sie (etc.) dazu?, ist das richtig?, ne?) läßt sich das folgende "um-zu"-Motiv rekonstruieren: Erwartet wird vom Sprecher eine Bestätigung des von ihm im Redebeitrag angedeuteten Sachverhalts, weil "richtig" schon von seinem 'neutralen' Bedeutungsgehalt her eine Bestätigung suggeriert (anders als "falsch" oder das neutrale "oder"). Erst durch eine explizite Frageform (z.B.: Ist das richtig?) wäre auch bei Verwendung des Wortes "richtig" eine Verwendung des Wortes "richtig" eine Verneinung, die dann aber begründet werden müßte, 'eingeplant'. Eine Verneinung durch den Hörer würde im Anschluß an das "richtig?" auf den Sprecher irritierend wirken und müßte auf jeden Fall begründet werden, während eine Bestätigung keine Begründung erforderlich machte: Der vom Sprecher suggestiv unterstellte Konsens wäre dann bestätigt. Möglicherweise ist von daher eine explizite Bestätigung nicht einmal erforderlich.

D.h.: Der Sprecher stellt die Frage "richtig?", um vom Hörer eine Bestätigung des angesprochenen Sachverhalts zu erreichen, bzw. weil er eine Bestätigung erwartet.

2.2.2. Denkbar bleibt aber auch ein eher Zweifel zum Ausdruck bringendes "richtig?" i.S. von "Stimmt das auch?" (s. 2.1. Selbstgespräch). Im Falle einer Verneinung der Frage (d.h. einer Bestätigung des Zweifels) würde nicht in jedem Fall eine Erklärung erwartet, während gerade eine Bejahung (Entgegnung des Zweifels) 'erklärungsbedürftig' sein könnte.

2.3. **'Selbstgespräch' und 'Dialog zwischen mindestens zwei Personen'**

2.3.1. (Spätestens) mit der Frage "richtig?" werden die "drei Schachteln Zigaretten" für die meisten der denkbaren Handlungstypen - in welchem übergreifenden Bedeutungszusammenhang auch immer - **zum Gegenstand einer Verständigung in der laufenden Situation.**

Bezugspunkt der Frage dürfte ein dem oder den Interaktanten bekannter Kontext sein, über den aber mindestens in einem relevanten Punkt aus der Sicht des Sprechers kein bzw. möglicherweise kein Konsens oder keine hinreichende Klarheit besteht. Entweder soll ein nicht vorhandener Konsens hergestellt oder der Bestand eines Konsens überprüft werden. (Grenzfall: Monolog in Reichweite eines anderen)

2.3.1.1. Der dem oder den Interaktanten als bekannt unterstellte **Kontext** verfügt über **zwei Ebenen:**

- der mit "drei Schachteln Zigaretten" für den außenstehenden Interpreten nur unzulänglich beschriebene **Gesprächsgegenstand**, über den eine Verständigung angestrebt wird;
- die Bedeutung, die dieser Gesprächsgegenstand für die Verständigungssituation, besser: für den **aktuellen Handlungszusammenhang** hat.

Die denkbaren zeitlichen Bezüge dieser beiden Kontextebenen zueinander eröffnen zwei Basislesarten:

2.3.1.1.1. Der Gesprächsgegenstand bezieht sich direkt und ausschließlich auf den aktuellen Handlungszusammenhang (Handlungskommentierung/Handlungssteuerung). Für diese Lesart wird die Möglichkeit "Einstieg in einen 'umweltlichen' Dialog" eher unwahrscheinlich (1/1 Vb 1: 2.2.1.1.).

2.3.1.1.2. Im Rahmen des aktuellen Handlungszusammenhangs bemüht sich der Sprecher verbindlich, Konsens bzw. Aufschluß bzw. Klarheit über einen Aspekt (Gesprächsgegenstand) in einem nicht-aktuellen Handlungszusammenhang, der für den aktuellen Handlungszusammenhang von Bedeutung ist, zu erzielen bzw. zu erhalten (z.B.: Rekonstruktion nach/während einer Entdeckung; Informationsgespräch; bloßes '(Selbst)Gespräch über'; etc.) Für diese Lesart wird die Möglichkeit 'Einstieg in den ('mitweltlichen'oder 'umweltlichen') Dialog' eher unwahrscheinlich (1/1 Vb 1: 2.2.1.).

2.3.2. Denkbar bleibt aber auch eine Einbettung der Redebeiträge 1/1 Vb 1 - 1/4 Vb 1 - einschließlich der Frage "richtig?" - in einen 'reinen' Inszenierungskontext (Theateraufführung; Rezitieren eines Dramentextes; dramatisierter Bericht von Eigenerfahrungen etc.). Für diesen Bedeutungskomplex ist nicht der Aspekt 'Verständigung' über einen Sachverhalt, sondern 'Darstellung einer Verständigung' konstitutiv.

3. **Ausschluß von Lesarten**

3.1. **Dialog** zwischen mindestens zwei Personen
Da mit der Frage nur ein Aspekt eines weiter nicht in der Rede dargelegten Kontextes thematisiert ist, der sich für den mit der Situation nicht bekannten Interpreten als recht unspezifisch und zusammenhanglos darstellt, kann davon ausgegangen werden, daß die Interaktanten den Kontext in irgendeiner besonderen Weise kennen.
Denkbar sind zwei formale Situationstypen:
- der **"Einstieg in einen 'umweltlichen' Dialog"** (z.B.: Verkäuferin kennt den Kunden und weiß mit seinem Erscheinen, daß er drei Schachteln Zigaretten kaufen möchte. Sie versichert sich dessen aber noch einmal.) (siehe: 1/1 Vb 1: 2.2.1.1.)
- **ein bereits vor diesem Interakt begonnener Dialog** (siehe: (1/1 Vb 1: 2.2.2.)

Die Lesart **"Einstieg in einen 'mitweltlichen' Dialog"** (siehe: (1/1 Vb 1: 2.2.1.2.) wird somit eher unwahrscheinlich.

3.2. Die Lesarten 1/4 Vb 1: 2.3.2. 'Inszenierungenskontext' sollen nicht weiter verfolgt werden, um die Komplexität der Lesartendiskussion in Grenzen zu halten. Festgehalten werden muß aber, daß diese Lesartenvariante sich bis zum Ende der Kontextfreien Interpretation durchhalten läßt.

1/5 " .. "

---

1. **Gesprächsgegenstand**
---

2. **Handlungszusammenhänge**

2.1. **Selbstgespräch**
- averbal weitergeführtes Selbstgespräch
- averbal durchgeführte Wirk- und Arbeitshandlung

2.2. **Dialog zwischen mindestens zwei Personen**

2.2.1. **verbale Reaktion**: Telephongespräch

2.2.2. **averbale Reaktion eines oder mehrerer anderer**

2.2.2.1. **'keine' Reaktion/averbal implizite Reaktion**
- Der Redebeitrag des Sprechers (1/3 und 1/4) wurde nicht gehört.
- Der vorhergehende Redebeitrag wurde gehört.
    - Der Hörer geht davon aus, daß der Sprecher von ihm keine (spezifisch) explizite Reaktion erwartet. Der Redebeitrag wird von ihm eingeschätzt als

  - Teil eines Monologs, in dessen Rahmen Frageform und Sprechpause rhetorische Mittel darstellen (z.B. Standpauke)
  - Teil eines 'Selbstgesprächs'
  - etc.
- Der Hörer geht davon aus, daß der Sprecher von ihm nur im Falle einer wie auch immer gearteten Abweichung eine entsprechende explizite Reaktion erwartet: Die Reaktionsabstinenz könnte so eine Zustimmung, aber auch die Weigerung, eine Abweichung dem Sprecher kundzutun, darstellen.
- Der Hörer geht davon aus, daß der Sprecher von ihm keine (spezifisch) explizite Reaktion erwartet, und er sieht sich seinerseits nicht zu einer Reaktion veranlaßt.
- Der Hörer geht davon aus, daß der Sprecher eine (spezifisch) explizite Reaktion von seiten des Hörers nicht wünscht. Er, der Hörer, hält sie von daher für nicht angebracht - selbst für den Fall, daß er sich veranlaßt sähe.
- Der Hörer geht davon aus, daß der Sprecher von ihm eine explizite Reaktion erwartet:
  - Der Hörer verweigert eine Antwort.
  - Der Hörer reagiert nicht unmittelbar.
    (Er denkt z.B. nach, um dann antworten zu können.)
- Der Hörer ist sich unsicher, ob der Sprecher von ihm eine explizite Reaktion erwartet, und zögert.
- Die Hörer gehen davon aus, daß der Sprecher eine explizite Reaktion erwartet, sind sich aber im unklaren darüber, wer von ihnen aufgefordert ist.
- etc. (V.a. für den Fall, daß mehr als zwei Personen an dem Dialog beteiligt sind, ist noch eine Vielzahl weiterer Reaktionssets denkbar.)

2.2.2.2. **averbal explizite Reaktion**

Eine averbal explizite Reaktion kann Ausdruck dafür sein, daß der/die anderen (Reagierenden) sich vom Sprecher zu reagieren aufgefordert oder sich unabhängig davon zu einer Reaktion veranlaßt sehen (Extremfall: Reaktion auf ein 'Selbstgespräch' des Sprechers). Im folgenden sollen einige der denkbaren Reaktionsformen aufgelistet werden:

	Bedeutungsmöglichkeit		Geste (beispielsweise)
-	Bestätigung, Unterstützung	:	Kopfnicken
-	Verneinung	:	Kopfschütteln
-	Überlegen	:	Runzeln der Stirn, Hochziehen der Augenbrauen
-	Anzeige: akustisch nicht verstanden	:	Zeigegeste, auf sein Ohr gerichtet
	- Sinn nicht verstanden	:	Hochziehen der Augenbrauen
-	Zweifel	:	Augen zusammenziehen; skeptischer Blick auf den Sprecher gerichtet

- Korrektur der Mengenangabe : Fingeranzeige
- (Taubstummensprachzeichen)
- etc. (v.a. dann, wenn mehr als zwei Personen an dem Dialog beteiligt sind, ist noch eine Vielzahl weiterer Reaktionssets denkbar.)

2.2.2.3. Beide averbalen Reaktionsweisen können sowohl Bestandteil einer reinen Gesprächssituation als auch eines vom Gespräch weitgehend unabhängigen Arbeits- oder Wirkzusammenhangs sein.

3. **Ausschluß von Lesarten**

1/6 Vb 1 "Und noch ne Schachtel Zigaretten?"

1. **Gesprächsgegenstand**

1.1. Betont wird in der Frage der Aspekt des Hinzukommens (plus eins) und nicht die Summe (vier). Dabei spielt die Zahl der hinzugekommenen Schachteln eine untergeordnete Rolle ("ne" statt "eine"). **Herausgestellt wird die Zunahme** (im Sinne von "noch mehr?").

1.2. Mit dem Fehlen von Subjekt und Prädikat und durch den Einstieg mit der Konjunktion "und" wird die **Nähe der Frage zum situativen Ablauf** deutlich.

2. **Handlungszusammenhänge**

2.1. **Selbstgespräch**
Irgendetwas im Zusammenhang mit dem Fragegegenstand wird vom Sprecher bezweifelt, überprüft oder/und erstaunt zur Kenntnis genommen. Bezugspunkt kann (a) die Erinnerung des Sprechers oder/und (b) 'unmittelbar' der aktuelle Handlungszusammenhang (z.B. eine aktuelle Entdeckung) sein.

2.2. **Dialog zwischen mindestens zwei Personen**

2.2.1. **Reaktion des Sprechers auf die verbale Information eines anderen:** Telephongespräch

2.2.2. **Reaktion im Beisein eines oder auf einen/mehrere andere(n), der/die in der Pause averbal reagiert hat/haben:**

2.2.2.1. Reaktion des Sprechers auf einen averbal expliziten Redebeitrag eines oder mehrerer anderer:

- Korrektur: Fingerzeig/Taubstummensprachzeichen;
  Der Fragecharakter könnte in diesem Zusammenhang Erstaunen und/oder die Aufforderung zu einer verbalen Bestätigung anzeigen.
- Verneinung: Kopfschütteln;
  ratende Frage des Sprechers; mit der Frage ist der Hörer zu einer klärenden Stellungnahme aufgefordert.

- Die anderen in 1/5 Vb 1: 2.2.2.2. als möglich angenommenen Reaktionsweisen (Bestätigung, Überlegensgeste, Anzeige: akustisch nicht verstanden, Zweifel) bleiben zwar möglich, können aber kaum - ein Mißverständnis ausgeschlossen - die Informationsquelle sein, die der Frage zugrunde liegt.

2.2.2.2. Reaktion auf ein situatives, von der Reaktion eines in unmittelbarer Reichweite sich befindenden anderen unabhängiges Ereignis (z.B.: Entdeckung)
Der andere ist aufgefordert, die Entdeckung zu bestätigen.

2.2.2.3. Selbstgespräch in unmittelbarer Reichweite des anderen:
Lesart 2.1. zu diesem Interakt kann in Anführungszeichen übertragen werden. Anführungszeichen deshalb, weil jedes 'Selbstgespräch' in unmittelbarer Reichweite eines anderen in einem zwischenmenschlichen Reaktionszusammenhang steht, von dem der Sprecher nicht abstrahieren kann und den er von daher 'eingeplant' haben muß. Den Grenzfall stellt das 'inszenierte Selbstgespräch' dar, mit dem die Reaktionen des Gegenüber 'gezielt' abgetestet werden sollen.

2.2.2.4. Reaktionen des Sprechers auf eine averbal 'implizite' Reaktion eines anderen:
- Der Redebeitrag ist Bestandteil eines rhetorisch aufbereiteten, auf den/die anderen gerichteten Monologs, in dem die Fragen nicht (unbedingt) darauf abzielen, den Hörer/Angesprochenen zu einer expliziten Antwort zu bewegen. (Vortrag; Standpauke etc./Unterstellung der Bestätigung - Vorwissen des Sprechers)
- Der 'Sprecher' könnte aber auch eine spezifisch explizite Reaktion des 'Hörers' erwartet haben. Ihr Ausbleiben veranlaßt ihn, mit einer Folgefrage fortzufahren, weil (a) die Reaktion des 'Hörers' ihm für ein 'Nachhaken' nicht wichtig genug ist, oder (b) er davon ausgeht, daß der 'Hörer' nicht explizit reagieren will. So betrachtet könnte die Folgefrage aber auch eine Provokation mit entsprechender neuerlicher Reaktionserwartung darstellen. (verdeckter Versuch, eine Redezugvakanz aufzuheben)

3. **Ausschluß von Lesarten**

1/7 **" -- (5 Sek.)"**

---

1. **Gesprächsgegenstand**
---

2. **Handlungszusammenhänge**

2.1. **Selbstgespräch**
- averbal weitergeführtes Selbstgespräch
- averbal durchgeführte Wirk- und Arbeitshandlung

2.2. **Dialog zwischen mindestens zwei Personen**

2.2.1. **verbale Reaktion:** Telephongespräch

2.2.2. **averbale Reaktion eines anderen oder mehrerer anderer**

2.2.2.1. **'keine' Reaktion/averbal implizite Reaktion**

- Der Redebeitrag des Sprechers (1/3 und 1/4) wurde nicht gehört.
- Der vorhergehende Redebeitrag wurde gehört.
  - Der Hörer geht davon aus, daß der Sprecher von ihm keine (spezifisch) explizite Reaktion erwartet. Der Redebeitrag wird von ihm eingeschätzt als
    - Teil eines Monologs, in dessen Rahmen Frageform und Sprechpause rhetorische Mittel darstellen (z.B. Standpauke);
    - Teil eines 'Selbstgesprächs
    - etc..
  - Der Hörer geht davon aus, daß der Sprecher von ihm nur im Falle einer wie auch immer gearteten Abweichung eine entsprechende explizite Reaktion erwartet: Die Reaktionsabstinenz könnte so eine Zustimmung, aber auch die Weigerung, eine Abweichung dem Sprecher kundzutun, darstellen.
  - Der Hörer geht davon aus, daß der Sprecher von ihm keine (spezifisch) explizite Reaktion erwartet, und er sieht sich seinerseits nicht zu einer Reaktion veranlaßt.
  - Der Hörer geht davon aus, daß der Sprecher eine (spezifisch) explizite Reaktion von seiten des Hörers nicht wünscht. Er, der Hörer, hält sie von daher für unangebracht - selbst für den Fall, daß er sich veranlaßt sähe.
  - Der Hörer geht davon aus, daß der Sprecher von ihm eine explizite Reaktion erwartet:
    - Der Hörer verweigert eine Antwort.
    - Der Hörer reagiert nicht unmittelbar.
      (Er denkt - z.B. - nach, um dann antworten zu können.)
  - Der Hörer ist sich unsicher, ob der Sprecher von ihm eine explizite Reaktion erwartet, und zögert.
  - Die Hörer gehen davon aus, daß der Sprecher eine explizite Reaktion erwartet, sind sich aber im unklaren darüber, wer von ihnen aufgefordert ist.
  - etc. (V.a. für den Fall, daß mehr als zwei Personen an dem Dialog beteiligt sind, ist noch eine Vielzahl weiterer Reaktionssets denkbar.)

2.2.2.2. **averbal explizite Reaktion**

Eine averbal explizite Reaktion kann Ausdruck dafür sein, daß der/die anderen (Reagierenden) sich vom Sprecher zu reagieren aufgefordert oder sich unabhängig davon zu einer Reaktion veranlaßt sehen (Extremfall: Reaktion auf ein 'Selbstgespräch' des Sprechers). Im folgenden sollen einige der denkbaren Reaktionsformen aufgelistet werden:

	Bedeutungsmöglichlkeit		Geste (beispielsweise)
-	Bestätigung, Unterstützung	:	Kopfnicken
-	Verneinung	:	Kopfschütteln
-	Überlegen	:	Runzeln der Stirn, Hochziehen der Augenbrauen

-	Anzeige: akustisch nicht verstanden	:	Zeigegeste, auf das Ohr gerichtet
-	Sinn nicht verstanden	:	Hochziehen der Augenbrauen
-	Zweifel	:	Zusammenziehen der Augen; skeptischer Blick auf den Sprecher gerichtet
-	Korrektur der Mengenangabe	:	Fingeranzeige

- Taubstummensprachzeichen
- etc. (V.a. dann, wenn mehr als zwei Personen an dem Dialog beteiligt sind, ist noch eine Vielzahl weiterer Reaktionssets denkbar.)

2.2.2.3. Beide averbale Reaktionsweisen können sowohl Bestandteil einer reinen Gesprächssituation als auch eines vom Gespräch weitgehend unabhängigen Arbeits- und Wirkzusammenhangs sein.

3. **Ausschluß von Lesarten**

1/8 Vb 1 "in die Einkaufstasche gesteckt"

----

1. **Gesprächsgegenstand**

Der Sprecher beschreibt mit einem grammatikalisch unvollständigen Satz ein Handlungsfragment: Im Gegensatz zu den letzten Redebeiträgen trifft er mit "in die Einkaufstasche gesteckt" eine Feststellung, und er zeigt an, daß er die Gültigkeit seiner Handlungsbeschreibung weder für sich noch für seine(n) Gesprächspartner - sollte(n) er/sie existieren - in Frage gestellt sieht bzw. sehen will.

1.1. **Pragmatik der Aussageelemente Wort für Wort**

"Einkaufstasche"
Eine Einkaufstasche wird in der Regel beim Einkaufen benutzt und nur zu diesem Anlaß mitgeführt. Allerdings wird diese Normalität im Alltag durchaus durchbrochen. Andere Taschen werden, auch wenn sie die Funktion einer Einkaufstasche übernehmen, nicht so bezeichnet. Die Bezeichnung ist an einen Gestalttyp gebunden. Sie, die Bezeichnung, wird aber nicht in jeder relevanten Situation angewandt. (einfach: Tasche)
In der alltäglichen Verwendung der Bezeichnung '**Einkauf**stasche' können allgemein betrachtet zwei Abgrenzungen vollzogen und damit situativ wirksam sein:

- Einschränkungsebene 'Taschentyp'
  (Nicht in die Handtasche, sondern in die Einkaufstasche habe ich die Zigaretten gesteckt.)
- Einschränkungsebene 'Situationstyp'
  (In einer Einkaufssituation wurden Zigaretten in die Tasche gesteckt.)

"die"
"die" kann bedeuten:

- die Einkaufstasche, die wir kennen ('umweltlich' besondere, aber bereits festgelegte Typik)
- die für diese Situation obligatorische Einkaufstasche ('mitweltlich' allgemeine Typik)
- die schon erwähnte Einkaufstasche ('situativ' aktuelle Typik)

In jedem Fall stellt der Sprecher mit dem Gebrauch von "die" heraus, daß ihm die Einkaufstasche in einer der oben aufgelisteten Wissenstypen bekannt ist. Gerade wenn der Sprecher nicht der Akteur, der "Stecker", ist, signalisiert er, daß ihm die Situation, über die er sich verständigt, in irgendeiner Weise vertraut ist.

"gesteckt"
"stecken" verweist hier auf den Vorgang des Hineinbringens i.S. von 'hindurchführen'. "Stecken" fordert eine nähere lokale Bestimmung in bezug auf den Gegenstand, in oder durch den gesteckt wird/wurde (hier: in die Einkaufstasche). Das träfe i.d.Z. auch auf die sinnverwandten Verben "legen" und "packen" zu. Während "legen" den Abschluß der Handlung, die Lage des Gelegten, in den Blick faßt, verweist "packen" eher auf den Vorgang und die Weise des Unterbringens. "Stecken" konzentriert sich auf den Vorgang des Hineinbringens/Hineinführens selbst. Darüber hinaus deutet es einen eher raschen und zügigen, vielleicht beiläufigen Vorgang an.

Zusammenfassung:
Mit "in die Einkaufstasche gesteckt" wird der eher rasche und zügige **Vorgang** des Hineinbringens von etwas (wahrscheinlich vier Schachteln Zigaretten) in die dem Sprecher in irgendeiner Hinsicht vertraute oder bekannte Einkaufstasche beschrieben.

1.2. Verbleibende Unbestimmtheiten des Gesprächsgegenstandes

1.2.1. Wesentliche Aspekte des Gesprächsthemas bleiben noch unbestimmt: Zunächst ist dies durch das Fehlen sowohl des Subjekts als auch des Hilfsverbs zum Prädikat "gesteckt" bedingt. Durch das Fehlen des Hilfsverbs eröffnen sich Lesarten in den folgenden Prädikatsbestimmungen:

Perfekt
Plusquamperfekt   Indikativ/Konjunktiv - Aktiv
Präteritum   Indikativ/Konjunktiv - Passiv
Präsens

Damit bleibt offen, ob der Redebeitrag

- sich auf die Gegenwart, Vergangenheit oder Zukunft bezieht;
- ein reales, mögliches oder unwahrscheinliches Geschehen beschreiben soll;
- den/die Akteur(e) oder den Vorgang in den Vordergrund stellt (was durch das Fehlen des Subjekts mitbedingt ist).

1.2.2. Letzlich unklar bleibt auch, in welcher Beziehung die vorhergehenden Redebeiträge um die 'vier Schachteln Zigaretten' zu dem "in die Einkaufstasche gesteckt" stehen. Es kann keinesfalls als eindeutig sicher gelten, daß vier Schachteln Zigaretten (oder nur sie) "in die Einkaufstasche gesteckt" wurden bzw. werden - obwohl dies wohl die wahrscheinlichste Lesart sein dürfte. Streng genommen bleibt denkbar, daß sich die Handlungsbeschreibung (auch) auf andere Objekte bezieht.

1.3. Die ausdrückliche Erwähnung des vom Sprecher als nicht in Frage stehend präsentierten Gesprächsgegenstandes kann ein Hinweis auf seine - aus der Sicht des Sprechers - hervorgehobene Bedeutung für den aktuellen Handlungszusammenhang sein.
Die für den anonymen Interpreten verbleibenden 'Lücken' dürften in diesem Fall für den Sprecher (wahrscheinlich auch für einen möglicherweise Angesprochenen) mit dessen 'selbstverständlichem Wissen' um den Gesprächsgegenstand gefüllt sein: Dieser Wissensbestand wäre ihnen dann fraglos gegeben, d.h. unproblematisch, so daß er keiner unbedingten Erwähnung bedürfe.

2. **Handlungszusammenhänge**

2.1. **Selbstgespräch**
- Erinnerungszusammenhang
- Entdeckung im Rahmen eines aktuellen Arbeitszusammenhangs
- Handlungskommentierung

2.2. **Dialog zwischen mindestens zwei Personen**

2.2.1. **Reaktion des Sprechers auf eine verbale Einlassung eines anderen**: Telephongespräch
- Antwort auf eine vorhergehende Frage des anderen
- wiederholende Fragestellung einer vom anderen übermittelten Information

2.2.2. **Reaktion im Beisein eines oder auf einen/mehrere andere(n), der/die in der Pause averbal reagiert hat/haben:**

2.2.2.1. Reaktion des Sprechers auf einen averbal expliziten Redebeitrag eines anderen oder mehrerer anderer:
- Taubstummensprachzeichen oder Zeigegeste auf eine sich in unmittelbarer Reichweite befindende Einkaufstasche hin. Der Zusammenhang mit einer nebenhergehenden Bestätigung der vorhergehenden Frage ist möglich.
- Die anderen in 1/7 Vb 1 mit Verweis auf 1/5 Vb 1: 2.2.2.2. als möglich angenommenen Reaktionsweisen (Verneinung, Überlegensgeste, Kopfnicken, Anzeige: akustisch nicht verstanden, Zweifel) bleiben zwar möglich, können aber kaum - ein Mißverständnis ausgeschlossen - die Informationsquelle sein, die der Feststellung zugrunde liegt. Eine Bestätigung der vorhergehenden Fragen durch den Hörer kann für den Sprecher aber Anlaß gewesen sein, fortzufahren.

2.2.2.2. Reaktion auf eine von anderen unabhängige Entdeckung:
Der Sprecher unterstellt Konsens mit dem/den anderen und fordert keine Bestätigung.

2.2.2.3. 'Selbstgespräch' in unmittelbarer Reichweite eines anderen
- Erinnerungszusammenhang
- Entdeckung im aktuellen Arbeitszusammenhang
- Handlungskommentierung

Möglich ist, daß diese Dialogform inszeniert wurde, um indirekt eine Bestätigung des anderen zu erhalten. Denkbar ist aber auch, daß eine Stellungnahme durch den anderen für den Sprecher nicht von Interesse ist.

2.2.2.4. averbale 'implizite' Reaktion eines 'Hörers'

- Monolog des Sprechers
  - Bestandteil eines auf einen 'Hörer' gerichteten, rhetorisch aufbereiteten Monologs (z.B. Standpauke). Sprecher und Hörer können über ein vom Sprecher unterstelltes gemeinsames Ereigniswissen verfügen.
  - Möglich bleibt aber auch der Dialogtyp 'mündlicher Bericht', für den diese Unterstellung nicht gilt.
- Der 'Sprecher' könnte aber auch eine spezifisch explizite Reaktion des 'Hörers' erwartet haben. Ihr Ausbleiben veranlaßt ihn, in der 'Darstellung' des Verständigungsgegenstandes fortzufahren oder das Thema zu wechseln, weil (a) die Reaktion des 'Hörers' ihm für ein 'Nachhaken' nicht wichtig genug ist oder (b) er davon ausgeht, daß der 'Hörer' nicht explizit reagieren will. So betrachtet könnte die Feststellung "in die Einkaufstasche gesteckt" auch einen Provokationsversuch mit Reaktionserwartung darstellen (verdeckter Versuch, eine Redezugvakanz aufzuheben).

3. **Ausschluß von Lesarten**

1/9 **" – (5 Sek.)"**

---

1. **Gesprächsgegenstand**

---

2. **Handlungszusammenhänge**

2.1. **Selbstgespräch**

- averbale Weiterführung des Selbstgesprächs
- averbal durchgeführtes Wirken oder Arbeiten

2.2. **Dialog zwischen mindestens zwei Personen**

2.2.1. **verbale Reaktion eines Dialogpartners**

Die verbale Reaktion eines Dialogpartners ist nur für ein Telephongespräch denkbar. Für diesen Fall wäre der Redebeitrag nicht tonbandprotokolliert.

2.2.2. **averbale Reaktion mindestens eines Dialogpartners**

2.2.2.1. **'keine' Reaktion/verbal implizite Reaktion**

- Der vorhergehende Redebeitrag wurde nicht gehört.
- Der vorhergehende Redebeitrag wurde gehört.
  - Der Hörer geht davon aus, daß der Sprecher von ihm keine (spezifische) explizite Reaktion erwartet. Der Redebeitrag wird von ihm eingeschätzt als:
    - Abschluß eines Dialogs
    - isolierte Äußerung

  - Teil eines Monologs ("redezuginterne Sprechpause")
  - Teil eines 'Selbstgesprächs'
  - etc.
- Der Hörer geht davon aus, daß der Sprecher von ihm nur im Falle einer wie auch immer gearteten Abweichung eine entsprechende explizite Reaktion erwartet: Die Reaktionsabstinenz könnte so eine Zustimmung darstellen, aber auch die Verweigerung, eine Abweichung dem Sprecher kundzutun, anzeigen.
- Der Hörer geht davon aus, daß der Sprecher von ihm keine (spezifische) explizite Reaktion erwartet, und er sieht sich seinerseits nicht zu einer Reaktion veranlaßt.
- Der Hörer geht davon aus, daß der Sprecher eine (spezifische) Reaktion nicht wünscht und daß sie insofern auch nicht angebracht ist - selbst wenn er - der Hörer - sich veranlaßt sähe.
- Der Hörer geht davon aus, daß der Sprecher von ihm eine explizite Reaktion erwartet (die 'Pause' entspräche dann einer Redezugvakanz).
  - Der Hörer verweigert eine Antwort.
  - Der Hörer reagiert nicht unmittelbar.
    (Er denkt - z.B. - nach, um dann antworten zu können.)
- Der Hörer ist sich unsicher, ob der Sprecher von ihm eine explizite Reaktion erwartet, und zögert.
- Die Hörer gehen davon aus, daß der Sprecher eine explizite Reaktion erwartet, sind sich aber im unklaren darüber, wer von ihnen aufgefordert ist. ("freie Gesprächspause")
- etc. (V.a. für den Fall, daß mehr als zwei Personen an dem Dialog beteiligt sind, ist noch eine Vielzahl weiterer Reaktionssets denkbar.)

2.2.2.2. **averbal explizite Reaktion**

Eine averbal explizite Reaktion kann Ausdruck dafür sein, daß der/die andere(n) (Reagierenden) sich vom Sprecher zu reagieren aufgefordert oder sich unabhängig davon zu einer Reaktion veranlaßt sehen (Extremfall: Reaktion auf ein 'Selbstgespräch' des Sprechers). Im folgenden sollen einige der denkbaren Reaktionsformen aufgelistet werden:

	Bedeutungsmöglichkeiten		Geste (beispielsweise)
-	Bestätigung, Unterstützung	:	Kopfnicken
-	Verneinung	:	Kopfschütteln
-	Überlegen	:	Runzeln der Stirn, Hochziehen der Augenbrauen
-	Anzeige: akustisch nicht verstanden	:	Zeigegeste, auf sein Ohr gerichtet
-	Sinn nicht verstanden	:	Hochziehen der Augenbrauen
-	Zweifel	:	skeptischer Blick auf den Sprecher gerichtet
-	Taubstummensprachzeichen		

- etc. (V.a. dann, wenn mehr als zwei Personen an dem Dialog beteiligt sind, ist noch eine Vielzahl weiterer Reaktionssets denkbar.)

2.2.2.3. **Arbeits- oder Wirkreaktion**
Der/die Hörer sieht/sehen sich veranlaßt oder gar aufgefordert, arbeitend oder wirkend zu reagieren.

3. **Ausschluß von Lesarten**

1/10 Vb 1 "Wieviel · Bargeld · hast Du dabei?"

---

1. **Gesprächsgegenstand**
Der Sprecher möchte vom Angesprochenen wissen, wieviel Bargeld der in der aktuellen Situation mit sich führt.

1.1. **Pragmatik der Aussageelemente Wort für Wort**

"Wieviel":
Der Sprecher fordert mit dieser Frageeinleitung eine präzise Angabe über das mitgeführte Bargeld.

"Bargeld"
Ausgeschlossen werden vom Sprecher Schecks und andere bargeldlose Zahlungsmittel. Positiv ausgedrückt: Die Verwendung des Wortes "Bargeld" läßt darauf schließen, daß der Sprecher die dem Angesprochenen aktuell zur Verfügung stehende Summe von in Geldscheinen und Münzen vorhandenen Zahlungsmitteln erfahren möchte. Im Alltag wird die Bezeichnung 'Bargeld' beim Gebrauch von Geldscheinen und Münzen normalerweise nicht angewandt (stattdessen einfach 'Geld'), es sei denn, es soll ausdrücklich hervorgehoben werden, daß Geldscheine und Münzen in Abgrenzung zu bargeldlosen Zahlungsmitteln gemeint sind. (In dem obigen Redebeitrag wird diese Lesart durch die Pausenumgrenzung unterstützt.)
Während bei der Verwendung von bargeldlosen Zahlungsmitteln dem Entgegennehmenden immer noch die Einlösung dieses Zahlungsmittels (bei einem Geldinsitut) bleibt, wobei für diese bargeldlosen Zahlungsmittel eine Auszahlung durch das Geldinstitut nur im Falle einer Deckung des betreffenden Kontos erfolgt, ist das Geschäft bei der Verwendung von Bargeld die Zahlung betreffend abgeschlossen. Ein Risiko, eine Verzögerung des Gelderhalts und die Notwendigkeit eigener Bemühungen entfallen somit für den Bargeld Entgegennehmenden.

"hast"
Die Frage bezieht sich auf einen Zustand in der Gegenwart (Präsens).

"Du"
Lesarten bezüglich der Altersstufen sowie der möglichen Beziehungstypen

<u>Sprecher</u>		<u>Angesprochener</u>
- Kind	:	Kind
- Kind	:	Erwachsener (nur in 'persönlichen' Beziehungen)
- Erwachsener	:	Kind
- Erwachsener	:	Erwachsener

(a) persönliches Verhältnis: Bekannte etc.)
(b) 'Herrschafts'-Verhältnis: z.B.: Chef-Angestellter)

"dabei" (im Zusammenhang mit dem vorhergehenden Prädikatsteil "hast")
Die relevante Kontrolle des Angesprochenen über das Bargeld wird indifferent als Habe beschrieben. Das Interesse an den Umständen des Habens beschränkt sich auf das 'Bei-sich-Führen' ("dabei"). Beide Aspekte werden in dem Redebeitrag zu einem Prädikat zusammengezogen, wodurch zusätzlich unterstrichen wird, daß die Habe nur unter dem Aspekt des "dabei" von Interesse ist - allerdings nicht unter dem Aspekt näherer Umstände des Dabeihabens wie der Besitzverhältnisse und der Art und Weise des Bei-sich-Führens.

1.2. **Pragmatik des Redebeitrags**
Mit der Frage nach der genauen Summe ("Wieviel") der in Geldscheinen und Münzen ("Bargeld") mitgeführten ("hast Du dabei") Zahlungsmittel ist die Frage nach dem Maß der situativ gegebenen, gegebenenfalls sofort überprüfbaren Zahlungsfähigkeit des Angesprochenen gestellt. (Abgrenzungen: "Haben Sie Bargeld dabei?; "Können Sie bar zahlen?" etc.)

2. **Handlungszusammenhänge**

Ohne einen Rekurs auf spezifische Kontexte läßt sich allgemein hochrechnen, daß eine solche Frage normalerweise nur in den folgenden Zusammenhängen üblich und möglich ist:

2.1. Das Verhältnis der Interaktanten ist in der Art persönlich, daß die Frage nicht indiskret wirkt. (persönlich symetrische Beziehung)

2.2. Das Verhältnis der Interaktanten ist durch ein Herrschaftsgefälle vom Sprecher zum Angesprochenen hin geprägt (durch das die 'Indiskretion' aufgehoben ist oder untergeordnet wird). Es kann sich dabei um

2.2.1. ein "Herrschaftsverhältnis kraft Interessenkonstellation" oder

2.2.2. um ein "Herrschaftsverhältnis kraft Autorität"[5] handeln.

(andere Ebenen des Interpretationsaspekts 'Handlungszusammenhänge' siehe 1/11 Vb 1: 2)

1/11 Vb 1 "Darf ich ja fragen oder darf Dich ja duzen."

----

1. **Gesprächsgegenstand**
Der Redebeitrag umfaßt zwei Feststellungen, die durch die Konjunktion "oder" verbunden sind. Zunächst sollen die beiden Feststellungen für sich interpretiert werden. Erst dann wird der Redebeitrag unter dem Aspekt der hier bedeutungsvollen Konjunktion analysiert.

Pragmatik des Satzes

"Darf ich ja fragen"
Die Feststellung bezieht sich unmittelbar auf die vorhergehenden Fragen, und sie stellt eine Reaktion auf sie dar. Anlaß der Feststellungen dürften die in 1/10 Vb 1: 1.2. (Pragmatik des Redebeitrags) herausgearbeiteten Auffälligkeiten (a) die Frage nach der exakten Summe ("Wieviel") und (b) die vom Angesprochenen

---

[5] Zu den Begriffen "Herrschaftsverhältnis kraft Interessenkonstellation" und " ... kraft Autorität" siehe Max Weber (1922) 1972, 1. Bd.: 28f, 2. Bd.: 540-545.

mitgeführten, unmittelbar überprüfbaren Zahlungsmittel ("Bargeld") bzw. eine implizit vorgenommene In-Frage-Stellung der Angemessenheit der vorhergehenden Frage durch den Sprecher oder - vom Sprecher unterstellt - durch den Angesprochenen sein. Diese Lesart bezüglich der Feststellung wird unterstützt durch die grammatikalische Struktur des Satzes: Der Redebeitrag setzt im Stile einer Entscheidungsfrage ein ("Darf ich"), auf die das Abtönungspartikel "ja" die Antwort bilden könnte. Mit der Einführung dieses Partikels ist syntaktisch die Chance auf einen Fragesatz verwirkt, der unumgänglich wäre, wenn statt des "ja" das zu erwartende, aber fehlende Satzobjekt eingesetzt worden wäre. So wirkt der unvollständige Satz "Darf ich ja fragen" wie ein zum Aussagesatz umgeleiteter Fragesatz. Möglich ist aber auch eine andere grammatikalische Variante: Die (gemeinte) Stellung des Satzsubjekts am Anfang des Satzes, so daß die Lesart 'Fragesatz' nicht in Betracht käme. Aber auch für diesen Fall stellte das Partikel "ja" die Antwort auf eine implizite Frage dar, die die Feststellung unterstützen würde.
Das Fehlen einer näheren Bestimmung ist ein Hinweis auf die Nähe des Redebeitrags zum situativen Kontext und zur vorhergehenden Frage. Gemeint sein können sowohl lediglich das Fragethema (**Das** darf ich ja fragen ...) als auch darüber hinaus der Adressat (**Dich** darf ich (das) fragen ...) als auch die Frageform bzw. der Fragestil (Darf ich ja **in dieser Weise** fragen ...). Der Sprecher gibt aber möglicherweise einen Bezugspunkt für sein 'Fragen dürfen' an: sich selbst ("ich"). Er könnte damit sich als (zumindest einen) Grund dafür, die Frage stellen zu dürfen (Gegensatz zu 'Darf **man** ja fragen ...'), thematisiert haben.

"darf dich ja duzen"
Auch diese Feststellung bezieht sich auf die vorhergehende Frage. Auch sie stellt eine Feststellung in Hinblick auf eine implizit vorgenommene "In-Frage-Stellung" dar: Ist das "Du" angemessen?
Die mit dieser Feststellung zurückgenommene Unsicherheit kann Folge eines Verhältnisses sein, in dem die Angemessenheit des Duzens unklar ist. Die Unsicherheit kann sich aus der Einschätzung sowohl des Alters des Angesprochenen als auch des Verhaltnisses der Interaktanten zueinander ergeben haben.

- Erwachsener - Erwachsener
  Es besteht Unsicherheit, ob
  die Art der Beziehung das Duzen zuläßt:
  - symetrisch (z.B. Arbeitskollegen)
  - asymetrisch (z.B. Chef-Angestellter)
- Erwachsener - Kind/Jugendlicher
  - (Unsicherheit über das Alter des Kindes/Jugendlichen): anonyme Beziehung
  - (Unsicherheit über das Einverständnis eines über 16 Jahre alten Jugendlichen): vertraute Beziehung
- Kind/Jugendlicher - Erwachsener
  - (eher unwahrscheinlich)
- Lesartenausschluß:
  - Kind - Kind
  - Jugendlicher - Jugendlicher

Die grammatikalische Struktur des Redebeitrags weist einen bedeutsamen Unterschied zum vorhergehenden Redebeitrag auf: Da 'an die Stelle des Subjekts' in der zweiten Feststellung ein Objekt ("Dich") eingeführt ist, kann es sich bei aller Unvollständigkeit des Satzes (das Subjekt fehlt) nur um eine Aussage i.S. einer Feststellung, nicht um eine Frage handeln.

"oder"

Die Konjunktion "oder" dient dazu, Alternativen - seien sie inhaltlich thematischer oder formal sprachlicher/rhetorischer Gestalt - hinsichtlich eines den Alternativen gemeinsamen Bezugspunktes aufzuzeigen. Ein gemeinsamer Bezugspunkt, auf den gerichtet die beiden oben interpretierten Feststellungen Alternativen darstellen, ist nicht auszumachen.

"oder" wird aber in der Pragmatik des alltäglichen Sprachgebrauchs auch als Kurzform für die Kennzeichnung eines modifizierten Bedeutungszusammenhangs gebraucht:

-	"oder man kann auch sagen"	Verdeutlichung: dasgleiche (gesagt, gemeint);
-	"oder auch"	
-	"oder besser"	Spezifizierung, Korrektur, Vertiefung der Beschreibung bzw. des Themas;
-	"oder vielmehr"	Korrektur, die das Gemeinte besser trifft.

Im Unterschied zu einer Kennzeichnung von formal gleichwertigen Alternativen hinsichtlich eines identischen Bezugspunktes wird mit Verwendung dieser verschiedenen Varianten des "oder" eine Verdeutlichung, Spezifizierung, Korrektur oder/und Vertiefung (formal/inhaltlich) der vorgestellten ersten Aussage durch die nachgestellte zweite Aussage vorgenommen. Sie bringt die vorgestellte Aussage besser, erst eigentlich, erst richtig und erst offensichtlich zur Geltung. Der gemeinte Aussagekern bzw. das angestrebte Handlungsziel sollen durch die nachgestellte Aussage freigelegt werden. Aber auch dieser Zusammenhang bleibt für den zur Debatte stehenden Redebeitrag zunächst dunkel: Es ist auf Anhieb nicht ersichtlich, inwiefern die nachgestellte Feststellung "darf Dich ja duzen" den gemeinten Aussagekern der vorhergehenden Feststellung "Darf ich ja fragen" offenlegt.

Eine Möglichkeit der Sinnerschließung besteht in der Konstruktion eines beiden Feststellungen latent gemeinsamen Aussagekerns, der entweder durch die Einschränkung der nachstehenden Feststellung ("darf Dich ja duzen") festgelegt oder durch die vorhergehende Feststellung ("Darf ich ja fragen") näher bestimmt würde.

Übertragen auf den hier zu interpretierenden Redebeitrag: Implizit ist beiden Aussagen des Sprechers die Feststellung gemeinsam: **Ich (man) darf in dieser Weise in Deine Persönlichkeitssphäre eingreifen/eindringen.**

Setzt man diese Feststellung in der beschriebenen Weise in den Redebeitrag ein, so eröffnen sich zwei Lesarten:

1. **Eingrenzung**: Darf ich ja fragen (das heißt, ich darf ja in Deine Persönlichkeitssphäre eindringen) oder (besser gesagt etc.) darf Dich ja duzen.

   Mit dieser Variante wird das Potential an als Eingriff in die Persönlichkeitssphäre möglicherweise erfahrbaren Aspekten der vorhergehenden Fragen mit dem zweiten Teil des Redebeitrags auf die Anredeform - das Duzen - eingegrenzt. Andere 'mögliche Eingriffe' werden so als damit selbstverständlich möglich und nicht einmal thematisierenswert ausgegrenzt, wodurch sie aber thematisiert und damit als gerade nicht selbstverständlich gekennzeichnet werden.

2. **Vertiefung:** Darf ich ja fragen oder (besser gesagt etc.) darf Dich ja duzen (das heißt, in Deine Persönlichkeitssphäre eindringen).
In dieser Variante wird die mit dem ersten Teil des Redebeitrags gemeinte umfassende Kernaussage vertieft herausgestellt. Es liegt nahe, daß die Gründe, aus denen heraus der Sprecher den Angesprochenen duzen darf, auch die Möglichkeit der Fragestellung insgesamt begründen.
Bemerkenswert und interpretationswürdig ist, daß diese Aussage als Feststellung getroffen wird, was als Reaktion verstanden ein Indiz dafür ist, daß es sich nicht um eine - aus der Sicht des Sprechers - allseits geteilte Selbstverständlichkeit handelt.

Beiden Lesarten gemeinsam ist die qua Feststellung implizit in Szene gesetzte Nicht-Selbständigkeit der vorhergehenden Frage. (siehe Punkt 1: "Darf ich ja fragen ...")

2. Handlungszusammenhänge / Zusammenfassung der kontextfreien Interpretation

Die bisherige Interpretation dürfte deutlich gemacht haben, daß der Text kaum eine 'Zuspitzung' auf einige wenige thematisch konkret bestimmbare Handlungstypen zuläßt. Von daher ist es für eine Zusammenfassung erforderlich, allgemeine und thematisch weitgehend unbestimmte Handlungszusammenhänge hochzurechnen, die den Rahmen für mögliche, durch den Text abgedeckte Handlungstypen abgeben.
Die Zusammenfassung soll unter drei Aspekten erfolgen:
(1) Beziehungstypen
(2) formale Gesprächszusammenhänge
(3) thematische Bezugsmöglichkeiten und -rahmen
(1/1 Vb 1 - 1/8 Vb 1) - (1/10 Vb 1 - 1/11 Vb 1).

2.1. Beziehungstypen

Im Rahmen der in 1/10 Vb 1: 1 herausgearbeiteten Beziehungsmöglichkeiten lassen sich folgende Typen als denkbare Lesarten hochrechnen:

2.1.1. persönlich symetrische Beziehung

2.1.1.1. Der Redebeitrag stellt sowohl eine Reaktion auf die Verunsicherung über als auch wie einen Hinweis auf die Angemessenheit der vorhergehenden Fragen in einer gegebenen **symetrisch persönlichen Beziehung** dar.

2.1.1.2. Möglich ist aber auch ein Wissen des Sprechers um die Unangemessenheit seiner Frage, die er entweder erst nachträglich bemerkt hat und jetzt mit der Feststellung kaschieren möchte oder von vornherein einkalkuliert hat. Für die letzte Lesart ist die nachgezogene Feststellung als Versuch des Sprechers zu werten, eine kommunikative Lage zu schaffen, in der es dem Angesprochenen nur schwer möglich ist, die Antwort mit dem Hinweis auf die Privatsphäre zu verweigern (v.a. Grenzsituationen).

2.1.1.3. Für die beiden letzten Varianten besteht eine weitere, gemeinsame Lesart: Das Verhältnis der Interaktanten ist der Art, daß ein Duzen zwar möglich und üblich ist, aber die Frage nach der Summe des mitgeführten Bargeldes eine Verletzung der Privatsphäre darstellt. Die Herstellung eines Bedeutungszusammenhangs zwischen beiden Feststellungen entspricht dem Versuch des Sprechers, durch eine Gleichsetzung der verschiedenen Ebenen der persönlich symetrischen Beziehung die Frage nachträglich legitimieren oder/und den Angesprochenen überlisten zu wollen.

2.1.2 **Herrschaftsbeziehungen**

Im Rahmen von Herrschaftsbeziehungen ist die Feststellung eine Selbstverständlichkeit für den Sprecher und/oder ein Hinweis an den Angesprochenen, daß es dem Sprecher erlaubt ist, dem Angesprochenen solche Fragen zu stellen. Eine Beantwortung der Frage kann erwartet werden.

2.1.2.1. In "Herrschaftsbeziehungen kraft Interessenkonstellation" könnte der Hinweis erforderlich sein, weil die Möglichkeit nicht formell (kraft Autorität) oder als Selbstverständlichkeit abgesichert ist

2.1.2.2. In "Herrschaftsverhältnissen kraft Autorität" kann es der Verweis auf eine zwar unübliche oder ungewohnte (für den Sprecher wie für den Angesprochenen), aber mögliche und legitime Frage sein.

2.1.2.3. Analog zu 1.2.1.3. besteht für beide Varianten der Herrschaftsbeziehung eine gemeinsame Lesart: Das Herrschaftsverhältnis ist der Art, daß einer der Feststellungsaspekte durch das Herrschaftsverhältnis legitimiert ist, während für den anderen Frage- bzw. Feststellungsaspekt eine solche Legitimation nicht besteht. Die Herstellung des oben herausgearbeiteten Bedeutungszusammenhangs (1/11 Vb 1: 1) zwischen den beiden Feststellungen würde dem Versuch des Sprechers entsprechen, seinen Herrschaftsbereich unzulässig auszuweiten.

2.2. **formale Gesprächszusammenhänge**

Mit dem Interakt 1/10 Vb 1 "Wieviel · Bargeld · hast Du dabei?" und der nachfolgenden Feststellung (1/11 Vb 1) fordert der Sprecher von dem von ihm Angesprochenen eine inhaltlich spezifische und 'in sich' sachhaltige Auskunft:

Vor dem Hintergrund der für 1/8 Vb 1 und 1/9 herausgearbeiteten allgemeinen Dialogzusammenhänge sind für 1/10 Vb 1 und 1/11 Vb 1 die folgenden Reaktionstypen denkbar:

2.2.1. **Selbstgespräch** (1/8 Vb 1)

Übergang zu einem Gespräch mit einem anderen, der in der Pause in die Reichweite des Sprechers gelangt ist.

2.2.2. **Dialog zwischen mindestens zwei Personen** (1/8 Vb 1 - 1/9 Vb 1)

2.2.2.1. **Reaktion des Sprechers auf die verbale Einlassung eines anderen:** Telephongespräch

2.2.2.2. **Reaktion im Beisein eines anderen oder auf einen/mehrere andere(n), der/die in der Pause averbal reagiert hat/haben.**

2.2.2.2.1. Reaktion des Sprechers auf einen averbal expliziten Redebeitrag eines oder mehrerer anderer im Rahmen hier nicht weiter zu spezifizierender Gesamtzusammenhänge.

2.2.2.2.2. Die Frage kann angeregt sein durch eine (neuerliche) Entdeckung: z.B. Vergessen der Geldbörse.

2.2.2.2.3. 'Selbstgespräch' in unmittelbarer Reichweite eines anderen: Übergang zu einem Gespräch mit einem anderen, der sich schon zuvor in Reichweite befand.

2.2.2.2.4. averbal implizite Reaktion des Hörers:

- Monolog, der mit der Frage in ein Gespräch übergeführt oder nur kurz unterbrochen werden soll.
- Reaktion auf eine angenommene Gesprächsverweigerung des anderen. Er soll mit der Frage unter verstärkten Reaktionsdruck gesetzt werden.

(Für den bisherigen Gesprächsverlauf insgesamt (1/1 Vb 1 - 1/11 Vb 1) sind im Rahmen der bisher als denkbar für die einzelnen Schritte herausgearbeiteten Dialog- bzw. Reaktionstypen die verschiedensten Gesprächsgesamtformen vorstellbar. Sie aufzulisten würde den Rahmen dieser Interpretationsverschriftung sprengen.)

2.3. **thematische Bezugsmöglichkeiten**
(1/1 Vb 1 - 1/8 Vb 1) - (1/10 Vb 1 - 1/11 Vb 1)

Der thematische Bezug der letzten beiden Teilinterakte zu den vorhergehenden Redebeiträgen wurde noch nicht aufgearbeitet und für die Ermittlung von denkbaren Handlungszusammenhängen fruchtbar gemacht. Da auch für diesen Aspekt die Fülle an inhaltlich bestimmbaren Bezugsmöglichkeiten groß ist, soll eine Beschränkung auf die formal möglichen thematischen Bezüge (Themenwechsel - unmittelbarer thematischer Bezug) des Redebeitrags bis zum Teilinterakt 1/8 Vb 1 zu der sich anschließenden Frage (1/10 vb 1) im Verbund mit der abschließenden Feststellung (1/11 Vb 1) Ausgangspunkt einer letzten - die Kontextfreie Interpretation abschließenden - Auflistung denkbarer Handlungszusammenhänge sein. Auf diese Weise soll das bestehende Spektrum an möglichen konkret thematischen Handlungstypen - v.d.H. des Wissens um die zwar als denkbar hochgerechneten 'Beziehungstypen' und 'formalen Gesprächszusammenhänge' - festgestellt werden.

In diesem Zusammenhang empfiehlt es sich, noch ein weiteres 'lesartengenerierendes Koordinatensystem' zu berücksichtigen: die aus den möglichen Verhältnisbestimmungen von Gesprächsgegenstand und aktuellem Handlungszusammenhang resultierenden Basislesarten, so wie sie in 1/4 Vb 1: 2.3. herausgearbeitet wurden und bis zum Teilinterakt 1/8 Vb 1 grundlegend sind.

2.3.1. **1/1 Vb 1 - 1/8 Vb 1**

Der aktuelle und der thematisierte Handlungszusammenhang beziehen sich unmittelbar und ausschließlich aufeinander. (Handlungskommentierung; Handlungssteuerung):

Für diesen Handlungstyp sind die Lesarten "Einstieg in den 'umweltlichen' Dialog" (s. 1/1 Vb 1: 2.2.1.1.), und "Reaktion in einem bereits laufenden Dialog" ('umweltlich'/'mitweltlich') gültig.

Die Lesart "Einstieg in den 'mitweltlichen' Dialog" ist zwar nicht völlig ausschließbar, aber eher unwahrscheinlich.

1/10 Vb 1 - 1/11 Vb 1

2.3.1.1. **Themenwechsel**

2.3.1.1.1. **im Rahmen eines Handlungstyps**

z.B.: Handlungstyp 'Reise- bzw. Ausgehvorbereitung': Nachdem die Zigaretten in die Einkaufstasche gesteckt wurden, fragt der Sprecher nach dem Bargeldbestand des Angesprochenen, um sich einen Überblick zu verschaffen, ob genügend mitgeführt (werden) wird.

2.3.1.1.2. **im Wechsel der Handlungstypen**

z.B.: Nachdem die Zigaretten im Rahmen der Reisevorbereitungen in die Einkaufstasche gesteckt wurden, fragt der Sprecher nach dem Bargeldbestand des Angesprochenen, um so zu erkunden, ob er sich von ihm im Moment Geld für den Kauf von Zigaretten leihen kann (Wechsel 'Reisevorbereitung - Vorbereitung eines Zigaretteneinkaufs').

Sonderfall: Wechsel vom 'Selbstgespräch in Reichweite eines anderen' zum 'Dialog'

2.3.1.2. **unmittelbar thematisierter Bezug im Rahmen eines Handlungstyps**

z.B.: Handlungstyp 'Zigaretteneinkauf'

Nachdem die Verkäuferin die Zigarettenschachteln geholt hat und sie in die Einkaufstasche gesteckt wurden, fragt sie den Kunden, wieviel Bargeld er dabei hat. Sie fragt somit, inwieweit die Waren direkt und unmittelbar überprüfbar von dem Kunden bezahlt werden können.

Möglich ist aber auch die Handlungskommentierung durch den Kunden, der dann einen ihn begleitenden anderen fragt, wieviel Bargeld er mit sich führt, um auszuloten, ob überhaupt bezahlt werden kann (z.B. im Ausland).

2.3.2. **1/1 Vb 1 - 1/8 Vb 1**

Der aktuelle und der thematisierte Handlungszusammenhang sind nicht unmittelbar aufeinander bezogen (Verständigung über einen aktuell relevanten Handlungszusammenhang aus der Vergangenheit oder aus der Zukunft).

Für diesen Handlungstyp ist die Lesart "Reaktion in einem bereits laufenden Dialog ('umweltlich'/'mitweltlich')" gültig. Die Lesart "Einstieg in den Dialog ('umweltlich'/'mitweltlich')" ist eher unwahrscheinlich, aber nicht völlig ausschließbar.

1/10 Vb 1 - 1/11 Vb 1

2.3.2.1. **Themenwechsel**

Der Redebeitrag steht in keinem unmittelbaren Bezug zum Verständigungsgegenstand:

2.3.2.1.1. **im Rahmen eines Handlungstypen**

z.B.: Handlungstyp 'Reise- bzw. Ausgehvorbereitung':
Nachdem man sich darüber verständigt hat, daß die Zigaretten in die Einkaufstasche gesteckt wurden bzw. werden, fragt der Sprecher nach dem Bargeldbestand des Angesprochenen, um sich einen Überblick darüber zu verschaffen, ob schon genügend Geld für die Reise vorhanden ist.

2.3.2.1.2. **im Wechsel der Handlungstypen**

z.B.: Nachdem man sich im Rahmen von Reisevorbereitungen darüber verständigt hat, daß die Zigaretten in die Einkaufstasche gesteckt wurden bzw. werden, erforscht der Sprecher den Bargeldbestand des anderen, um z.B. zu erfahren, wieviel Geld er sich sofort für den Kauf von Schallplatten borgen kann. (Wechsel 'Reisevorbereitung' - 'Vorbereitung eines Schallplatteneinkaufs')

2.3.2.2. **unmittelbar thematischer Bezug zum Verständigungsgegenstand**

2.3.2.2.1. **thematisch konkrete Handlungstypen**

z.B.:
- Zigaretteneinkauf
  siehe 1/11 Vb 1: 2.3.1.2.
  (Unterschied: keine Handlungskommentierung, sondern nachträgliche Rekonstruktion)
- Vernehmung/Verhör/Befragung als Reaktion auf einen Diebstahl
  Das Wissen um den unmittelbar mitgeführten Bargeldbestand soll klären, ob der Angesprochene die gestohlene Ware hätte bezahlen können. Die Zeitform 'Präsens' ("hast") weist für diesen Handlungstyp darauf hin, daß - da die aktuelle Bargeldmitführung über die Zahlungsfähigkeit zur Zeit des Diebstahls Aufschluß geben soll - die Diebstahl- und Vernehmungssituation so aufeinander gefolgt sein müssen, daß davon ausgegangen werden kann: Der Bargeldbestand zum Tatzeitpunkt ist mit dem in der aktuellen Situation identisch (unmittelbare zeitliche Folge; Kontrolle in der 'Zwischenzeit').
  1. Diebstahltyp
     a) Ladendiebstahl
     b) Diebstahl gegenüber einer Privatperson

2. Vernehmender
   a) Privatperson
   b) Verkäufer/Kaufhausdetektiv
   c) Lehrer
   d) Polizei
   e) etc.

2.3.2.2.2. **thematisch abstrakte Handlungstypen**

z.B.:
- Vorhaltung/'Standpauke'
  a) nach (Laden)diebstahl
     - Ausloten der Möglichkeiten, den Schaden wiedergutzumachen
  b) nach Verlust/Verlieren von Zigaretten
     - Ausloten der Möglichkeit einer Wiedergutmachung des Schadens
- Provokation
  Der bisher schweigende oder implizit reagierende Hörer soll zu einer explizit verbalen Reaktion gezwungen werden.

Interpretation der Vernehmungsvorbesprechung mit Wissen um den erhobenen Kontext

1/1 Vb 1 "drei Schachteln"

---

1. Der Vernehmungsbeamte orientiert sich zunächst über den Gegenstand der Beschuldigung, indem er nach dem Betreten des Vernehmungsraumes und nach einem kurzen Gruß ("Guten Tag") direkt zur Lektüre des vom Kaufhaus gestellten Strafantrags übergeht. Während der Lektüre sagt er dann "drei Schachteln".
Dieser Redebeitrag kann darauf hinweisen, daß dem Vernehmungsbeamten die Menge des als gestohlen angezeigten Gegenstandes oder auch die als gestohlen angezeigten Gegenstände noch nicht bekannt war/waren.
Von Bedeutung ist das Wissen um die als gestohlen angezeigte **Menge** eines bestimmten Gegenstandes für den Vernehmungsbeamten aus zwei Gründen:
(a) Da der Beschuldigte vor der Vernehmung über die ihm zur Last gelegte Tat unterrichtet werden muß, ist ein diesbezügliches Wissen des Vernehmungsbeamten erforderlich.
(b) Sollte es zu einer polizeilichen Vernehmung des Beschuldigten kommen, so wird die Rekonstruktion der Menge, aber auch der Qualität des als gestohlen angezeigten Gutes von besonderer Bedeutung für den Vernehmungsdialog und die Protokollierung sein. Von daher muß der Vernehmungsbeamte die Angaben des Strafantrages genau zur Kenntnis nehmen und überprüfen, welche für eine Beschuldigung relevanten Strafbestände aufgeführt sind. Er baut sich so einen Ermittlungshintergrund für die anstehende Vernehmung auf.

2. Weitere Handlungszusammenhänge müssen in bezug auf zwei Variablen zumindest grob hochgerechnet werden:
- die nicht-sprachliche und die nicht-transkribiert-sprachliche (Sprachmelodie) Kontaktgestaltung des Vernehmungsbeamten gegenüber dem Beschuldigten und dessen Mutter;
- das Vorwissen des Vernehmungsbeamten um die Geständigkeit des Beschuldigten im besonderen und dessen Ereignisperspektive im allgemeinen.

2.1. Der Redebeitrag kann als 'Selbstgespräch während der Lektüre der Strafanzeige' - Blick auf das Formular gerichtet - inszeniert (und gemeint) sein. Trotzdem nimmt der Vernehmungsbeamte de facto - unwillkürlich 'bis' willkürlich, möglicherweise sogar bewußt taktisch - vernehmlich Bezug auf den Beschuldigten und dessen Mutter ('Selbstgespräch in Reichweite eines anderen'):

2.1.1. 'Weiß' der Vernehmungsbeamte aus 'zweiter Hand' (Strafantrag; Streifenbeamte) von der Geständigkeit des Beschuldigten, so zeigt er, der Vernehmungsbeamte, an, daß er erst einmal den Strafantrag zur Kenntnis nehmen will (siehe: 1). Er bietet dem Beschuldigten und der Mutter aber damit auch eine Gelegenheit, z.B. widersprechend zu reagieren. In diesem Sinne leitet der Vernehmungsbeamte - ob er es will oder nicht - mit seinem Äußerungsfragment eine Überprüfung der Gültigkeit seines Vorwissens um die Geständigkeit des Beschuldigten ein. Zudem testet er implizit die Reaktionsgewohnheiten und die Dialogbereitschaft des Beschuldigten und dessen Mutter ab.

2.1.2. Eine ähnliche Bedeutung kommt dem Redebeitrag auch dann zu, wenn der Vernehmungsbeamte von der Nicht-Geständigkeit des Beschuldigten erfahren hat. Allerdings ist für diesen Fall ein gezielt vorgenommener provokanter Einsatz wahrscheinlicher. Der Beschuldigte könnte so angeregt werden zu widersprechen. Er hätte sich dann schon unvermittelt zur Sache geäußert. Auf jeden Fall erhält der Vernehmungsbeamte Anhaltspunkte über die Dialogbereitschaft des Beschuldigten und dessen Mutter.

2.1.3. 'Weiß' der Vernehmungsbeamte nicht um die Geständigkeit des Beschuldigten, so dürfte der Redebeitrag die (vom Vernehmungsbeamten bewußt oder nicht bewußt hergestellte) Funktion eines 'Versuchsballons' haben. Mit der Reaktion des Beschuldigten und der Mutter erhält der Vernehmungsbeamte erste Informationen über

- die Geständigkeit bzw. allgemeiner: das Ereigniswissen des Beschuldigten,
- dessen Wissen um die Beschuldigung und
- die Reaktionsgepflogenheiten sowie die Dialogbereitschaft des Beschuldigten und dessen Mutter.

2.2. Möglich ist aber auch eine 'Inszenierungs'variante 'Selbstgespräch in Reichweite eines anderen', bei der der Vernehmungsbeamte den Beschuldigten und/oder dessen Mutter direkt anschaut oder/und an ihnen vorbei in den Raum blickt (feststellend, zweifelnd, abschätzend, überlegend, vorwurfsvoll etc.). Die zu 2.1. unter dem Aspekt des jeweils spezifischen Vorwissens des Vernehmungsbeamten um die Geständigkeit des Beschuldigten aufgeführten Lesarten gelten entsprechend.

2.3. Ist eine explizite Reaktion des Beschuldigten (und/oder seiner Mutter) schon für den Lesartenkomplex 2.2. möglicherweise erwartbarer (als für 2.1.), so könnte sie noch wahrscheinlicher werden, wenn der Vernehmungsbeamte den Beschuldigten und/oder die Mutter direkt anspricht. Die zu 2.1. gebildeten Lesarten gelten wieder entsprechend.

2.4. Gleichgültig aus welchem der aufgezeigten Kontexte heraus und mit welcher Intention der Vernehmungsbeamte "drei Schachteln" sagt: er leitet mit diesem Redebeitrag de facto die Vernehmung des Beschuldigten ein.

3. Auch wenn sich der Beschuldigte durch die Äußerung des Vernehmungsbeamten zu einer expliziten Reaktion oder gar Stellungnahme veranlaßt bzw. aufgefordert sehen sollte (siehe: 2. und 4.), so erfährt er doch grundlegender, daß der Vernehmungsbeamte an seiner Darstellung nur vor dem Hintergrund eines Wissens um die im Strafantrag festgeschriebene Ereignisperspektive interessiert ist - obwohl der Beschuldigte gesprächsbereit und seine Anwesenheit überhaupt mit der Vernehmung zur Sache motiviert ist. Der Beschuldigte erlebt, wie der Vernehmungsbeamte den Grundstein für den Blickpunkt seiner Ereignisperspektive ganz selbstverständlich mit Hilfe der Lektüre des Strafantrags legt. Dieser über die Rezeption gebildeten Ereignisperspektive gegenüber muß sich der Beschuldigte behaupten.

4. Damit, daß der Vernehmungsbeamte vernehmlich "drei Schachteln" sagt, läßt er den Beschuldigten und dessen Mutter an seiner Rezeption des Strafantrags

teilnehmen und gibt ihnen so de facto einen direkten Anhaltspunkt für die Stellungnahme (siehe: 2. und 3.), **ohne diese aber direkt oder indirekt zu fordern**. Von daher ist das dem Beschuldigten und seiner Mutter offenstehende Reaktionspotential komplex. Beide können sich jeweils veranlaßt sehen, auf den Redebeitrag des Vernehmungsbeamten - z.B. bestätigend oder widersprechend - zu reagieren. Darüber hinaus wird die Reaktionsform entweder verbal oder averbal ausfallen müssen. Die Vielfältigkeit der denkbaren Reaktionsgehalte macht an dieser Stelle eine sinnvolle Detailauflistung des Lesartenpotentials kaum möglich.

1/2 " -- "

---

1. Die Reaktion des Beschuldigten und dessen Mutter auf den Redebeitrag des Vernehmungsbeamten ist in jedem Fall averbal. Unklar bleibt, da die Reaktion nur unzulänglich bestimmt in die Datenkonstruktion eingehen konnte, ob der Beschuldigte und die Mutter jeweils 'implizit' oder 'explizit' averbal reagieren. Ausgeschlossen sind so Lesarten, die eine verbale Reaktionsform zwingend fordern:
   - Rechtfertigung
   - akustisch nicht-sprachliches Ausdrucksverhalten
   - Äußerung des Wunsches, einen Anwalt sprechen zu wollen
   - etc.

2. Denkbare spezifische averbale Reaktionen sowohl für den Beschuldigten als auch für dessen Mutter.

2.1. "Keine" Reaktion/'implizit' averbale Reaktion
   - Der vorhergehende Redebeitrag wurde nicht gehört oder akustisch nicht verstanden.
   - Der vorhergehende Redebeitrag wurde akustisch verstanden.
     - Der Beschuldigte bzw. seine Mutter gehen davon aus, daß der Vernehmungsbeamte von ihm bzw. ihr keine spezifische Reaktion erwartet, und er bzw. sie sieht sich seiner-/ihrerseits nicht zu einer Reaktion veranlaßt. Der Redebeitrag wird eingeschätzt als
       - Teil eines Monologs (redezuginterne Sprechpause)
       - Teil eines 'Selbstgesprächs in ihrer Reichweite'
       - etc.
     - Der Beschuldigte bzw. die Mutter geht davon aus, daß der Vernehmungsbeamte eine spezifische explizite Reaktion nicht wünscht und daß sie insofern auch nicht angebracht ist - selbst wenn der Beschuldigte bzw. die Mutter sich dazu veranlaßt sähe.
     - Der Beschuldigte bzw. die Mutter geht davon aus, daß der Vernehmungsbeamte nur im Falle einer wie auch immer gearteten Abweichung eine entsprechende Reaktion erwartet: Die Reaktionsabstinenz könnte so Zustimmung, aber auch die Weigerung, eine Abweichung kundzutun, anzeigen.
     - Der Beschuldigte bzw. die Mutter ist sich unsicher, ob der Vernehmungsbeamte eine explizite Reaktion erwartet. Er/sie zögert, überlegt oder weigert sich zu reagieren.
     - Der Beschuldigte bzw. die Mutter geht davon aus, daß der Sprecher eine explizite Reaktion erwartet. Er/Sie sind/ist sich aber

im unklaren darüber, wer von ihnen aufgefordert ist (freie Gesprächspause).

- Der Beschuldigte bzw. die Mutter geht davon aus, daß der Vernehmungsbeamte von ihm/ihr eine explizite Reaktion erwartet (Redezugvakanz)
  - Der Beschuldigte bzw.die Mutter verweigert eine Antwort.
  - Der Beschuldigte bzw. die Mutter reagiert nicht unmittelbar (Er/sie denkt- z.B. - nach, um dann antworten zu können.)
- etc.

2.2. 'explizit' averbale Reaktion

Eine averbal explizite Reaktion kann Ausdruck dafür sein, daß der Beschuldigte bzw. seine Mutter, aber auch der Beschuldigte und die Mutter sich vom Sprecher zu reagieren aufgefordert oder sich unabhängig davon zu einer Reaktion veranlaßt sehen. Einige der denkbaren Reaktionen sollen im folgenden aufgelistet werden:

Bedeutungsgehalt		Geste
Bestätigung etc.	:	Kopfnicken
Verneinung, Widerspruch	:	Kopfschütteln
Überlegen etc.	:	Hochziehen der Augenbrauen, Runzeln der Stirn
Anzeige: akustisch nicht verstanden	:	Zeigegeste auf das Ohr gerichtet
Zweifel etc.	:	Zusammenziehen der Augen, skeptischer Blick
Sinn nicht verstanden	:	Hochziehen der Augenbrauen

2.2.2.
- Der Beschuldigte kann sich mit einer explizit averbalen Reaktion an seine Mutter wenden.
- Die Mutter kann sich mit einer explizit averbalen Reaktion an ihren Sohn, den Beschuldigten, wenden.
- Der Beschuldigte und die Mutter können sich mit averbal expliziten Reaktionen aufeinander beziehen.

3. Eine Auflistung denkbarer Reaktionen des Vernehmungsbeamten unterbleibt, weil das Potential zu komplex ist.

1/3u4 Vb 1 "drei Schachteln Zigaretten, richtig?"

---

1. Mit der Frage spezifiziert der Vernehmungsbeamte seinen ersten Redebeitrag: Dem Beschuldigten wird wohl zur Last gelegt, drei Schachteln Zigaretten gestohlen zu haben.

2. Es ist nicht eindeutig bestimmbar, in welchem Reaktions- und Bedeutungszusammenhang die Frage des Vernehmungsbeamten steht: Sie kann in unmittelbarem Bezug auf eine ausdrückliche Stellungnahme des Beschuldigten bzw. der Mutter (z.B.: Bestätigung; Zeigen auf Zigarettenschachteln; Ausdruck der Irritation; irgendeine 'unangemessene' explizite Reaktion) zum Zwecke der

Verdeutlichung, Korrektur etc. gestellt worden sein, genauso wie es möglich ist, daß ihr eine implizite Reaktion des Beschuldigten oder die Nichtbeachtung seiner expliziten Reaktion durch den Vernehmungsbeamten im Zusammenhang mit der Lektüre des Strafantrags (dem er die neue Information entnommen haben kann) zugrunde liegt. Im Rahmen dieser Zusammenhänge könnte es sich bei der Frage um

- den 'Ausstieg' aus einem 'Selbstgespräch', um den 'Einstieg' in ein 'Selbstgespräch', um die Weiterführung eines 'Selbstgesprächs' handeln (siehe 2.1.).
- Denkbar ist die Weiterführung oder der Beginn eines rhetorisch vorgetragenen Monologs des Vernehmungsbeamten: eine Vorhaltung (siehe 2.2.).
- Der Vernehmungsbeamte könnte aber auch mit der Frageform darauf aufmerksam machen wollen, daß er eine explizite Reaktion des Beschuldigten oder dessen Mutter erwartet - möglicherweise auch, daß er eine explizite Reaktion auf seinen vorhergehenden Redebeitrag "drei Schachteln" schon erwartet hatte (siehe 2.3.).

2.1. Die Frage kann als Teil eines **'Selbstgesprächs'** des Vernehmungsbeamten in Reichweite des Beschuldigten und seiner Mutter während seiner Lektüre der Strafanzeige inszeniert sein. Im Rahmen dieser Grundlesarten gelten dann auch für diesen Redebeitrag die Lesarten 1/1 Vb 1: 1. ("Vernehmungsbeamte blickt auf das Formular") und 2.2. ("Vernehmungsbeamte schaut den Beschuldigten oder/und dessen Mutter an und/oder blickt an ihnen vorbei in den Raum") entsprechend.

2.2. Der Redebeitrag könnte aber auch als **rhetorisch** an den Beschuldigten (oder/und dessen Mutter) gerichtete **Frage** in Szene gesetzt sein. Mit einer rhetorisch inszenierten Fragestellung verbunden ist zwingend entweder die Überzeugung des Vernehmungsbeamten oder dessen Vorgabe der Überzeugung: Der Beschuldigte hat die ihm zur Last gelegte Tat in der in dem Strafantrag angegebenen Weise begangen und ist geständig.

2.2.1. Hat der Vernehmungsbeamte aus 'zweiter Hand' von der Geständigkeit des Beschuldigten erfahren, dann handelt es sich bei einer rhetorischen Frage sowohl um

2.2.1.1. eine moralisierende Vorhaltung als auch um

2.2.1.2. die gezielt oder nicht gezielt eingesetzte Einleitung einer impliziten Überprüfung der Information 'der Beschuldigte ist geständig', bei der vom Vernehmungsbeamten schon eine implizit averbale Reaktion des Beschuldigten als Indiz für die Geständigkeit des Beschuldigten gewertet werden könnte (allerdings nicht unbedingt müßte).

2.2.2. Hat der Vernehmungsbeamte aus zweiter Hand von der Nicht-Geständigkeit des Beschuldigten erfahren, so dürfte eine rhetorisch gestellte Frage (moralisierende Vorhaltung) eine Ermittlungslist darstellen:

2.2.2.1. Der Vernehmungsbeamte - überzeugt von der Täterschaft des Beschuldigten - könnte so versuchen, mit einer wertenden ('moralisierender' Tonfall, Mimik, Gestik) und indirekt vorgetragenen Feststellung (rhetorische Frage) den vermuteten 'Widerstand' des Beschuldigten zu unterlaufen bzw. zu brechen.

2.2.2.2. Eine Modifikation von 2.2.2.1. stellt die Lesart 'ermittlungstaktischer Test' dar: Der Vernehmungsbeamte - selbst noch nicht von der Berechtigung des Strafantrags überzeugt - testet mit der Unterstellung aus, ob und - wenn ja - in welcher Form (Entschiedenheit, Schlüssigkeit der Argumentation etc.) der Beschuldigte - derweise konfrontiert - die Tat bestreitet bzw. auf die Beschuldigung reagiert.

2.2.3 Möglich bleibt noch, daß der Vernehmungsbeamte nicht darüber informiert ist, ob der Beschuldigte geständig ist.

2.2.3.1. Die mit der Frage verbundene Unterstellung der Geständigkeit des Beschuldigten kann intuitiv selbstverständlich vorgenommen worden sein, also ohne daß eine ausgeklügelte Ermittlungstaktik zugrunde liegt.

2.2.3.2. Die rhetorische Frage kann aber Bestandteil einer 'gezielten' Ermittlungstaktik sein.:

2.2.3.3. Der Vernehmungsbeamte - mehr oder weniger überzeugt von der Täterschaft des Beschuldigten - könnte so bemüht sein, das noch fehlende Geständnis unkompliziert, mögliche Widerstände des Beschuldigten von vornherein unterlaufend, einzuholen.

2.2.3.4. Denkbar ist aber auch die Einleitung eines 'bloßen'Tests (siehe 2.2.2.2.), mit dem es dem Beschuldigten und der Mutter ermöglicht werden soll, bei Nicht-Geständigkeit zu widersprechen, während eine implizit averbale Reaktion aus der Sicht des Vernehmungsbeamten als Indiz für dessen Geständigkeit betrachtet werden könnte.

2.3. In einer dritten Grundlesart kann die Frage des Vernehmungsbeamten auch als eine an den Beschuldigten oder dessen Mutter gerichtete **Aufforderung zur Beantwortung** inszeniert sein. Bevor für spezifische Kontexte untergeordnete Lesarten aufgelistet werden, soll für diese Lesartenvariante der Gegenstand des Redebeitrags noch einmal erörtert werden: Mit "drei Schachteln Zigaretten" muß zumindest ein Teil des im Strafantrag angegebenen 'Diebesgutes' gemeint sein. Die Frage ist in Erwartung einer Bestätigung oder eines Ausräumens von Zweifeln gestellt (Kontextfreie Interpretation[3] 1/4 Vb 1: 2.2.). Was aber sollte der Beschuldigte bestätigen (oder zu bestätigen verweigern)?

Es bestehen zwei Möglichkeiten:

(a) Das Wissen des Beschuldigten um den Vorwurf, drei Schachteln Zigaretten gestohlen zu haben, könnte ebenso gemeint sein wie

(b) sein Geständnis, drei Schachteln Zigaretten gestohlen zu haben.

2.3.1. 'Weiß' der Vernehmungsbeamte um die Geständigkeit des Beschuldigten (Strafanzeige/Streifenbeamte), so dürfte - wie schon für alle Varianten einer rhetorischen Fragestellung (2.2.) - implizit die Geständigkeit des Beschuldigten angesprochen sein.

2.3.2. 'Weiß' der Vernehmungsbeamte um die Nicht-Geständigkeit des Beschuldigten, so bleibt die Bestimmung der dem Redebeitrag zugrunde liegenden Intention diffus. Zunächst aber dürfte nur das Wissen des Beschuldigten um den gegen ihn erhobenen Vorwurf angesprochen sein ("Du weißt ja, worum es geht?"). Sollte die Frage vom Beschuldigten bejaht werden, bestünde für den Vernehmungsbeamten die Möglichkeit nachzufragen, worauf sich die Bestätigung bezieht etc. V.a. für diese Lesartenvariante liegt es auf der Hand, daß mit der Frage immer auch die Dialog- und Kooperationsbereitschaft des Beschuldigten ausgetestet wird.

2.3.3. Sollte der Vernehmungsbeamte über keinerlei Vorwissen bzgl. der Geständigkeit des Beschuldigten verfügen, so verstärkt sich die Tendenz, (a) daß beide Bedeutungsmöglichkeiten ('Wissen des Beschuldigten um den Vorwurf' und

---

3 Im folgenden stets 'KI' abgekürzt.

'Geständnis') gemeint sein können und damit (b) die Doppeldeutigkeit der Frage strategisch eingesetzt ist. (siehe 2.3.2.)

3. Reaktionserwartungen und -möglichkeiten:
Vorbemerkung: Da die Chance, daß die vom Vernehmungsbeamten inszenierte Gesprächs**form** abweichend von der mit ihr vom Vernehmungsbeamten intendierten Bedeutung vom Beschuldigten interpretiert werden kann, nicht gering zu veranschlagen ist (Mangel an Signifikanz), dürfte es durchaus zu vom Vernehmungsbeamten nicht erwarteten Gesprächsverläufen, aber auch (möglicherweise sogar unerkannt bleibenden) Mißverständnissen kommen können!

3.1. (zu 2.1.)
Sollte der Beschuldigte und seine Mutter die Frage des Vernehmungsbeamten als Bestandteil eines Selbstgesprächs betrachten, so ist eine Reaktion des Beschuldigten (und der Mutter) zwar grundsätzlich möglich, aber nicht unbedingt erwartbar, - auch dann nicht, wenn die Angaben des Strafantrags vom Beschuldigten oder der Mutter als korrekturbedürftig erachtet werden.

3.2. (zu 2.2.)
Sollte der Beschuldigte oder seine Mutter in dem Redebeitrag eine rhetorische Frage des Vernehmungsbeamten und damit die Unterstellung eines bereits erbrachten Schuldnachweises oder/und der Geständigkeit des Beschuldigten erkennen, dann ist eine Reaktion des Beschuldigten (und seiner Mutter) am ehesten bei einem Korrekturwunsch zu erwarten.

3.3. (zu 2.3.)
Sollte der Beschuldigte oder seine Mutter sich mit der Frage zu einer Stellungnahme aufgefordert sehen, so ist eine Antwort des Beschuldigten (möglicherweise auch der Mutter) zu erwarten. Mit einer Reaktionsverweigerung wiese der Beschuldigte (bzw. seine Mutter) auf seinen (ihren) Mangel an Dialogbereitschaft hin.

1/5 Vb 1 " - "

----

1. Die Reaktion des Beschuldigten und dessen Mutter auf die Frage des Vernehmungsbeamten bleibt wiederum unklar. Möglich ist nur eine 'implizit' oder 'explizit' averbale Reaktionsform.
Ausgeschlossen sind damit wieder alle Lesarten, die eine verbale Reaktionsform fordern:
- Rechtfertigung
- akustisch nicht-sprachliches Ausdrucksverhalten (z.B. Weinen)
- Einklagen von Verfahrensrechten
- etc.

2. Denkbare spezifische averbale Reaktionen sowohl für den Beschuldigten als auch für dessen Mutter:

2.1. "keine" Reaktion/'implizit' averbale Reaktion

- Der vorhergehende Redebeitrag wurde nicht gehört oder akustisch nicht verstanden.
- Der vorhergehende Redebeitrag wurde akustisch verstanden.
    - Der Beschuldigte bzw. die Mutter geht davon aus, daß der Vernehmungsbeamte von ihm bzw. ihr keine spezifische explizite Reaktion erwartet, und er bzw. sie sieht sich seinerseits/ihrerseits nicht zu einer Reaktion veranlaßt. Der Redebeitrag wird eingeschätzt als
        - Teil eines Monologs
        - Teil eines 'Selbstgesprächs in ihrer Reichweite'.
    - Der Beschuldigte bzw. die Mutter geht davon aus, daß der Vernehmungsbeamte eine spezifische explizite Reaktion nicht wünscht und daß sie insofern auch nicht angebracht ist - selbst wenn der Beschuldigte bzw. seine Mutter sich veranlaßt sähen.
    - Der Beschuldigte bzw. die Mutter geht davon aus, daß der Vernehmungsbeamte nur im Falle einer Abweichung eine entsprechende Reaktion erwartet: Die Reaktionsabstinenz könnte so Zustimmung, aber auch die Weigerung, eine Abweichung kundzutun, anzeigen.
    - Der Beschuldigte bzw. die Mutter ist sich unsicher, ob der Vernehmungsbeamte eine explizite Reaktion erwartet. Er/Sie zögert, überlegt oder weigert sich zu reagieren.
    - Der Beschuldigte bzw. die Mutter geht davon aus, daß der Sprecher eine explizite Reaktion erwartet; er/sie ist/sind sich aber im unklaren darüber, wer von ihnen aufgefordert ist.
    - Der Beschuldigte bzw. die Mutter geht davon aus, daß der Vernehmungsbeamte von ihm/ihr eine explizite Reaktion erwartet:
        - Der Beschuldigte bzw. die Mutter verweigert eine Antwort.
        - Der Beschuldigte bzw. die Mutter reagiert nicht unmittelbar. (Er/sie denkt - z.B. - nach, um dann zu antworten.)
    - etc.

2.2. 'explizit' averbale Reaktion

Eine averbal explizite Reaktion kann Ausdruck dafür sein, daß der Beschuldigte bzw. seine Mutter, aber auch der Beschuldigte und seine Mutter sich vom Sprecher zu reagieren aufgefordert oder sich unabhängig davon zu einer Reaktion veranlaßt sehen. Einige der denkbaren Reaktionen sollen im folgenden aufgelistet werden:

2.2.1.

Bedeutungsgehalt		Geste
Bestätigung, Unterstützung	:	Kopfnicken
Verneinung, Widerspruch	:	Kopfschütteln
Überlegen etc.	:	Runzeln der Stirn, Hochziehen der Augenbrauen
Anzeige: akustisch nicht verstanden	:	Zeigegeste, auf das Ohr gerichtet
Sinn nicht verstanden	:	Hochziehen der Augenbrauen

Zweifel etc.	:	Zusammenziehen der Augen
Korrektur der Mengenangabe	:	Fingeranzeige

2.2.2.
- Der Beschuldigte kann sich mit einer explizit averbalen Reaktion an seine Mutter wenden.
- Die Mutter kann sich mit einer explizit averbalen Reaktion an den Beschuldigten wenden.
- Der Beschuldigte und die Mutter können sich mit explizit averbalen Reaktionen aufeinander beziehen.

1/6 Vb 1 "Und noch ne Schachtel Zigaretten?"

---

1. Mit dem Fehlen von Subjekt und Prädikat und durch den unvermittelten Einstieg mit der Konjunktion "und" wird die Verwobenheit der Frage mit dem situativen Kontext: Rezeption der Strafanzeige mit einhergehender Befragung des Beschuldigten deutlich.
Die in der KI schon dargelegte Herausstellung der Zunahme ("noch") mit einhergehender Befragung des Beschuldigten, deutlich.
Unterordnung der Summe (vier) und der hinzukommenden Anzahl ("ne") kann ein Indiz sowohl für die Überraschung des Vernehmungsbeamten wie auch für das Stadium der Vernehmung: den Prozeß der Aneignung des Ereigniswissens durch den Vernehmungsbeamten, sein.

2. Unklar bleibt, wodurch die Frage veranlaßt ist.

2.1. Möglich ist eine averbal explizite Geste des Beschuldigten oder seiner Mutter in Beantwortung der vorhergehenden Frage:
- Korrektur: Fingerzeig
  Der Fragecharakter des Redebeitrags könnte in diesem Zusammenhang Erstaunen oder die Aufforderung zu einer verbalen Bestätigung anzeigen.
- implizite Verneinung: Kopfschütteln (möglich, aber unwahrscheinlich) ratende Frage des Vernehmungsbeamten; mit der Frage ist der Beschuldigte zu einer klärenden Stellungnahme aufgefordert.
- Eine vorhergehende Bejahung oder eine 'Überlegensmimik' bleiben möglich, können aber kaum die Informationsquelle für die Frage sein.

2.2. Möglich ist auch der Erhalt einer weiteren Information infolge der fortschreitenden Strafantragslektüre. Der Fragecharakter könnte Erstaunen oder auch einen Vorwurf intendieren. In diesem Zusammenhang ist auch eine Kombination aus Strafantragslektüre und explizit averbaler Reaktion des Beschuldigten bzw. seiner Mutter als Frageanlaß denkbar.

2.3. Die Frage kann selbstverständlich ebenfalls im Rahmen eines rhetorisch aufbereiteten Monologs ohne einen unmittelbar vorhergehenden Anlaß vom Vernehmungsbeamten gestellt worden sein.

2.4. Der Vernehmungsbeamte könnte aber auch eine spezifisch explizite Reaktion des Beschuldigten oder seiner Mutter erwartet haben. Ihr Ausbleiben veranlaßt ihn, mit einer Folgefrage fortzufahren (die er dem Strafantrag entnommen haben kann), weil (a) die Reaktion des Beschuldigten (und der Mutter) ihm für ein

Nachhaken nicht wichtig genug ist, oder (b) er davon ausgeht, daß der Beschuldigte und/oder seine Mutter nicht reagieren will. So betrachtet könnte die Folgefrage aber auch eine Provokation mit entsprechender neuerlicher Reaktionserwartung darstellen (versteckter Versuch, eine Redezugvakanz aufzuheben).

3. Vor dem Hintergrund der aufgeführten Frageanlässe wird deutlich, daß die schon für den Interakt 1/3u4 Vb 1 herausgearbeiteten Gesprächsformen: 'Selbstgespräch in Reichweite des Beschuldigten und seiner Mutter'; 'rhetorisch aufbereiteter Monolog'; 'Aufforderung zur Beantwortung einer Frage', auch für diesen Interakt denkbar sind. Der zuletzt genannte Typ erfährt lediglich eine wichtige Binnendifferenzierung: Die Aufforderung kann auch eine Provokation als Reaktion auf eine vom Vernehmungsbeamten dem Beschuldigten (und /oder dessen Mutter) unterstellte Dialogverweigerung darstellen sollen. (1/6 Vb 1: 2.4.)
Ein Anknüpfen dieser Redebeitragstypen an die verschiedenen bisher herausgestellten Gesprächszusammenhänge (1/3u4 Vb 1: 2; 1/5: 2) ist jeweils vorstellbar.

4. Reaktionserwartungen und -möglichkeiten:

4.1. Sollten der Beschuldigte und seine Mutter die Frage des Vernehmungsbeamten als Bestandteil eines Selbstgesprächs betrachten, so ist eine Reaktion des Beschuldigten (und seiner Mutter) zwar grundsätzlich möglich, aber nicht unbedingt erwartbar - auch dann nicht, wenn die Angaben des Strafantrags vom Beschuldigten oder der Mutter als korrekturbedürftig erachtet werden.

4.2. Sollte der Beschuldigte oder seine Mutter in dem Redebeitrag eine rhetorisch gestellte Frage des Vernehmungsbeamten und damit die Unterstellung eines bereits erbrachten Schuldnachweises oder/und der Geständigkeit des Beschuldigten erkennen, dann ist eine Reaktion des Beschuldigten (und dessen Mutter) am ehesten bei einem Korrekturwunsch zu erwarten.

4.3. Sollte der Beschuldigte oder seine Mutter sich mit der Frage zu einer Stellungnahme aufgefordert sehen, so ist eine Antwort des Beschuldigten oder auch der Mutter zu erwarten. Mit einer Reaktionsverweigerung wiese der Beschuldigte (bzw. seine Mutter) möglicherweise erneut auf seinen (ihren) Mangel an Dialogbereitschaft hin.

1/7 Vb 1 **" -- (5 Sek.)"**

---

1. Die Reaktion des Beschuldigten und dessen Mutter auf die neuerliche Frage des Vernehmungsbeamten bleibt wiederum unklar. Möglich ist nur eine 'implizite' und eine 'explizite' averbale Reaktionsform.
Ausgeschlossen sind damit wieder alle Lesarten, die eine verbale Reaktionsform fordern:
- Rechtfertigung
- akustisch nicht-sprachliches Ausdrucksverhalten (z.B. Weinen)
- Einklagen von Verfahrensrechten
- etc.

2. Denkbare spezifische averbale Reaktionen sowohl für den Beschuldigten als auch für dessen Mutter:

2.1. "keine" Reaktion/ 'implizit' averbale Reaktion

- Der vorhergehende Redebeitrag wurde nicht gehört oder akustisch nicht verstanden.
- Der vorhergehende Redebeitrag wurde akustisch verstanden:
  - Der Beschuldigte bzw. die Mutter geht davon aus, daß der Vernehmungsbeamte von ihm bzw. von ihr keine spezifische explizite Reaktion erwartet, und er bzw. sie sieht sich seinerseits/ihrerseits nicht zu einer Reaktion veranlaßt. Der Redebeitrag wird eingeschätzt als
    - Teil eines Monologs
    - Teil eines Selbstgesprächs in ihrer Reichweite.
  - Der Beschuldigte bzw. die Mutter geht davon aus, daß der Vernehmungsbeamte eine spezifische explizite Reaktion nicht wünscht und daß sie insofern auch nicht angebracht ist, selbst wenn der Beschuldigte bzw. die Mutter sich veranlaßt sähen.
  - Der Beschuldigte bzw. die Mutter geht davon aus, daß der Vernehmungsbeamte nur im Falle einer Abweichung eine entsprechende Reaktion erwartet: Die Reaktionsabstinenz könnte so Zustimmung, aber auch die Weigerung, eine Abweichung kundzutun, anzeigen.
  - Der Beschuldigte bzw. die Mutter ist unsicher, ob der Vernehmungsbeamte eine explizite Reaktion erwartet. Er/sie zögert, überlegt oder weigert sich zu reagieren.
  - Der Beschuldigte und die Mutter gehen davon aus, daß der Sprecher eine explizite Reaktion erwartet; sie sind sich aber im Unklaren darüber, wer von ihnen aufgefordert ist.
  - Der Beschuldigte bzw. die Mutter geht davon aus, daß der Vernehmungsbeamte von ihm/ihr eine explizite Reaktion erwartet:
    - Der Beschuldigte bzw. die Mutter verweigert die Antwort.
    - Der Beschuldigte bzw. die Mutter reagiert nicht unmittelbar. (Er/sie denkt - z.B. - nach, um dann zu antworten.)
  - etc.

2.2. 'explizit' averbale Reaktion

Eine averbal explizite Reaktion kann Ausdruck dafür sein, daß der Beschuldigte bzw. die Mutter, aber auch der Beschuldigte und die Mutter sich vom Sprecher zu reagieren aufgefordert oder sich unabhängig davon zu einer Reaktion veranlaßt sehen. Einige der denkbaren Reaktionen sollen im folgenden aufgelistet werden:

2.2.1.

<u>Bedeutungsgehalt</u>		<u>Geste</u>
Bestätigung, Unterstützung	:	Kopfnicken
Verneinung, Widerspruch	:	Kopfschütteln
Überlegen etc.	:	Runzeln der Stirn, Hochziehen der Augenbrauen
Anzeige: akustisch nicht verstanden	:	Zeigegeste auf das Ohr gerichtet

Sinn nicht verstanden	:	Hochziehen der Augenbrauen
Zweifel	:	Zusammenziehen der Augen
Korrektur der Mengenangabe	:	Fingeranzeige

2.2.2.
- Der Beschuldigte kann sich mit einer explizit averbalen Reaktion an seine Mutter wenden.
- Die Mutter kann sich mit einer explizit averbalen Reaktion an ihren Sohn wenden.
- Der Beschuldigte und seine Mutter können sich mit explizit averbalen Reaktionen aufeinander beziehen.

1/8 Vb 1 "in die Einkaufstasche gesteckt."

---

1. Schon im Rahmen der KI (1/8 Vb 1: 1.3.) wurde darauf verwiesen, daß der Feststellungscharakter der vom Sprecher offengelgten Rahmenhandlung ("in die Einkaufstasche gesteckt") auf eine besondere Bedeutung eben dieser Rahmenhandlung für den thematisierten wie auch für den aktuellen Handlungszusammenhang verweist. Sonst hätte er wohl kaum - unstrittig - Erwähnung gefunden.
Mit dem Wissen um den realen Kontext - Handlungstyp 'Polizeiliches Vernehmen Beschuldigter/Ladendiebstahlsachbearbeitung' - drängt sich sofort ein Bedeutungszusammenhang auf: Der Vernehmungsbeamte beschreibt ansatzweise den Vollzug und die Erfüllung des Straftatbestandes Ladendiebstahl (Paragraphen 242, 248a StGB), der abgeschlossen ist, wenn eine fremde bewegliche Sache in einem Warenhaus vor dem Bezahlen "in ein leicht zu transportierendes Behältnis (ge)steckt" (Lackner 1977: 780), also (gezielt) verborgen wird. Der Jugendliche wird **wahrscheinlich** beschuldigt, vier Schachteln Zigaretten vor dem Bezahlen in einem Kaufhaus in die Einkaufstasche gesteckt zu haben.

2. Man kann davon ausgehen, daß der Vernehmungsbeamte die Information dem Strafantrag - möglicherweise wörtlich - entnommen hat, da ansonsten der Beschuldigte oder seine Mutter zuvor hätten verbal vernehmbar reagieren müssen. Eine Zeigegeste auf eine im Vernehmungszimmer stehende Einkaufstasche als Informationsquelle ist nicht möglich, weil der Beschuldigte und seine Mutter keine Einkaufstasche mit sich führten. Sie wäre ohnehin als einziger Bezugspunkt nur schwer vorstellbar.
Wie schon für die vorhergehenden Redebeiträge des Vernehmungsbeamten kann der Reaktionszusammenhang nicht eindeutig bestimmt werden. Die verschiedenen Handlungsabläufe können in bezug auf den Interakt 1/8 Vb 1 nur in den 'reinen Gesprächsformen' aufgezeigt werden.

2.1. Zunächst einmal besteht immer noch die Möglichkeit, daß der Vernehmungsbeamte während der Lektüre des Strafantrages für die Vernehmung relevante Sachverhaltsangaben ohne eine direkte Bezugnahme auf den anwesenden Beschuldigten und dessen Mutter unwillkürlich oder willkürlich berechnend vor sich hinspricht ('Selbstgespräch in Reichweite eines anderen').
Diese Lesart ist aber auch denkbar, wenn der Beschuldigte bereits von sich aus reagiert hat und es daraufhin sogar schon zu einem Dialog gekommen ist. Für

diesen Fall hätte der Vernehmungsbeamte sich wieder auf ein 'Selbstgespräch' zurückgezogen.

2.2. Der Vernehmungsbeamte kann aber auch bis jetzt einen rhetorisch stilisierten Monolog (z.B. in Form einer moralisierenden Vorhaltung) inszeniert haben. Der Monolog kann sowohl von seiner Überzeugung um die Täterschaft des Beschuldigten geprägt als auch (im oder ohne Zusammenhang damit) ermittlungstaktisch eingesetzt sein. Der Beschuldigte kann den Vernehmungsbeamten - in der Interpretation des Vernehmungsbeamten - in seinen Unterstellungen 'bestätigt' (Mimik, Gestik), aber auch auf eine Kommentierung verzichtet haben. Möglich ist sogar ein vom Vernehmungsbeamten 'ignoriertes' Verneinen (Kopfschütteln) des Beschuldigten.

2.3. Sollte vorhergehend ein Dialog in wechselseitig expliziten Reaktionen zustande gekommen oder auch nur angeregt worden sein, so bestehen v.a. zwei untergeordnete Möglichkeiten:

2.3.1. Der Interakt 1/8 Vb 1, mit dem der Vernehmungsbeamte dazu übergeht, den im Strafantrag dem Beschuldigten vorgeworfenen Tathergang des Ladendiebstahls in einem Detail zu beschreiben, ist ein Indiz für eine zuvor erfolgte Bestätigung des Beschuldigten (vom Vernehmungsbeamten angeregt oder vom Beschuldigten in expliziter Form auf ein 'Selbstgespräch' oder auf eine 'rhetorische Frage' hergestellt) mindestens einer der beiden vorhergehenden Fragen des Vernehmungsbeamten. Mit der Bestätigung kann der Beschuldigte - das bleibt ungeklärt - sowohl auf sein Wissen um die Beschuldigtendetails verweisen als auch implizit ein Geständnis intendieren.

2.3.2. Denkbar ist aber auch ein vorhergehendes Bestreben des Vernehmungsbeamten, den Beschuldigten zu einer Stellungnahme zu bewegen, auf die weder der noch dessen Mutter bisher reagiert haben, wodurch sie - v.a. der Beschuldigte - nach Einschätzung des Vernehmungsbeamten ihren Mangel an Dialogbereitschaft ausdrücken. Die Feststellung des Vernehmungsbeamten "in die Einkaufstasche gesteckt" - verbunden mit der Lektüre der Strafanzeige - könnte für diesen Fall z.B. die Funktion haben, dem Beschuldigten anzuzeigen, daß sein Verhalten den Vernehmungsbeamten nur wenig beeindruckt und von einer Sachverhaltsrekonstruktion zunächst einmal nicht abhält.

3. Reaktionsmöglichkeiten des Beschuldigten und der Mutter:

Für keine der in Punkt 2 aufgeführten Grundlesarten ist für den Beschuldigten (und die Mutter) eine explizite Stellungnahme direkt gefordert.
Für 2.1. ('Selbstgespräch') und 2.2. ('rhetorische Frage') ist sie aber v.a. im Falle eines Korrekturwunsches durch den Beschuldigten durchaus zu erwarten, da das Ausbleiben einer Korrektur - v.a. bei 'rhetorisch' gestellten Fragen - als Indiz für ein implizites Geständnis vom Vernehmungsbeamten gewertet werden könnte.

1/9 Vb 1 **" -- (5 Sek.)"**

---

1. Ausgeschlossen sind wieder nur Lesarten, die eine verbale Reaktion zwingend erforderlich machen. Damit bleibt wiederum fraglich, ob - und wenn ja - in welcher Form der Beschuldigte und/oder die Mutter explizit averbal reagiert haben.

1.1. "keine" Reaktion/ 'implizit averbale' Reaktion

- Der vorhergehende Redebeitrag wurde nicht gehört oder akustisch nicht richtig verstanden.
- Der vorhergehende Redebeitrag wurde akustisch verstanden.
    - Der Beschuldigte bzw. die Mutter geht davon aus, daß der Vernehmungsbeamte von ihm bzw. ihr keine spezifische explizite Reaktion erwartet, und er bzw. sie sieht sich seiner-/ihrerseits nicht zu einer Reaktion veranlaßt. Der Redebeitrag wird eingeschätzt als:
        - Teil eines Monologs
        - Teil eines Selbstgesprächs in ihrer Reichweite
        - etc.
    - Der Beschuldigte bzw. die Mutter geht davon aus, daß der Vernehmungsbeamte eine spezifische explizite Reaktion nicht wünscht und daß sie insofern auch nicht angebracht ist - selbst wenn der Beschuldigte bzw. die Mutter sich dazu veranlaßt sähen.
    - Der Beschuldigte bzw. die Mutter geht davon aus, daß der Vernehmungsbeamte nur im Falle einer wie auch immer gearteten Abweichung eine entsprechende Reaktion erwartet: Die Reaktionsabstinenz könnte so Zustimmung, aber auch die Weigerung, eine Abweichung kundzutun, anzeigen.
    - Der Beschuldigte bzw. die Mutter ist sich unsicher, ob der Vernehmungsbeamte eine explizite Reaktion erwartet. Er/sie zögert, überlegt oder weigert sich zu reagieren.
    - Der Beschuldigte und die Mutter geht davon aus, daß der Sprecher eine explizite Reaktion erwartet; er/sie ist/sind sich aber im Unklaren darüber, wer von ihnen aufgefordert ist.
    - Der Beschuldigte bzw. die Mutter geht davon aus, daß der Vernehmungsbeamte von ihm/ihr eine explizite Reaktion erwartet.
        - Der Beschuldigte bzw. die Mutter verweigert die Antwort.
        - Der Beschuldigte bzw. die Mutter reagiert nicht unmittelbar (Er/sie denkt - z.B. - nach, um dann antworten zu können.
        - etc.

1.2. 'explizit' averbale Reaktion

Eine averbal explizite Reaktion kann Ausdruck dafür sein, daß der Beschuldigte bzw. die Mutter, aber auch der Beschuldigte und die Mutter sich vom Sprecher zu reagieren aufgefordert oder sich unabhängig davon zu einer Reaktion veranlaßt sehen. Einige denkbare Reaktionen sollen im folgenden aufgeführt werden:

1.2.1.

Bedeutungsgehalt		Geste
Bestätigung etc.	:	Kopfnicken
Verneinung, Widerspruch	:	Kopfschütteln
Überlegen	:	Runzeln der Stirn; Hochziehen der Augenbrauen
Anzeige: akustisch nicht verstanden	:	Zeigegeste auf das Ohr gerichtet
Zweifel	:	Blick auf den Sprecher gerichtet
Sinn nicht verstanden	:	Hochziehen der Augenbrauen

1.2.2. - Der Beschuldigte kann sich mit einer explizit averbalen Reaktion an seine Mutter richten.
- Die Mutter kann sich mit einer explizit averbalen Reaktion an ihren Sohn, den Beschuldigten, richten.
- Der Beschuldigte und die Mutter können sich mit averbal expliziten Reaktionen aufeinander beziehen.

2. Sollte nicht der Beschuldigte oder dessen Mutter doch noch im Anschluß an 1/9 Vb 1 explizit averbal reagieren, so ist ein Beitrag des Vernehmungsbeamten zu erwarten.
Der Vernehmungsbeamte könnte die Lektüre des Strafantrages fortsetzen (möglicherweise hat er sie schon fortgesetzt), absetzen (z.B. weil der Beschuldigte oder die Mutter averbal widersprochen hat) oder auch beenden bzw. schon beendet haben.

2.1. Für die letzten beiden Lesarten (Absetzen und Beenden der Lektüre) stehen ihm etwa folgende Handlungschancen offen:
- Der Vernehmungsbeamte ermittelt - bevor er sich an den Beschuldigten wendet - z.B. telephonisch (Kaufhaus) nach.
- Er kann den Beschuldigten über seine Rechte aufklären und die ihm zur Last gelegte Tat offenlegen.
- Möglich ist die direkte Aufforderung an den Beschuldigten zu einer Stellungnahme ('Stimmt das?; 'Stimmt das nicht?'; 'Was sagst Du dazu?' etc.)
- genauso wie eine Stellungnahme von seiner Seite (Wertung; Fortführung eines Monologs in erzieherischer Manier etc.).
- Denkbar ist aber auch die Einleitung der Personalienaufnahme oder
- die Durchführung anderer Ermittlungen (Durchsuchung der Tasche und/oder der Kleidung etc.).
- etc.

Die genannten Handlungschancen gelten mehr oder weniger wahrscheinlich für alle aufgezeigten Handlungslinien.

1/10 Vb 1 "Wieviel · Bargeld · hast Du dabei?"

---

1. Der Vernehmungsbeamte nimmt einen Themenwechsel vor: Von der Sachverhaltsrekonstruktion geht er zur Vorbereitung der Motivrekonstruktion über, und er hat sich so für die 'Durchführung anderer Ermittlungen' (1/9 Vb 1: 2.1.) entschieden.

1.1. Wenn auch die zwangsläufigen Reaktionen des Beschuldigten dem Vernehmungsbeamten 'gewollt oder nicht gewollt' - wie rudimentär auch immer - einen ersten Eindruck von der Ereignisperspektive des Beschuldigten und dessen Verteidigungsstrategie verschafften, so sind der Rekonstruktion in dieser ersten Phase der Vernehmung zur Sache doch deutliche Grenzen gesetzt: Schon allein weil die im Strafantrag niedergeschriebene Ereignisperspektive nur fragmentarisch veröffentlicht wurde, hat der Vernehmungsbeamte auf der Basis der averbalen Reaktionen des Beschuldigten (und dessen Mutter) in keinem der als möglich erachteten 'Dialoge' gesichert ermitteln können, daß der Beschuldigte einen Ladendiebstahl begangen hat. Zudem dürfte der Vernehmungsbeamte selbst bei einer expliziten Stellungnahme des Beschuldigten kaum mit Sicherheit nachvollziehen können, ob in der Reaktion des Beschuldigten der angeführte Handlungs-

zug als Bestandteil der Beschuldigung oder unter dem Gesichtspunkt der Handlungsdurchführung (z.B. bestätigt) wurde.
Deutlich wird so: Die Ereignisperspektive des Beschuldigten kann vom Vernehmungsbeamten unter Umständen zwar schon weitreichend eingeschätzt worden sein, aber in keinem Aspekt als gesichert rekonstruiert gelten!

1.2. Die handlungstypspezifische Bedeutung der Frage erschließt sich, wenn sie, die Frage, in Bezug zu der für das Ermittlungsinteresse des Vernehmungsbeamten relevanten Kategorie 'Motivrekonstruktion' gesetzt wird: Das Wissen um die Zahlungsfähigkeit des Beschuldigten zur Zeit der Tat hat Einfluß auf die Beurteilung des Grades der (möglicherweise bestehenden) Schuld: Bei gegebener Zahlungsfähigkeit bestünde ggf. der Verdacht, daß nicht nur der Wunsch nach der Inbesitznahme des gestohlenen Gutes, sondern möglicherweise darüber hinaus auch das Ziel bestand, dieses Gut unbedingt unentgeltlich zu erlangen ('Übersetzungen' der Frage verdeutlichen diesen Aspekt: (a) "Hättest Du die Zigaretten zum Zeitpunkt des Diebstahls bezahlen können?" und dann (b) "Wolltest Du nur unbedingt Zigaretten haben oder hattest Du zudem noch vor, auf jeden Fall die Zigaretten nicht zu bezahlen?"). Der Vernehmungsbeamte ermittelt also mit seiner Frage nach möglichen Begleitumständen, die für die Beurteilung einer persönlichen Schuld des Beschuldigten herangezogen werden können.

1.3. Die Zeitform Präsens ("hast") weist darauf hin, daß - da die aktuelle Bargeldmitführung über die Zahlungsfähigkeit zur Zeit des Diebstahls Aufschluß geben soll - Diebstahlsituation und Vernehmungssituation in der Art aufeinander gefolgt sein müssen, daß von der folgenden Tatsache ausgegangen werden kann: Der Bargeldbestand während der ursprünglichen Beschuldigungssituation im Kaufhaus und der aktuellen polizeilichen Vernehmungssituation sind identisch. Die Gültigkeit der Tatsache impliziert eine unmittelbare zeitliche Folge der Bezugssituationen, in denen der Beschuldigte keine Gelegenheit hatte, seinen Bargeldbestand zu verändern.
Von dieser Voraussetzung kann der Vernehmungsbeamte zwar für die meisten anderen Fälle im Rahmen der Ladendiebstahlsachbearbeitung, aber nicht für jeden Fall mit Sicherheit ausgehen: Der Beschuldigte könnte das Geld zuhause abgelegt haben, zumal es denkbar ist, daß er für die Familie einkaufen war (Einkaufstasche; Lebensmittelladen), und man davon ausgehen kann, daß die Einkaufstasche - möglicherweise mit dem Portemonnaie - zuhause abgegeben wurde. Jedenfalls führte weder der Beschuldigte noch die Mutter eine Einkaufstasche mit.
Vor dem Hintergrund der dem Vernehmungsbeamten unterstellten, waghalsigen Annahme 'der Beschuldigte führt das Bargeld noch bei sich' kann die Zeitform der Frage, das Präsens, zweifach motiviert sein:

(a) Für den Fall, daß der Beschuldigte vor der Beschuldigungssituation noch andere Waren bezahlt hat, würde das mitgeführte Bargeld den Restbetrag anzeigen, der darüber Aufschluß gibt, ob die Zigaretten hätten bezahlt werden können.

(b) Der Vernehmungsbeamte weist darauf hin, daß die Angaben des Beschuldigten jetzt noch überprüfbar sind und eine Falschaussage von daher nicht gefahrlos begangen werden kann.

1.4. Mit seiner Frage ist der Vernehmungsbeamte darauf orientiert, lediglich den vom Beschuldigten mitgeführten Bargeldbestand genannt zu bekommen. Mit dem so angestrebten Antworttyp können die näheren Umstände einer möglichen

Bargeldmitführung sowie der spezifische Zusammenhang zwischen dem möglicherweise mitgeführten Bargeld und der besonderen Motivierung des Beschuldigten (noch) nicht offengelegt werden.
Ist sich der Beschuldigte - ein vierzehnjähriger Jugendlicher - nicht über den handlungstypspezifischen Horizont der Frage im klaren, dann kann er auch von sich aus keine gezielten Anstrengungen unternehmen, für seine Verteidigung spezifisch bedeutsame Zusammenhänge in seine Antwort eingehen zu lassen. Ihm wird damit allerdings auch erschwert, die Angaben über das mitgeführte Bargeld zu manipulieren.

1.5. Schon im Rahmen der KI wurde für die Frage des Vernehmungsbeamten zusammenfassend festgestellt: "Auffällig ist die Frage nach der genauen Summe des mitgeführten Geldes ("Wieviel") und die mit der Hervorhebung "Bar(geld)" implizierte Frage nach der unmittelbar überprüfbaren Zahlungsfähigkeit des Angesprochenen." (KI 1/10 Vb 1: 1.2.)
Als auffällig wurde die Frage deshalb charakterisiert, weil sie außerhalb ganz bestimmter Beziehungen (KI 1/10 Vb 1: 1.2.) als äußerst indiskret gilt und von daher tabuisiert ist.
Eine dieser 'ganz bestimmten Beziehungen', in denen die Frage gestellt werden kann, ist allgemein betrachtet das 'Herrschaftsverhältnis kraft Autorität' (KI 1/10 Vb 1: 1.2.2.2.), sofern der Geltungsbereich die Möglichkeit dieser Fragestellung umfaßt.
Der Vernehmungsbeamte rekurriert mit seiner Frage implizit auf Rechte, die scheinbar aus dem Herrschaftsverhältnis 'Polizeiliche Vernehmung' für ihn bestehen: Er suggeriert als selbstverständlich, die Frage stellen zu dürfen.

2. (Weitergehende Handlungszusammenhänge werden im Verbund mit Interakt 1/11 Vb 1 interpretiert.)

1/11 Vb 1 "Darf ich ja fragen oder darf Dich ja duzen."

---

1. Der Vernehmungsbeamte reagiert auf eine - aus seiner Sicht für ihn wie möglicherweise für den Beschuldigten bestehende - Nicht-Selbstverständlichkeit der vorhergehenden Frage.

1.1. Zugänglich wird der Redebeitrag erst mit der interpretativen Entschlüsselung der Konjunktion "oder". Die 'normale' Verwendung zur Kennzeichnung von Alternativen hinsichtlich eines den Alternativen gemeinsamen Fluchtpunktes macht im relevanten Kontext keinen Sinn, so daß nach Bedeutungsalternativen gesucht werden muß. Eine solche Alternative besteht mit dem alltagssprachlichen Gebrauch des "oder" zum Zwecke der Verdeutlichung, Spezifizierung, Korrektur, Vertiefung (Begründung) etc. der dem "oder" vorgestellten Aussage durch die dem "oder" nachgestellten Aussage.
Für den zu interpretierenden Redebeitrag sind so zwei Lesarten denkbar:

- Mit dem zweiten Teil des Redebeitrags ("darf Dich ja duzen") grenzt der Vernehmungsbeamte das mehrschichtige Thema des ersten Redebeitrags ("Darf ich ja fragen") ein und spezifiziert es so.
- Denkbar ist aber auch ein legitimierend begründender Zusammenhang: 'Weil ich Dich ja duzen darf, darf ich ja fragen (wieviel Bargeld Du dabei hast)'.[4]

1.2. Mit beiden Lesarten hebt der Vernehmungsbeamte hervor, daß ihm die Frage - in einem Aspekt oder eben insgesamt - erlaubt ist.

1.2.1. Ist die Hervorhebung eingrenzend gemeint, dann wird mit ihr davon abgelenkt, daß die vorhergehende Frage an dieser Stelle noch nicht gestellt werden darf. Der Beschuldigte ist noch nicht über die ihm zur Last gelegte Tat unterrichtet und über seine Rechte - insbesondere sein Aussageverweigerungsrecht - informiert worden (Paragraphen 163a(4) und 136(1) StPO). Insofern hat der Vernehmungsbeamte mit der Frage nach dem mitgeführten Bargeld - wie auch schon für einige der möglichen Varianten der vorhergehenden Sachverhaltsrekonstruktion - seinen rechtlich abgesteckten 'herrschaftlichen Autoritätsbereich' überschritten. (KI 1/11 Vb 1: 2.2.3.)

1.2.2. Ist die Hervorhebung hingegen begründend gemeint, dann repräsentiert sie eine für den Handlungstyp 'Polizeiliches Vernehmen' ungültige Legitimation, die gleichfalls dazu geeignet ist, von dem Verbot für den Vernehmungsbeamten, in dieser Vernehmungssituation die Frage stellen zu dürfen, abzulenken.

1.2.3. Möglich - wenn auch recht ungewöhnlich - ist eine Vernehmungssituation, in der der Vernehmungsbeamte um ein Wissen des Beschuldigten über das Verbot der Frage Kenntnis zu besitzen glaubt (z.B. aus früheren Ermittlungs- und Vernehmungszusammenhängen heraus). Er trifft die Feststellung, um z.B. dem Beschuldigten versteckt oder gar zynisch den Hinweis zu geben: 'Auch wenn die Frage in dieser Vernehmungssituation verboten ist, ist es besser, Du weist nicht auf dieses Verbot hin und bestehst nicht auf Deinem Aussageverweigerungsrecht'. Insofern weist er darauf hin, daß ihm die Frage wohl erlaubt ist bzw. wird.

1.3. Gleichgültig vor welchem intentionalen Hintergrund der Vernehmungsbeamte die Feststellung trifft: Im Kontext des Handlungstyps 'Polizeiliches Vernehmen' stellt sie für den 'Normalfall' (ausgenommen ist Lesart 1.2.3.) eine Irreführung des Beschuldigten und seiner Mutter dar. Sie lenkt vom Verbot der Frage ab. Möglich ist zwar, daß durch die Feststellung der Beschuldigte oder seine Mutter auf die Möglichkeit von etwas 'Nicht-Selbstverständlichem' aufmerksam gemacht werden. Das Verbot der Frage kann ihnen aber nur vor dem Hintergrund des Wissens um die entsprechenden Bestimmungen der StPO und die Bedeutung der Frage (1/10 Vb 1: 1.1.) auffallen. Ansonsten dürfte ihnen selbstverständlich sein, daß die Frage in einer polizeilichen Vernehmung zulässig ist - Duzen darf der Vernehmungsbeamte den Beschuldigten.

2. Vor dem Hintergrund entweder des Wissens oder Nicht-Wissens um die Geständigkeit bzw. Nicht-Geständigkeit des Beschuldigten im 'Vernehmungsvorfeld' und über eine der als möglich erachteten Gesprächsstrukturierungen ('reine' 'Gesprächsformen: 'Selbstgespräch in Reichweite des Beschuldigten und dessen Mutter'; 'rhetorisch aufbereiteter Monolog (Vorhaltung) dem Beschuldigten und

---

[4] Die Interpretation des Redebeitrags wurde in diesem Punkt in der KI erheblich kleinschrittiger durchgeführt und kann dort besser in den Details nachvollzogen werden.

dessen Mutter gegenüber'; 'zustandegekommener oder nur angestrebter und dann vom Beschuldigten und dessen Mutter verweigerter Dialog') hat der Vernehmungsbeamte die Vernehmung des Beschuldigten zur Sache - selbst für den Grenzfall des nicht bewußt taktisch motivierten Selbstgesprächs in Reichweite des Beschuldigten und dessen Mutter während der Strafantragslektüre - de facto eingeleitet und damit die Vernehmungsvorbesprechung eröffnet. (siehe v.a.: 1/1 Vb 1: 2; 1/3u4 Vb 1: 2; 1/5 Vb 1: 2) Ausgangspunkt der 'Vernehmung zur Sache' war die im Strafantrag niedergeschriebene Ereignisdarstellung.
Mit den Interakten 1/10 Vb 1 und 1/11 Vb 1 wechselt der Vernehmungsbeamte das Thema: Er geht zur Vorbereitung der Motivrekonstruktion über. Herausgearbeitet werden sollen die möglichen Anlässe, die zu dem Themenwechsel geführt haben können.

2.1. Zunächst einmal kann der Themenwechsel ein mehr oder weniger feststehender, ablaufschematischer Routinevorgang sein: Nachdem der Vernehmungsbeamte z.B. die Sachverhaltsdarstellung zur Kenntnis genommen hat, leitet er die Erhebung weiterer ermittlungsrelevanter Daten ein - ohne daß seine Einschätzung dabei den Ausschlag gegeben haben muß.

2.2. Der Vernehmungsbeamte ist möglicherweise aber auch mit dem eingeschlagenen Themenwechsel bemüht, eine bisher nicht vorhandene Dialogbereitschaft des Beschuldigten zu wecken: Er schneidet entweder ein anderes - scheinbar unverfängliches - Thema an, um den Beschuldigten zu einer 'technischen' Beantwortung anzuregen oder um ihn zu einer Verständnisfrage zu provozieren und darüber mit ihm ins Gespräch zu kommen.

2.3. Mit dem Wissen um den vom Beschuldigten zur Tatzeit mitgeführten Bargeldbestand kann der Vernehmungsbeamte nicht auf dessen Täterschaft rückschließen. Ermittlungen, die sich direkt oder indirekt auf den Schuldgrad beziehen, sind letztlich nur relevant in bezug auf einen als schuldig Erkannten. Von daher kann der Themenwechsel des Vernehmungsbeamten auch als Hinweis auf die aus einem der oben bestimmten Reaktionszusammenhänge heraus gewonnene Einschätzung des Vernehmungsbeamten gedeutet werden: 'Der Beschuldigte hat die ihm zur Last gelegte Tat begangen. Er ist bzw. möglicherweise ist er auch geständig.'

2.3.1. Entweder sieht der Vernehmungsbeamte sowohl die Täterschaft als erwiesen und den Beschuldigten als geständig an, so daß er, der Vernehmungsbeamte, hinreichend orientiert die Motivrekonstruktion einleitet, oder

2.3.2. er ist von der Täterschaft überzeugt, sich aber der Geständigkeit des Beschuldigten nicht sicher, so daß er - taktisch - zur Vorbereitung der Motivrekonstruktion übergeht, um den Versuch einzuleiten,

2.3.2.1. den möglicherweise noch 'indifferenten' Beschuldigten zu einem Geständnis zu führen, bevor er widersprochen hat, oder ihn

2.3.2.2. - sollte er offensichtlich oder vermeintlich nicht geständig sein - von der Unsinnigkeit seines Leugnens zu überzeugen.

2.3.3. In diesem Zusammenhang bleibt aber wieder eine Ermittlungslist des Vernehmungsbeamten denkbar: Der Vernehmungsbeamte - nicht restlos von der Täterschaft des Beschuldigten und v.a. nicht von dessen Geständigkeit überzeugt - ist bemüht, den Eindruck offenzuhalten, als könne er, der Vernehmungsbeamte, von der Täterschaft des Beschuldigten überzeugt sein. Aus der Reaktion des Beschuldigten will der Vernehmungsbeamte dann weitere Aufschlüsse über die

Ereignisperspektive des Beschuldigten und dessen Geständigkeit im besonderen gewinnen.

3. Reaktionspotential des Beschuldigten

Die vorhergehende Frage (1/10 Vb 1) und Feststellung (1/11 Vb 1) des Vernehmungsbeamten lassen - vor dem Hintergrund der hochgerechneten denkbaren Handlungslinien - sehr unterschiedliche Reaktionen des Beschuldigten zu:
Der Vernehmungsbeamte dürfte eine Beantwortung seiner Frage, aber auch - ist die Frage provokativ taktisch zur Förderung der Dialogbereitschaft und/oder Geständigkeit des Beschuldigten gestellt - eine Erkundigung des Beschuldigten (und der Mutter) nach der Bedeutung der Frage ins Kalkül ziehen.
Allgemein wird die Tendenz für den Beschuldigten oder seine Mutter, eine Verständisfrage zu stellen oder die Beantwortung der Frage überhaupt abzulehnen - 'bloß' verweigernd oder mit einem Hinweis auf die Verfahrensvorschriften - für den Fall stärker sein, daß der Beschuldigte nicht geständig oder sich über seine Geständigkeit noch nicht im klaren ist.
Von dem (noch) nicht geständigen Beschuldigten könnte die Frage des Vernehmungsbeamten als Versuch gewertet werden, Geständnisdruck zu erzeugen, genauso wie es möglich ist, daß der Beschuldigte nur eher verunsichert ist und die Gefahr sieht, bei einer Beantwortung Indizien für die Täterschaft zu liefern. Selbstverständlich ist es auch denkbar, daß der Beschuldigte die Ermittlungsreichweite der Frage erkannt und - ohne seine Geständigkeit auf dem Spiel stehen zu sehen - eine Angabe macht oder - geständig - einen für ihn günstigen Betrag nennt.

2 B 1 "Fahrgeld?"

---

1. Der Beschuldigte bezieht sich mit hoher Wahrscheinlichkeit auf die Frage des Vernehmungsbeamten (1/10 Vb 1) -und zwar auf das Substantiv "Bargeld".

1.1. Die Frage kann Ausdruck einer Selbstbestimmung des Beschuldigten sein: Der Beschuldigte überlegt, wieviel Fahrgeld er mit sich führt.

1.2. Denkbar ist, daß der Beschuldigte ein Mißverständnis (möglicherweise im ironischem Tonfall) vortäuscht, um z.B. seinen Mangel an Dialogbereitschaft anzudeuten oder um Zeit für die Beantwortung zu gewinnen.

1.3. Es ist aber auch denkbar, daß der Beschuldigte - möglicherweise gefördert von einer momentanen Unaufmerksamkeit - "Wieviel · Fahrgeld · hast Du dabei?" verstanden hat (entsprechend Lesart 1.1.), den Sinnzusammenhang einer Frage nach dem mitgeführten Fahrgeld nicht versteht und dies mit der Gegenfrage "Fahrgeld?" zum Ausdruck bringt. Diese Frage repräsentiert dann zwei Bedeutungsebenen: (a) 'In welchem Zusammenhang ist die Frage nach dem Fahrgeld **sinnvoll**?' und davon abgeleitet (b) 'Habe ich **akustisch richtig** verstanden: 'Fahrgeld'?'

Fraglich bleibt, warum der Beschuldigte nicht selbständig das dem "Fahrgeld" akustisch sehr naheliegende und vom Vernehmungsbeamten gesagte "Bargeld" assoziiert.

Dafür lassen sich drei mögliche Gründe anführen:

(a) "Bargeld" gehört nicht zum Wortschatz des Beschuldigten.

(b) "Bargeld" gehört nicht zu seinem Wortschatz in unmittelbarer Reichweite und ist darüber hinaus möglicherweise für ihn nicht klar definiert.

(c) Das Wort "Bargeld" ist dem Beschuldigten geläufig, aber ein für die aktuelle Vernehmungssituation sinnvoller Bedeutungszusammenhang wird von ihm bei der Frage des Vernehmungsbeamten auf Anhieb nicht realisiert. Konsequenz ist aber das akustische Mißverständnis.

2. Als Folge des möglicherweise vorgetäuschten Mißverständnisses bleibt offen, in welcher Weise der Beschuldigte auf die Frage und die Feststellung des Vernehmungsbeamten (1/10 Vb 1; 1/11 Vb 1) reagiert (siehe 1/11 Vb 1: 3.2. 'akustisch verstanden').

3. Die Frage kann sowohl an den Vernehmungsbeamten als auch an die Mutter gerichtet sein.

3.1. Reaktionspotential des Vernehmungsbeamten:

- Sollte der Vernehmungsbeamte ein vorgetäuschtes Mißverständnis des Beschuldigten erkennen, so könnte er den Beschuldigten zurechtweisen, ihm gar drohen etc.
- Er könnte das Mißverständnis zum Anlaß nehmen, den Bedeutungszusammenhang seiner Frage zu erläutern.
- Denkbar ist aber auch
  - eine lakonische Korrektur (Wiederholung der Frage oder nur des falsch verstandenen Wortes);
  - die fragende Nennung eines möglichen Geldbetrages;
  - gestische Beschreibung (Zeigefinger - Daumenreiben).
- Nicht auszuschließen ist, daß der Vernehmungsbeamte die Gründe für das Nicht-Verstehen des Beschuldigten thematisiert:
  - offen fragend
  - tadelnd.

  In diesem Zusammenhang kann er sich auch an die Mutter wenden.
- Der Vernehmungsbeamte könnte sich auch danach erkundigen, ob der Beschuldigte etwa das Geld schon zuhause abgegeben hat und von daher nicht mit sich führt.

3.2. Reaktionspotential der Mutter:

- Gegenüber dem Beschuldigten (Sohn) verfügt sie über ein ähnliches Reaktionspotential wie der Vernehmungsbeamte. Die Mutter könnte gegebenenfalls den Vb u.a. darauf verweisen, daß der Sohn das mitgeführte Geld zuhause bereits abgegeben hat.

3 Vb 2 "Bargeld"

---

1. Der Vernehmungsbeamte korrigiert lediglich das vom Beschuldigten (möglicherweise vorgeblich) falsch verstandene Wort "Bargeld".

1.1. Damit betrachtet er den Redebeitrag 2 B 1 "Fahrgeld" entweder als ein nur akustisch bedingtes Mißverständnis, oder

1.2. er reagiert auf ein von ihm unterstelltes vorgetäuschtes Mißverständnis (sachlich ruhig, aufbrausend barsch etc.).

2. Das für 1/10 Vb 1: 1 herausgearbeitete Bedeutungspotential wurde vom Vernehmungsbeamten mit seiner Korrektur reproduziert.

3. Reaktionspotential:

3.1. Beschuldigter

- Die Reaktionschancen des Beschuldigten sind zunächst einmal abhängig davon, ob er das Wort "Bargeld" akustisch richtig versteht. Bei fehlendem Verständnis ist eine erneute Nachfrage des Beschuldigten zu erwarten.
- Mitgedacht werden muß weiterhin die Möglichkeit eines vom Beschuldigten vorgetäuschten Mißverstehens (Mangel an Dialogbereitschaft; Zeitgewinn etc.).

3.2. Mutter

- Die Mutter könnte sich an den Vernehmungsbeamten mit der Aufforderung wenden, der Vernehmungsbeamte möge (ihrem Sohn) den Bedeutungszusammenhang der Frage erklären.
- etc.

4 M 1 "Bargeld"

----

1. Die Reaktion der Mutter kann sehr unterschiedlich motiviert sein:

1.1. Denkbar ist, daß sie das 'Mißverständnis' ihres Sohnes zusätzlich korrigiert. Sie zeigt damit auch an, daß (ihrer Einschätzung nach) dem Beschuldigten das Wort "Bargeld" bekannt ist.
Die Korrektur der Mutter kann helfend 'neutral', fordernd barsch, ungeduldig etc. vorgetragen sein und so eine Unterstützung der Ermittlungen des Vernehmungsbeamten darstellen. Denkbar ist in diesem Zusammenhang aber auch, daß sie ihrem Sohn anzeigt, er könne die Frage des Vernehmungsbeamten - ohne Nachteile befürchten zu müssen - beantworten.

1.2. Denkbar ist aber auch, daß die Mutter über die Korrektur des Vernehmungsbeamten selbst erst die Frage verstanden hat und dies mit der Wiederholung der Korrektur anzeigt.

1.3. Sie könnte sich aber auch im ironischen Tonfall über den Sprachgebrauch des Vernehmungsbeamten etc. mokieren.

5 B 2 "Bargeld"

---

1. Der Beschuldigte wiederholt die vorhergehenden Redebeiträge und zeigt damit an, daß er die Korrektur akustisch verstanden hat.

1.1. Die Konfrontation mit Alternativen ("Ach so"; Nennung des Betrages) läßt es denkbar erscheinen, daß der Beschuldigte sich das Wort "Bargeld" zunächst in unmittelbare Reichweite holen, also vergegenwärtigen muß. Grund hierfür kann sein, daß ihm das Wort nur wenig vertraut oder/und für ihn in dem Zusammenhang, in dem es der Vernehmungsbeamte verwendet, überraschend und in seiner Bedeutung noch unklar ist.

1.2. Der in 1.1. aufgezeigte Bedeutungszusammenhang könnte auch vom Beschuldigten gezielt in Szene gesetzt sein, um - nach einem möglichen versteckten Hinweis der Mutter (4 M 1: 1.1.) - ein zuvor erfolgtes Vortäuschen eines Mißverständnisses verdeckt zu halten und eine Beantwortung der Frage vorzubereiten.

2. Reaktionspotential
Vernehmungsbeamter:
- Er hat noch einmal die Chance zu einer Erläuterung der Frage.
- Möglich ist eine Aufforderung zur zügigen Beantwortung der Frage,
- aber auch eine Zusatzfrage ("Hattest Du Geld dabei?").
- etc.

6 M 2 "Wieviel hatteste dabei?"

---

1. Die Mutter reagiert auf den vorhergehenden Redebeitrag des Beschuldigten mit einer an den Beschuldigten gerichteten, verkürzten und modifizierten Version (Bezugsobjekt wird nicht genannt; Subjekt und Prädikat werden zusammengezogen; Zeitform: Präteritum statt Präsens) der vorhergehenden Frage des Vernehmungsbeamten ("1/10 Vb 1: "Wieviel · Bargeld · hast Du dabei?").
Sie greift damit stärker als bisher in das Gespräch zwischen dem Vernehmungsbeamten und dem Beschuldigten ein, übernimmt annähernd die Frage des Vernehmungsbeamten und so - in diesem Moment - die Ermittlungsführung gegenüber ihrem Sohn.
Die Mutter unterstützt - zumindest in dem aufgegriffenen Frageaspekt - die Ermittlungen des Vernehmungsbeamten, zeigt sich kooperativ und fordert ihren Sohn zur Kooperation auf.

2. Von großer Bedeutung kann die Wahl der Zeitform sein: Statt - wie der Vernehmungsbeamte - im Präsens (hast) stellt die Mutter die Frage im Präteritum (hattest):

2.1. Es sind Zusammenhänge denkbar, in denen die Mutter mit der von ihr gewählten Zeitform die Frage des Vernehmungsbeamten präzisiert oder 'verunklart':

2.1.1. Wenn der Beschuldigte vor der Beschuldigungssituation im Kaufhaus (noch) keine andere Ware bezahlt hatte und das Geld momentan mitführt, dann beziehen sich die Fragen von Mutter und Vernehmungsbeamten auf denselben Geldbetrag.

2.1.2. Sollte der Beschuldigte das Geld aber zuhause abgelegt haben und ansonsten die soeben skizzierten Bedingungen (2.1.1.) Gültigkeit besitzen, so hätte die Mutter eine präzisierende Korrektur der Frage des Vernehmungsbeamten vorgenommen, ohne darauf ausdrücklich verwiesen zu haben. (Allerdings wäre dann - ebenso für 2.1.1. - dem in 1/10 Vb 1: 1.2.b herausgestellten Motiv des Vernehmungsbeamten die Basis entzogen.)

2.1.3. Für den Fall, daß andere Ware zuvor bezahlt wurde, entstehen mit der Zeitform Präteritum möglicherweise Unklarheiten: Gemeint sein kann sowohl der beim Einkauf als auch der nach dem Bezahlen mitgeführte Bargeldbetrag.

2.2. Allerdings: für jeden der aufgeführten denkbaren Fälle grenzt die Mutter - bewußt oder nicht-bewußt - die Beschuldigungssituation im Kaufhaus von der aktuellen Vernehmungssituation ab, wodurch zum einen der Aspekt der Kontrollierbarkeit der Aussage in der aktuellen Situation (1/10 Vb 1: 1.2.b) zurückgedrängt und zum anderen der semantische Bezugsaspekt der Frage ('Hattest Du in der Bezugssituation Geld dabei, mit dem Du hättest bezahlen können?') nähergerückt wird. Dem Beschuldigten kann der Sinnzusammenhang der Frage des Vernehmungsbeamten eher deutlich werden.

3. Auch wenn die Mutter die Ermittlungen des Vernehmungsbeamten in dem Frageaspekt unterstützt, so kann die Frage doch aus den verschiedensten grundlegenderen Intentionen heraus gestellt worden sein:

(a) Sie kann die barsche Aufforderung einer sich von ihrem Sohn blamierten und durch dessen Nicht-Geständigkeit zusätzlich noch getäuscht sehenden Mutter an den Sohn sein, endlich 'den Mund aufzumachen', d.h. die Ermittlungen nicht weiter zu behindern und - übergreifend - die Tat endlich unumwunden einzugestehen.

(b) Die Frage kann eine beruhigend unterstützende Aufforderung der Mutter an den Sohn darstellen, jetzt - wo alles schon einmal passiert ist - ohne Angst dem Vernehmungsbeamten zu antworten.

(c) Möglich ist auch, daß die Mutter dem Beschuldigten anzeigt - nach einer Instruktion ihres Sohnes vor der Vernehmung, nur das 'Nötigste' auszusagen und der Beschuldigung zu widersprechen -, daß die Frage unverfänglich ist und von ihm ruhig beantwortet werden kann.

Eine Binnendifferenzierung dieser Lesarten ist genauso möglich wie die Konstruktion von Alternativen. D.h.: Vor dem Hintergrund der bisherigen Interpretation kann noch keine spezifische Ausrichtung für die Perspektive der Mutter festgelegt werden.

4. Wenn auch die mit der Frage verbundene übergeordnete Intention der Mutter noch nicht geortet werden kann, so weist ihr Redebeitrag trotzdem auf die für diesen Fall bestehende Existenz eines dritten vernehmungs- und orientierungsrelevanten Perspektiventyps hin: **die familial sozialisatorische Perspektive.** Eine familial sozialisatorische Perspektive ist immer dann im Rahmen einer polizeilichen Vernehmung wirksam, wenn an ihr ein Erziehungsberechtigter des Beschuldigten teilnimmt. Die Frage der Mutter rückt sie für den hier zu interpretierenden Fall in den Blickpunkt.

Die Chancen zu einer Ausgestaltung dieser Perspektive im Rahmen einer polizeilichen Vernehmung sind ungemein vielfältig. Ihre jeweilig typische Ausrichtung - die für 'unseren' Fall noch nicht festgelegt werden kann - bestimmt sich über die von der Mutter bewußt oder intuitiv vorgenommene Festlegung des Verhältnisses ihrer erzieherischen Aufgabe zu der/einer polizeilichen Vernehmung.

Das Verhältnis wird in der konkreten Bestimmung der folgenden untergeordneten und ineinandergreifenden Variablen definiert:

(a) die Beziehung zwischen den familial subgesellschaftlichen und den gesellschaftlich verallgemeinerten (v.a. rechtlichen und verfahrensrechtlichen) Normen;

(b) die Einstellung in bezug auf die Gewährleistung von Schutz gegenüber dem von der Strafverfolgung und einem gesellschaftlichen Unwerturteil bedrohten Kind (oder: Unter welchen Bedingungen wird hinsichtlich welcher Norm mit welchem Verfahren Schutz gewährt?);

(c) die Beziehung der Mutter/Familie zu dem Kind (Autoritätsverhältnis; affektive Beziehung; Vertrauensverhältnis; etc.);

(d) die Glaubwürdigkeit einer vom Beschuldigten gegenüber der Mutter gemachten Aussage für die Mutter bzw. die Einschätzung einer Berechtigung der Beschuldigung durch die Mutter;

(e) die Möglichkeiten einer Durchsetzung der familienspezifischen sozialisatorischen Perspektive in dem institutionalisierten und formalisierten Verfahren 'Polizeiliches Vernehmen'.

In Anbetracht dieser Variablen wird deutlich, wie unterschiedlich die familial sozialisatorische Perspektive ausgerichtet sein kann. Im Spannungsfeld zwischen dem Ermittlungsinteresse des Vernehmungsbeamten und dem Verteidigungsinteresse des Beschuldigten stehend, lassen sich hypothetisch vier Orientierungseckpfeiler festmachen:

(a) die familial sozialisatorische Perspektive effektiviert die Ermittlungen des Vernehmungsbeamten und bedroht das Verteidigungsinteresse des Beschuldigten;

(b) die familial sozialisatorische Perspektive synchronisiert unterstützend die beiden anderen Perspektiven oder ordnet sich ihrem 'freien' Spiel unter;

(c) die familial sozialisatorische Perspektive verläuft asynchron zu beiden anderen Perspektiven;

(d) die familial sozialisatorische Perspektive orientiert sich an dem Verteidigungsinteresse des Beschuldigten und blockiert oder behindert die Ermittlungen des Vernehmungsbeamten.

Ein Ausschluß einer der vier Grundorientierungen der familial sozialisatorischen Perspektive für diesen Fall kann noch nicht vorgenommen werden.

5. Reaktionspotential

5.1. Die Frage der Mutter an den Beschuldigten machte auf eine für diesen Fall relevante familial sozialisatorische Perspektive aufmerksam. Da vor dem Hintergrund der bisherigen Interpretation nicht geklärt ist, in welchem Verhältnis die drei vernehmungsrelevanten Perspektiven stehen, können von daher keine eingrenzenden Rückschlüsse auf die zu erwartende Reaktion des Beschuldigten vorgenommen werden.

5.2. Die Reaktionschancen des Beschuldigten sind komplex. Er könnte den Betrag folgsam nennen oder auch eine Nennung verweigern, rückfragen etc.

5.3. Möglich ist selbstverständlich auch eine Reaktion des von der Mutter nicht angesprochenen Vernehmungsbeamten. Der Vernehmungsbeamte kann

5.3.1. sich an den Beschuldigten wenden, um ihn zur Eile zu mahnen oder um ihm die Frage (doch noch) zu erklären (Lesartenpotential in etwa wie: 2 B 1: 3.1.).

5.3.2. Er könnte aber auch die Mutter bitten, ihm die Ermittlungsarbeit zu überlassen, v.a. dann, wenn aus dem Strafantrag des Kaufhauses hervorgeht, daß der Beschuldigte an der Kasse andere Waren bezahlt hatte. (siehe 2.2. "hast - hattest")

5.3.3. Der Vernehmungsbeamte kann sich auch nach dem Grund der Zeitform-Korrektur bei der Mutter erkundigen.

7 B 3 "Ja [hundert] Mark hat ich dabei"
8 M 3 " [&] "

---

1. Der Beschuldigte antwortet auf die Frage der Mutter. Das zeigt die gewählte Zeitform Präteritum an. Offen bleibt für den Interpreten, ob damit die Ausgangsfrage des Vernehmungsbeamten (1/10 Vb 1) im Sinne der Lesarten 6 M 2: 2.2.1. und 2.2.2. beantwortet ist oder ob mit der Antwort des Beschuldigten im Sinne der Lesart 6 M 2: 2.2.3. unklar wird/bleibt, welchen Betrag der Beschuldigte angibt. Kurz: Es bleibt ungeklärt, ob der Beschuldigte das vor einem Bezahlen von Lebensmitteln oder das nach einem möglichen Bezahlen von Lebensmitteln ihm noch verbliebene Bargeld meint.

2. Offen bleibt auch, ob der Beschuldigte ein Verständnis von dem Zusammenhang, in dem der Betrag für die Vernehmung von Bedeutung ist, besitzt: Der Beschuldigte gibt keine Erklärung in bezug auf seine Motivlage ab. (siehe: 1/10 Vb 1: 1.1. und 1.3.) Die Antwort konzentriert sich auf die Nennung eines Betrages, dessen Höhe zunächst nicht entlastend wirkt. Das "Ja" zu Beginn des Redebeitrags kann ein bedeutungsschwaches Füllwort zwischen Frage und Antwort sein, aber auch - betont - bedeuten:
   - Ja, ich hatte was dabei.
   - Ja, sagt das doch gleich.
   - Ja, ich habe akustisch - und auch sinngemäß - verstanden.

   Der Feststellung des Vernehmungsbeamten (1/11 Vb 1 "Darf ich doch fragen ...") wird nicht widersprochen. Damit muß sie vom Beschuldigten nicht unbedingt geteilt worden sein.

3. Reaktionspotential

3.1. Vernehmungsbeamter
Mit der Antwort des Beschuldigten kann das Anliegen des Vernehmungsbeamten ("Hätte der Beschuldigte bezahlen können?") nicht hinreichend geklärt werden. Denn:

3.1.1. V.a. wenn aus dem Strafantrag nicht hervorgehen sollte, ob der Beschuldigte vor oder nach dem Passieren der Kassenschleuse beschuldigt worden ist, muß vom Vernehmungsbeamten - z.B. mit einer an den Beschuldigten gerichteten Frage - geklärt werden, zu welchem Zeitpunkt ihm der angegebene Geldbetrag zur Verfügung stand.

3.1.2. Sollte dem Beschuldigten der Betrag vor dem Passieren der Kassenschleuse zur Verfügung gestanden haben, gilt es zu klären, ob und ggf. wieviel Geld er beim Bezahlen von anderen Lebensmitteln ausgegeben hat bzw. - sollte er schon im Verkaufsraum beschuldigt worden sein - ausgegeben hätte.

3.2. Mutter
- Kommentar
- etc.

Anmerkung: Die Interpretation der Lesart 8 M 3 unterbleibt, da das Lesartenpotential zu komplex ist.

9 M 4 "Hundert Mark - Er war nämlich einkaufen. · "

---

1. Die Mutter bestätigt die Angaben des Beschuldigten und gibt an, aus welchem Grund der Beschuldigte diesen (für einen vierzehnjährigen Jugendlichen relativ hohen) Geldbetrag mit sich führte: Er war einkaufen.

2. Unabhängig davon, welche Intention die Mutter mit diesem Redebeitrag verfolgt (Belastung; Entlastung etc.): Sie hat mit ihrem Kommentar auf einen für die immer noch im Raum stehende Frage des Vernehmungsbeamten "Hätte der Beschuldigte bezahlen können?" bestehenden Lesartenkanon aufmerksam gemacht. Es ist nämlich unklar, wer
   - der Auftraggeber des Einkaufs,
   - der Auftraggeber für die Mitnahme der Zigaretten (und möglicherweise weiterer als gestohlen angezeigter Gegenstände) und
   - der Eigentümer der hundert Mark ist.

   In Frage kommen für jeden Aspekt:
   - der Beschuldigte,
   - die Mutter bzw. die Familie,
   - eine nicht genannte dritte Person.

   Die Realisierung **einer** sich als wahrscheinlich aufdrängenden Lesart: 'Der Beschuldigte unternimmt im Auftrag der Mutter einen Lebensmitteleinkauf für die Familie. -Er will die Zigaretten zum Eigenbedarf mitnehmen. - Das Geld (100 DM) hat er von der Mutter für den Lebensmitteleinkauf bekommen.', legt exemplarisch offen, daß der Beschuldigte - selbst wenn er noch 'genügend' Geld mitgeführt hat - nicht in jedem Fall hätte selbstverständlich bezahlen können. Denn: Ist ihm das Zigarettenrauchen als vierzehnjährigem Jugendlichen von den Eltern verboten - , dann hätte der Beschuldigte (streng genommen) Familiendiebstahl begangen - was zudem dann bei der Abrechnung mit der Mutter hätte auffallen dürfen.

   Deutlich wird so: Mit der Antwort des Beschuldigten und der Zusatzinformation der Mutter ist - auch wenn der Vernehmungsbeamte über den Strafantrag 'wissen' sollte, ob bzw. für welchen Betrag der Beschuldigte eingekauft hat (siehe 7 B 3: 3) - die Frage des Vernehmungsbeamten nach der Zahlungsfähigkeit des Beschuldigten in bezug auf die Zigaretten nicht hinreichend beantwortbar. Zur Klärung der Frage benötigt der Vernehmungsbeamte weitere Informationen.

10/1 Vb 3 "Ja, warum hast Du's denn dann gemacht? · Mh?"

---

1. Der Vernehmungsbeamte geht von der Vorbereitung zur unmittelbaren Motivrekonstruktion über: Angeregt durch die von dem Beschuldigten und seiner Mutter erhaltenen Informationen (mitgeführtes Bargeld; Einkaufsanlaß) fragt er,

der Vernehmungsbeamte, den Beschuldigten, aus welchem Grund er den Ladendiebstahl begangen hat.

2. Der Legitimationsdruck hat sich mit dieser Frage für den Beschuldigten erheblich verschärft:

2.1. Bedeutend ist der mit dem Konditionaladverb "dann" implizierte Verdacht: "Der Beschuldigte war zahlungsfähig (hatte genug Geld dabei), so daß zum Unterlassen des Ladendiebstahls noch nicht einmal ein Verzicht auf die Zigaretten erforderlich gewesen wäre." Der Vernehmungsbeamte zeigt dem Beschuldigten damit eine naheliegende, bequeme und v.a. legale Handlungsalternative auf, über die sich der Beschuldigte - so die Unterstellung - selbstverständlich hätte im klaren gewesen sein müssen (vgl. die von MC HUGH 1972 herausgearbeiteten Idealisierungen der Konventionalität und Theoretizität). Der Vernehmungsbeamte unterstellt damit - zumindest hegt er den Verdacht -, daß es dem Beschuldigten nicht nur auf die Aneignung der Zigaretten, sondern auf deren unentgeldliche Inbesitznahme ankam und daß er dazu nicht vor einem Diebstahl zurückschreckte. Die gegen den Beschuldigten erhobene Beschuldigung wird schwerwiegender.

2.2. Der Verdacht des Vernehmungsbeamten folgt aber nicht zwangsläufig aus den vom Beschuldigten und seiner Mutter vorgebrachten Informationen (9 M 4: 2). Durch den in Frageform vorgetragenen Verdacht des Vernehmungsbeamten obliegt es nun aber dem Beschuldigten, sich gegenüber der im Raum stehenden Beschuldigung eigenständig und eigeninitiativ zu entlasten. Mit der Frage des Vernehmungsbeamten wird die Präsentation möglicher Entlastungssargumente zur Aufgabe des Beschuldigten - ansonsten dürfte die Unterstellung, der Verdacht, als bestätigt gelten.

2.3. Es sind in dem vorgegebenen Rahmen verschiedene subjektiv intentionale Ausgangspunkte für die Frage des Vernehmungsbeamten denkbar:

2.3.1. Sie könnte rhetorisch vorgetragen z.B. einen feststellenden Vorwurf ausdrücken, auf den er vom Beschuldigten keine Antwort erwartet.

2.3.2. Ohne ein entlastendes Moment zu sehen, erwartet er auf die Frage die Offenlegung des möglicherweise entlastenden Motivs durch den Beschuldigten.

2.3.3. Der Vernehmungsbeamte sieht durchaus die Möglichkeit entlastender Motivierungen, ist aber bemüht, verdeckt abzutesten, ob sie in diesem Fall zum Tragen kommen.

3. Die Frage birgt aber - ebenfalls verdeckt - noch eine zweite für den Ermittlungszusammenhang bedeutsame Feststellung: Der Vernehmungsbeamte konfrontiert den Beschuldigten erstmals eindeutig mit seiner Überzeugung oder der Vorgabe seiner Überzeugung, er, der Beschuldigte, habe die ihm zur Last gelegte Tat begangen. (vgl. 1/11 Vb 1: 2.3.)

3.1. Das Vernehmungsgespräch zwischen dem Vernehmungsbeamten, dem Beschuldigten und dessen Mutter ist bisher so geführt worden, daß aus keinem der denkbaren Reaktionszusammenhänge der Vorbesprechung heraus allein hätte unmittelbar und handlungstypgemäß zweifelsfrei vom Vernehmungsbeamten die Täterschaft oder nur ein Geständnis des Beschuldigten abgeleitet werden können (siehe zusammenfassend für den Vorgesprächseinstieg 1/10 Vb 1: 1.1.). Damit erfüllt die Frage des Vernehmungsbeamten - gerade weil sie zum ersten Mal die

'Überzeugung' des Vernehmungsbeamten unumwunden zum Ausdruck bringt und bisher die Täterschaft des Beschuldigten nicht unzweifelhaft rekonstruiert wurde - vom Vernehmungsbeamten mehr oder weniger weitgehend (s. 3.2.2.) oder eher nicht (s. 3.2.1.) bewußt taktisch kalkuliert in jedem Fall auch die Funktion, dem Vernehmungsbeamten verbindlicher als bisher - d.h. mündlich und unmittelbar - einen Einblick in die Geständnisbereitschaft des Beschuldigten zu vermitteln. Der Frageaspekt 'Motiv' lenkt von dieser Funktion ab, und er ist geeignet, eine diesbezügliche Orientierung des Beschuldigten zu unterlaufen.

3.1.1. Die 'Raffinesse', mit der die Geständnisbereitschaft des Beschuldigten abgetestet wird, kommt erst voll in den Blick, wenn man sich noch einmal vergegenwärtigt, daß schon der unterstellte Motivverdacht über die bisherigen Ermittlungen nicht hinreichend - die Täterschaft des Beschuldigten vorausgesetzt - nachgewiesen ist (s. 2.2.) und ein dadurch möglicherweise provozierter Einspruch des Beschuldigten mit Verweis auf eine entlastende Motivation implizit die Geständigkeit des Beschuldigten bedeuten würde.

3.1.2. Der Vernehmungsbeamte hat formal mit seiner Unterstellung den Einstieg in die polizeiliche Vernehmung und damit den Einstieg in ein Strafverfahren als Fortsetzung einer schon begonnenen Vernehmung des Beschuldigten durch dessen 'Verfahrensgegner' gestaltet, in die er, der Vernehmungsbeamte, sich aktuell einfädelt und die momentan von ihm weitergeführt wird.

3.2. Im Rahmen dieser für alle Lesarten geltenden Beschreibung der Ermittlungsstrukturierung hängt es v.a. von dem von den Interaktanten bisher realisierten Orientierungszusammenhang, dem aus diesem Orientierungszusammenhang heraus vom Vernehmungsbeamten abgeleiteten Nachweisstatus der bisherigen Ermittlungen und dessen ermittlungstaktischen 'Marschroute' ab, welche spezifische Orientierungsintention des Vernehmungsbeamten der Unterstellung der Täterschaft zugrundeliegt.

Im folgenden soll das Potential an denkbaren Orientierungen in der Beschreibung einiger 'Eckpfeiler' illustriert werden:

3.2.1. Der Vernehmungsbeamte sieht aus der laufenden Vernehmung heraus vor dem Hintergrund 'harter' (Geständnis des Beschuldigten auf dem Strafantragsformular; Information von der Geständigkeit des Beschuldigten durch die Überführungsbeamten etc.) und/oder 'weicher' (einschlägige Vorerfahrungen mit dem Beschuldigten; Eindruck aus der vorangegangenen Vernehmung; Reaktion der Mutter etc.) Indizien die Täterschaft des Beschuldigten als 'erwiesen' an, und er geht selbstverständlich von der Geständigkeit des Beschuldigten aus. Die Frage zielt - aus der subjektiv intentionalen Perspektive des Vernehmungsbeamten betrachtet also - nicht auf eine Überprüfung der Geständigkeit ab.

3.2.1.1. Der Vernehmungsbeamte erwartet (weiteren) Aufschluß über die Motivierung des Beschuldigten, da seine Ermittlungen in diesem Punkt noch eine Lücke aufweisen. (siehe 2.3.2. und 2.3.3.)

3.2.1.2. Der Vernehmungsbeamte hat die Frage rhetorisch gestellt, um seinem Mangel an Verständnis Ausdruck zu verleihen. Er erwartet keine explizite Reaktion des Beschuldigten. (siehe 2.3.1.)

3.2.2. Der Vernehmungsbeamte ist sich vor dem Hintergrund irgendeines der als möglich aufgeführten Orientierungszusammenhänge der in jedem Fall noch bestehenden Nachweislücke bewußt und

3.2.2.1. von der Täterschaft des Beschuldigten überzeugt.

3.2.2.1.1. Er geht von der Geständigkeit des Beschuldigten aus und ist bestrebt, möglichst unkompliziert und ohne dem Beschuldigten 'Anregungen' zur Manipulation der Darstellung seiner Ereignisperspektive zu geben, letzte Sicherheit in bezug auf die Geständigkeit des Beschuldigten zu erhalten.
Der Vernehmungsbeamte erwartet - neben einem impliziten Geständnis - (weiteren) Aufschluß über die Motivierung des Beschuldigten.

3.2.2.1.2. Der Vernehmungsbeamte ist sich der Geständigkeit des Beschuldigten nicht sicher: Der Vernehmungsbeamte geht - taktisch - zur Einleitung der Motivrekonstruktion über, um weitere Anhaltspunkte über die Geständigkeit des Beschuldigten zu erhalten und um den möglicherweise noch unentschiedenen Beschuldigten zu einem Geständnis zu führen, bevor er widersprochen hat. In diesem Zusammenhang versucht er gleichzeitig (weiteren) Aufschluß über die Motivierung des Beschuldigten zu erlangen, da seine Ermittlungen in diesem Punkt noch eine Lücke aufweisen (siehe: 2.3.2. und 2.3.3.).

3.2.2.1.3. Der Vernehmungsbeamte geht von der Nicht-Geständigkeit des Beschuldigten aus: Er zeigt dem Beschuldigten (a) an, daß er sich von dem 'Leugnen' nicht irritieren läßt und/oder (b) daß er ihn dazu bewegen will - möglicherweise über den gezielten Einsatz der oben herausgestellten (und implizit in jedem Fall gegebenen) Provokation (s. 2.2.) - die Straftat doch noch frühzeitig einzugestehen.

3.2.2.2. Der Vernehmungsbeamte ist von der Täterschaft des Beschuldigten nicht oder nicht restlos überzeugt und führt ermittlungstaktisch einen Test durch:
Der Vernehmungsbeamte konfrontiert den indifferent, widersprüchlich, geständig oder widersprechend erscheinenden Beschuldigten mit einer Unterstellung sowohl in bezug auf die Motivlage als auch auf die Täterschaft, um auszutesten, ob und - wenn ja - mit welchen Argumenten und in welcher Weise er Widerspruch leistet.
Der Vernehmungsbeamte ist so bemüht, taktische Schachzüge des Beschuldigten hinsichtlich der Geständigkeit und der Motivdarstellung von vornherein zu unterlaufen, sich schnell zu orientieren und - ggf. - das Ermittlungsverfahren abzukürzen.

In Zusammenhang mit den vorhergehend aufgeführten Lesarten kann die Frage des Vernehmungsbeamten auch 'erzieherisch' motiviert sein: sollte der Beschuldigte den Vernehmungsbeamten in einer der oben schon aufgeführten denkbaren Weisen provoziert haben, so könnte die Frage eine Gegenprovokation des Vernehmungsbeamten darstellen, mit der er dem Beschuldigten den Ernst der Lage deutlich machen und ein 'angemessenes' Verhalten anregen will.

4. Gleichgültig aber, wie die Frage des Vernehmungsbeamten intentional verankert ist - der Vernehmungsbeamte darf in jedem Fall damit rechnen, über die Zurkenntnisnahme der **zwangsläufigen** Reaktionen des Beschuldigten auf die spezifischen und ihn belastenden Unterstellungen wertvolle Hinweise auf dessen Ereignisperspektive und deren Verhältnis zur im Strafantrag fixierten Sachverhaltsdarstellung zu erhalten. Denn:

- Bestätigt der Beschuldigte die oder eine der Unterstellungen, so hat der Vernehmungsbeamte zumindest ein bedeutendes vorläufiges Ermittlungsergebnis - das Eingeständnis der Täterschaft durch den Beschuldigten - schon zu Beginn der Vernehmung unkompliziert und ohne Umschweife eingeholt. Die Art und Weise des Geständnisses wird ihm auch einen Eindruck davon vermitteln, ob das Geständnis wahrhaftig und erschöpfend ist oder ob es in irgendeiner Form eine Täuschung darstellt.

- Bestätigt der Beschuldigte keine der Unterstellungen - allerdings ohne zu widersprechen -, so wird die Interpretation dieser Reaktion des Beschuldigten durch den Vernehmungsbeamten zwar unsicherer und hochgradig kontextabhängig, trotz allem aber aufschlußreich sein: Sie bietet dem Vernehmungsbeamten zwangsläufig Anhaltspunkte in bezug auf die Gültigkeit der Unterstellungen. Wurde die Frage vom Vernehmungsbeamten nicht rhetorisch gestellt (erwartet er somit Aufschluß über bestimmte Sachverhalte), dann sind weitere Ermittlungen erforderlich. Eine 'indifferente' Reaktion des Beschuldigten könnte den Vernehmungsbeamten veranlassen, in der Folge vor- und umsichtig an den Unterstellungsaspekten weiterzuermitteln.
- Widerspricht der Beschuldigte den Unterstellungen oder lediglich dem Motivverdacht, dann ist der Vernehmungsbeamte schon zu Beginn der Vernehmung darüber orientiert, daß er in diesem oder diesen Punkt(en) extensiv eventuell sogar strategisch 'ausgeklügelt' vernehmen muß. Sollte der Beschuldigte seinen Widerspruch sogar mit einer Gegendarstellung begründen, dann hätte er sehr schnell die vom Strafantrag und den Unterstellungen abweichende Ereignisperspektive des Beschuldigten auf einen zentralen Ermittlungsaspekt hin rekonstruiert. Er könnte so schon zu Beginn der Vernehmung einschätzen, wie stichhaltig die Entlastungsargumente des Beschuldigten sind.

In diesem Zusammenhang bekommt der Vernehmungsbeamte weitere Aufschlüsse über die Dialogbereitschaft und die Verteidigungsstrategie des Beschuldigten.

5. Reaktionspotential

5.1. Beschuldigter:

5.1.1. Reaktion auf die Frage des Vernehmungsbeamten nach dem Motiv:

- Eine wesentliche Annahme für die Motivunterstellung des Vernehmungsbeamten (2.1.) besteht darin, daß der Beschuldigte einen Geldbetrag mit sich führte, der zum Bezahlen der Zigaretten ausgereicht hätte. Von dieser Annahme kann der Vernehmungsbeamte nur dann zwingend ausgehen, wenn der Beschuldigte die Kasse vor der Beschuldigung im Kaufhaus passiert hat, ggf. die anderen Waren von ihm bezahlt wurden und diese Informationen in der Strafanzeige so aufgeführt sind, daß der Vernehmungsbeamte folgern kann: Hundert DM hätten in jedem Fall zum Kauf auch der Zigaretten ausgereicht. (siehe 7 B 3: 3)
  Sollte diese Voraussetzung gegeben sein, dann kann der Beschuldigte möglicherweise darauf verweisen, daß er nicht genug Geld mit sich führte, und sich dadurch entlasten.
- Hat der Beschuldigte einen Geldbetrag mit sich geführt, der zum Bezahlen der Zigaretten ausgereicht hätte, so könnte er ggf. darauf verweisen, daß die Schlußfolgerung des Vernehmungsbeamten (2.1.) nicht zwangsläufig vorgenommen werden kann und in seinem Fall nicht zutrifft. (Das Möglichkeitspotential ist angedeutet in 9 M 4: 2/Beispiel "Familiendiebstahl".)
- Die Frage kann entweder mit einer Erklärung oder mit einem averbalen 'Achsel-Zucken' ("weiß nicht") positiv beantwortet werden.
- Die Reaktion des Beschuldigten kann auch als implizit averbale Antwort erfolgen, wäre dann aber in ihrer Bedeutung nicht eindeutig bestimmbar.

5.1.2. Reaktion auf die Unterstellung der Täterschaft:

- Sollte sich die Reaktion auf die positive oder negative Beantwortung der 'Motivfrage' beschränken, dann ist die Täterschaft vom Beschuldigten implizit eingestanden. (siehe 3.1. und 3.1.1.)
- Die Unterstellung kann aber auch angesprochen und die Beschuldigung durch eine entsprechende Erklärung und Gegendarstellung in Abrede gestellt werden.
- Die Reaktion des Beschuldigten kann auch implizit averbal erfolgen, wäre dann aber in ihrer Bedeutung nicht eindeutig bestimmbar.
- Denkbar ist aber auch jetzt noch ein Verweis des Beschuldigten auf seine Verfahrensrechte.
- etc.

5.2. Mutter:

Die Reaktion der Mutter kann sich ebenfalls auf die Frage nach dem Motiv als auch auf die Unterstellung des Vernehmungsbeamten beziehen. In diesem Zusammenhang kann sich die Mutter an den Beschuldigten, aber auch an den Vernehmungsbeamten wenden.

Teilnehmende Beobachtung zu den Interakten 2 B 1 - 10 Vb 3:
"Vb steht auf, geht zum Formularschrank und holt die Formblätter 'Personalbogen' und 'Beschuldigtenvernehmung'. Vb geht dann zurück hinter den Schreibtisch, setzt sich und legt die Bögen vor sich hin."

Gleichgültig, ob das Verhalten des Vernehmungsbeamten eine fallneutrale Handlungsroutine oder eine fallspezifisch eingesetzte Strategie repräsentiert: Es ist geeignet, alle in der Interpretation des Interakts 1/11 Vb 1: 2 konstruierten und in den Interakten 10/1 Vb 3: 2 und 10/3 Vb 3: 3 fortgeschriebenen Hauptlesarten - die Motivierung des Vernehmungsbeamten betreffend - zu unterstützen:

1. Geht der Vernehmungsbeamte sowohl von der Geständigkeit als auch von der Täterschaft des Beschuldigten als selbstverständlich aus, so zeigt er mit seinem oben beschriebenen Verhalten die routinemäßige Vorbereitung der Vernehmung und ihrer Protokollierung an. Dazu paßt es dann, daß er parallel - möglicherweise arbeitsökonomisch motiviert - die Motivrekonstruktion einleitet.

2. Für die anderen Lesarten - Unsicherheit des Vernehmungsbeamten über die Motivierung und Geständigkeit des Beschuldigten; Unsicherheit des Vernehmungsbeamten über die Täterschaft und die Geständigkeit; Wissen des Vernehmungsbeamten um die Nicht-Geständigkeit bzw. um den Mangel an Dialogbereitschaft - kann das Verhalten des Vernehmungsbeamten - von ihm strategisch eingesetzt oder nicht - als ein Versuch verstanden werden,
   - eine Atmosphäre routinemäßig institutioneller Geschäftigkeit erzeugen zu wollen, aus der heraus er, der Vernehmungsbeamte, den Beschuldigten mit seiner Unterstellung der Täterschaft (10/1 Vb 3) dann zu überraschen bzw. überrumpeln anstrebt, um ihn so zu einer Stellungnahme, (möglichst) zu einem Geständnis zu bewegen. Unterstützt werden kann ein solcher Versuch
   - durch die für den Beschuldigten möglicherweise bestehende Undurchschaubarkeit des Verhaltens und einer damit entstehenden Orientierungslosigkeit auf der einen Seite und der möglichen Entmutigung des Beschuldigten auf der anderen Seite,

die über dessen rudimentäre Kenntnisnahme der Einleitung formalisierter institutioneller Handlungsabläufe und einem damit verbundenen Eindruck, als überführt zu gelten, bewirkt sein kann.

10/2 **" -- (5 Sek.)"**

Die Reaktion des Beschuldigten ist averbal und von daher nur vage bestimmbar. V.a. gibt das Transkript wiederum keinen Aufschluß darüber, ob der Beschuldigte geständig, nicht-geständig oder in bezug auf die Geständigkeit noch unentschieden ist.
Allerdings: Anders als bei den vorhergehenden Redebeiträgen - auch Fragen - des Vernehmungsbeamten kommt der Beschuldigte nicht umhin, direkt oder indirekt auf die Unterstellung 'Täterschaft' zu reagieren. Von daher dürften explizit averbale Antworten in bezug auf die Unterstellung **vergleichsweise** eindeutig für den Vernehmungsbeamten zu interpretieren sein (s.o.), was für die implizit averbalen Reaktionschancen nicht in dem Maße vorausgesetzt werden kann. Ihr Verständnis ist hochgradig abhängig vom parallelen und vorgängigen Kommunikationskontext, und sie können von daher leicht mehrdeutig ausfallen, was schnell zu (folgenschweren) Mißverständnissen und Fehleinschätzungen bzgl. der mit den Reaktionen von den Akteuren verbundenen Intentionen führen kann.

denkbare Reaktionsformen:

1. implizit averbale Reaktion des Beschuldigten
   - Der vorhergehende Redebeitrag wurde nicht gehört oder akustisch nicht verstanden.
   - Der vorhergehende Redebeitrag wurde akustisch verstanden.
     - Der Beschuldigte geht davon aus, daß der Vernehmungsbeamte von ihm keine spezifisch explizite Reaktion erwartet und er sieht sich seinerseits nicht zu einer Reaktion veranlaßt, was nicht unbedingt zustimmend gemeint sein muß. Der Redebeitrag wird als rhetorische Frage, die aktuelle Phase als 'redezuginterne Sprechpause' eingeschätzt.
     - Der Beschuldigte geht davon aus, daß der Vernehmungsbeamte eine spezifisch explizite Reaktion nicht wünscht und daß sie insofern auch nicht angebracht ist - selbst wenn er sich veranlaßt sähe (z.B. Nachfrage; Zustimmung; Widerspruch/Motiv; Widerspruch/Geständnis etc.).
     - Der Beschuldigte geht davon aus, daß der Vernehmungsbeamte nur im Falle einer wie auch immer gearteten Abweichung eine entsprechende Reaktion erwartet: Die Reaktionsabstinenz könnte Zustimmung, aber auch die Weigerung, eine Abweichung kundzutun, etc. anzeigen.
     - Der Beschuldigte ist sich unsicher, ob der Vernehmungsbeamte eine explizite Reaktion erwartet. Er zögert, überlegt oder weigert sich zu reagieren.
     - Der Beschuldigte geht davon aus, daß der Vernehmungsbeamte von ihm eine explizite Reaktion erwartet (Pause: 'Redezugvakanz').
       - Der Beschuldigte verweigert eine Antwort.
       - Der Beschuldigte reagiert nicht unmittelbar. ((Er denkt - z.B. - (verblüfft), ob der Unterstellung) nach, um dann antworten zu können.))
     - etc.

2. explizit averbale Reaktion des Beschuldigten:

- Der Beschuldigte ist geständig, aber eine Zustimmung in bezug auf die unterstellte Motivlage ist noch unsicher (möglicherweise 'Achsel-Zucken').
- Die Stellungnahme ist gegenüber der Unterstellung der Motivation und der Täterschaft indifferent (möglicherweise 'Stirn-Runzeln', aber auch 'Achsel-Zucken').
- Der Beschuldigte widerspricht dem Vernehmungsbeamten (sehr wahrscheinlich). Fraglich ist, ob nur in bezug auf die unterstellte Motivlage oder auch auf die unterstellte Täterschaft (möglichweise: 'Kopf-Schütteln').
- etc.

10/3 Vb 3 "Wollen Sie das mit den Personalien auch drauf haben?"

---

1. Die Frage richtet sich an den Beobachter und bezieht sich auf die Tonbandaufnahme. Der Vernehmungsbeamte zeigt an, daß er zur Personalienaufnahme übergehen wird.

2. Auch die Reaktion des Vernehmungsbeamten läßt keinen Rückschluß darauf zu, ob der Beschuldigte sich geständig oder nicht geständig oder in bezug auf die Geständigkeit eher indifferent gibt.

3. Denkbare Orientierungszusammenhänge, aus denen heraus sich der Vernehmungsbeamte veranlaßt sehen kann, zur Personalienaufnahme überzugehen, können in der Fortschreibung der in 10/1 Vb 3: 3 aufgelisteten möglichen Orientierungshauptlinien des Vernehmungsbeamten dargelegt werden.

3.1. Der Vernehmungsbeamte sah vor dem Hintergrund 'harter' und/oder 'weicher' Indizien die Täterschaft des Beschuldigten als erwiesen an und ging von der Geständigkeit des Beschuldigten aus.

3.1.1. Der Vernehmungsbeamte erwartete (weiteren) Aufschluß über die Motive des Beschuldigten, da seine Ermittlungen in diesem Punkt noch eine Lücke aufwiesen. (siehe: 10/1 Vb 3: 2.3.2. und 2.3.3.) Nach einem Achselzucken oder einer 'implizit averbalen Reaktion' zeigt der Vernehmungsbeamte mit einem Wechsel zur Personalienaufnahme an, daß er zunächst auf eine weitergehende Motivrekonstruktion verzichtet. Die Geständigkeit des Beschuldigten sieht er nach wie vor als gegeben an.

3.1.2. Der Vernehmungsbeamte hatte die Frage rhetorisch gestellt, um seinen Mangel an Verständnis zum Ausdruck zu bringen (siehe: 10/1 Vb 3: 2.3.1.). Nach einem Achselzucken oder einer 'implizit averbalen Reaktion' sieht er sich - ohne es anders erwartet zu haben - bestätigt und geht zur Personalienaufnahme über.
Die averbale Reaktionsform des Beschuldigten (10/2) bringt es mit sich, daß er vom Vernehmungsbeamten leicht mißverstanden worden sein kann, ohne daß einer von beiden dies bemerkt haben muß. (Bezug: 3.1.1. und 3.1.2.)

3.1.3. Eine vorhergegangene, aus der Sicht des Vernehmungsbeamten 'eindeutig' widersprechende Reaktion des Beschuldigten (z.B. ein Kopfschütteln) ist unwahrscheinlich, da der Vernehmungsbeamte vermutlich nachgefragt hätte. Sollte sie aber trotzdem den Fragehintergrund bilden, so dürfte für den Vernehmungsbeamten beim Übergang zur Personalienaufnahme unklar bleiben, ob der Beschuldigte der Täterschafts- und der Motivunterstellung widersprochen hat.

3.2. Der Vernehmungsbeamte war sich vor dem Hintergrund irgendeines der als möglich aufgeführten Orientierungszusammenhänge der in jedem Fall noch bestehenden Nachweislücke bewußt und

3.2.1. von der Täterschaft des Beschuldigten überzeugt.

3.2.1.1. Er ging von der Geständigkeit des Beschuldigten aus und war bestrebt, möglichst unkompliziert und ohne dem Beschuldigten 'Anregungen' zur Manipulation der Darstellung seiner Ereignisperspektive zu geben, letzte Sicherheit in bezug auf die Geständigkeit des Beschuldigten zu erhalten. Der Vernehmungsbeamte erwartete - neben einem Geständnis - Aufschluß über die Motivierung des Beschuldigten.

3.2.1.1.1. Nach einer aus der Sicht des Vernehmungsbeamten die Täterschaft implizit bestätigenden Reaktion des Beschuldigten, z.B. einem Achselzucken, geht der Vernehmungsbeamte (noch stärker) von der Geständigkeit des Beschuldigten aus. In bezug auf die Motivunterstellung bleibt die Antwort des Beschuldigten eher indifferent.

3.2.1.1.2. Nachdem der Beschuldigte nur 'implizit averbal' reagiert hat, verzichtet der Vernehmungsbeamte (zunächst) auf eine restlose Klärung der Geständigkeit und der Motivierung des Beschuldigten. Er kann dessen Schweigen sowohl als Indiz für dessen Zustimmung (Täterschafts-, Motivunterstellung) als auch als Mangel an Dialogbereitschaft, ja sogar als Nicht-Geständigkeit werten. Denkbar ist auch für diese Lesart ein Mißverständnis zwischen dem Vernehmungsbeamten und dem Beschuldigten.

3.2.1.1.3. Bei einer vorhergegangenen, aus der Sicht des Vernehmungsbeamten 'eindeutig' widersprechenden Reaktion des Beschuldigten (z.B. ein Kopfschütteln) bleibt für den Vernehmungsbeamten unklar, ob der Beschuldigte der Täterschafts- oder nur der Motivunterstellung widersprochen hat.

3.2.1.2. Der Vernehmungsbeamte war sich der Geständigkeit des Beschuldigten nicht sicher:
Der Vernehmungsbeamte ging zur Einleitung der Motivrekonstruktion über, um weitere Anhaltspunkte über die Geständigkeit des Beschuldigten zu erhalten und um den möglicherweise noch unentschiedenen Beschuldigten zu einem Geständnis zu führen, bevor dieser widersprochen hat. In diesem Zusammenhang versuchte er gleichzeitig, weiteren Aufschluß über die Motivierung des Beschuldigten zu erlangen, da seine Ermittlungen in diesem Punkt noch eine Lücke aufwiesen. (siehe : 10/1 Vb 3: 2.3.2. und 2.3.3.)

3.2.1.2.1. (siehe: 3.2.1.1.1.)

3.2.1.2.2. (siehe: 3.2.1.1.2.)

3.2.1.2.3. (siehe: 3.2.1.1.3.)

3.2.1.3. Der Vernehmungsbeamte geht von der Nicht-Geständigkeit des Beschuldigten aus:
Der Vernehmungsbeamte zeigte dem Beschuldigten (a) an, daß er sich von dem 'Leugnen' nicht irritieren läßt und/bzw. (b) daß er ihn dazu bewegen wollte, die Straftat doch noch frühzeitig einzugestehen.

3.2.1.3.1. Obwohl bei einer aus der Sicht des Vernehmungsbeamten widersprechenden Geste - z.B. Kopfschütteln - letztlich unklar ist, ob der Täterschafts- oder der Motivunterstellung widersprochen wurde, dürfte der Vernehmungsbeamte vor dem Hintergrund der angenommenen spezifischen Orientierungsperspektive weiterhin von der Nicht-Geständigkeit des Beschuldigten ausgehen.

3.2.1.3.2. Eine 'implizit averbale Reaktion' könnte der Vernehmungsbeamte ebenso als Nicht-Geständigkeit im Zusammenhang mit Gesprächsverweigerung auslegen. Je nachdem aber wie 'hart' bzw. 'weich' die Indizien für seine Auffassungsperspektive waren, kann er sie, die Auffassungsperspektive, durch die Reaktion des Beschuldigten aber auch in Frage gestellt sehen.

3.2.1.3.3. Die Wahrnehmung einer implizit die Täterschaft bestätigenden Reaktion des Beschuldigten (z.B. Achselzucken) müßte den Vernehmungsbeamten dazu veranlassen, die Geständigkeit des Beschuldigten als Möglichkeit zu realisieren.

3.2.2. Der Vernehmungsbeamte war von der Täterschaft des Beschuldigten nicht oder nicht restlos überzeugt und führte ermittlungstaktisch einen Test durch.
Der Vernehmungsbeamte konfrontierte den sich indifferent, widersprüchlich, widersprechend oder geständig zeigenden Beschuldigten mit einer Unterstellung sowohl in bezug auf die Motivlage als auch auf die Täterschaft, um auszutesten, ob er Widerspruch leistet. Der Vernehmungsbeamte war so bemüht, taktische Schachzüge des Beschuldigten hinsichtlich der Geständigkeit und der Motivdarstellung von vornherein zu unterlaufen und ggf. das Ermittlungsverfahren über eine indirekte Ermittlungsführung abzukürzen.

3.2.2.1. Nach einer aus der Sicht des Vernehmungsbeamten die Täterschaft explizit bestätigenden Reaktion des Beschuldigten, z.B. einem Achselzucken, geht der Vernehmungsbeamte von der Geständigkeit des Beschuldigten aus. In bezug auf die Motivunterstellung bleibt die Aussage des Beschuldigten eher indifferent.

3.2.2.2. Nachdem der Beschuldigte nur 'implizit averbal' reagiert hat, verzichtet der Vernehmungsbeamte zunächst auf eine Klärung der Geständigkeit und Motivierung des Beschuldigten. Er kann dessen Nicht-Reagieren sowohl als Indiz für dessen Zustimmung (Täterschafts-, Motivunterstellung) als auch als Mangel an Gesprächsbereitschaft, ja sogar als Geständigkeit werten. Denkbar ist auch für diese Lesart ein Mißverständnis zwischen dem Vernehmungsbeamten und dem Beschuldigten.

3.2.2.3. Bei einer vorhergegangenen, aus der Sicht des Vernehmungsbeamten 'eindeutig' widersprechenden Reaktion des Beschuldigten (z.B. Kopfschütteln) bleibt für den Vernehmungsbeamten unklar, ob der Beschuldigte der Täterschafts oder nur der Motivunterstellung widersprochen hat.

4. Die aufgezeigten Orientierungszusammenhänge machen deutlich, daß der Vernehmungsbeamte in seiner jeweiligen Interpretation der möglichen averbalen Reaktionsformen des Beschuldigten sowohl sicher als auch unsicher sein kann, ob der Beschuldigte der Täter und ob er geständig oder nicht-geständig ist. Er, der Vernehmungsbeamte, verfügt aber in keinem Fall über ein Wissen von der Ereignisperspektive des Beschuldigten, mit dem die Beschuldigung über einen Personalbeweis als hinreichend abgetestet oder gar untermauert gelten könnte - selbst für den Fall des scheinbar 'eindeutigen Eingeständnisses' des Beschuldigten nicht. Zu dem letzten Punkt noch einige Anmerkungen:
Keine der für 10/2 hochgerechneten explizit averbalen Reaktionen des Beschuldigten - Bezug wird hier v.a. auf ein denkbares 'Achselzucken' genommen - kann im 'aktuellen' Kontext so hochgradig signifikant sein, daß jeder Zweifel (z.B. die intendierte Bedeutung 'Eingeständnis des Diebstahls') ausgeschlossen ist. Von daher dürfte eine als möglich hochgerechnete Sicherheit des Vernehmungsbeamten über die Geständigkeit des Beschuldigten, gerade aber in bezug auf die Reaktion des Beschuldigten in 10/2 an den handlungstypspezifischen Regeln der Beweisführung gemessen, auf unsicheren Füßen stehen.

Aber selbst wenn man diese Unsicherheit einklammert, bleibt für diese Lesart immer noch unsicher, was der Beschuldigte gestanden hat:
Der Beschuldigte reagiert in 10/2 auf das Pronomen 'das' ("Du's") des vorhergegangenen Redebeitrags, mit der sicherlich - auch für den Beschuldigten verstehbar - 'der Diebstahl' gemeint ist. Der Diebstahlhergang ist in der laufenden Vernehmung in den Interakten 1/1 Vb 1 - 1/8 Vb 1 in Fragmenten, aber nicht in den wesentlichen Aspekten vollständig beschrieben (Wo wurde beispielsweise die Ware in die Einkaufstasche gesteckt? Wo wurde der Beschuldigte des Diebstahls bezichtigt? etc.), so daß in jedem Fall der Ereignisbezug des Pronomens und folglich auch der eines 'sicheren Geständnisses des Beschuldigten in 10/2' in entscheidenden Details unklar bestimmt ist. Zudem ist fraglich, ob der Beschuldigte die in 1/1 Vb 1 - 1/8 Vb 1 aufgeführten Details in 10/2 noch so genau erinnert oder ob er diesen Bezug überhaupt realisiert.
Daraus folgt: Die Ereignisperspektive des Beschuldigten ist auch für die Lesart 'sicheres Geständnis des Beschuldigten in 10/2' noch nicht hinreichend rekonstruiert, weil der Ereignisablauf aus der Sicht des Beschuldigten weder direkt noch indirekt beschrieben 'vorliegt' und selbst für den Fall des geständigen Beschuldigten noch offen ist, ob der Beschuldigte in der noch ausstehenden detaillierten Darlegung seiner Ereignisperspektive überhaupt die Vollendung eines Diebstahls beschreiben wird. Von daher kann auch die Beschuldigung noch nicht mit der Darstellung der Ereignisperspektive des Beschuldigten abschließend in Beziehung gesetzt und auf die Kongruenz ihr gegenüber hin überprüft werden.
Damit steht zum jetzigen Ermittlungszeitpunkt ein plausibler Nachweis der Täterschaft des Beschuldigten in jedem Fall noch aus.

5. Der Wechsel zur Aufnahme der Personalien kann i.d.Z. verschieden motiviert sein.

5.1. Vor dem Hintergrund aller aufgeführten Orientierungszusammenhänge ist es denkbar, daß der Vernehmungsbeamte mit seiner Frage intendiert, die Vernehmungsvorbesprechung zu beenden.
Vorbereitet sowohl mit der vorhergegangenen Sachverhaltsrekonstruktion (1/1 Vb 1 - 1/9 Vb 1) als auch über die Einleitung der Motivrekonstruktion (1/10 Vb 1 - 9 M 4) hätte der Vernehmungsbeamte sich dann in jedem Fall über den von ihm in Szene gesetzten und für den Beschuldigten (und seine Mutter) geltenden strukturellen Zwang zur Reaktion auf die in 1/10 Vb 1: 3.1. aufgezeigte spezifische, belastende und waghalsige Doppelunterstellung die Chance eröffnet, in der Auslegung der zumindest in bezug auf die Unterstellungen spezifischer Reaktion des Beschuldigten sich zu orientieren und die anstehende extensive Vernehmung des Beschuldigten zur Sache und die einhergehende Protokollierung der Beschuldigtenaussage fallspezifisch - wie auch immer - sachhaltig vorzustrukturieren. Eine differenzierte Rekonstruktion und Überprüfung der Ereignisperspektive des Beschuldigten steht dann für die 'förmliche Vernehmung' an.
Die sich anschließende Einleitung der Personalienaufnahme ist nicht bewußt über eine fallspezifische Vernehmungstaktik motiviert, sondern stellt für den Vernehmungsbeamten vielmehr eine Ablaufroutine dar.

5.2. Es besteht auch die Möglichkeit, daß der Vernehmungsbeamte - ohne bewußtes taktisches Kalkül - die Vorbesprechung nach der Personalienaufnahme aus vernehmungstechnischen Gründen fortzuführen gedenkt: Die Personalienaufnahme soll 'der Ordnung halber' zwischengeschoben werden.

5.3. V.a. aber dann, wenn der Vernehmungsbeamte sicher ist in bezug auf die Nicht-Geständigkeit oder unsicher ist in bezug auf seine Geständigkeit und Dialogbereitschaft, aber selbst im Falle der (angenommenen) Geständigkeit, besteht die Möglichkeit, daß der Vernehmungsbeamte - bewußt ermittlungstaktisch - die Personalienaufnahme in die Vernehmungsvorbesprechung einzubeziehen versucht, um so schon im Vorfeld der förmlichen Vernehmung mehr Kenntnisse in bezug auf die Ermittlungsperspektive des Beschuldigten und Sicherheit in der Beurteilung ihrer Wahrhaftigkeit zu bekommen.

5.3.1. Der Vernehmungsbeamte könnte bemüht sein, den Beschuldigten in einen scheinbar unverfänglichen (eher vertraulich freundlich anmutenden) Kontakt einzubinden, aus dem heraus es ihm, dem Beschuldigten, ggf. schwerer fallen dürfte, seine Ereignisperspektive zu tarnen. Er könnte so die Voraussetzungen für 'verdeckte' oder 'offene' Ermittlungen im Rahmen der oder im Anschluß an die Personalienaufnahme (Fortführung der Vernehmungsvorbesprechung oder Einleitung der Protokollierungsphase) schaffen.

In diesem Lesartenzusammenhang ist es denkbar, daß der Vernehmungsbeamte von der Geständigkeit (3.3.3.), Nicht-Geständigkeit (3.1.3.) oder Dialogverweigerung des Beschuldigten überrascht wurde und mit dem Einstieg in die Personalienaufnahme zunächst einmal Zeit und neue Anhaltspunkte zu gewinnen versucht.

5.3.2. Mit dem Übergang zur Personalienfeststellung könnte der Vernehmungsbeamte dem Beschuldigten aber auch konfrontativ anzeigen wollen, daß er sich nicht von einer 'Nicht-Geständigkeit' oder einer Dialogverweigerung des Beschuldigten (möglicherweise noch nicht einmal von dessen Geständigkeit) beeindrucken läßt. Die Aufnahme der Personalien sollte so dem Beschuldigten möglicherweise sogar (bewußt kalkuliert oder nicht) anzeigen, daß er als Täter unabhängig von seiner Geständigkeit feststeht oder überführt werden wird, ein Leugnen ihm also nichts nutzt und die Aufnahme der Personalien jetzt schon sinnvoll ist. Von besonderer Bedeutung für die weiteren expliziten und impliziten Ermittlungen im Rahmen der Personalienaufnahme und im Anschluß an sie (Fortführung der Vernehmungsvorbesprechung) wird für diesen Fall sein, welchen Eindruck der konfrontative Übergang zur Personalienaufnahme auf den Beschuldigten macht.

5.4. Selbstverständlich besteht die Möglichkeit von "Mischformen" der aufgezeigten Konzepte.

6. Für den Beschuldigten besteht - genauso wie für den wissenschaftlichen Interpreten - die Chance, diese möglichen Intentionen des Vernehmungsbeamten zu realisieren. Er verfügt sogar aus seinem direkten Erleben der gestisch mimisch tonalen Kommunikationsmodi heraus eher über die Möglichkeit zu bestimmen, welche der aufgeführten Intentionen der Vernehmungsbeamte "gewählt" hat. Allerdings dürfte auch er keine letzte Sicherheit gewinnen können.

Von dieser Grundsatzmöglichkeit einmal abgesehen, scheint es aber auch sinnvoll, das Verständnis der vom Vernehmungsbeamten vollzogenen Überleitung zur Personalienaufnahme aus der Sicht des weniger verfahrenskompetenten Beschuldigten (Jugendlichen) hypothetisch zu rekonstruieren.

6.1. Der geständige Beschuldigte dürfte in der Überleitung zur Personalienaufnahme eine zwar nicht unbedingt erwartete, aber auch nicht ungewöhnliche Fortführung des Vernehmungsgesprächs sehen (offener Horizont). Schließlich muß der Vernehmungsbeamte die Personalien des Täters aufnehmen.

Allerdings ist fraglich, ob der Beschuldigte in der Lage ist, eine Ermittlungsstrategie (10/3Vb 3: 4.3.) des Vernehmungsbeamten als Möglichkeit hochzurechnen, was v.a. dann von Interesse ist, wenn er bestrebt ist, belastende Ereignisdetails trotz des Geständnisses oder mit seinem Geständnis zu tarnen.

6.2. Im Gegensatz zum Geständigen dürfte v.a. dem verfahrensunerfahrenen und -unkundigen, bisher nicht-geständigen und/oder möglicherweise wenig gesprächsbereiten Beschuldigten vor dem Hintergrund der in 10/1 Vb 3 erfolgten Doppelunterstellung die kommentarlose Überleitung zur Personalienaufnahme irritieren. Gleichgültig wie die Überleitung zur Personalienaufnahme vom Vernehmungsbeamten intendiert ist: In jedem Fall liegt der Verdacht für den Beschuldigten nahe, bereits als überführt zu gelten. Warum sollten ansonsten nach der Unterstellung der Täterschaft und seiner nicht erfolgten Bestätigung die Personalien aufgenommen werden.

7. Reaktionspotential

7.1. Beobachter: Beantwortung der Frage

7.2. Beschuldigter/Mutter:

- Nachfrage zur geplanten Gestaltung der Vernehmung;
- Nachfrage, aus welchem Grund der Vernehmungsbeamte die Personalien aufnehmen will;
- Nachfrage, ob der Vernehmungsbeamte von der Geständigkeit/Täterschaft des Beschuldigten ausgeht oder ob er unter Druck gesetzt werden soll;
- Beteuerung der Unschuld;
- Keine explizite Reaktion auf den Wechsel zur Personalienaufnahme;
- etc.

Literatur

Albrecht, P.-A. (1988). Diversion und (Un)Gleichheit der Rechtsanwendung. Das Bielefelder Informationsmodell: Verbesserte Information zwischen Polizei und Staatsanwaltschaft. Kriminalistik 9/88: 427-431

Allert, T. (1980). Zur Dynamik der Interaktionstriade - eine Fallstudie zur Struktur sozialisatorischer Interaktion. MS Frankfurt/M.

Anuschat, E. (1921). Die Gedankenarbeit des Kriminalisten - Kriminalistische Schlußfolgerungskunst und ihre Grenzen. Berlin

Arntzen, Fr. (1978). Vernehmungspsychologie - Psychologie der Zeugenvernehmung. München

Aubry, Arthur S., Rudolph R. Caputo ((1965) 1972). Criminal Interrogation. Springfield

Banscherus, J. (1977). Polizeiliche Verehmung: Formen, Verhalten, Protokollierung, BKA-Forschungsreihe Bd. 7. Wiesbaden

Banscherus, J.; Brugger, S.; Kube, E. (1978). Polizeiliche Vernehmung: Formen, Verhalten, Protokollierung. Kriminalistik 3/78: 97-100

Bauer, G. (1970). Moderne Verbrechensbekämpfung Bd. 1 (Kriminaltaktik, Aussage und Vernehmung, Meldewesen). Lübeck

Becker, Chr.; Böcker, H.; Matthiesen, U.; Neuendorff, H.; Rößler, H. (1987). Kontrastierende Fallanalysen zum Wandel von arbeitsbezogenen Deutungsmustern und Lebensentwürfen in einer Stahlstadt (Studien des Instituts für empirische Kultursoziologie Bd. 1). Dortmund

Bemmann, G.; Bundssei, P. (1982). Strafprozeßrecht (Kurseinheit 1), Studienmaterial der FernUniversität Hagen. Hagen

Berger, P. L.; Luckmann, Th. (1969). Die gesellschaftliche Konstruktion der Wirklichkeit. Eine Theorie der Wissenssoziologie. Frankfurt/M.

Bergmann, J. R. (1980). Interaktion und Exploration. Eine konversationsanalytische Studie zur sozialen Organisation der Eröffnungsphase von psychiatrischen Aufnahmegesprächen. MS Konstanz

Bergmann, J. R. (1982). Schweigephasen im Gespräch - Aspekte ihrer interaktiven Organisation. In: Soeffner, H.-G. (Hg.), Beiträge zu einer empirischen Sprachsoziologie (S. 143-184). Tübingen

Bergmann, J. R. (1985). Flüchtigkeit und methodische Fixierung sozialer Wirklichkeit. In: Bonß, W.; Hartmann, H. (Hg.), Entzauberte Wissenschaft (S. 299-320). Göttingen

Bieber, H. (1990). Schnee im Dezember. Reinbek

Bohnsack, R. (1973). Handlungskompetenz und Jugendkriminalität. Neuwied und Berlin

Brusten, M. (1971). Determinanten selektiver Sanktionierung durch die Polizei. In: Feest, J.; Lautmann, R. (Hg.), Die Polizei (S. 31-70). Opladen

Brusten, M. (1981). Staatliche Institutionalisierung kriminologischer Forschung - Perspektiven und Probleme. In: Kury, K. (Hg.), Perspektiven und Probleme kriminologischer Forschung (S. 135-182). Köln, Berlin, Bonn, München

Brusten, M.; Malinowski, P. (1975). Die Vernehmungsmethoden der Polizei und ihre Funktion für die gesellschaftliche Verteilung des Etiketts 'kriminell'. In: Brusten, M.; Hohmeier, J. (Hg.), Stigmatisierung 2, Zur Produktion gesellschaftlicher Randgruppen (S. 57-112). Neuwied und Darmstadt

Brusten, M.; Malinowski, P. (1983). Sozialpsychologie der polizeilichen Vernehmung. In: Lösel, F. (Hg.), Kriminalpsychologie (S. 147-161). Weinheim, Basel

Bude, H. (1987). Deutsche Karrieren - Lebenskonstruktionen sozialer Aufsteiger aus der Flakhelfer-Generation. Frankfurt/M.

Busam, G. (1983). Das Geständnis im Strafprozeß. Lübeck

Carolina (1532). Die Peinliche Gerichtsordnung Kaiser Karl V von 1532. Stuttgart (1975)

Cicourel, A.V. ((1968) 1976). The Social Organisation of Juvenile Justice. London
Cremers. E. (1984). Typen der Rechtsprechung - oder: Das Gericht als moralische Anstalt betrachtet. Überlegungen zu einer soziologischen Theorie der Gerichtskommunikation. In: Reichertz, J. (Hg.), Sozialwissenschaftliche Analysen jugendgerichtlicher Interaktion (S. 226-274). Tübingen
Dietrich, W. (1942). Zur Technik der Erstvernehmung. In: Monatshefte für die gesamte kriminalistische Wissenschaft und Praxis, Jg. 16: 119-122. Berlin
Döhring, E. (1964). Die Erforschung des Sachverhalts im Prozeß. Berlin
Donk, U. (1989). Das polizeiliche Beschuldigtenprotokoll. MS Essen
Donk, U. (1992). Als ob es die Wirklichkeit wäre - Die formale Sicherung polizeilicher Beschuldigtenprotokolle. In: Reichertz, J.; Schröer, N. (Hg.), Polizei vor Ort. Studien zur empirischen Polizeiforschung, (S. 85-108). Stuttgart
Eisenberg, U. (1984). Vernehmung und Aussage (insbesondere) im Strafverfahren aus empirischer Sicht. In: Juristenzeitschrift 20/1984: 912-918 und 21/1984: 961-966
Fischer, J. (1975). Die polizeiliche Vernehmung (Schriftenreihe des BKA). Wiesbaden
Friedrichs, J. (1980). Empirische Sozialforschung. Opladen
Garfinkel, H. ((1956) 1977). Bedingungen für den Erfolg von Degradierungszeremonien. In: Lüderssen, K.; Sack, F.(Hg), Seminar: Abweichendes Verhalten III, Die gesellschaftliche Reaktion auf Kriminalität 2 (S. 31-40). Frankfurt/M.
Gehlen, A. (1975). Urmensch und Spätkultur. Frankfurt/M.
Gehlen, A. (1978). Der Mensch. Wiesbaden
Geisler, W. (1981). Stellung und Funktion der Staatsanwaltschaft im heutigen deutschen Strafverfahren. In: Zeitschrift für die gesamte Strafrechtswissenschaft (ZStW): 1109-1146
Gennat (1929). Vernehmungen - Kriminalistische Strategie und Taktik. In: Kriminalistische Monatshefte 3/1929: 101-105.
Gerichtsverfassungsgesetz (GVG) in der Fassung vom 9. Mai 1975
Glaser, B.G.; Strauss, A. L. (1979). Die Entdeckung gegenstandsbezogener Theorie: Eine Grundstrategie qualitativer Sozialforschung. In: Hopf, Chr.;Weingarten, E. (Hg.), Qualitative Sozialforschung (S. 91-114). Stuttgart
Görgen, Fr. (1973). Die organisationsrechtliche Stellung der Staatsanwaltschaft zu ihren Hilfsbeamten und zur Polizei. Bonn
Gössweiner-Saiko, Th. (1979). Vernehmungskunde - ein Grundriß. Graz
Grabska, K. (1982). Die polizeiliche Vernehmung - eine peinliche Befragung. In: Psychologie und Gesellschaftskritik, Jg. 6, 1/1982: S. 26-50
Graßberger, R. (1968). Psychologie des Strafverfahrens. Wien, New York
Gripp, H. (1978). Zur Struktur ehelicher Interaktion. Materialien aus der Bildungsforschung Nr. 5, Max-Planck-Institut für Bildungsforschung. Berlin
Hellwig, A. (1951). Psychologie und Vernehmungstechnik bei Tatbestandsermittlungen. Stuttgart
Henkel, H. (1968). Strafverfahrensrecht. Stuttgart, Berlin, Köln, Mainz
Henschel, Fr. (1909). Die Strafverteidigung im Inquisitionsprozeß des 18. und im Anklageprozeß des 19. Jahrhunderts. München
Hildenbrand, B. (1984). Methodik der Einzelfallstudie. Studienbrief der FernUniversität Hagen. Hagen
Hirschberg, M. (1960). Das Fehlurteil im Strafprozeß. Stuttgart
Hoffmann, W. (1968). Falsches Geständnis nach überzeugender Zeugenaussage. In: Kriminalistik 11/1968: 576-577
Hoffmann-Riem, W. (1978). Strategische Interaktion im Verwaltungsgericht - Einleitende Vorbemerkungen zu dem Referat von Fr. Schütze. In: Interaktion vor Gericht (Schriftenreihe der Vereinigung für Rechtssoziologie Bd. 2: 9-18). Baden-Baden
Mc Hugh, P. (1970). A Common-Sense Perception of Deviance. In: Dreitzel, H.P. (Hg.), Patterns of Communicative Behaviour (S. 152-181). London
Inbau, F. E.; Reid, J.E. (1962). Criminal Interrogation and Confessions. Baltimore

Jagemann, Ludwig Hugo Franz von (1838). Handbuch der gerichtlichen Untersuchungskunde Bd. 1. Frankfurt/M.

Kade, J. (1989). Erwachsenenbildung und Identität - eine empirische Studie zur Aneigung von Bildungsangeboten. Weinheim

Kellner, H.; Heuberger, F. (1988a). Die Einheit der Handlung als methodologisches Problem. Überlegungen zur Adäquanz wissenschaftlicher Modellbildung in der sinnverstehenden Soziologie. In: List E.; Srubar, I. (Hg.), Alfred Schütz - Neue Beiträge zur Rezeption seines Werkes (S. 257-284). Amsterdam

Kellner, H.; Heuberger, F. (1988b). Zur Rationalität der "Postmoderne" und ihrer Träger. In: Soeffner, H.-G. (Hg.), Kultur und Alltag (S. 325-340). Göttingen

Krause, D. (1978). Die informatorische Befragung. In: Die Polizei 10/1978: 305-306

Krause, D. ;Nehring, G. (1978). Strafverfahrensrecht in der Polizeipraxis. Köln, Berlin, New York, München

Linell, P.; Jonsson, L. (1989). Suspect Stories: On Perspective Setting in a assymetrical Situation. MS (Vortrag) Bad Homburg

Locard, E. (1930). Die Kriminaluntersuchung und ihre wissenschaftlichen Methoden. Berlin

Loewe-Rosenberg (1978). Großkommentar zur StPO. Berlin, New York

Luckmann, Th. (1981). Zum hermeneutischen Problem der Handlungswissenschaften. In: Fuhrmann, Jauß, Pannenberg (Hg.), Text und Applikation (S. 513-523). München

Luckmann, Th. (1984). Das Gespräch. In: Stierle, K.: Warning, R. (Hg.), Poetik und Hermeneutik XI (S. 47-63). München

Luckmann, Th. (1988). Grundformen der gesellschaftlichen Vermittlung des Wissens: Kommunikative Gattungen. In: Neidhard, F.; Lepsius, M. R.; Weiss, J. (Hg.), Kultur und Gesellschaft (S. 191-211). Opladen

Malinowski, P.; Brusten, M. (1977). Strategie und Taktik der polizeilichen Vernehmung. In: Lüderssen, K.; Sack, F. (Hg.), Seminar: Abweichendes Verhalten III. Die gesellschaftliche Reaktion auf Kriminalität 2 (S. 104-118). Frankfurt/M.

Marquard, O. (1981). Die Frage nach der Frage, auf die die Hermeneutik die Antwort ist. In: ders., Abschied vom Prinzipiellen (S. 117-146). Stuttgart

Mathes, H.-W. (o.J.). Polizeirecht. In: Handbuch zur Rechtswissenschaft (hrsg.v. Axel Görlitz)(S. 285-291)

Mathes, I. (1965). Die Aussage im polizeilichen Ermittlungsverfahren. In: Schäfer, H. (Hg.), Grundlagen der Kriminalistik Bd. 1 (S. 224-241). Hamburg

Mead, G.H. (1968). Geist, Identität und Gesellschaft. Frankfurt/M.

Meinert, Fr. (1948). Aussagefehler und Zeugenprüfung in der kriminalistischen Praxis. Lübeck

Meinert, Fr. (1956). Vernehmungstechnik. Lübeck

Meinert-Geerds (1976). Vernehmungstechnik. Lübeck

Metzger, E. (1919). Die Beschuldigtenvernehmung auf psychologischer Grundlage. In: Zeitschrift für die gesamte Strafrechtswissenschaft (ZStW) 40/1919: 152-168

Meyer, H.; Wolf, K.; Czekalla, J. (1983). Kriminalistisches Lehrbuch der Polizei. Hilden/Rhld.

Misch, K. (1929). Die Vernehmung des Beschuldigten. In: Die Polizei 26/1929: 313-316

Musil, R. (1978). Der Mann ohne Eigenschaften. Reinbek bei Hamburg

Müller-Dietz, H. (1971). Der Wahrheitsbegriff im Strafverfahren. In: Zeitschrift für evangelische Ethik 15. Jg. 1971: 257-272

Oevermann, U. (1979). Exemplarische Analyse eines Ausschnitts aus einem Protokoll einer Fernsehsendung Dalli-Dalli. MS Frankfurt/M.

Oevermann, U. (1981). Fallrekonstruktion und Strukturgeneralisierung als Beitrag der objektiven Hermeneutik zur soziologisch-strukturtheoretischen Analyse. MS Frankfurt/M.

Oevermann, U. (1983). Zur Sache. Die Bedeutung von Adornos methodologischem Selbstverständnis für die Begründung einer materialen soziologischen Strukturanalyse. In: Friedeburg, L. von; Habermas, J. (Hg.), Adorno-Konferenz (S. 234-292), Frankfurt/M.

Oevermann, U. (1986). Kontroversen über sinnverstehende Soziologie. Einige wiederkehrende Probleme und Mißverständnisse in der Rezeption der "objektiven Hermeneutik". In: Aufenanger, St.; Lenssen, M., (Hg.), Handlung und Sinnstruktur (S. 19-83), München

Oevermann, U.; Allert, T.; Konau, E.; Krambeck, J. (1979). Die Methodologie einer 'objektiven Hermeneutik' und ihre allgemeine forschungslogische Bedeutung in den Sozialwissenschaften. In Soeffner, H.-G. (Hg.), Interpretative Verfahren in den Sozial- und Textwissenschaften (S. 352-433), Stuttgart

Oevermann, U.; Allert, T.; Konau, E. (1980). Zur Logik der Interpretation von Interviewtexten - Fallanalyse anhand eines Interviews mit einer Fernstudentin. In: Heinze, Th.; Klusemann, H.W.; Soeffner, H.G. (Hg.), Interpretation einer Bildungsgeschichte (S. 15-69), Bensheim

Oevermann, U.; Simm. A. (1985). Das Problem der Perseveranz in Delikttyp und modus operandi. In: Oevermann, U.; Schuster; L., Simm, A. (1985). Zum Problem der Perseveranz in Delikttyp und modus operandi. BKA-Forschungsreihe Bd. 17, Wiesbaden.

Peirce, Ch. S. (1967). Schriften I. Zur Entstehung des Pragmatismus (herausgegeben von Apel, K.O.). Frankfurt/M.

Peirce, Ch. S. (1973). Vorlesungen über Pragmatismus. Hamburg.

Peirce, Ch. S. (1985). Über die Klarheit unserer Gedanken (herausgegeben von Oehler, K.). Frankfurt/M.

Peters, K. (1972). Fehlerquellen im Strafprozeß Bd.2. Karlsruhe

Plessner, H. (1975). Die Stufen des Organischen und der Mensch. Berlin, New York

Plessner, H. ((1948)1979). Mit anderen Augen. In: ders., Zwischen Philosophie und Gesellschaft (S. 233-248). Frankfurt/M.

Polizeidienstvorschrift (PDV) 382 (Bearbeitung von Jugendsachen)

Polizeigesetz des Landes Nordrhein-Westfalen (PolG NW) in der Fassung vom 25. März 1980

Reichertz, J. (1986). Probleme qualitativer Sozialforschung. Frankfurt/M.

Reichertz, J. (1988). Verstehende Soziologie ohne Subjekt? Die objektive Hermeneutik als Metaphysik der Strukturen. In: KZfSS 2/1988: 207-222

Reichertz, J. (1989). Hermeneutische Auslegung von Feldprotokollen? Verdrießliches über ein beliebtes Forschungsmittel. In Aster, R.; Merkens, H.; Repp, M. (Hg.), Teilnehmende Beobachtung (S. 84-102). Frankfurt/M.

Reichertz, J. (1991). Aufklärungsarbeit. Kriminalpolizisten und Feldforscher bei der Arbeit. Stuttgart

Ricken, M. (1987). Rekonstruktion des Handlungstyps "Verdacht und Ermittlung im polizeilichen Streifendienst" anhand eines Beobachtungsprotokolls - Versuch der Analyse der Einstiegssequenz eines Beobachtungsprotokolls. MS Hagen

Ricken, M. (1992). Einsatzbefehl und Verdacht - Erste Schritte zu einer Strukturanalyse. In: Reichertz, J.; Schröer, N. (Hg.), Polizei vor Ort. Studien zur empirischen Polizeiforschung (S. 155-178). Stuttgart

Ricken, M.; Schröer, N. (1987). Zwischenbericht zum DFG-Projekt 'Polizeiliche Ermittlungstätigkeit'. MS Hagen

Rottenecker, R. (1976). Modelle der kriminalpolizeilichen Vernehmung des Beschuldigten. Freiburg

Rüping, H. (1983). Das Verhältnis von Staatsanwaltschaft und Polizei. In: Zeitschrift für die gesamte Strafrechtswissenschaft (ZStW) 4/1983: 894-917

Rzepka, D. (1990). Polizei und Diversion - Das Bielefelder Modell der Informationsvermittlung. In: Albrecht, P.-A. (Hg.), Informalisierung des Rechts. Empirische Untersuchungen zur Handhabung und zu den Grenzen der Opportunität im Jugendstrafrecht (S. 341-458). Berlin, New York

Rzepka, D.; Voß, S. (1990). Das Bielefelder Informationsmodell - Ein Beitrag der Polizei zur 'Entkriminalisierung'? In: Landschaftsverband Rheinland (Hg.), Zusammenarbeit

zwischen Polizei und Sozialarbeit - aktuelle Probleme und Perspektiven für die zukünftige Kooperation (S. 5-13). Köln
Sangmeister, W. (1977). Polizei. In: Handwörterbuch der Kriminologie Bd. 3. (S. 295-306)
Schmidt, E. (1965). Einführung in die Geschichte der deutschen Strafrechtspflege. Göttingen
Schmitz, H. W. (1978). Tatgeschehen, Zeugen und Polizei - Zur Rekonstruktion und Beschreibung des Tathergangs in polizeilichen Zeugenvernehmungen. BKA-Forschungsreihe Bd. 9. Wiesbaden
Schmitz, H. W. (1979). Zur Analyse von Aushandlungsprozessen in polizeilichen Vernehmungen von Geschädigten und Zeugen. In: Soeffner, H.-G. (Hg.), Interpretative Verfahren in den Text- und Sozialwissenschaften (S. 24-37). Stuttgart
Schmitz, H. W. (1983). Vernehmung als Aushandeln der Wirklichkeit. In: Kube, E.; Störzer, H.-U.; Brugger, S. (Hg.), Wissenschaftliche Kriminalistik Bd. 1. BKA-Forschungsreihe Bd. 16 (S. 353-387). Wiesbaden
Schmitz, H. W.; Plate, M. (1978). Polizeiliche Vernehmung und Tatgeschehen. In: Kriminalistik Jg. 32, 12/1978: 541-546
Schneider, G. (1987). Interaktion auf der Intensivstation - Zum Umgang des Pflegepersonals mit hilflosen Patienten. Berlin
Schneikert, H. (1935). Einführung in die Kriminalsoziologie und Verbrechensverhütung. Jena
Schneikert, H. (1940).Kriminaltaktik. Berlin
Schröer, N. (1984). Die Dynamik der Richter-Rechtsanwalt-Interaktion - ein textanalytischer Beitrag zur Strukturrekonstruktion des Interaktionstyps 'Jugendgericht'. In: Reichertz, J. (Hg.), Sozialwissenschaftliche Analysen jugendgerichtlicher Interaktion (S. 111-149), Tübingen
Schröer, N. (1987). Die polizeiliche Vernehmung eines jugendlichen Tatverdächtigen - ein Interpretationsabriß. MS Hagen
Schröer, N. (1988). Juridische Reaktionen auf die Bagatelldelinquenz Jugendlicher - Vorbereitung und Entwicklung einer sozialwissenschaftlichen Forschungsperspektive. Studienmaterial der FernUniversität Hagen. Hagen
Schröer, N. (1990). Die Vernehmungsvorbesprechung - Zur strukturanalytisch- wissensoziologischen Rekonstruktion des Handlungstypes "Polizeiliches Vernehmen Beschuldigter". MS Hagen
Schröer, N. (1991). Strukturelle Aspekte diversionsorientierter Polizeitätigkeit - ein 'empiriegetränkter' Problemaufriß. In: DVJJ-Journal 4/1991 Nr. 137: 310-316
Schröer, N. (1992a). Strukturelle Aspekte diversionsorientierter Polizeitätigkeit im Rahmen des geltenden Straf- und Verfahrensrechts am Beispiel des "Hammer-Modells" - ein erster Bericht zur Begleitforschung. In: Reichertz, J.; Schröer, N. (Hg), Polizei vor Ort. Studien zur empirischen Polizeiforschung (S. 109-138). Stuttgart
Schröer, N. (1992b). Der aushandlungsdominante Beschuldigte. Strukturelle Probleme der Wahrheitserforschung in polizeilichen Vernehmungen - eine Einzelfallanalyse. In: Reichertz, J.; Schröer, N. (Hg.) Polizei vor Ort. Studien zur empirischen Polizeiforschung (S. 39-84). Stuttgart
Schröer, N. (1992c). Das strukturanalytische Defizit der bisherigen Erforschung der polizeilichen Vernehmung Beschuldigter - ein kritischer Literaturbericht. In: KrimJ 2/92
Schröer, N. (1992d). Diversionsorientierte Polizeitätigkeit - zum Stand der empirischen Forschung unter besonderer Berücksichtigung unserer Untersuchung zum "Hammer-Modell". MS Hagen
Schröer, N.; Soeffner, H.-G. (1991). Strukturelle Aspekte diversionsorientierter Polizeitätigkeit. Modellprojekt "Zur beschleunigten Bearbeitung kleinerer Straftaten Jugendlicher" ("Hammer-Modell") - Bericht zur Begleitforschung. MS Hagen
Schütz, A. (1971). Wissenschaftliche Interpretation und Alltagsverständnis menschlichen Handelns. In: Gesammelte Werke I (S. 3-54). Den Haag

Schütz, A. (1972). Das Problem der Rationalität in der sozialen Welt. In: Gesammelte Werke II (S. 22-50). Den Haag
Schütz, A. (1974). Der sinnhafte Aufbau der sozialen Welt. Frankfurt/M.
Schütz, A.; Luckmann, Th. (1979). Strukturen der Lebenswelt Bd. 1. Frankfurt/M.
Schütz, A.; Luckmann, Th. (1984). Strukturen der Lebenswelt Bd. 2. Frankfurt/M.
Schütze, F. (1975). Sprache soziologisch gesehen. München
Schütze, F. (1976). Zur Hervorlockung und Analyse von Erzählungen thematisch relevanter Geschichten im Rahmen soziologischer Feldforschung. In: Arbeitsgruppe Bielefelder Soziologen, Kommunikative Sozialforschung (S. 159-261). München
Schütze, F. (1977). Die Technik des narrativen Interviews in Interaktionsfeldstudien - dargestellt an einem Projekt zur Erforschung von kommunikativen Machtstrukturen. Arbeitsberichte und Forschungsmaterialien der Universität Bielefeld, Fakultät für Soziologie
Schütze, F. (1978). Strategische Interaktion im Verwaltungsgericht - eine soziologische Analyse zum Kommunikationsverlauf im Verfahren zur Anerkennung als Wehrdienstverweigerer. In: Interaktion vor Gericht (Schriften der Vereinigung für Rechtssoziologie Bd. 2: 19-100). Baden-Baden
Schütze, F.; Bohnsack, R. (1973). Die Selektionsverfahren der Polizei in ihrer Beziehung zur Handlungskompetenz der Tatverdächtigen. In: Kriminologisches Journal, 4/1973: 170-193
Schütze, Y. (1977). Innerfamiliale Kommunikation und kindliche Psyche, Materialien aus der Bildungsforschung. Max-Planck-Institut für Bildungsforschung. Berlin
Schwindt, F. (1989). Die polizeiliche Vernehmung - Kriminalistik Skript. Kriminalistik 2-7/1989
Seelig-Bellavic (1963). Lehrbuch der Kriminologie. Darmstadt
Simm, A. (1986). Strukturmerkmale therapeutischer Interaktion - entwickelt am Fallbeispiel einer Familientherapie. In: Soeffner, H.-G. (Hg.), Sozialstruktur und soziale Typik (S. 178-212). Frankfurt/M.
Soeffner, H.-G. (1980). Überlegungen zur sozialwissenschaftlichen Hermeneutik am Beispiel der Interpretation eines Textausschnittes aus einem "freien Interview". In: Heinze, Th.; Klusemann, H.W.; Soeffner, H.-G. (Hg.), Interpretation einer Bildungsgeschichte (S. 70-96). Bensberg
Soeffner, H.-G. (1982). Prämissen einer sozialwissenschaftlichen Hermeneutik. In: ders. (Hg.), Beiträge zu einer empirischen Sozialforschung (S. 9-48). Tübingen
Soeffner, H.-G. (1983). Alltagsverstand und Wissenschaft - Anmerkungen zu einem alltäglichen Mißverständnis. In: Zedler, P.; Moser. H. (Hg.), Aspekte qualitativer Sozialforschung (S. 13-43). Opladen
Soeffner, H.-G. (1985). Anmerkungen zu gemeinsamen Standards standardisierter und nicht-standardisierter Verfahren in der Sozialforschung. In: Kaase, M.; Küchler, M. (Hg.), Herausforderungen der empirischen Sozialforschung (S. 109-126). Mannheim
Soeffner, H.-G. (1986). Auslegung im Alltag - der Alltag der Auslegung. In: Klein, J.; Erlinger, H.D. (Hg.), Wahrheit, Richtigkeit und Exaktheit (S. 111-131). Essen
Soeffner, H.-G. (1989). Auslegung des Alltags - Der Alltag der Auslegung. Zur wissens-soziologischen Konzeption einer sozialwissenschaftlichen Hermeneutik. Frankfurt/M.
Soeffner H.-G. (1989a). Strukturanalytische Feldstudien: Ein Anwendungsbeispiel. In: ders., Auslegung des Alltags - Der Alltag der Auslegung (S. 211-224). Frankfurt/M.
Soeffner, H.-G. (1989b). Der fliegende Maulwurf - Totemistische Verzauberung der Realität und technologische Entzauberung der Sehnsucht. In: Gumbrecht, H.U.; Pfeiffer, K.L. (Hg.), Paradoxien, Dissonanzen, Zusammenbrüche (S. 431-453). Frankfurt/M.
Strafprozeßordnung (StPO) in der Fassung vom 7. Juni 1975
Trankell, A. (1957). Zur Methode von Glaubwürdigkeitsuntersuchungen. In: Psychologie und Praxis 6/1957: 292-312
Undeutsch, U. (1967). Beurteilung der Glaubwürdigkeit von Aussagen. In: ders. (Hg.), Handbuch der Psychologie Bd. 11: Forensische Psychologie (S. 26-181). Göttingen

Undeutsch, U. (1983). Vernehmung und non-verbale Information. In: Kube, E.; Störzer, H. U.; Brugger, S. (Hg.), Wissenschaftliche Kriminalistik Bd. 1. BKA-Forschungsreihe Bd. 16 (S.389-418). Wiesbaden

Walder, H.(1955). Kriminalistisches Denken. Hamburg

Walder, H. (1965). Die Vernehmung des Beschuldigten. Hamburg

Weingart, A. (1904). Kriminaltaktik. Leipzig

Weber, M. (1951). Die "Objektivität" sozialwissenschaftlicher und sozialpolitischer Erkenntnis. In: ders., Gesammelte Aufsätze zur Wissenschaftslehre (S. 146-214). Tübingen

Weber, M. ((1922) 1985). Wirtschaft und Gesellschaft, 1. und 2. Halbband. Tübingen

Wulf, P. (1984). Strafprozessuale und kriminalpraktische Fragen der polizeilichen Beschuldigtenvernehmung auf der Grundlage empirischer Untersuchungen. Heidelberg

Wulf, P. (1985). Die polizeiliche Vernehmung des Beschuldigten. In: Cilip 20: 35-40

Zielke, A. (1978). Interaktion vor Gericht - Zusammenfassung der Diskussion. In: Interaktion vor Gericht (Schriften der Vereinigung für Rechtssoziologie Bd. 2: 133- 140). Baden-Baden